郭齐勇 主编

中国哲学通史

宋元卷 下册

田文军
文碧芳
等 著

A
HISTORY
OF
CHINESE
PHILOSOPHY

江苏人民出版社

目　录

第十四章　朱震及其《汉上易传》

朱震(1072—1138),字子发,号汉上,湖北荆门军长林沙洋人(今湖北省荆门市沙洋县),两宋之际著名的易学家。朱震于宋徽宗政和年间进士及第,历仕县州,以廉洁著称。晚年由于精通《春秋》《周易》而被朝廷起用,官至中书舍人兼资善堂翊善、朝散郎、左朝请郎等,死后加赠左中大夫,谥"文定"。《宋史》有传。

第一节　朱震生平与传世著作

一、以经入仕

朱震少时在东山书院读书,通过科举考试取得功名。宋徽宗政和年间登进士第,此后担任过县令、州官,以廉洁著称。北宋灭亡的前一年即靖康元年(1126),朱震因精研《春秋》经传,被召为太学《春秋》博士,朝廷的制词称他"推明三家之同异,与诸生切磨,以求合于圣人之意"(《汉上先生履历》)。南宋绍兴四年(1134),朱震在江西制置史赵鼎的举荐下被高宗召见,由于精通《春秋》《周易》的精要之处而甚得高宗心意。这次被召不久,朱震便擢升为祠部员外郎兼川、陕、荆、襄都督府详议官,朝廷的制词称赞他"涉道精淳,存心乐《易》,强学力行,白首不衰"(《汉上先生履历》)。朱震晚年被朝廷起用,主要是因为他深厚的经学功底,颇得当时的理学家和高宗皇帝的欣赏。任职期间,他把维护辖地的稳定和发展经济作为施政的主要策略,曾向高宗建议:"荆、襄之间,沿汉上下,膏腴之田七百余里,若选良将领部曲镇之,招集流亡,务农种谷,寇来则御,寇去则耕,不过三年,兵食自足。又给茶盐钞于军中,募人中籴,可以下江西之舟,通湘中之粟。观衅而动,席卷河南,此以逸待劳,万全计也。"①这些建议有利于安定生产,增加军备,也适应了高宗建国初以"守"为主的战略选择。

时隔一年,即南宋绍兴五年(1135),朝廷恢复经筵,所讲内容多以《春秋》《周易》为主,此间朱震连续擢升八次,据史书记载:"范冲、朱震为翊善,朝论以二人为极天下之选。上亦尝谓鼎曰:'前日台谏因对,语及资善之建,皆曰如朱震、范冲,天生此二人为今日资善之用,可谓得人矣。'"②朱震能在一年内迅速擢升,主要的原因是他在经筵讲学时的突出表现。

此间,他曾多次向高宗进谏,反对豪强兼并土地、官吏私加税赋、守令政令苛虐,以及连兴大狱伤及无辜等事件。他还非常重视朝廷对于人才的选拔,认为君主有时可以降低自己的身份,选拔出身低贱的人作为臣子。他说:"以君臣言之,以贵下人,卑有时而逾尊矣。得贱臣者,苟利于宗庙社稷,则或出于屠贩、奴隶、夷裔、俘虏,不问其素可也。"③他又借《泰》卦说明君主应该重视人才,提防奸诈小人擅权作乱,祸害天下。纳兰成德在《通治堂经解·汉上易传序》中作了专门的阐述,"子发之传亦云'时已泰矣,苟轻人才,忽远事,植朋党,好恶不中,不足服厌人心,天下复入于否'。又云'天地反复之际,小人必因君子有危惧之心,乘隙而动'。皆切中南渡君臣之病者,吾故表而著之书以为序"④。朱震还曾经

---

① 《宋史·朱震传》卷四三五,第 12907 页。
② 熊克:《中兴小纪》卷一八,《景印文渊阁四库全书》第 313 册,第 979 页。
③ 朱震:《鼎》,《汉上易传》卷五,第 170 页,北京,九州出版社,2012。
④ 纳兰成德:《汉上〈易传〉并〈易图〉丛说》序,康奉、李宏、张志主编:《纳兰成德集》下册,第 610
页,北京,北京出版社、北京古籍出版社,2006。

建议宋高宗,选任官吏应该慈祥仁惠并有治行之功,还希望朝廷编撰《古循吏传》一书,记载古今良吏的实绩,作为赏赐。

军事上,宋朝从太祖开始,就推行"将从中御",防止武将专权而不受制于中央政府,宋高宗遵循祖法,对统兵在长江上游的湖北地区至下游江淮一带的将领岳飞、韩世忠、张俊、刘光世等,不时加以转移调动,这种做法无疑影响到将士们的士气。朱震在《师》卦中说:"古者人君之用将……进止赏罚皆决于外,不从中制,是以出则有功。"又云:"任将不可不重也","自古任将不专,而致覆败者,如晋荀林父邲之战,唐郭子仪相州之败是也"。① 这些都是针对当时的军事形势而发的有价值的言论。

为了维持仓促之间组建的南宋政权,朱震在"德治"与"法治"间,更倾向于"德治"。他反对法家以苛刻残暴的刑律统治百姓,主张君主应该审慎用刑,以德服人,而不是凭借暴力镇压人民,如他解释《噬嗑》卦:

> 夫示之德让,使人安于至足之分则不争,不争则无讼。今物至于噬而后合,德下衰矣。噬之当也,犹愧乎无讼,矧噬之有不当乎?②

《噬嗑》的本义是用刑,而朱震以用刑为道德下衰的表现,这种解释与理学家程颐相悖。程颐解此卦说:"故天下之事不得合也,当用刑罚,小则惩戒,大则诛戮以除去之,然后天下之治得成矣。"③以用刑为正当合理的治理手段。然朱震认为,圣人以德让治理天下,使百姓安居乐业,这样的社会才是儒家理想的德治社会。一旦社会上出现了争斗和诉讼,即便是最终得以妥善处置,也说明社会道德在衰败,至于背离人伦物理的争斗和诉讼,更是祸患无穷,自取覆灭。

二、往来于理学家之间

朱震所处的年代,朝廷内部政治和学术最大的分歧就是以王安石为

---

① 朱震:《师》,《汉上易传》卷一,第29页。
② 朱震:《噬嗑》,《汉上易传》卷三,第76页。
③ 程颐:《周易程氏易传》卷二,《二程集》下册,第802页。

代表的"新学"和以二程为代表的"理学"之间分庭抗争。理学在北宋尚处于弱势，到了南宋初期，形势有所变化，理学势力日益壮大。建炎元年（1127），宋高宗在南逃的过程中，任命时年七十五岁的程门高足杨时为工部侍郎。杨时建议高宗，应以"讲学为先务"。建炎二年（1128），高宗逃到扬州，即开经筵讲《资治通鉴》，由侍讲王宾讲《论语》，并将司马光配享宗庙。高宗读史，推崇司马光，对王安石的学说自然有所疏远。

朱震自称在学术上受宋代理学家影响较大，在《进易表》中称其学"以《易传》为宗，和会雍、载之论"①，这里所说的《易传》是指程颐的《伊川易传》。经统计，朱震于六十四卦注解中，明引程颐《易传》处，就有一百条之多。② 这充分说明了他的易学和理学之间有着一定的联系。

二程后学以谢良佐和杨时最为有名，朱震不及二程之门，但与谢良佐关系密切，全祖望在《汉上学案序录》中云："上蔡之门，汉上朱文定公最著。"③将朱震列为上蔡门人中之最优者。据《上蔡学案》记载，谢良佐监西京竹木场时，朱震曾携弟朱巽前往拜见。饭余茶罢，谢良佐亲自为其讲解《论语》中的《子见齐衰者》和《师冕见》。其后又写信劝勉朱震宅心道学，持之以恒，以明道先生为榜样。

以上事实说明，朱震与朝廷内理学家往来甚多，其易学思想中的许多理论，都得益于当时的理学家。北宋时理学家对《周易》的阐释，大致可分为两派：一派主要以义理的方式注《易》，这是北宋易学发展的主流，如程颐的《伊川易传》和张载的《横渠易说》；一派是经由易图书学和易象数学来阐发理学思想的，如邵雍的《皇极经世》和周敦颐的《太极图说》。朱震虽以象数为易学研究的基础，但他对理学家以义理注《易》多有所吸收，而且将理学之常用范畴如体、用、神、化、道、性、命等纳入其易学体系，成为诠释易学的方法论和思想来源。

---

① 朱震：《进易表》，《汉上易传》前言，第2页。
② 参见侯外庐、邱汉生、张岂之主编：《宋明理学史》上卷，第264页。
③ 全祖望：《汉上学案·序录》，《宋元学案》第2册，第1252页。

三、主要著作

朱震行世的主要著作是《汉上易传》。"汉上"二字,胡一桂《周易启蒙翼传》主张朱震号"汉上",居蒙泉。《四库提要》以为,其书题为"汉上","盖因所居以为名"。朱震在绍兴六年(1136)秋,将此书进呈高宗。在《进易表》中他说:"起政和丙申终绍兴甲寅,成《周易集传》九卷、《周易图》三卷、《周易丛说》一卷。"①这里朱震称《汉上易传》九卷,与晁公武《郡斋读书志》及现存《汉上易传》十一卷不同。若以九卷论,则不包括《序卦》注、《杂卦》注两卷,然这二篇传注从思想内容上看,当属朱震作无疑。陈振孙《直斋书录题解》云:"序称九卷,盖合《说》《序》《杂》为一也。"②陈说可信。这三部易学著作合在一起,便是后人所称的《汉上易传》。朱震以十八年心血完成此书,此后历代均以《汉上易传》为其代表作。今存有涵芬楼景宋本(缺《易图》和《丛说》),清初《通志堂经解》本、《湖北先正遗书》本及《四库全书》本。

第二节 朱震易学思想的主要特征

朱震的易学,主要有两个特征:一是以象数易为易学之正统和基础,着重阐发象数易学的理论,但同时又兼顾义理,主张象数为基础和以义理为归宿二者并行不悖;二是广泛采辑并折中各家之学,融汉易象数学与宋代先天河洛学于一炉。具体内容如下:

一、象数易为易学之正统和基础

朱震有感于魏晋以来王弼之流以老庄虚无思想注《易》、象数之学衰退的局面,决心力挽象数易学于危难之中,所以他不遗余力地着力阐发

---

① 朱震:《进易表》,《汉上易传》前言,第1—2页。
② 陈振孙:《直斋书录解题》卷一,第18页,上海,上海古籍出版社,1987。

象数易学思想,而两汉以来的象数易学自然成为他关注的重点。为此,他将象数之学视为易学发展之源,重点阐述象数易学的理论,以凸显其正统性。尽管其易学思想的归旨是义理,但这依然是建立在象数的基础上,这是朱震易学思想的一个突出特点。

(一)结合《周易》经传,朱震提出了易象为《周易》成书基础的理论

从根源讲,《周易》中的象数,源于对阴阳二气变化状况的模拟,但就《周易》本身构成而言,却是以"象"为基础。朱震认为,一部《周易》,就是由象所组成,离开了象则没有《周易》。正是在这个意义上,他提出"《易》者,象也"①,"《易》无非象也"②。

首先,《易经》成书的基础就是卦爻象,易辞不过是后来的圣人为了说明卦爻象而作,从根源看,卦爻象先于易辞而存在,是《易》的基础。朱震解释《系辞》"圣人设卦观象"一节时说:

> 圣人设卦,本以观象,不言而见吉凶。自伏羲至于尧舜文王,近者同时,远者万有千岁,其道如出乎一人,观象而自得也。圣人忧患后世,惧观之者,其智有不足以知此,于是系之卦辞,又系之爻辞,以明告之,非得已也,为观象而未知者设也。③

伏羲画卦的时代,只有六十四个卦象而没有卦爻辞,伏羲氏只是教人如何观察卦象,推测吉凶,趋利以避害。到了文王周公之时,因为忧虑后人不能通过观察卦爻象而知吉凶,于是系以卦爻辞,解释卦爻象,所以卦爻辞之作是基于卦象而发。

其次,朱震认为《易传》各篇都是用来阐发易象的,他说:"《易》无非象也,《彖》也,《大象》也,《小象》也。其象各有所宜,不可以一概论。"④他认为《彖传》《大象传》《小象传》分别从各个角度表现和说明易象,三者在

---

① 朱震:《乾》,《汉上易传》卷一,第2页。
② 朱震:《复》,《汉上易传》卷三,第84页。
③ 朱震:《系辞上传》,《汉上易传》卷七,第220—221页。
④ 朱震:《复》,《汉上易传》卷三,第84页。

取象上各有特点,分别适宜不同的情况和场合,不可一概而论,但它们又相互增益,"夫子之《大象》,别以八卦取义,错综而成之,有取两体者,有取互体者,有取变卦者,大概《象》有未尽者,于《大象》申之"①。《大象》的取象体例主要有两体说、互体说和变卦说等,这些体例是对《象传》取象的补充说明。

最后,充分重视《说卦》中八卦所取的物象。朱震在《集传》中对《说卦》中八卦所取的物象详加注解和考证,从汉易到宋儒皆有引述,且文字与注解《系辞》的文字数不相上下,表明他十分重视以八卦所取的物象解释卦爻象和卦爻辞。朱震还在前人研究的基础上,试图对逸象加以理论说明,他说:"六爻变化,其象岂能尽摹哉? 此凡例也。智者触类而长矣。"②此是说,《说卦》所举的八卦物象,仅是举一隅以作凡例,目的是为了启发人们触类旁通,举一反三。从对八卦物象资取的范围上看,《汉上易传》远远超过了《说卦》,其中有很多来自虞氏逸象。以乾卦为例,朱震取天、帝、圆、君、父、玉、金、寒、冰、大赤、良马、老马、瘠马、驳马、木果,这些象与《说卦》之象基本吻合,至于朱震另外所取的大人、圣人、贤人、君子、宗、龙、衣、直,则与虞氏逸象同。

对于八卦逸象,朱震有一个基本的看法,就是认为这些逸象是《周易》本来就有的,并不是先儒随意附会所成。他说:

> 秦汉之际,易亡《说卦》,孝宣帝时河内女子发老屋,得《说卦》、古文《老子》,至后汉荀爽《集解》又得八卦逸象三十有一。案《集解》坎为狐,《子夏传》曰:"坎称小狐。"孟喜曰:"坎,穴也,狐穴居。"王肃曰:"坎为水,为险,为隐伏,物之在险,穴居隐伏,往来水间者,狐也。"子夏时坎为狐,孟喜王肃止随传解释,不见全书,盖秦汉之际亡之矣。今考之六十四卦,其说若印圈钥,合非后儒所能增也,故校证

① 朱震:《乾》,《汉上易传》卷一,第 2 页。
② 朱震:《说卦传》,《汉上易传》卷九,第 260 页。

其误而并释之，以俟后之知者。①

朱震此处所引《子夏传》以坎为狐，刘玉建教授曾进行过详细的考证②。朱震这段话的原意，是逸象本来就为《周易》经文所固有，后人之所以在通行本《说卦》中见不到这些象，是因为《说卦》原文在秦汉之际亡佚，后人无法得以窥见全书之貌。但是，这些佚失了的易象对于理解《周易》六十四卦非常重要，它们乃《周易》一书所固有，并非后儒随意增设。

不仅如此，朱震还对易学史上不取八卦之象的王弼等人提出批评："王弼曰：'爻苟合顺，何必坤乃为牛。义苟应健，何必乾乃为马。'不知凡健顺者皆乾坤之象，爻有变化，杂而成文，如不以健顺论乾坤之性，则《说卦》为赘矣。辅嗣自《系辞》而下，不释其义，盖于象数穷矣。"③任何卦义都有其象，凡具有健顺之性的，皆有乾坤之象，故《说卦》以健顺解说乾坤两卦象，王弼的失误就在于废止象数易学，势必陷入困境。朱震的努力，就是使几乎禁绝的象数之学发扬光大，这对于北宋以后象数之学的发展是一个极大的促进，不过我们也应当注意到这样一个问题，就是朱震对《说卦》八卦取象的解释过于繁杂以致多有牵合之误。

（二）考察《进易表》和《序》二篇，可以看出他将象数学视为易学正统和基础

朱震在《进易表》中，以象数易学发展为主线，对两汉象数易学传统给予了充分的肯定，认为《京氏易传》所论卦气、纳甲、五行之类，实际上"出于《周易·系辞》和《说卦》"，他将《系辞》《说卦》看成京房易学的理论依据，肯定了京氏以象数方法解《易》的合理性和正确性。其后马融、郑玄、荀爽、虞翻等"各自名家，说虽不同，要之去象数之源犹未远也"④，朱震对东汉易学犹有所肯定，认为其大体接续了象数易学的传

---

① 朱震：《说卦传》，《汉上易传》卷九，第261页。
② 参见刘玉建《〈子夏易传〉逸象》，《两汉象数易学研究》，第58—61页，南宁，广西教育出版社，1996。
③ 朱震：《丛说》，《汉上易传》，第396页。
④ 朱震：《进易表》，《汉上易传》前言，第1页。

统。进而，朱震对北魏以来弃象数不论的易学家进行了批评，"独魏王弼与钟会同学，尽去旧说，杂之以庄老之言，于是儒者专尚文辞，不复推原《大传》。天人之道，自是分裂而不合者，七百余年矣"①。直至北宋，以陈抟为核心的图书派授受谱系的确立，带动了象数易学的复兴。与此同时，一批新兴的易学大师，刘牧、周敦颐、张载、邵雍、二程等"或明其象，或论其数，或传其辞，或兼而明之，更唱迭和，相为表里"②，长期以来倍受冷落的象数易学得以发扬。朱震对汉代以来易学发展的评论，完全是站在象数易学的立场，他的态度是很鲜明的：唯有象数易学才是易学正统。

朱震在《序》中还重点考察了象数易学的五种体例。《序》开篇便讲："圣人观阴阳之变而立卦，效天下之动而生爻。变动之别，其传有五：曰动爻，曰卦变，曰互体，曰五行，曰纳甲。而卦变之中又有变焉。"③这五种体例是朱震对前人以象数注《易》的概括和总结。事实上，这五种方法也对朱震以象数注《易》产生了重要影响，它们贯穿朱震易学思想之始终。不仅如此，朱震还从《周易》经传中为这五种体例寻找理论支持，从而进一步肯定了这五种象数体例在理论上的合理性。林忠军教授评论说，朱震在《序》中提出了象数易学五个学说，并从各个角度反复解说其内容，其目的无非是要说明这五个学说是《周易》理论的基石。④ 此说甚是。

考察《序》最后一段，朱震讲："凡此五者之变，自一二三四言之谓之数，自有形无形言之谓之象，自推考象数言之谓之占。圣人无不该也，无不遍也，随其变而言之，谓之辞。辞也者，所以明道也。故辞之所指，变也，象数也，占也，无不具焉。是故可以动，可以言，可以制器，可以卜筮，盖不如是，不足以明道之变动而尽夫时中也，故曰：'系辞焉而命之，动在其中矣。'夫《易》广矣大矣，其远不可御矣，然不越乎阴阳二端，其究则一而已矣。一者，天地之根本也，万物之权舆也，阴阳动

---

① ② 朱震：《进易表》，《汉上易传》前言，第 1 页。
③ 朱震：《序》，《汉上易传》前言，第 1 页。
④ 林忠军：《象数易学发展史》第二卷，第 275 页，济南，齐鲁书社，1998。

静之源也,故谓之太极。学至于此止矣。卦可遗也,爻可忘也,五者之变反于一也。是故圣人之辞因是而止矣。"①朱震认为,这五种取象方法就是象数之学,它们作为本于阴阳的五种象,是《周易》系辞的根据,利用它们,可以观象制器、推原筮占、阐明易道,最终达到学至太极。他所言"卦可遗也,爻可忘也"与王弼"得意忘象"不同,他的意思是通过对象数易学这五种方法的研究,就可以达到学《易》的最高境界,即对太极的领悟。

(三)从朱震流传后世的三种易学著作看,他的易学重在阐发与象数易相关的思想

这三种易学著作分别是《汉上易传》十一卷、《卦图》三卷、《丛说》一卷。《汉上易传》是朱震易学思想的主体部分,在这部著作中,朱震从象数易学的角度出发解释《周易》经传。它与后两种著作的不同之处,是除了重点阐述象数易学理论外,也有相当一部分的内容涉及义理易思想,如其多处引用程、张两家言论,以引《伊川易传》最多,但这并不影响朱震易学思想的主体仍然是象数易:其一,朱震着力最多处仍在象数易学,其用以阐发象数易学的文字远远多于义理部分;其二,即使阐发义理思想,朱震也是以象数为理论依据,义理的思想始终不离象数易。《卦图》是朱震对西汉以降至北宋年间的图书之学进行广泛的搜集整理,汇编而成的著作。收入的易图达四十四幅之多,这些图式,集中表达了象数学派的易学观。上卷所收易图共七篇,它们是流行于北宋时期的河洛之图、先后天图、太极图、李挺之卦变图等,对其中每一款图式,朱震都详细介绍其作者、渊源以及图式蕴含的象数易思想;中卷所收图式,是包括李溉卦气图、太玄准易图、乾坤交错成六十四卦图等在内的共十六幅图式,朱震结合天文、历法、音律等自然科学知识解释《周易》中的有关思想,尤其以阐述象数易学中的卦气理论为主;下卷共收二十一幅易图,朱震重点阐述了易学中的纳甲、卦气和易数理论。《丛说》一卷,属于杂论性质,用以

---

① 朱震:《序》,《汉上易传》前言,第2页。

解说《周易》经传文以及与易学研究相关的问题,也是以象数学派的观点为主。由此可见,朱震流传后世的三种易学著作都与象数易学有着密切的关联,每一种易学著作的重点都在于宣扬象数易学的思想理论。

(四)象数易学的最终旨趣是阐明易理

朱震虽然将象数之学视为易学之基础而详加阐述,但他并不排斥义理学派以人文理解《易》的思路,主张以象数为基础的易学研究,最终的目的是阐明易理。他在《进易表》中声明其学"以《易传》为宗",也就是承认以程颐的《伊川易传》为其易学之宗旨;他在《汉上易传》中阐发的心性修养论,主要受理学家的影响;他对《说卦》"精义入神以致用""穷理尽性以至于命"的解释,表明他深受张载的影响,以穷神知化的天人合一为人生的最高境界。张其成教授曾撰文指出,宋代象数学派继承汉代象数学派的人文情怀,参合天人,避免天学与人学相割裂的弊端,或由太极以立人极,或由物理、自然之理而论心学、性命之学,从而建构了一个宇宙与人文同构同序的理论图式,表达了鲜明的人文价值理想。因此有必要从人道观的角度对象数学派进行深入的研究,以给象数学派一个全面而公正的评价。① 张教授此说极具启发,我们完全可以用此方法来研究朱震。以象数之学为基础和以义理之学为归宿,这在朱震易学思想中是并行不悖的两个方面。

二、广泛采辑并折中各家之学,融汉易象数学与宋代先天河洛学于一体

朱震试图站在象数学派的立场,对汉宋易学作出一次总结,故而其易学广泛吸取先儒之说,但又不是简单地重复前人的思想,而是对这些思想加以折中融汇,借此建立一个无所不包的易学体系,这是朱震易学的另一个重要特征。

朱震在《汉上易传》中,对西汉以来的各家易学均有所吸收,正如《进易表》所言,他的易学是"以《易传》为宗,和会雍、载之论,上采汉魏吴晋

---

① 张其成:《汉代象数学家的人文情怀》,《周易研究》,2000 年第 1 期。

元魏,下逮有唐及今,包括异同,补苴罅漏",就是说他的易学纵贯汉宋,包括异同,对各家之学兼收并蓄。这一点反映在其传世的三部易学著作中,《汉上易传》又名《汉上易集传》,既然以"集传"二字命名,就表明了他的易学思想广集先儒之说;《卦图》主要收集两汉以来图书学派的成果,其中大部分图式为前人所作,少数易图可能是朱震亲作;《丛说》也大量收集两汉以来易学家说《易》的资料。就多方采辑先儒之说这一点,朱震的《汉上易传》与唐李鼎祚《周易集解》相似,但李氏《集解》所收仅限于唐代及唐代之前易学家的《易》注,朱震则不止于此,还收录了北宋以后包括图书学和理学在内的诸多易学家的思想。几乎可以这样说,凡是历史上稍有影响的易学家的易注,朱震皆有所采辑。从内容上看,汉上易所涉及的易学家,既有主象数的,也有主义理的。象数学内部,具体又采用了:(1)占验派,如孟喜、京房、焦延寿等,朱震对此派中的卦气、八宫、五行、世应、飞伏、爵位、象占、太乙、六壬、遁甲等均有吸收;(2)注经派,如郑玄、荀爽、虞翻、崔憬、李鼎祚等,朱震对其卦变、纳甲、五行、互体、升降、之正、太极等象数思想加以吸收;(3)图书派,如宋代李溉、陈抟、刘牧、邵雍、李挺之等人,朱震吸收了此派中的河洛之学、先天后天学、太极图、卦变等。义理学家的思想,朱震对王弼《周易注》中相关思想有所吸收,他引用最多的,要数理学家的《易》注,其中明引程颐《伊川易传》就达一百多条,所引张载的易学思想也甚多,仅次于程颐。

值得注意的是,朱震并不是简单地罗列历史上易学家的《易》注,而是将这些观点融汇到他本人的易学体系中。其易学的逻辑体系,简单地说,就是以太极为易学之最高范畴,将汉唐的元气论与北宋时期的体用论思想结合,不仅坚持以元气解释太极,而且将太极视为《周易》象数之源,万物之祖,将"学至于太极而止"视为学易的最高境界;以象数为易学研究之基础,以"变"为核心,统领古今易学家提出的各种象数体例;以卦图为解释易学的工具,融北宋图书学与汉代象数学于一体;以义理为易学之归宿,吸收传统儒家和北宋新儒学思想。正因为如此,朱震的《汉上易传》不仅具有重要的史料学价值,更是一部用力颇深的易学论著。

第三节　朱震易学之最高范畴——太极

朱震太极观的一个重要思想，就是借助理学常用范畴"体""用"，以阐述其象数易学思想，从而使其太极观不仅具有了象数之学的含义，而且具有了象数之源的功能和作用。

他在《汉上易传》中释"大衍之数五十，其用四十有九"说：

> 一者，体也，太极不动之数。四十有九者，用也，两仪四象分太极之数。总之则一，散之则四十有九，非四十有九之外复有一而其一不用也。方其一也，两仪四象未始不具。及其散也，太极未始或亡，体用不相离也。四十有九者，七也，是故爻用六，蓍用七，卦用八，玄用九，十即五也，十盈数，不可衍也。分之左右而为二，以象两者，分阴阳刚柔也。挂一于小指以象三者，一太极两仪也。揲之四以象四时者，阴阳寒暑即四象也。①

朱震将太极之一与四十九对举，以解释大衍之数与四十九之关系。此"一"为太极不动之数，因其不动，故又为《易》之体。四十九参与揲蓍过程，因其变化而有两仪四象，故为太极之用。两仪四象与太极之数的关系是，"两仪四象分太极之数"。值得注意的是，朱震使用了"分"字，太极乃"一"，按理说是不能被分的，因此，这里的"一"字不能简单地视为数学上的单一的"一"，而是哲学上"合一"的"一"，也就是说，此太极之一乃四十九数合而为一，故"总之则一，散之则四十有九"，"非四十有九之外复有一而其一不用也"，此"一"即是四十九，四十九也即是"一"。此太极之一，当其未散之时，两仪四象已蕴含其中，此即体中有用，当其散开时，两仪四象又分此太极之数，太极并不因此而消亡，此即用中有体，故体用始终不相离。朱震此说蕴含的意义，就是将太极之一视为《周易》象数演变的根源。

---

① 朱震：《系辞上传》，《汉上易传》卷七，第 228 页。

他解释《系辞》"《易》有太极，是生两仪，两仪生四象，四象生八卦"时又指出：

> 极，中也。太极，中之至欤？《易》有太极，四十有九合而为一乎！四象八卦具而未动谓之太极，在人则喜怒哀乐之未发者也。阴阳，匹也，故谓之仪。太极动而生阴阳，阳极动而生阴，阴极复动而生阳。始动静者，少也，极动静者，老也，故生四象。乾，老阳也，震坎艮，少阳也，坤，老阴也，巽离兑，少阴也，故四象生八卦。卦有爻，爻有位，刚柔相交有当否，故八卦定吉凶。有吉凶则有利害，人谋用矣，故生大业。[1]

朱震这段话的主要意思在于说明太极之于《周易》象数学的意义和作用。其总的思想，就是将太极视为四十九数"合而为一"。此太极之一，内含四象八卦之象数，但尚未散开，处于未动之时。"太极动而生阴阳，阳极动而生阴，阴极复动而生阳"一句，与周敦颐《太极图说》"太极动而生阳，动极而静；静而生阴，静极复动"似同而异。周氏《太极图说》以"无极"为最高哲学范畴，无极至静无感，为万物之源，其生成万物必须借助太极一静一动的作用。以无极为"静无"，太极就是"动有"。而朱震的易学思想视太极为最高本体，太极乃象数之源，万物之祖。其自身含有两仪、四象、八卦，两仪、四象、八卦就是太极自身的展开。另外，《太极图说》在描述太极生阴阳的具体过程时，主张太极先动，动则生阳，动极则归于静，静则生阴，似有将太极中的动静阴阳分开的意味和倾向。而朱震直言"太极动而生阴阳"，阴阳作为两仪同时存在于太极之中，太极就是阴阳的统一。在阴阳动静中，又有"始动静者"和"终动静者"的差别，"始动静者"，就是少阳和少阴，"终动静者"，就是老阳和老阴，它们从两仪中分有，此即"两仪生四象"。八卦分四象，乾为老阳，震坎艮为少阳，坤为老阴，巽离兑为少阴，故"四象生八卦"。

---

[1] 朱震：《系辞上传》，《汉上易传》卷七，第234页。

从以上分析可知,朱震将两仪、四象、八卦看成是太极自身逻辑的展开,如此所理解的太极,就是《周易》象数之根源。此外,朱震还从易数的角度,说明太极之一是易数产生的根据。他说:

> 一者何? 气之始也。参天者,一太极两仪也。两地者,分阴阳刚柔也。参天两地,五也,五小衍也。天地五十有五之数具而河图洛书大衍之数实倚其中,一与五为六,二与五为七,三与五为八,四与五为九,九与一为十。五十者,河图数也,五十有五者,洛书数也。五十有五即五十数,五十即大衍四十有九数。①

朱震认为,大衍之数、参两之数、天地之数、河洛之数以至策数,五者相互包含,相互摄取,本质上是一致的。参两之数,本于太极之一,此一小衍为五,由此产生五行生成之数,其和为五十有五,即天地之数,其中蕴含河图、洛书、大衍之数。朱震此论,其实就是将太极之一看成参两之数、大衍之数、河洛之数、天地之数产生的根据,而此四数也就是太极之一自身的展开,以此说明《周易》中的数,根源于太极之一。

最后,朱震在《序》中对上述思想进行了总结,他说:

> 夫《易》广矣,大矣,其远不可御矣,然不越乎阴阳二端,其究则一而已矣。一者,天地之根本也,万物之权舆也,阴阳动静之源也,故谓之太极。学至于此止矣,卦可遗也,爻可忘也,五者之变反于一也。是故圣人之辞因是而止矣。②

"权舆",始初也,古人造衡自权始,造车自舆始,此处言"权舆",谓万物造化初始之义。所谓"五者之变",是指象数易学中动爻、卦变、互体、五行、纳甲这五种体例之变化,朱震视这五种变化是《周易》象数学最重要的体例。在他看来,这五种变化,皆源于太极之一。太极就是天地万象之根本,阴阳动静之源泉,懂得了这一点,就达到了易学的最高境界,由此可

---

① 朱震:《说卦传》,《汉上易传》卷九,第253页。
② 朱震:《序》,《汉上易传》前言,第2页。

知,太极就是朱震象数之学的最高范畴。

以上主要是从象数易学的角度解释太极,其中最重要的一个思想,就是朱震以体用范畴解释不用之一与四十九数的关系,由此得出太极乃四十九数之和的结论,太极自身含有两仪、四象、八卦以至六十四卦,两仪、四象、八卦、六十四卦即太极自身逻辑的展开。此外,朱震还从易数和象数体例的角度讨论太极之一的性质和功能,这些解释,均在于说明太极乃《周易》象数之源。

由于朱震视太极为易学最高范畴,当他以太极解释世界的生成时,必然导出太极为万物本原的思想。他在《丛说》中讲:

> 太极者,阴阳之本也。两仪者,阴阳之分也。四象者,金、木、水、火、土也。八卦者,阴阳五行布于四时而生万物也。故不知八卦则不知五行,不知五行则不知阴阳,不知阴阳则不知太极,人孰知太极之不相离乎,不知太极则不可语《易》矣。[1]

就世界的生成而言,太极是万物的根源,因为它是阴阳二气得以产生的本根。"太极动而生阴阳",所谓两仪,就是指阴阳二气。阴阳二气分化为五行,此即四象。朱震以五行为四象,本于孔疏、胡瑗和李觏。孔疏曰:"'两仪生四象者',谓金木水火,禀天地而有……土则分王四季,又地中之别,故唯四象也。"[2]胡瑗《周易口义·系辞上》亦云:"四象者,即木金水火是也。"阴阳五行之气分布于四季而生万物,此即八卦。按孔疏的解释,"震木、离火、兑金、坎水,各主一时,又巽同震木,乾同兑金,加以坤、艮之土为八卦也"[3],朱震亦取此义。学者由此逆推可知,五行即在八卦之中,故"不知八卦则不知五行",阴阳即在五行之中,故"不知五行则不知阴阳",太极即在阴阳之中,故"不知阴阳则不知太极"。按此说法,万物的生成皆本于阴阳五行之气,而太极即是阴阳之本,故太极是易学的最高范畴,万物之祖,但又不脱离万物而存在,它就在阴阳、五行、八卦或

---

① 朱震:《丛说》,《汉上易传》,第 404 页。
②③ 王弼注,孔颖达疏:《周易正义》卷七,第 370 页。

万物之中。

朱震在《丛说》中对这个问题作了进一步的回答，他说：

> 至隐之中，万象具焉。见而有形是为万物，人见其无形也，以为未始有物焉，而不知所谓物者，实根于此。今有形之初，本于胞胎，胞胎之初，源于一气（而），一气而动，氤氲相感，可谓至隐矣。故圣人画卦以示之，"一"画之微，太极两仪四象八卦无所不备，谓之四象则五行在其中矣。[①]

"至隐之中，万象具焉"一句，源于程颐"冲漠无朕，万象森然已具"[②]。程氏所言，是指理无形兆，但万象皆具备于其中。而朱震则以"至隐"为气，万象皆在此气之中，由于它尚未分化，故曰"一气"。气动而分阴阳，阴阳二气氤氲相感，其中虽蕴含万象，但尚未形成有形可见的具体事物，故称为"至隐"。圣人依此而画卦，所画之"一"，虽然细微，但从太极到八卦皆在其中。朱震此说，其实就是将太极解释为尚未分化的一气，此气中即含有两仪、四象、八卦乃至万物。朱伯崑评价说："此种观点，同其易学理论，即太极不动之一散而为四十有九，成为两仪、四象、八卦是一致的。"[③]

朱震解释《说卦》"是以立天之道曰阴与阳"时，进一步指出：

> 《易》有太极，太虚也。阴阳者，太虚聚而有气也，柔刚者，气聚而有体也。仁义根于太虚，见于气体而动于知觉者也。自万物一源观之谓之性，自禀赋观之谓之命，自通天地人观之谓之理，三者一也。[④]

以太极为太虚，这是受到张载的影响。阴阳是太虚凝聚而成的气，刚柔是气聚所成的体，仁义之类的知觉也根于太虚，性、命、理三者名殊而实同，也都根源于太虚。

---

① 朱震：《丛说》，《汉上易传》，第 404 页。
② 程颐：《周易程氏易传》卷一五，《二程集》上册，第 153 页。
③ 朱伯崑：《易学哲学史》卷二，第 359 页，北京，华夏出版社，1995。
④ 朱震：《说卦传》，《汉上易传》卷九，第 254 页。

朱震视太极为易学之最高范畴,象数之源,在以太极解释世界万物的生成时,他继承了汉易和孔疏中的元气说,但又不是简单的重复,而是参照北宋道学家之思想和范畴,在新的历史条件下加以诠释、改造,这是其太极观的主要特色。

第四节　朱震易学之变化观

变易及其法则,这是朱震易学思想的核心。太极"动而生阴阳"后,由此展开了阴阳气化流行的过程。圣人模仿阴阳二气的升降变化而立卦生爻,所以《周易》卦爻的主要性质和特点就是变。从象数学的体例看,其易学思想又表现出以"变"为主体内容,以卦变为基础,统率易学相关条例的特点。

一、对卦变的多种解读

朱震易学思想中体系最为庞杂、最牵强附会,然最能体现其作为象数派易学家的部分,就是他对于"卦变"作出的多种解读。其所谓的卦变,既包括上至春秋时期的变卦思想,《说卦》中的乾坤生六子,又包括西汉以降的乾坤生十二辟卦、十二辟卦生其他卦,以及宋儒李挺之的卦变图等。可以这样说,凡是由一卦变成或者生出另一卦及相关方面的思想,皆可称为卦变。

其一,他以变卦说为卦变说。变卦说,起源于古人的占筮活动,是指一卦中的一爻变或者数爻变而引起的卦体的变化,不变的卦体称为本卦(或遇卦、贞卦),产生变化的卦体称为变卦(或之卦、悔卦)。朱震所说"凡所谓之某卦者皆变而之他卦也","此左氏所记卜筮之言,曰之某卦之说也",就是指这种筮法中的变卦体例。

其二,他将京房八卦相生变成六十四卦视为卦变。京房卦变说主要是指他所创立的八宫六十四卦新卦序,这是一种独具特色的体系完整的卦变说。对于京房的八宫卦变说,朱震注解《系辞》时作了如下发挥:"形散为气,明而幽也;气聚成形,幽而明也……以八卦观之,一变者,卦之始也,谓之一世,六变者,卦之终也,谓之游魂,七变而反者,卦体复也,谓之归魂。始者,生也,终者,死也,反则死而复生。"[1]他以京房八宫说解释生死并最终归结为阴阳之气的聚散往复,较为忠实地反映了八宫说所蕴涵的阴阳消长理论。

其三,他将虞翻等人的旁通说视为卦变。旁通作为一种象数体例,指两个卦体的阴阳爻象完全相反,由此而形成阴阳爻彼此相应而交通,明代来知德又称之为"错卦"。朱震将虞翻等人的旁通说视为卦变,说明他把《周易》中一切涉及爻变的情况均视为卦变。

其四,朱震认为,《彖传》所言刚柔上下往来,讲的也是卦变。严格意义上的卦变,见于《彖传》。《彖传》言卦变,依据卦中爻象的上下、往来、行进、内外等的变化关系,推明一卦之所以异于另一卦,是因为其爻与位有变易。《彖传》讲到的卦变,归纳起来,共有二十三例。其基本的特征是本卦与卦变不同爻性的爻数对等,爻的上下、往来、行进、内外等的变迁只能在卦体内不同爻性的两个爻位之间进行。《彖传》把卦变当作其内在结构的主体部分。《彖传》中的卦变,经汉儒荀爽、虞翻等进一步发挥,到宋代李挺之集大成,形成体系完备的"六十四卦相生图"。

其五,朱震将虞翻、陆绩等人的动爻说视为卦变。"动爻",是指爻象的变化,简称爻变。朱震于《序》中指出,圣人"效天下之动而生爻",又言"道有变易,有流动,爻则效之,故曰爻"[2],意思是《周易》中爻象的生成,是圣人模拟天地万物运动变化的结果,爻象生成后,亦势必反映天地万物的种种变化,此即"爻象之变化,象天地,故曰天地变化,圣人效之"[3]。因为爻具有变化的属性,故称其为"动爻"。

在象数之学的多种取象体例中,朱震对动爻说是十分关注的。他在

---

[1] 朱震:《系辞上传》,《汉上易传》卷七,第222页。
[2] 朱震:《系辞下传》,《汉上易传》卷八,第250页。
[3] 朱震:《系辞上传》,《汉上易传》卷七,第226页。

《序》中谈到了五种象数体例,列于第一位的,就是动爻。他之所以关注动爻,是因为动爻是其卦变说的理论依据,在内容上,它与《象传》的卦变、之正、世应、旁通、变卦等取象体例相通。其动爻说,围绕注经和占筮两个方面展开,包括爻象相易、爻象失位(或得位)动变正(或不正)、揲蓍求卦过程中的九六之变等。

其六,朱震视《说卦》乾坤相索生六子为卦变。按《说卦》的本义,是讲经卦的卦变,朱震则以六画的别卦解释此类卦变。他说:"'刚柔相摩,八卦相荡',先儒谓阴阳之气旋转摩荡,《乾》以二五摩《坤》成《震》《坎》《艮》,《坤》以二五摩《乾》成《巽》《离》《兑》,故刚柔相摩,则《乾》《坤》成《坎》《离》,所谓卦变也。八卦相荡,则《坎》《离》卦中互有《震》《艮》《巽》《兑》之象,所谓互体也。"[①]朱震认为,《乾》二五同时摩《坤》二五,如此可得一个六画的《坎》卦,同样,《坤》二五同时摩《乾》二五,可得一个六画的《离》卦。《乾》《坤》相交生出六画之《坎》《离》,此谓卦变。其后,虞翻又采用互体说,认为《坎》《离》中又含有其余四子:《坎》卦互体得《震》《艮》,《离》卦互体得《巽》《兑》。

其七,朱震卦变说的内容,还包括李挺之的变卦反对图和六十四卦相生图。李挺之的易学已经失传,后人所能见到的最早关于李挺之卦变思想的资料,便是朱震《汉上易传》。关于李氏卦变图的渊源,朱震说:"右李挺之六十四卦相生图一篇,通变卦反对图为九篇。康节之子伯温传之于河阳陈四丈,陈传之于挺之。"[②]因此,此图当由李挺之所创经陈四丈而传于邵氏父子。朱震不仅在《易图》中列有李挺之卦变图,而且在《集传》及《丛说》中多次运用此图注解《周易》,可见他对李氏卦变图非常重视。李氏卦变图的思想源于虞翻,朱震推崇两汉象数之学,对易学大师虞翻的观点多有继承,对其卦变说更是推崇备至。

其八,朱震还以卦气为卦变。朱震将卦变与西汉以来的卦气思想结

---

① 朱震:《丛说》,《汉上易传》,第 399 页。
② 朱震:《卦图》,《汉上易传》,第 314 页。

合,以卦气为卦变,进而又以卦气说作为其阐述卦变思想的内在依据。他在《序》中说:

> 乾生三男,坤生三女。乾交乎坤,自姤至剥,坤交乎乾,自复至
> 夬,十有二卦谓之辟卦。坎离震兑谓之四正,四正之卦,分主四时,
> 十有二卦各主其月。乾贞于子而左行,坤贞于未而右行,左右交错,
> 六十卦周天而复。阴阳之升降,四时之消息,天地之盈虚,万物之盛
> 衰,咸系焉。其在《易》之复曰"七日来复",《象》曰"至日",在《革》曰
> "先王以治历明时"。在《说卦》曰:"震,东方也,巽,东南也,离,南方
> 之卦也,兑,正秋也,乾,西北之卦也,坎,正北方之卦也,艮,东北之
> 卦也。"此见于卦变者也。①

这段话实质上就是以卦气为卦变。卦气和卦变,本来分别是易学研究的两个重要领域。卦气说的特点是将《周易》卦爻与历法融为一体,揭示《周易》中阴阳消长的变化与节气转换的一致性,所以它非常重视阴阳二气在四季更替中的运动变化。卦变说则以卦爻象本身的变化为基础,它所强调的是阴阳二爻的变动所引起的整个卦体的改变。卦气说盛行于西汉,其作用主要在于以卦气为根据,建立起推天道明人事的象数筮占体例。卦变说虽本之于《象传》,但直至东汉才得以完备。惠栋《易汉学》指出:"卦变之说本于《象传》,荀慈明、虞仲翔、姚元直及蜀才、卢氏、侯果等注详矣,而仲翔之说尤备。"卦变说的作用主要在于注释《周易》经传。

朱震以卦气说为根据解释卦变,重要的原因是为其卦变说寻找理论根据。朱震的易学思想以太极之气为最高范畴,并主张有气而后有象,这就决定了他必然以阴阳二气解释《周易》中相关的体例,而卦气说就在于揭示《周易》六十四卦与阴阳二气消长变化及节气转化的一致性,以卦气为根据解释卦变,与他以气化的思想解释《周易》象数学的思维是相通

---

① 朱震:《序》,《汉上易传》前言,第1页。

的,这正反映了朱震以"变"为主体内容的卦变观。

二、卦变以爻象的变易为基础

朱震的卦变说,体系庞杂,貌似混乱,其实是有一条主线贯穿于其中的,这就是强调爻象之"变"。时贤研究朱震的卦变思想,都忽视了这一点。朱震提出:

> 《易》之为书,明天地之用,其用不过乎六爻,不可远也,远此而求之,则违道远矣。其道也屡迁,有变有动,不居其所,升降往来,循环流转于六位之中,位谓之虚者,虚其位以待变动也……或自上而降,或自下而升,上下无常也。刚来则柔往,柔来则刚往,刚柔相易也。无常则不可为典,相易则不可为要,流行散徙,唯变所适,然亦不过乎六爻,不过者,以不可远也。其出入云者,以一卦内外言之,两体也,出则自内之外,往也,入者自外之内,来也,以是度外内之际而观消息盈虚之变……盖不可远者,《易》之体也,而有用焉。为道也屡迁者,《易》之用也,而有体焉。能知卦象合一,体用同源者乎?斯可以言《易》之书矣。①

这段话是对《系辞》"变动不居,周流六虚,上下无常,刚柔相易,不可为典要,唯变所适"一句的诠释,集中反映了朱震的易象观。所谓"道",这里意指易象的变化之道;"用",是指爻象的升降变易;"体",是指卦象之体质。朱震将《周易》视为一本关于易象变化之道的书籍,而易象的变化法则,必须借助爻象在卦体内的升降变易方可表现出来。由于爻象处在这样一个不断变化的过程之中,故其位置为"虚"。因其为"虚",所以又具有灵活多变的象征意义,"或自上而降,或自下而升,上下无常也。刚来则柔往,柔来则刚往,刚柔相易也",此即爻象之"用"。《周易》的变化之道,正是通过这六位爻象的变化而得以体现。爻象无论如何变化,都不

---

① 朱震:《系辞传下》,《汉上易传》卷八,第248页。

能离开卦象这一个整体，所谓"然亦不过乎六爻"，是指《易》中的卦象原始于初爻，要终于上爻，上下共六位以成其体质，这是不变的易之"体"。然此卦体又是通过六位爻象的变易而呈现出来的，所以卦象与爻象，通过这种体和用的变动与调适，达到"卦象合一，体用同源"。朱震的目的，在于说明易道变化无穷，其中的每一卦作为整体，其内部在爻与爻之间都是一种动态的关系，他总结说："信斯言也，则《易》之为书，无非变也。"①卦爻象的这种变化，以象数体例的形式表现出来，就是以爻变为基础而发生的卦变。

第五节　朱震卦图及对北宋图书学传承之考察

易学图象，是易学家为了直观地揭示《周易》象数和义理之学而绘制的一系列图象。北宋以来的易学发展，虽然主流表现为义理之学，但是从治《易》的方法和探讨的内容来看，宋易内部也分为象数和义理两大派。其中象数学派，除继承汉唐传统的注疏学风外，更为突出的特点是，提出各种图式解说《周易》原理，尤其是经过朱熹的确认和提倡后，以图书之学为主的象数之学成为宋易的重要组成部分，融合到占主导地位的义理之学中。图书学之所以能在宋代产生并迅速流行，首先是与道教的兴盛分不开。宋代从太祖赵匡胤始，就十分崇信道教，而道教的理论与《周易》关系十分密切。东汉魏伯阳作《周易参同契》，援《易》入道，凭借易理建立了炼丹的理论体系，其中最具影响的就是月体纳甲。宋初陈抟的《太极先天图》《龙图》等，皆以《易》印道，以道发《易》。正是由于统治者的扶植和道教的兴起，与道教相关的融修炼与易学为一体的图书之学也流行开来。其次，象数易学在历经魏晋隋唐发展之低谷后，内在的弊端也已暴露无遗，而图书学的兴起，正好符合这一时期象数易学发展的需要，所以它一产生，立即引起了诸多易学家尤其是像朱震这样的象数

---

① 朱震：《丛说》，《汉上易传》，第 394 页。

易学家的关注。最后，图书之学的产生也与北宋时期自然科学的进一步发展有着直接的关系。图书之学作为一种内含数理及其推演和变化的思潮，离不开当时自然科学所取得的成果，如刘牧对河洛之数的解释，邵雍对先天之数的推算，皆依赖数学和历法。

当图书之学发展到一定阶段而初具规模时，就必然需要对这些资料加以整理和收集，以便使图书学在新的历史条件和背景下进一步发展，朱震是易学史上第一个将这些易图加以汇编和整理的易学家，他的《卦图》三卷中，共列有四十四幅图式。这些图式从不同角度对《周易》一书的原理加以阐述。朱震在卷首有一句非常重要的话：

> 卦图，所以解剥《彖》《象》，推广《说卦》，断古今之疑，发不尽之意，弥缝《易传》之阙者也。①

这句话阐明了《卦图》三卷在朱震易学中的地位。《易经》作为上古圣人遗留给后人的一部神秘之书，蕴含了无尽的奥秘，虽有孔圣人作《易传》以阐述其精蕴，但语言文字毕竟有其局限，故《易传》作为文字解释系统，还有缺憾之处。而易图的作用，就在于进一步解说《彖》《象》二传，推广《说卦》思想，断古今人们所疑，阐发语言所未尽之意，从而弥缝《易传》欠缺不周处。简言之，就是通过卦图以尽《易传》未尽之意，由图以尽意。这一说法，与朱熹评价周敦颐《太极图》时所言"太极图，立象以尽意，剖析幽微，周子盖不得已而作也"（《文集·答张敬夫》），意思颇相类似，均强调卦图的重要性，认为只有凭借卦图，方能表达易学中的象数和义理。

从北宋图书学讨论的内容来看，其主要包括太极图、先后天图、河洛之图，故而朱震在《卦图》篇中首列这几幅图式，并在《进易表》中详细地阐述这几幅图式的传授谱系。他说：

> 国家龙兴，异人间出，濮上陈抟以先天图传种放，放传穆修，修

---

① 朱震：《卦图》，《汉上易传》，第292页。

　　传李之才,之才传邵雍。放以《河图》《洛书》传李溉,溉传许坚,坚传范谔昌,谔昌传刘牧。修以《太极图》传周敦颐,敦颐传程颐、程颢。①

　　朱震是历史上第一位推思北宋图书之学传授谱系的易学家。他的这段话表达了这样的传授次第:

　　《先天图》:陈抟—种放—穆修—李之才—邵雍

　　《河图》《洛书》:种放—李溉—许坚—范谔昌—刘牧

　　《太极图》:穆修—周敦颐—程颢、程颐

这里,朱震只是指出,仅《先天图》始传自陈抟,至于《河图》《洛书》《太极图》是否亦始自陈抟,朱震并没有指出。然而,后世许多易学家却妄加揣测,认为朱震在这段叙述中,把包括《河图》《洛书》《太极图》在内的图书学统统归于陈抟所传。不过,考《汉上易传卦图》之《河图》一篇,朱震倒是指出《河图》传自陈抟,"右《河图》,刘牧传于范谔昌,谔昌传于许坚,坚传于李溉,溉传于种放,放传于希夷",则在刘牧之前加入陈抟。然而朱震阐述《洛书》的传授,仅言"右《洛书》,刘牧传之",并未言传自陈抟。按黑白点的《河图》《洛书》在思想和表达形式上的同一性,这两种图式的作者绝对为同一人。而朱震在言《洛书》的传授时,仅言刘牧一人,并不言及陈抟,这就给后人留下一个疑问,《河图》《洛书》是陈抟所作,还是刘牧所作。李觏《删定易图论序》言:"世有治《易》根于刘牧者,其说日不同。因购牧所为《易图》五十五首,观之则甚重复。假令其说之善,犹不出乎《河图》、《洛书》、八卦三者之内,彼五十二皆疣赘也。"②这里,李觏直接认为《河图》《洛书》为刘牧作,故言"根于刘牧"。又《易学启蒙》在《河图》《洛书》后有蔡元定之语:"惟刘牧意见,以九为《河图》,十为《洛书》,托言出于希夷……"③此也只是认为《河图》《洛书》乃刘牧自己的思想,最多也

---

① 朱震:《进易表》,《汉上易传》前言,第1页。
② 李觏:《删定易图论序》,《李觏集》,第52页。
③ 朱熹:《易学启蒙》,《朱子全书》第1册,第211页。

不过是托言陈抟而已。或许正是出于上述这一误解，朱震认为《河图》传于陈抟。但是，对此他也可能心存疑忌，故在言《洛书》的传授时，仅提到刘牧一人。

再来考察《太极图》。朱震在叙述《太极图》的传授时，仅说此图传自穆修，并没有说传自陈抟。但先儒包括朱熹在内，都误认为朱震的意思是《太极图》由陈抟传给穆修，再由穆修传给周敦颐。如朱熹在《周子太极通书后序》中说："熹又尝读朱内翰震《进易说表》，谓此图之传，自陈抟、种放、穆修而来。"①又陆九渊说："朱子发谓濂溪得《太极图》于穆伯长。伯长之传，出于陈希夷。其必有考。"②然考朱震《进易表》，他始终没有明言《太极图》由陈抟三传而至周敦颐，包括他在对《太极图》的注释中都只是说，"右《太极图》，周敦实茂叔传二程先生"③，并没有言及陈抟。由此可见，把《太极图》的渊源上溯至陈抟的说法，是后人的误解，并非朱震的原意。

然而，朱震在《进易表》中，虽没有说《太极图》传自陈抟，但明言此图由穆修传至周敦颐。他的这个说法后来遭到一些人的反对，其中就包括朱熹。朱熹始终怀疑朱震的说法，直到后来，他看到了潘兴嗣为周敦颐所作的墓志铭，更加确认此图是周敦颐亲作。潘兴嗣在《濂溪先生墓志铭》中写道："（周敦颐）尤善谈名理，深于易学，作《太极图》、《易说》、《易通》数十篇、诗十卷，今藏于家。"④潘兴嗣是周敦颐的友人，相互间应该是很熟悉的，因此他的这一说法具有参考价值。在此基础上，朱熹又经过多方考证，认为周敦颐有可能通过张咏，接受了陈抟的某些思想⑤，然而《太极图》是周敦颐亲作："至于先生，然后得之于心，而天地万物之理，巨细幽明、高下粗精，无所不贯，于是始为此图，以发其秘

① 朱熹：《太极通书后序》，《周敦颐集》，第 45 页。
② 陆九渊：《与朱元晦》，《陆九渊集》，第 24 页。
③ 朱震：《卦图》，《汉上易传》，第 300 页。
④ 潘兴嗣：《濂溪先生墓志铭》，《周敦颐集》，第 91 页。
⑤ 可参看李申：《周氏太极图源流考》，《易图考》，第 3—12 页，北京，北京大学出版社，2001。

而。"①这是确认了《太极图》是周敦颐所自作。到了元代，刘因著《记太极图说后》，对太极图的授受源流作了进一步的考察。他说：

> 《太极图》，朱子发谓周子传于穆伯长，而胡仁仲因之，遂亦谓穆特周子学之一师。陆子静因之，遂亦以朱录为有考而潘志之不足据也。盖胡氏兄弟于希夷不能无少讥议，是以谓周子非止为种、穆之学者。陆氏兄弟以为老氏之学而欲其当，谬加无极之责，而有所顾藉于周子也。②

这是从学术考察前人的态度。接着，刘因又指出了一个非常重要，但一直被人们所忽略的问题："然其实，则穆死于明道元年，而周子时年十四矣。是朱氏、胡氏、陆氏不惟不考乎潘志之过，而又不考乎此之过也。"③既如此，周敦颐不太可能从穆修处学到《太极图》。胡适进一步提出异议：

> 今读穆集，无一语及陈抟，可怪。朱震之说必是瞎说。因为穆修死时(1032)周敦颐(生1017)只有15岁，无传授之理。邵雍生于1011，比周敦颐大六岁，尚且是穆的再传弟子，何况周呢?④

看来刘因的考证可信度较大，朱震之说却有失误。但是有一点是可以肯定的，那就是朱震提出的《太极图说》是周敦颐所作。他在解说《太极图》时说："右《太极图》，周敦实茂叔传二程先生。茂叔曰……"后面便是引用的《太极图说》全文。

综上所论，若仅就图式而言，周子太极图确实参照了道教的修炼图，但是，他将道家的修炼图置于儒家文化体系之下，以《易传》和《中庸》思想为依托，变逆则成丹的道教图式为儒学的宇宙生成图式，阐发了《系辞》"易有太极"章之大义，并提出"立人极"的道德伦理思想，这些又是他

---

① 朱熹：《再定太极通书后序》，《周敦颐集》，第48页。
② 刘因：《记太极图说后》，《静修集》，《景印文渊阁四库全书》第1198册，第537—538页。
③ 同上书，第538页。
④ 转引自李申《易图考》，第29页。

本人的创造和心得，也是《太极图》和道教修炼图的本质区别。所以，古人言太极图非周子自作，是专就图式而言；而主张是周子自作如朱熹等人，是就图式所阐发的义理而言。

以上是对朱震《进易表》所陈北宋图书之学传授谱系作的一些考察。从中可以看出，朱震的叙述确实存在一些失误，但他所叙述的三支易图的传授谱系大体符合北宋时期图书学派发展的情况。这三支传授谱系的共同特点是，都以图式解说《周易》原理。北宋时期，图书之学十分流行，成为学术界的一大思潮，北宋道学家周敦颐和邵雍，都是从图书学派中分化出来的哲学家，在一定程度上可以说宋明哲学史从图书学派开始。朱震能够意识到图书学派在宋明哲学和易学发展中的重要地位，这是其重要贡献。此外，他毕竟是中国易学史上对图书之学的传授进行系统整理的第一人，如果没有他的整理，后人对图书之学的研究就不会如此丰富。如果进一步就他对这些图式本身所包含的思想内容的议论看，朱震的思想确实具有时代价值。

第六节　朱震象数之学的义理归宿

朱震的易学思想有一个显著特点，就是认为《周易》是以象数之学为源流和出发点的，但是他同时又认为，以象数为基石的易学，其目的是阐明易道，这是他易学思想中并行不悖的两个方面。反映在他的易学著作中，朱震注解经文时，常常在论象之余阐明义理，儒家的人道观、价值观与道家的天道观，儒家的道德修养论与道家的宇宙精神被巧妙地贯通在"易"理之中，其主要思想在很大程度上受到理学家尤其是张载气化派思想的影响。

一、"得意忘象"的言意之辨

魏晋时期产生了一种新的思辨方法，这就是"言""意""象"之辨。对于这三个概念，朱震作了简单却精辟的界定，他说："乾健也，坤顺也，健顺者,意也,谓之乾坤者,名也,乾奇坤偶者,象也。"①象指卦爻奇偶之象,名或言指卦爻辞,意指卦爻象和卦爻辞蕴含的意义和义理。易学史上最初从哲学方法论的角度阐发此问题的易学家当属王弼。他从取义说出发,以义理为第一性的东西,象和名作为显义的工具,居于次要的地位,为卦义服务。朱震并没有从象数学派的立场出发批评玄学派和程氏易学的言意观,而是对其思想多有吸收。他解释《系辞》"子曰书不尽言"一段时说:

> 言之难,论者不能尽形之于书,意之难,传者不能尽见之于言。然圣人之意终不可见于天下后世乎? 夫有意斯有名,有名斯有象。意至赜也,圣人于无形之中建立有象,因象而得名,因名而得意,则言之所不能尽见者尽矣。②

朱震的这段话有两个含义:其一,从卦爻象和卦爻辞的起源看,它们都是用来表达圣人之意或卦义的,因此,先有圣人之意而后才有卦名和卦爻象,此即"有意斯有名,有名斯有象"。圣人依此心意设立卦名,有卦名之后再设立与此相应的卦象,此即"圣人于无形之中建立有象",朱震认为,这是伏羲画卦时的情形。其二,就《周易》一书的具体成书过程言,文王因伏羲之象而定之以六十四卦卦名,此即"因象而得名",之后文王又系之以卦辞,周公作爻辞,到孔子时又作《彖》《象》《文言》《系辞》《说卦》等篇,这样,六十四卦之名皆有其意,如《乾》为健,《坤》为顺,健顺就是意,此即"因名而得意"。

朱震结合《周易》一书形成及演变的历史,探讨象言的由来和意象言的关系,确实是一条新的思路和方法。不过这一思想的理论来源,当为王弼。王弼以取义说为根本,提出"言生于象""象生于意",而朱震亦认为圣人之意先于卦爻象和卦爻辞而存在,这显然是受了王弼思想的影响。

---

① 朱震:《系辞上传》,《汉上易传》卷七,第235—236页。
② 朱震:《系辞上传》,《汉上易传》卷七,第235页。

朱震的"言""意""象"之辨,是围绕"尽意"而展开的。对于如何"尽意",朱震吸收玄学易的观点,认为仅凭借卦爻辞,不能尽圣人之意,此即"言之难,论者不能尽形之于书,意之难,传者不能尽见之于言"。简言之,就是书不尽言,言不尽意。朱震认为,尽意必须通过观象,所谓"言不能尽意,须观象乃默然而自喻"①。又说:"象成而著者,形也。形而上者谓之道,变通也;形而下者谓之器,执方也。然则变通者,易之道;执方者,易之器。是故语道而至于不可象则名言亡矣。"②认为不能脱离卦爻象探讨易道,舍象则名言亦随之消亡。朱震注《咸》卦时指出:"尽感之义者,其唯去其所志,虚中无我,万物自归乎? 故圣人立象,尽意又系之辞以明之也。"③朱震虽然主张通过观象来尽意,但他是以玄学的方式解释如何观象而尽意的。其所谓的观象,就是去除成见,虚中无我,与万物融为一体。

不仅如此,朱震的"言""意""象"之辨是以"得意"为中心的,若"得意",则"象"可忘,他曾说:"易至于存乎德行则得意忘象,我与圣人一也。"④"得意"也就是提高道德修养,它是学《易》的最高境界,唯"得意者"才能与圣人合而为一。

可以看出,在言意象关系上,朱震受玄学和理学以穷理尽意为目的的影响较大。这种思维与他的易学思想兼宗象数和义理,并且以象数为基础解释易理相关联。但是,他在这里过分强调了得意的重要性,以至于提出"得意忘象",又与他力挽象数之学于凋敝的初衷相违背。可见他在探讨意象关系时,吸收了玄学和理学的观点,希望在卦爻象辞之上寻找更根本的东西,从而得出"易至于存乎德行则得意忘象"的结论,这也说明了他将理学家的德行培养视为其象数易学的最终归宿。

---

① 朱震:《丛说》,《汉上易传》,第 398 页。
② 朱震:《系辞上传》,《汉上易传》卷七,第 236 页。
③ 朱震:《咸》,《汉上易传》卷四,第 109 页。
④ 朱震:《系辞上传》,《汉上易传》卷七,第 236 页。

二、人性善论与传统儒家的修养论

围绕德行培养的问题，朱震探讨了他的人性观和修养论。朱震人性论的基本思路沿着孟子所开创的人性善论发展，同时又因为受胡瑗、周敦颐、张载、二程等的影响，而具有其自身的独特性。

首先，从性的起源上看，朱震提出性禀天道流行之气而成，所谓"性源同而分异，命禀异而归同"①。万物之性皆为天道之气流行所致，故"源同"；然物物各有其性，所谓"万物散殊，各正性命"。命则因刚柔之气有所偏滞，所以具体事物之命不同，然从它们皆归于天，无所作为来看则同。他说"性者，万物之一源"②，即是从性出于气，统一于气而言。此说源于张载，张载说："性者，万物之一源，非有我之得私也。"③张子所谓的"一源"，是指天命之性和气质之性都出于气，统一于气，与朱震并不完全相同。

其次，朱震认为人性之现实意义上的善，并不是天给定的，而是从人对天的生育长养、成己成物的功能的仰慕与认同中引出的，所谓"知一阴一阳之道则继之而不已者，善也"。他解释《系辞》"一阴一阳之谓道，继之者善也，成之者性也"说：

> 知一阴一阳之道则继之而不已者，善也。君子昼有为，宵有得，息有养，瞬有存，亹亹焉，孜孜焉，不敢须臾舍也。夫性无有不善，不善非天地之性。刚柔之气或得之偏乃有不善，有不善然后善之名立，善不善相形而后命之也，善反其初者，不善尽去，则善名亦亡，故舍曰善而成之者性也。性，自成也，岂人为哉？性即天地也，所谓诚也。④

---

① 朱震：《乾》，《汉上易传》卷一，第2页。
② 朱震：《系辞上传》，《汉上易传》卷七，第223页。
③ 张载：《正蒙·诚明篇》，《张载集》，第21页。
④ 朱震：《系辞上传》，《汉上易传》卷七，第223—224页。

因此，人性是自成自为的，它继天之善，以至诚为性，从这个角度说，人性是道德主体的认知心、体认心、感悟心，不是强力所致和人为的结果。朱震此解源自张载。张载释《系辞》此句谓："一阴一阳是道也，能继继体此而不已者，善也。善，犹言能继此者也；其成就之者，则必俟见性，是之谓圣。"①人应该承继宇宙本源、阴阳天地生生不已的功能而助万物之化育，此即"能继继体此而不已者，善也"，人各以善之积累而成就自己的"性"，在这个意义上说，现实中的人性是修得的，朱震所说的"性，自成也，岂人为哉"，即是指性乃承继天道之善而修得。

最后，当朱震解释为什么会出现恶的一面时，不是简单照搬孟荀的欲利之辩，而是采用理学"刚柔之气"的观念，提出"刚柔之气或得之偏乃有不善"。朱震虽然接受了二程和张子"刚柔之气"的说法，并将它与天地之性对立，但他并没有像二程和张子那样将此刚柔之气规定为人性的另一面，即气质之性。也就是说，张子和二程所主张的是"天地之性"和"气质之性"的两重人性论。如张子说："合虚与气，有性之名。"②人性包括源于太虚之气的天地之性和源于刚柔之气的气质之性两方面。"形而后有气质之性，善反之则天地之性存焉。"③气质之性是人形成以后禀阴阳之气而有的，它与先于人身的天地之性都是人生来具有的两重人性。二程一方面主张："性即是理，理则自尧、舜至于涂人，一也。"④另一方面又提出："'生之谓性'，性即气，气即性，生之谓也。"⑤这就把性界定为：一源于天理的天地之性；二源于气秉的气质之性，两方面并行不悖，"论性不论气，不备；论气不论性，不明。二之则不是"⑥。在谈论人性的问题时，天地之性和气质之性都要谈到，并且二者不可分。在二程和张子那里，天生的性（天性）和本然的性（本性）是有区别的。天性包括天地之性

① 张载：《横渠易说·系辞上》，《张载集》，第 187 页。
② 张载：《正蒙·太和篇》，《张载集》，第 9 页。
③ 张载：《正蒙·诚明篇》，《张载集》，第 26 页。
④ 程颢、程颐：《河南程氏遗书》卷一八，《二程集》上册，第 204 页。
⑤ 程颢、程颐：《河南程氏遗书》卷一，《二程集》上册，第 10 页。
⑥ 程颢、程颐：《河南程氏遗书》卷六，《二程集》上册，第 81 页。

和气质之性两方面,而人之本性就是"无不善"的善性,他们谈论较多的是"天性"而非"本性",这一点在张子那里表现得更为突出。反观朱震的人性论,由于他并没有将此刚柔之气视为天性,故他在人性论上主要还是持性善的一元论,并且专言本然之性。他说:

> 善者,天地之性而人得之,性之本也。不善非性也,习也。不远而复者,修为之功也,故曰不善未尝弗知,知之未尝复行。知之者,觉也,自性也。或曰鲋椒之恶岂习乎?曰知修为之功则复其本矣。由其习之不已,迷而不复矣。人之生有气之质,有性之本,刚柔不齐者,气也,性之本则一而已矣。①

这里朱震明确提出"不善非性",那么凡言性者,就应该是善性。善性、天地之性、人的本性,在朱震看来具有同一性。朱震虽然提出"人之生有气之质",但是并未将此生来具有的气质归结为人性,而仅将它归结为"刚柔不齐"之"气"。在朱震看来,人人皆有本于乾元之气而产生的"善端",他说:"乾坤之道,观乎天地万物之变化,其道较然著见矣。然反观吾身,乾坤安在哉?盖善端初起者,乾也,身行之而作成其事者,坤也。人皆有善端不亦易知乎?行其所知不亦简能乎?……然不过健顺而已,而健顺者在乎反求诸身而已,岂不至易至简哉?知此则天尊地卑,八卦相荡在乎其中矣。古之传此者,唯曾子、子思、孟子则然。"②由此可见,朱震人性论的源头,是在思孟学派,思孟主张人人皆有善端,只要反求诸己,扩而充之,就能以诚通天,所谓"尽性知命以至于天"。

与善相对的不善是不能称之为性的,但它确实存在,朱震认为,这是后天积习所致。通过克己和修为,不善是可以改变的。但是改变的并不是人性,人性是天生"自成自为"且至善的,即所谓"性,自成也,岂人为哉?"故这里说的"修为之功",并不是改变人性,而是自我的内在觉醒、通过内省之功寻找失去的本性。

从人性论出发探讨修养论,这是朱震易学合乎逻辑的进程。其修养论,基本上恪守传统的儒家思想,特别是《大学》《中庸》的思想,同时又吸收了理学家二程、张载的言论。归纳起来,就是正中存诚、守正无欲、谦恭缜密、修己自重。然与二程不同的是,朱震的修养论主要是以象数之学为基础进行阐发的。

第七节　总结

朱震一生致力于易学研究,"游宦西洛,获观遗书","问疑请益,遍访师门","起政和丙申,终绍兴甲寅",历经十八年之久,终于完成了传世名著《汉上易传》。其目的在于通过运用大量汉宋易学家的《易》注,对易学的发展进行一次总结,重新确立象数易学的地位。魏晋以来,由于义理易学的盛行,两汉易学陷入低谷,虽经李鼎祚等人整理辑佚,积累了一定的象数易学资料,但仍然缺乏理论上的系统阐述。宋初道家易师承传授,象数易以新的形式——图书易再度兴盛,然而北宋以二程为代表的义理之学却极力排斥象数解《易》。在这种背景下,作为程门后学的朱震,探究易学发展之源流,揭示王弼易学之弊,折中前人研究成果,阐明易学之大义,将象数易学确定为易学之正统,其意义是不言而喻的。

其一,恢复并丰富了两汉象数易学的内容。为了重新确立两汉易学的正统地位,朱震在《序》中重点阐述了象数易学的五种体例,并从各个角度反复加以解说,目的就是对遗留下来的象数易资料进行系统的整理,作一次全面的总结,以便为象数易学提供一套理论体系。

其二,开启了易学研究的新方向,使《周易》象数学焕发了生机。朱震以象数之学为易学之源,这对于恢复《周易》一书的本来面貌是有积极帮助的。易学自魏晋以来,主要是义理一统天下的局面,北宋易学家虽然也主张不废弃象数,然而易学中的义理易是主导、主流,象数学只居辅助和屈从的地位。若从《周易》一书的本来面貌上看,《周易》本为卜筮而

作。因此，义理之学虽然丰富了易学理论和思想内涵，却脱离了《周易》
筮占的基本功能。宋儒朱震正是在这一认识的前提下，提出恢复象数易
学的传统，使象数易从辅助、屈从的地位上升到大易之源、易学基石的地
位，正如陈振孙所言："其学以王弼尽去旧说，杂以庄、老，专尚文辞为非
是，故其于象数加详焉。"（朱彝尊《经义考》卷二十三）又如《四库提要》所
言："其说以象数为宗，推本源流，包括异同，以救老庄虚无之失。"朱震的
纠正，对于及时调整易学发展的大方向起到了重要的作用，为朱熹易学
思想的形成起到了承上启下的作用。同时，由于朱震的推动，宋元明清
图书之学得到了充分的发展。

　　其三，以太极之气解释世界的本原，从而推动了气学派理论的发展。
宋明哲学的气本论，由张载发其端，其后经过朱震、薛瑄、蔡清、罗钦顺、
方以智、王夫之等人的阐发而趋向完善。朱震的贡献就在于受理学体用
论的启发解读太极之气，他以太极之"一"为体，散开四十九数为用，提出
太极之"一"未散之时，蕴含着两仪、四象、八卦以至于天地万物，散开后，
两仪、四象、八卦、万物又分有太极之"一"，其潜在的义涵，就是将太极视
为《周易》象数之源和万物产生的本原。

　　其四，朱震以象数为易学之基础，以义理为易学之旨趣，将象数与义
理统一，表达了宋代象数易学家的人文关怀。近人研究朱震，多强调其
易学中的象数，而忽略了其象数是以义理为归宿和旨趣的，其实，这正是
朱震对两汉象数易学家的超越之处。从学理上考察，汉末象数学派的易
学家们，虽然执着于"象数"，但是，并没有真正理解"象数"在《周易》中的
固有意义，也就是说，囿于象数而不能超越之。朱震将象数视为易学之
源，反对脱离象数专言义理的王弼等人，这是因为，《周易》作为一门学
问，是以象数为基础和前提而产生的。然《周易》之所以能够成为一门学
问，是因为其内部蕴含着丰富的哲理。《周易》中的象数和义理，是不可
分割的。朱震在《进易表》中声明，其学"以《易传》为宗"，并在著作中表
达了其作为宋代象数易学家的社会政治理想与人生境界追求。正如王
应麟所评价的，"然义理象数一以贯之乃为尽善，故李鼎祚独宗康成之

学,朱子发兼取程邵之说"①,肯定了朱震兼取象数与义理的方法。

其五,从史料学的角度看,《汉上易传》保留了一些珍贵的易学资料。朱震试图对汉易和北宋的象数之学作一次总结,所以该书汇集了两汉以来诸家学说,其中未收入《周易集解》中的资料更显得弥足珍贵。如"此(指卦变)虞氏、蔡景君、伏曼容、蜀才所谓自某卦来之说也","此虞翻、蔡景君、伏曼容旁通之说也"②,这些资料对于研究汉易中卦变与旁通发展的线索十分珍贵。该书还保留了宋人的许多图式,如李溉的《卦气图》、李挺之的《卦变图》、邵雍的先后天图、周敦颐的《太极图》等,并作了介绍和评论。总言之,朱震对于象数学派观点的整理和介绍有重要的史料价值,对清代汉学家研究汉易和图书学派的演变有很大的影响。

朱震能够取得上述这些成就,客观上与他晚年始仕,此前有大量的时间和精力投身于象数易学的研究有关,主观上则取决于他个人的勤奋和努力。然而,他毕竟是象数易学发展史上较早的整理者和总结者,故而其易学也存在不足之处,归纳起来,有以下几点:

其一,总体来看,他对于象数学派的整理只是初步的,尚缺乏明确的条理性和系统的阐述,故而在论述的过程中有繁杂之弊。其二,在整合和折中各派象数易学思想时,提出的一些观点牵强附会,甚至相互矛盾。如将变卦、旁通、反对与卦变等同;将《易纬》的爻辰说与郑玄爻辰说等同;将京房八宫阴阳卦视为《易纬》爻辰中的阴阳卦;以五行生成数解释虞氏纳甲中"乾甲乙坤相得合木"。这些失误遭到了后世易学家的诘难。其三,从南宋的社会和政治背景看,朱震大力倡导的象数之学,与理学家以义理注《易》相比,偏离现实,故很难广为流传。全祖望说:"上蔡之门,汉上朱文定公最著。三《易》象数之说,未尝见于上蔡之口,而汉上独详之。尹和靖、胡文定、范元长以洛学见用于中兴,汉上实连茹而出,顾世之传其学者稍寡焉。"③朱震死后,同仕于朝廷的友人在祭文中描写了他

---

① 王应麟:《易》,《困学纪闻》卷一,第14页。
② 朱震:《丛说》,《汉上易传》,第395页。
③ 全祖望:《汉上学案·序录》,《宋元学案》第2册,第1252页。

的一生：

> ……惟公老于田亩，困于州县，白首穷经，意则不倦。视彼世人，奚贵奚贱？不义而得，吾亦不愿。一昨召来，遇知明主，金马玉堂，四涉寒暑。以经决事，随事有补，位高职卑，亦莫公侮。不传之要，自得之妙，惟公知之，固世所笑。彼笑何伤，公亦自强，愈老愈壮，虽死不亡。（《汉上先生履历》）

其中"以经决事"，说明他恪守儒家经典，"固世所笑"，说明他的思想不合时务，为世人所讥笑。但是，朱震一生"白首穷经，意则不倦"，在经学特别是易学研究上所作出的贡献是不可磨灭的。

第十五章　胡安国的哲学思想

胡安国(1074—1138),字康侯,号青山,谥号文定,世称"武夷先生",亦称"胡文定公",建州崇安县(今福建武夷山市)人。两宋之际,面对动荡不安的社会局势以及道学日渐衰微的严峻现实,胡安国"强学力行,以圣人为标的,志于康济时艰"①。无论身处朝堂为政治国,还是退居山野为学求道,他都对国运民生表现出强烈的忧患意识和担当精神。就为政方面来说,从登第到谢事,胡安国一生在官四十年,虽因仗义忠耿、直言劝谏而屡遭排挤、贬谪,以致实际任职不及六载,其爱民忧国之心却历久弥坚,"每有君命,即置家事不问"②,真可谓鞠躬尽瘁,死而后已。就为学方面而言,胡安国承续孔孟道统,私淑二程洛学,开创湖湘学派,为宋室南渡以来昌明洛学的大功臣。

胡安国生逢两宋"奸佞用事,大义不立,苟存偏安,智勇扼腕,内修之未备,外攘之无策"③的危难之际。他慨然以济世救民为己任,其学问重心并不在内圣方面(本体论与工夫论)的建构,而在于外王学的开拓。他

---

①②《宋史·胡安国传》卷四三五,第 12915 页。
③ 虞集:《虞集春秋胡传纂疏序》,胡安国:《序跋著录》,《春秋胡氏传》附录二,第 554 页,杭州,浙江古籍出版社,2010。

全心致力于《春秋》大经的研治,耗费三十年的工夫成就《春秋传》,就是希冀能以此挺立为政之本和显明治国之道,从而为当朝君臣的行事提供直接的借鉴和指导,以至于实现其拨乱反正、复兴中原的经世理想。所以对胡安国来说,为学与为治是内在统一、不可分割的,前者在于立本明体以为后者提供根本原则和指导方向,而后者则在于经世致用以使前者得以付诸实施。胡安国理学的内在理路展示为:首先标明明体致用的为学旨趣,其次确立正心明道为致用之本,进而展示正心明道之法——穷理致知与察识持养,然后再根据所明之本心仁道而行,以达至经世致用的目的,即依循所见之道对当时所面临的现实问题提供有效的解决方案,从而指引现实政治的开展。

第一节　明体致用的为学旨趣

胡安国的为学旨趣在于"明体以致用"①,即以经世致用作为根本目标,以正心明道作为前提条件。对于如何正心明道,胡安国力主穷理致知与持养扩充的下学工夫。落实到胡氏自身的为学经历上来说,这一工夫则主要表现在通过对《春秋》经的诠释以阐明和标举儒家的根本大义。胡安国并不以本体论、工夫论问题的探讨或性命之学的理论建构为其治学的重心,而是津津于《春秋》经的研究,着力于经世之道的开拓,尤其注重即事以明理和依理以治事。这在当时儒者们积极推动儒学哲理化的思想大潮流中是较为突出的。究其原因,主要有三:

其一,青年时修习洛学与春秋学的从学经历。根据胡寅《先公行状》记载,元祐五年(1090),胡安国十七岁时,即进入太学修习德业。当时正值反对王安石新政的旧党当政,王氏新学遭到贬抑,而与新学相对的二程洛学则获得了较为宽松的发展环境。所谓"是时元祐盛际,师儒多贤彦",即可体现出这一点。这为胡安国接触并研习洛学提供了一个良好

---

① 胡安国本人并没有提出"明体以致用"的说法,此是笔者根据其儒学既坚持经世致用的追求指向,同时又力主明道存心为经世致用之本的特点概括而成。

的时机和环境,而当时他所从游的"师儒"正是程颐的讲友朱长文与靳裁之。① 朱长文,字伯原,吴县(今属江苏苏州)人,人称乐圃先生,一生以著书立言为事,曾从泰山先生孙复学习《春秋》,深明其《春秋尊王发微》之意旨,《宋元学案》将他列为孙复的门人和程颐的学友。② 靳裁之,颍昌(今属河南许昌)人,年少时即已闻知"伊洛程氏之学",《宋元学案》将其归为"明道(程颢)私淑"。③ 靳裁之"才识高迈",胡安国进入太学时即拜他为师,并深得他的器重,经常"与论经史大义"④。朱、靳二先生,一位深谙孙复的春秋学,一位熟知二程的洛学,胡安国得以受教于两位贤师,并孜孜以求、勤学不倦,这为其以后整个学问和人生的展开确定了基本的方向,奠定了初步的基础。

当然,胡安国追随朱、靳二师游学只是为其日后阐扬洛学精神和发明《春秋》大义奠定了一个初步的基础,他对二程的学问有更为深入的了解,则主要得益于与杨时、谢良佐、游酢等程门高足的交游。绍圣四年(1097),胡安国中进士第,首授常州军事判官,改授江陵府观察推官,辞不赴任,又除江陵府(荆南府,今荆州)府学教授。黄宗羲在《宋元学案·武夷学案》中指出:"先生为荆门教授,龟山代之,因此识龟山。因龟山方识游、谢,不及识伊川。"⑤绍圣五年(1098),胡安国担任提举湖北路学事,通过杨时(当时任湖北荆南府教授)的引见,与时任湖北应城宰的谢良佐正式结识。此时胡安国虽居于上位,但他丝毫未把自己当作官长,而是

---

① 胡寅《先公行状》载:"越两年(元祐五年—引者注),与计偕,既而报闻,遂入太学。修懋德业,不舍昼夜。""是时元祐盛际,师儒多贤彦,公所从游者,伊川程先生之友朱长文及颍川靳裁之。裁之才识高迈,最奇重公,与论经史大义。"(胡寅:《先公行状》,《斐然集》卷二五,第518—519页,北京,中华书局,1993。)

② "朱长文,字伯原,吴县人,人称乐圃先生。嘉祐进士,累升秘书省正字,兼枢密院编修文字。伤足不果仕,以著书立言为事。从泰山学《春秋》,得《发微》深旨。"(《泰山学案》,《宋元学案》卷二,第118页。)

③ "靳裁之,颍昌人。少闻伊洛程氏之学。胡文定入太学时,以师事之。"(《明道学案下》,《宋元学案》卷一四,第582页。)

④ 胡寅:《先公行状》,《斐然集》卷二五,第519页。

⑤ 黄宗羲原本,全祖望修定:《武夷学案》,《宋元学案》第2册卷三四,第1172页。

亲赴应城谒见谢良佐，"质疑访道，礼之甚恭。来见而去，必端笏正立目送之"，这令其身边的僚属和当地的吏民都十分惊叹。时贤邹浩听闻此事之后由衷地感慨道："将军北面帅师降敌，此事人间久寂寂。"①由此足见胡安国的谦卑恭逊与尊贤重道。自从与杨、谢、游定交以后，胡安国便同他们展开了比较频繁的交际往来，②尤其是在学问方面，多有切磋互动，彼此相互请益、相互砥砺，这对胡安国进一步深化对洛学和春秋学的认识产生了很大的影响。胡安国曾明确指出："吾于谢、游、杨三公，皆义兼师友，实尊信之。"③由此充分肯定他与二程洛学之间具有一种学统和师承关系。④

深入到胡安国的思想本身来看，他在本体上对天理、仁心的标举，在工夫上对穷理致知的强调，明显是对二程理学的继承，而他对《春秋》大义的发明更是深受程颐的影响。胡安国曾对胡宏表明："若论其传授，却自有来历。据龟山所见在《中庸》，自明道先生所授；吾所闻在《春秋》，自伊川先生所发。"⑤这就明确肯定自己的春秋学源于程颐，以他所著的《春秋传》来说，即是指"微词多以程氏之说为证"这一点。⑥

其二，世衰道微、国危民难的现实处境，明道经世、救国济民的迫切需要。两宋祸乱之际，儒学的开展与现实政治有着十分密切的关联，胡安国的春秋学乃至其整个儒学即是因应社会现实问题而建构。作为胡安国一生学问的结晶，《春秋传》既是对两宋之交社会境况的一种隐射，也是为解决现实问题所制作的法典。可以说，胡安国整个学术的展开主要根源于当时内忧外患的社会环境以及由此而产生的救世济民的需要。

---

① 胡寅：《先公行状》，《斐然集》卷二五，第 558 页。
② 王立新：《开创时期的湖湘学派》，第 111—129 页，长沙，岳麓书社，2003。
③ 胡安国：《龟山志铭辩》，《春秋胡氏传》附录三，第 611 页。
④ 侯外庐等主编的《宋明理学史》指出："从学统看，胡安国上宗二程，尤其是'程颐之学'，下接'程门高弟'谢、杨、游，尤其是谢良佐；从师承看，胡安国与谢、杨、游之间是师友关系。"（侯外庐、邱汉生、张岂之主编：《宋明理学史》上卷，第 228 页。）
⑤ 胡安国：《龟山志铭辩》，《春秋胡氏传》附录三，第 611 页。
⑥ 胡安国：《叙传授》，《春秋胡氏传》，第 14 页。

胡安国虽"自少留心此经"①,但他正式开始研治《春秋》是在崇宁四年(1105)三十二岁之时,而最终完成《春秋传》则在绍兴四年(1134)六十一岁时,历时达三十年之久。② 而他苦心钻研春秋学的这三十年,也正是朝廷日益腐败、国势日趋衰微、金人逐渐内侵的时期,这样一种危难的国家情势对其春秋学产生了直接而深刻的影响。随着胡氏春秋学研治工作的层层展开和步步深入,内忧外患的社会局势也变得越来越严峻。靖康元年(1126),金国大势进军中原,直捣京都汴梁,举国陷入空前的危机之中。面对金人的入侵,朝廷不但不竭力抗击,反而令"亲王出质"与之言和、结盟,应允对方割地赔款等一切无理要求,"堂堂大宋,万里幅陨,奚至陵藉如此其甚哉"③! 对此,胡安国痛心疾首、忧虑不已,以《春秋》大义为根据,写信给时任大谏的杨时,痛斥朝廷主和派的软弱无能,强烈表达抗金的立场。④

朝廷的软弱退缩助长了金人的威势,靖康二年(1127),金兵再度围攻京师汴梁,终至国都陷落,宋徽宗和宋钦宗被俘,整个中原沦入敌手,宋室被迫南渡。同年五月一日,宋徽宗第九子康王赵构于南京(今河南商丘)即位,称高宗,改元建炎,南宋自此开始。胡安国"见中原沦没,遗黎涂炭,常若痛切于其身"⑤,汲汲于解救国难和复兴中原,于是乘宋高宗登基之时即上书直陈时弊及救治之方。⑥ 在他看来,北宋的种种政治弊

---

① 胡寅:《先公行状》,《斐然集》卷二五,第 552 页。
② 胡安国"潜心刻意,自壮年即服膺于此(《春秋》——引者注),至年六十一而书(《春秋传》——引者注)始就"(《武夷学案》,《宋元学案》卷三四,第 1177—1178 页)。由此可知《春秋传》当完成于绍兴四年(1134)。又,胡安国曾对朱震讲述其春秋学的研治历程,他指出:初学时"用功十年,遍览诸家",又十年"集众传,附以己说",又五年"去者或取,取者或去",又五年"书成"(胡寅:《斐然集》卷二五《先公行状》,第 553 页)。可见他完成《春秋传》总共耗时三十年,再根据《宋元学案》的记载,即可推知胡安国开始研究《春秋》是在崇宁四年(1105)。关于胡安国《春秋传》的成书过程,早在侯外庐等主编的《宋明理学史》(上卷)中就有详细论析,参看该著第 230—231 页。
③ 胡寅:《先公行状》,《斐然集》卷二五,第 522 页。
④ 胡寅:《先公行状》,《斐然集》卷二五,第 521—522 页。
⑤ 《宋史·胡安国传》卷四三五,第 12915 页。
⑥ 胡寅:《先公行状》,《斐然集》卷二五,第 527—528 页。

失及中原沦丧的原因主要在于"崇宁以来，事不稽古，奸臣擅朝，浊乱天下"①，即为政不以古（确指《春秋》大法）为鉴②，朝中奸佞擅权，从而道义不明、法度废弛。而这又源于当时官方推行王安石的新学，对《春秋》经"曲加防禁"，以致经世大道不明于天下。③ 所以，胡安国要通过研治《春秋》来推明经邦济世之道，从而为纠正时弊、为南宋君臣的行事提供切实有益的指导。因此，当高宗把《左传》交付给他"点句正音"时，他便说道："《春秋》……实经世大典，见诸行事，非空言比也。义精理奥，尤难窥测。今方思济艰难，岂宜虚费光阴，耽玩文采……陛下必欲削平僭暴，克复宝图，使乱臣贼子惧而不作，莫若储心仲尼之经，则南面之术尽在是矣。"④这充分表明胡安国研治《春秋》完全出于现实的关怀，是为了明识《春秋》大义以助于救治时弊、经世济民，而不在玩弄文采、虚度光阴。

其三，《春秋》经本身具有融事理为一体的性质和明道经世的作用。胡安国的学问固然与其时代关怀密不可分，具有极强的经世取向，然而他为何独独选择以《春秋》之学经世，而不倾心于《大学》《论语》《孟子》《中庸》《周易》等儒家经典？这显然与《春秋》经本身的特点有很大的关系。

胡安国在《春秋传》的序言中指出，《春秋》本来只是一部记载春秋时期鲁国二百四十二年历史的普通史书，但经过孔子的笔削之后，便成为承载儒家义理的重要典籍，以及对于后世为政治国具有重要借鉴和指导意义的经世法典。⑤ 对胡安国而言，孔子笔削《春秋》是在周道衰微，乱臣

① 胡寅：《先公行状》，《斐然集》卷二五，第527页。
② 对胡安国而言，"事不稽古"中的"古"主要是指《春秋》大法，这可以从他依据《春秋》大义对治崇宁以来出现的种种问题得到确证。又，"崇宁以来，事不稽古，奸臣擅朝，浊乱天下。论其大者，凡有九失"，即是《上高宗皇帝书》中的起始语，根据上下文也可以推知"古"当指《春秋》所载的史事及由此所呈现的道义、法度，因为胡安国在奏文下半部分就是根据《春秋》大法来应对时弊的。
③ 胡安国：《进表》，《春秋胡氏传》，第7页。
④ 胡寅：《先公行状》，《斐然集》卷二五，第550页。
⑤ 在胡安国看来，《春秋》既是"史外传心之要典"，亦是"经世大典"。参见胡安国《春秋胡氏传·春秋传序》，第1—2页。

贼子当政,人欲横流而天理丧灭的历史背景下发生的,其目的即在于"假鲁史以寓王法,拨乱世反之正"①。孔子为何不直接阐明天理、王法,而要通过笔削《春秋》、假借鲁史来表达? 在胡安国看来,这主要是因为"空言独能载其理,行事然后见其用",也就是孔子所认为的"载之空言,不如见诸行事之深切著明"②。这一点既是孔子笔削《春秋》的重要原因,同时也是胡安国倾注于《春秋》而未用心于其他经典的根本动机。可以说,孔子对《春秋》的笔削,主要在于根据儒家的基本价值理念对相关历史人物和历史事件的是非得失作出评判,即通过对历史的富有批判性的叙述来彰显儒家的根本义理,并借此对现实政治的开展提供借鉴和指引。体现在方法与形式上,孔子主要借助于对历史材料的剪裁、处置,以及描述历史人物和事件时对文辞的特殊使用来实现他的目的。经过孔子笔削后的《春秋》,融摄理事为一体,其所述之"事"不再只是简单的历史陈迹,而是儒家精神理念的表达与呈现,其所载之"理"因为寓于具体的历史人物事件之中而变得更加鲜活,此"理"所蕴含的经世之大用亦由此而得以历史性地显现与落实。既然《春秋》是即人事以明天理,用天理以处人事,那么我们就可以通过《春秋》所述之事来把握天理及其对人生行事的规范、引导作用,并以此为依据来反省和指引当下的人生实践。当然,《春秋》所载主要是天子之事,因而对于现实政治的开展具有更为重要的借鉴和指导意义。

正因为《春秋》经具有即事以明理和依理以处事的特性,而其中所涉及的事又主要是天子之事,所以能够给君臣行事提供直接的鉴戒与指引,这就是它的明道经世之作用。基于此,胡安国才尤其倾心于春秋学的研究。他曾明确、坚定地指出其研习《春秋》的原因,他说:"《春秋》,天子之事,圣人之用,拨乱反正之书。考诸三王而不缪,建诸天地而不悖,质诸鬼神而无疑,百世以俟圣人而不惑。其于格物修身,齐家治国,施诸天下,无所求而不得,亦无所处而不当,何莫学夫《春秋》? 故君子诚有乐

---

①② 胡安国:《春秋传序》,《春秋胡氏传》,第1页。

乎此也。"①《春秋》显示出圣人即人事以明天理、依天理以治人事,从而对于人生修齐治平之事无不处理得当、应对合宜。由此可以充分显示出圣人开物成务之大用,并昭明修身齐家和为政治国的法度、准绳,从而对于一切人生行事具有重要的规范和指示作用。胡安国尽心研治《春秋》,极力推明《春秋》大义,就是希望南宋君臣能够以此为鉴、以此为法,从而实现勘定内乱、扫除仇敌、恢复中兴的救世理想。

总之,对于胡安国而言,《春秋》既是"传心之要典",又是"经世大典",融摄"传心"(明体)与"经世"(致用)两面于一体,具有即用以明体和因体以致用的特点,这对于解决当时因"体"不"明"而导致"用"不能"致"的现实问题无疑具有重要的指导意义。因此,胡安国孜孜用力于《春秋》三十余年,就是希望能够明体以致用,其整个儒学的建构也是围绕这一目标而逐步展开的。

第二节　正心明道为致用之本

胡安国的学问针对的是两宋之际朝政腐败、外敌入侵、社会动乱等现实问题,其目的在于救治时弊、济世经邦。在他看来,当时诸种社会问题的症结在于当政者不明或不行为政治国之正道,以致君上昏庸无能、奸臣擅权乱国。因此,要解决当时出现的各种问题,首先必须明王道以正朝纲,从而达到救国济民的目的。这就意味着,明道为经世之本。胡安国所谓"经世安民,视道之得失,不倚城郭沟池以为固也"②,即是在点明此意。可见,"明道为致用之本"或"致用必先明道"乃是胡安国处理经世问题的基本理念,也即是其外王学的核心主张。

一、经世大用本乎一心

胡安国为学志在经世致用,对于如何经世致用,他主张以正心明道

---

① 胡安国:《哀公下》,《春秋胡氏传》卷三〇,第 502 页。
② 胡安国:《成公下》,《春秋胡氏传》卷二〇,第 321 页。

为本。这一主张既源于他对为政者道义沦丧之严重危害的深刻认识,也有其本体论上的根据,即承认体用之间的内在统一性以及体为用的本原。胡安国说:

> 即位之一年必称元年者,明人君之用也。"大哉乾元,万物资始",天之用也;"至哉坤元,万物资生",地之用也;成位乎其中,则与天地参。故体元者人主之职,而调元者宰相之事。元即仁也,仁,人心也。《春秋》深明其用当自贵者始,故治国先正其心,以正朝廷与百官,而远近莫不一于正矣。①

> 元者何? 仁是也。仁者何? 心是也。建立万法,酬酢万事,帅驭万夫,统理万国,皆此心之用也。尧、舜、禹以天下相授,尧所以命舜,舜亦以命禹,首曰"人心唯危,道心唯微",周公称乃考文王"惟克厥宅心,乃克立兹常事",故一心定而万物服矣。②

在这两段引文中,胡安国通过对《春秋》中"元"义的发挥来阐明治国平天下的根本在于仁心、仁道,并由此强调为政治国应当以正心、明道为本为先。他主要是从本体的意义上来解释"元",而且是在天人一体的视域当中来对之加以把握。引文中的"大哉乾元"与"至哉坤元"是就天道本体而言,"万物资始"与"万物资生"则是指天道本体的流行发用。胡安国又明确指出这一天道本体(元)即是"仁",并进一步认为"仁"即是"心"。这就意味着,仁心既是宇宙生化之本(天道),也是道德创造之本(人道),无论是宇宙万物,还是人生的道德实践及其所依循的道德法则等一切都根源于此。胡安国在此无疑是要凸显出仁心对于经邦治国的根本性意义,以及为政者正心体仁的重要性。既然仁心为万法之源、"万事之宗"③,那么一切人道法则及一切合理正当的人生实践都由此生发,这些法则与实践也就是仁心本体的流行大用,亦即本心仁体随时、随处、

---

① 胡安国:《隐公上》,《春秋胡氏传》卷一,第2页。
② 胡安国:《隐公下》,《春秋胡氏传》卷三,第37—38页。
③《宋史·胡安国传》卷四三五,第12909页。

随事之具体而真实的呈现。所谓"建立万法，酬酢万事，帅驭万夫，统理万国，皆此心之用"，既充分彰显出仁心本即具有的经世大用，也表明经世大用生发的根源即在于此仁心大本。显然，仁心之所以能生起万事万法之大用，乃是因为它本身就是普遍法则，就是依法行事的源动力。仁心自立法则、自作主宰、自定方向，从而能自我决定和指引吾人的行事作为，使一切行为皆本于仁心仁道而发。若"不昧本心"，并依循此心立身行事，则"自修身至于天下国家无所处而不当矣"①，由此即可以成就内圣成德与外王经世之大用。所谓"一心定而万物服"，正昭示出此意。于是，胡安国力主治国必须先正心，强调人君应当以躬行仁道为本分天职，应当先正其心以率先垂范。

正是基于以上认识，胡安国在其外王论中主张经邦济国之大用根发于本心仁体。他说："夫良知不虑而知，良能不学而能，此爱亲敬长之本心也。儒者扩而充之达于天下，立万世之大经，经正而庶民兴、邪慝息矣。"②在他看来，良知良能即是人皆固有的爱亲敬长之本心，儒者将此道德本心推行、充扩至整个天下，从而挺立起大本正道，便可以安邦兴民、平治天下。这就充分体现出本心仁体对于为政治国的根本性意义，真可谓经世大用本乎一心。

二、平治天下须先正心明道

胡安国主张以本心仁道为经世致用之本，强调治国平天下必先正心明道，这既是对两宋之际世道人心衰颓尤其是朝政腐败等现实问题的深切反思与积极应对，同时也有上述的本体论作为坚实的理据。从思想渊源上来说，胡安国显然受到了孟子以仁心行仁政的治国理念以及《大学》格致诚正、修齐治平的思想理路和架构的影响，而且也是对程颐所主张

①② 胡寅：《先公行状》，《斐然集》卷二五，第 557 页。

的治道以正心(即"格君心之非")为本这一观念的直接继承。① 胡安国的《春秋传》便是"大纲本孟子,而微词多以程氏之说为证"②,并明确指出其春秋学乃是"自伊川先生所发"③。所以他对孟子与程颐思想的继承是显而易见的。他早年在殿试策问中即"推明《大学》格物、致知、正心、诚意、修身、齐家、治国、平天下,以渐复三代为对"④,这又可以体现出他对《大学》思想的服膺。从其外王经世学的核心义理来说,他力主治国必先正心体仁。这便是胡安国对孟子、《大学》和程颐之为政思想的继承与发挥。

胡安国的正心论主要针对君王而言,这一方面是因为他充分认识到居于最高权位的君王之思想言行影响重大,关系到政治的清明与否、国家的兴衰成败以及人民的生死安危;另一方面则是由于他深刻注意到君心能否得正,对于君王的行事作为具有根本性的影响。据此,他强调人君治国必须先正其心,并认为人臣也应当"引其君当道,正心以正朝廷"⑤。他一有机会即上书陈示正心的重要性,并规劝君主作正心的工夫。如靖康元年(1126),金人入侵中原,国家情势十分危急,在此生死存亡之际,"朝廷促旨沓降",胡安国"幡然有复仕意"⑥,于是六月赶赴京师,准备为国效劳,但不久又因病而告假。一日中午,宋钦宗在后殿召见胡安国,对其劳问甚厚,胡安国趁此向钦宗进言道:

> 明君以务学为急,圣学以正心为要。心者,事物之宗。正心者,揆事宰物之权也。自王迹既熄,微旨载于《易》《诗》《书》《春秋》,时

---

① 程颐曰:"治道亦有从本而言,亦有从事而言。从本而言,惟从格君心之非、正心以正朝廷,正朝廷以正百官。"(《伊川先生语一》,《河南程氏遗书》卷一五,《二程集》上册,第 165 页。)

② 胡安国:《叙传授》,《春秋胡氏传》,第 14 页。

③ 胡安国:《龟山志铭辩》,《春秋胡氏传》附录三,第 611 页。

④ 胡寅:《先公行状》,《斐然集》卷二五,第 519 页。

⑤ 胡安国:《宣公下》,《春秋胡氏传》卷一八,第 293 页。

⑥ 再度出仕之前较长一段时间中,胡安国因不满官场的黑暗、腐败而屡屡辞退朝廷的任官,并未正式担任官职。参见胡寅:《先公行状》,《斐然集》卷二五,第 520—523 页;陈谷嘉、朱汉民《湖湘学派源流》,第 53—54 页,长沙,湖南教育出版社,1992;王立新:《开创时期的湖湘学派》,第 6 页。

君虽或诵说，而得其传者寡矣……今正位宸极，代天理物，则于古训不可不考。若夫分章析句，牵制文义，无益心术者，非帝王之学也。愿慎择名儒，明于治国平天下之本者，虚怀访问，以深发独智，则天下之幸。①

在他看来，贤明的君主往往以修习圣人之学为急务，而圣学以正心为本。因此，明君务学就应当以正心为根本。究其原因即在于，"心"为万事万物的本原（"天理根于人心"②），一切事物的权度（理）皆内在于本心，故而能够统摄、主宰万事万物。唯有使心得正，即令本心呈现，才能发挥其治事宰物的大用，所以治国平天下必先正心。至于如何正心，胡安国主张人君应当勤修圣人之学，研习《易》《诗》《书》《春秋》等古代典籍，深究其中的微言大义，由此以明道识理、涵养心性、蓄积德行。既然君王务学是为了明德正心以平治天下，那么对这些圣典的学习就不能只停留于文辞章句的表面，而必须体究其中的根本义理，以切实有益于端正心术。基于此，君主就应当谨慎择取那些真正明通治国之本的大儒来加以指导，向其虚心求教，以明大本正道，从而能够正其心而治其国。

又如绍兴元年（1131）十二月，胡安国就如何救治时弊以复兴中原提出建议和解决方案，向高宗进献《时政论》十六篇，其中就有《正心论》专门讨论君主正心的问题。他说：

心者，身之本也；身者，家之本也；家者，国之本也；国者，天下之本也。能正其心，则朝廷百官万民莫不一于正，安与治所由兴也；不正其心，则朝廷百官万民皆习于不正，危与乱所由致也……盖勘定祸乱虽急于戎务，而裁决戎务必本于方寸。不学以致知，则方寸乱矣，何以成帝王之业乎……愿更选正臣多闻识、有智虑、敢直言者，置之左右，日夕讨论，以克厥宅心。表正于上，则内外远近将各归于

---

① 胡寅：《先公行状》，《斐然集》卷二五，第523页。
② 胡安国：《僖公上》，《春秋胡氏传》卷一一，第160页。

正。奚乱之不息乎！①

在此，胡安国通过由"身之本"到"家之本""国之本"，再到"天下之本"的层层推进，充分凸显出"心"对于个人、家庭和整个社会的根本性意义，并由此进一步阐发正心对于君主为政治国的重要性，然后再点明正心之方。在他看来，身、家、国、天下的根本即在于人之一心，而君王位最高、权最重，故其心如何必关系到国家的治乱存亡和人民的安危祸福。若君心得正，则朝廷百官以至万民皆可归于正，国家的安定繁荣便因之而兴起；若君心不正，则朝廷百官以至万民都会随之而不正，国家的危险动乱即由此而产生。因此，君主治国平天下就必须先正其心。对于如何正心，胡安国主张君主应当学以致知，即通过为学工夫来加强道德心性修养，这是内在的自我修习和自我约束的方面。除此之外，还需要加强外在的约束，即择取那些正直敢言、博闻多识、颇有智慧的臣子常伴随于左右，以督促和劝导其正心。只要君主能够正其心，则朝野上下及远近内外都将会归于正道，国家的危乱便可平息。当然，胡安国对君主正心的强调，绝不只是因为他注重君主的典范或表率作用，还有更为深刻的原因。在他看来，能否平治天下的关键在于为政者仁与不仁，此即"三代之得失天下，仁与不仁而已矣。苟无仁心，甚则身弑国亡，不甚则身危国削"②。对他而言，唯有仁道才是为政治国的根本原则，唯有仁心才是一切经世大用之所以可能生发的根源，仁心仁道之体与经邦济国之用是相互统一、不可分离的。所以要使国家得治、天下得平，就必须开显仁心、明通仁道。

第三节　穷理致知、察识持养以正心明道

胡安国以正心明道为治国平天下之本，其实质即在于明识和挺立人

---

① 胡寅：《先公行状》，《斐然集》卷二五，第 547 页。
② 胡安国：《昭公下》，《春秋胡氏传》卷二六，第 436 页。

皆固有的本心仁体。于是，经世致用的关键便落在如何发明本心、开显仁体的问题上。对此，胡安国既强调穷理致知实践，又颇重察识和持养工夫。在他看来，本心即是天理，天理遍在于万事万物，通过穷究事物之理以至于融贯相通就可以明识本心。而明得本心之后，又须对本心加以操存涵养，以使本心持存而勿丧失。胡安国主张通过穷理致知以明识本心，并由察识和涵养以持存本心。

首先，就穷理致知方面来说，胡安国在论及君王应当如何正心的问题时指出："正心之道，先致其知而诚其意，故人主不可不学也。"①此直接点明正心之道在于先致知以诚意，并据此劝导人君必须务学，由学以致其知。这显然是对《大学》"欲正其心者，先诚其意；欲诚其意者，先致其知"这一观点的直接吸收。不过胡安国几乎不讲"诚意"这一环节，而主要探讨"致知"的问题。他说：

> 穷理尽性，乃圣门事业。物物而察，知之始也；一以贯之，知之至也。无所不在者，理也；无所不有者，心也。物物致察，宛转归己，则心与理不昧。故知循理者，士也。物物皆备，反身而诚，则心与理不违。故乐循理者，君子也。天理合德，四时合序，则心与理一，无事乎循矣。故一以贯之，圣人也。②

据此可知，胡安国所理解的"致知"有四个要点：其一，"致知"即穷理尽性的道德修养工夫，而并非纯粹追求客观知识的认知活动。"穷理"侧重于从致知的过程与手段来说，指即事即物而穷究其所以然和所当然之理；"尽性"侧重于从致知的目的和结果来说，指透彻地了解或充分地发挥人所固有的道德本性。其二，"致知"的关键在于"穷理"，即"物物致察"，也就是体察万物、穷究万理。而所要体究之"物"的内容广泛，大凡客观外在的事物和主观内在的心性等都包括在内。胡安国曰：

---

① 胡寅:《先公行状》,《斐然集》卷二五，第547页。
② 同上书，第556页。

物物而察，则智益明，心益广，道可近矣。又岂逐物而不自反哉？又岂以己与物为二哉？察于天行以自强也，察于地势以厚德也，察于云雷以经纶也，察于山泉以果行也，察于尺蠖明屈信也：远察诸物，其略如此；察于辞气颜色尊德性也，察于洒扫应对兼本末也，察于心性四辞养浩然之气也：近察诸身，其要如此。①

可见，察物穷理的工夫主要包括体察外物与省察己身两个方面的内容，其所察事物涵盖甚广，涉及自然现象、社会事物及道德心性等方面。而投身于万事万物体究其所以然之理，会不会使人沉溺其中而不知反求诸己呢？胡安国在此特别指出，对万事万物加以体察、考究并不会令人陷溺于事物之中而不知自反，亦不会导致己物统一关系的割裂，而只会让人更加地通达事理，心量更加的宽广，从而日益接近大道本原。胡安国正是在深刻体认到己物本来统一及心本即是理的前提下，才尤其强调"物物致察"的，其力主察物穷理的根本目的也就在于明识"心即理"，从而挺立人之本心善性。其三，"致知"既是穷究事物之理的过程，同时也是体认本心所固有之理，即发明本心的过程。因为在胡安国看来，"天理根于人心"②，"心者，事物之宗"③，即人心本来就涵具天理，万事万物之理皆统摄于、内在于人之本心，都是本心天理流行发用之体现，所以对具体事物之理的穷究也就是一个体察和明识本心的过程。当然，穷理致知只是明天理、显本心的一个重要的方便法门，其最终目的乃在于达到那一切心思意念和施为举动都是天理之流行、本心之呈现的境界，也就是臻于"心与理一"或"心即理"的圣人境界。④ 其四，"致知"是一个始终有序、渐次升进的修养过程。就一事一物而穷究其理（分殊之用），从而逐渐把握到特殊的、有差异性的具体事物之理，这是致知的开始。而致知的最终目的在于贯通所明得的具体事物之理，从而上达具有普遍性和统

---

① 刘荀：《明本释》卷上，《景印文渊阁四库全书》第703册，第170页。
② 胡安国：《僖公上》，《春秋胡氏传》卷一一，第160页。
③ 胡寅：《先公行状》，《斐然集》卷二五，第523页。
④ 同上书，第556—557页。

一性的本体之理(理一之体)。这也就是要明通万事万物之理的根源——天理本体,亦即挺立人所固有的道德本心,人生修养至此便臻于"心与理一",即彻底领会"心即是理"的圣人境界,而整个致知的过程亦得以最终完成。显然,这绝非一蹴而就,而是一个步步践履、循序渐进甚至无有穷尽的修养过程。从知道应该遵循天理行事的士,到乐于依循天理而为的君子,再到自然而然由天理而行的圣人,这既是致知工夫所造就的三种不同的人格修养境界,也是致知实践本身三个不同的阶段。这三个阶段或步骤环环相扣、密切关联,从而使致知活动成为一个逐步展开、渐次升进、层层深入的过程。

胡安国十分注重致知活动的过程性,强调即事即物穷理的践履实行和逐步积累,以及由士至君子再到圣人的循序渐进,反对空谈性命之理与"一超直入"。其弟子曾几认为:"四端五典每事扩充,亦未免物物致察,犹非一以贯之之要。"[1]这即是说,若事事物物都加以穷究,则未免太繁琐、滞碍,此并非一以贯之的关键。胡安国批评这种看法"是欲不举足而登泰山,犹释氏所谓不假证修而语觉地也",并指出"四端固有非外铄,五典天叙不可违。在人则一心也,在物则一理也。充四端可以成性,惇五典可以尽伦,性成而伦尽,斯不二矣"。[2] 在他看来,四端之心内在于人的本性,为人性所固有,五常作为先天的道德伦理法则不可违逆。充扩四端之心,可以成就人的本性,即将人的本性充分地、具体而真实地呈现出来;笃行五常,可以克尽伦常之道。唯有尽性尽伦,才能达到"心与理一"的境界。可见,胡安国在这里所强调的是,唯有通过"物物致察"的下学工夫,才能"一以贯之"地上达本体。也就是说,只有通过切实的修养工夫,才能够真正地明识、体证本心天理。胡安国把尽心成性也视为穷理致知的内容,这一方面说明他所理解的致知主要是一种道德修养工夫,另一方面则表明致知在他这里是内外兼修的工夫。无论是外求还是

---

[1] 胡寅:《先公行状》,《斐然集》卷二五,第556页。
[2] 同上书,第556—557页。

内推,其最终指向都是内在的道德本心(或道德本性),并且在实现方式上都是即用以求其体。

胡安国对这样一种具有"即用求体"特点的穷理致知工夫的推崇,表明他颇为注重践履实行,强调由下学而上达。在他看来,主张通过穷理致知的下学工夫以上达本心天理本体,这正是儒家圣学的基本特质与优长所在。他指出:"圣门之学,则以致知为始,穷理为要。知至理得,不昧本心,如日方中,万象毕见,则不疑其所行而内外合也。故自修身至于天下国家无所处而不当矣。"①这就是认为,儒学强调以穷理致知为先,一旦识得天理而显明本心,则所行必合于本心天理,即一切行事作为皆是本心天理的流行发用,无论修身齐家,还是治国平天下,都能如理得当。由此可知,胡安国是以穷理致知作为明识本心的前提条件,而又将明识本心视为修齐治平的关键。

对于如何发明本心、挺立本心,胡安国除十分注重穷理致知的工夫外,还比较重视察识与持养的工夫。穷理致知主要通过穷究事物之理的方式来明识本心,而察识与持养则着重于对本心的直接体认与存养。这两者绝非可以截然分割,而是相辅相成、互促互发的。穷理致知中的"充四端可以成性"与察识涵养工夫有交叉融合之处,其"物物致察"之"察"的观念也体现在察识涵养工夫上。就存养本心的问题,胡安国指出:

> 能操而常存者,动亦存,静亦存,虽百起百灭,心固自若也。放而不知求者,静亦亡,动亦亡,燕居独处,似系马而止也。事至物来,视而不见,听而不闻矣。是以善学者,动亦察,静亦察,无时而不察也。持之以敬,养之以和,事至物来,随感而应,燕居独处,亦不坐驰,不必言致其精明以待事物之至也。②

在他看来,人若能持存自己的本心而勿失,则无论应事接物,还是静居独处,本心都如如常在;若放失其本心而不知寻求,则无论是静处之时,还

---

① ② 胡寅:《先公行状》,《斐然集》卷二五,第 557 页。

是动为(或施为)之际,本心都是被遮蔽的,以致事物至于跟前却麻木不仁。因此,善学者应当时时注意体察自己的本心,并对之加以持养保任而勿令其丧失,从而能够在遇事接物之际随心应对,而闲居独处之时也不至于心思杂乱。在这里,胡安国强调"察识"与"持养"的工夫,所谓"察识"是指在本心之流行发见处(心之用)体认本心(心之体),而"持养"则指持守、涵养本心以使之常存不失,持养之道在于主敬。① 从胡安国的论述来看,这两者之间有一个先后次第的问题,即先察识而后持养:先察识本心之发见,并就此发见处体证心体,然后再对本心加以操存涵养。这一先察识后涵养的工夫显然也是要开显、挺立人所固有的本心善性。

总之,在如何正心明体的工夫上,胡安国强调躬行践履和循序渐进,力主穷理致知与察识持养兼修。这两个方面的工夫是相互作用、相互影响的,皆具有即用以明体的特点,其根本目的都在于吾人内在心性的显明与挺立。

第四节　总结

胡安国的经世理学以程颐的"体用一源,显微无间"之论作为基本架构,充分吸收了孟子的本心观念及其以仁心行仁政的思想,这既是对孔、孟、二程等先贤之思想的继承与发挥,也是对当时世衰道微、内外交困之社会情势的深切反思,蕴含着强烈的担当精神与现实关怀。具体而言,其理学思想主要体现在三点:其一,儒者之学旨在"明体以致用",即挺立仁心之体以开出仁政之用;其二,"明体"为"致用"之本,要"致用"就必须先"明体",也就是说,欲治国平天下,则必当先明识仁道、挺立本心。其三,一旦明晓经世致用的根本在于"明体",就应当"即用以明体",即从本体发用流行之表现处来体认本体并存养本体。这主要落实于穷理致知与察识持养的工夫,前者在于"物物致察",后者在于先就本心之发见处

---

① 胡寅云:"士子问学,公(胡安国——引者注)教之,大抵以立志为先,以忠信为本,以致知为穷理之门,以主敬为持养之道。"(胡寅:《先公行状》,《斐然集》卷二五,第 556 页。)

体证本心,再对本心加以操存涵养。二者相辅相成、相互促发,其目的皆在于明识本心仁道,且都具有"即用以明体"的特征。而之所以须如此做工夫,乃是因为本心仁道是通过其发用来表现的,并非离于其流行发用而在。当然,"明体"以后,还必须根据所体认到的"体",在当下所处的历史情境之中针对相应问题提出切实的解决方案,并将其付诸实施。这就是要依循本心仁道来为政治国,将其贯彻落实于经世实践当中,尤其是要通过一系列的具体举措来使其潜在的经世大用实现出来。唯有做到这一步,才能真正"致用"。也只有如此,本心仁道之体才能得到充分显现和彻底落实。

显然,胡安国是站在体用统一的立场上来解决经世问题的。他强调体用之间的圆融性,且既贵体又重用。正因为如此,他才力主天人不二、形上与形下不二,始终坚持本体与工夫的统一、为学与为治或内圣与外王的统一,亦即坚持超越追求与现实关怀的统一。这就为整个湖湘学派的理学确定了一个基本方向和框架,对湖湘儒学无疑具有撑开规模、奠立纲维的作用。在他之后,无论是胡寅的"道物一体""心迹不二"说,还是胡宏的"体用合一"论以及张栻的"体用相须"观,都是在这一基础上的充实、开拓与发展。尤其是胡安国对于"用"的重视与强调,更是深深地影响了整个湖湘学派的学风,使湖湘学派的儒学呈现出强烈的经世性格与务实特征。

第十六章　胡寅的哲学思想

胡寅（1098—1156），字明仲，一字仲虎，又字仲刚，号致堂，建州崇安县（今福建武夷山市）人，本系胡安国堂兄之子，但因家境贫寒、生计艰难而被胡安国收养并认作长子。由于深受胡安国之学行志业的影响，以及处身于世衰道微、动荡不安的两宋之交，胡寅慨然以倡明道学和救世济民为己任。他既立身朝廷，积极参与现实政治，为对治朝政腐败、抗击外敌入侵而竭心尽力，以期复兴中原、实现统一；同时又发奋治学、勤勉修为，力辟异端邪说以扶持儒家正道，并由此为救治时弊、经邦济国指示大道良方。胡寅自少即闻过庭之训，广泛诵习儒家经典，深受儒学的熏陶，尤其是年轻时通过胡安国而得以研习二程理学和春秋学，这对他的学问致思更是产生了深刻的影响。胡寅吸收程颐"体用一源，显微无间"的观念来建构其理学，并对佛、道、玄诸家学说的弊病展开批评，《崇正辩》即是其辟佛崇儒的力作。另外，胡寅辟异端的根本立场及其为学与为治的基本主张也散见于他的文集——《斐然集》之中。而他通过对《资治通鉴》所载历史人物和历史事件的评议来阐发儒家义理及昭明为政治国之道，著成《读史管见》一书，这显然又继承了胡安国《春秋传》所体现出的"即事以明理"和"依理以处事"的务实学风。

胡寅作为湖湘学派的代表人物，其儒学建构的一个重要特点即是始终一贯而又十分灵活地运用了儒家的中道观念。无论是通过对异端邪说的批判来昭显儒家正道,还是借助对历史的品评来指责时弊和阐发为政思想,他都是立足于中道观念来展开的。易言之,他的整个理学思想即是在中道观的基础上建构起来的。这可以体现在其道物一体说和心迹不二论之中。在道物说中,胡寅认为,"道"是万事万物存在及运化的根据,具有绝对性、普遍性、真实性,且"道"必是能够济人利物、开物成务的有用之道;"物"是天地间客观存在的万事万物,必具有真实性及其作用和价值。道物之关系为:万事万物皆以道为本原,道就体现并内在于万事万物之中,道与物一体不离。而在胡寅的心迹论中,"心"主要是指道德本心,有时亦就经验意义之心而言;"迹"是指人的一切行事作为及其产生的结果。心迹之关系为:心是迹的根源,迹是心的显现,心与迹圆融不二。显然,这些主张都蕴含着中道的理念。胡寅之所以如此推重儒家的中道思想,主要是因为在他看来,中道乃是究极圆满之道,具有不偏不倚、无过不及、大公至正、纯粹精一、赅摄万有、圆融一切的特征,可以充分体现出儒家的根本精神;同时,中道融摄道、理、心、性诸本体性范畴之义涵,既是万事万物存在及运行的根本法则和一切价值的来源,也是人生修养的终极理想和最高境界。正是因为这种中道观念的贯彻和运用,所以其整个理学充满了圆融辩证的色彩。

第一节　胡寅的"中道观"

一、何为"中道观"

胡寅作为湖湘学派的代表人物,其儒学建构的一个重要特点即始终一贯而又十分灵活地运用了儒家的中道观念。无论是对异端邪说的批判,还是指责时弊和阐发为政思想,他都立足于儒家的中道观念。

"中"或"中道"源自先秦儒家学说,基本含义是不偏不倚、无过不及。《尚书》《易经》《论语》《中庸》等先秦儒典中都蕴含着颇为丰富的中道思想。如《论语·雍也》:"中庸之为德也,其至矣乎。"将中庸之道视为儒家最高的道德标准。《礼记·中庸》:"中也者,天下之大本也。"则以"中"为宇宙万有之本原。胡寅继承和发挥了先秦儒家以"中"为至德、为大本的思想,将中庸之道标举为宇宙、社会和人生之至道。

在胡寅看来:

1. 中道为天下之大本。胡寅认为"中者,道之至也,性之尽也,理之全也,心之公也"①,这显然是从本体的意义上来把握"中",将其直接等同于道体、理体、心体、性体。此即意味着,对胡寅而言,中道即是宇宙万有的本原根据,天地间的万事万物皆根源于此,皆以此为其存在及运行的根本法则。

2. 中道赅摄万有、圆融一切。胡寅云:"中者……无不该也,无不遍也。"②这就是认为,"中"作为宇宙万有的根本法则,必然统摄万事万物,并普遍地存在于万事万物之中,因而是无所不包、无处不在的。他又指出:"道至于大中,则无过不及,内外本末,天人上下,该举而无遗,通行而无弊。"③即是说,大中至正之道必然无过与不及的偏失,从而内与外、本与末、天与人、形上与形下皆得以赅举无遗,而且这些对举的双方皆并行不悖、圆融无碍。这也就意味着,如果站在中道的立场上来看待或处理内外、本末等一切具有对比性的关系,那么就可以充分认识到对比双方不可分割的内在统一性,从而做到不偏不倚、无过无不及。

3. 中道必是大公至正、纯粹精一之道。胡寅认为"中者"即是"心之公也",并指出:"中故大,大故正,正故粹,粹故一。彼狭小、偏私、僻邪、驳杂为道者,失也。其所以失,或由师传,或由鉴智,或由气禀,故殊途各出,惊而不返,道无是也。"④在他看来,"中道"必具有大公无私、至正无邪、精纯不杂的特征。人们往往将狭小、偏私、邪僻、驳杂者视为道,显然是不明中道的错误看法。人之所以不得中道,或者是师传的缘故,或者

---

① ② 胡寅:《崇正辩》卷三,第123页,北京,中华书局,1993。
③ 同上书,第140页。
④ 胡寅:《鲁语详说序》,《斐然集》卷一九,第403页。

是由于智识、禀赋的问题。然而,无论人们体悟中道与否,道体本身都是如如常在的,其所固有的"中""大""正""粹"等性质亦必然是永恒不变的。

4. 中道为至极圆满之道。所谓"中者,道之至也,性之尽也",即在于凸显中道作为至道的完满性、终极性与绝对性。胡寅之所以强调儒家的中道为究极圆满之道,主要是针对佛、道、玄等诸家思想或过或不及的偏失来说的。若只就儒家之道而言,则无所谓至或不至、尽或不尽,因为儒道本身是终极完满、绝对至善的,"道一而已",并不存在"中偏大小正邪粹驳之不同"。①

5. 中道难以把握、难以执守。胡寅说:"中道之难执也,自圣人以降皆然……"②又说:"中之难执也……非至精至一,穷极道心,不足以得之。"既然中道是究极圆满之道,那么要体悟中道、执守中道就绝非易事。在胡寅看来,唯有至为专精地实下功夫以充分开显人的本心,才能明识中道、坚守中道。

总之,对于胡寅而言,儒家的中道乃是完满至善之道,具有不偏不倚、无过不及、大公至正、精纯不二、赅贯万有、圆通无碍的特征,道、理、心、性之义涵无不统摄于此。同时在他看来,中道既是万事万物存在及运行的根本法则和一切价值、意义的来源,也是人生修养的最终理想与最高境界。因此,无论是辟异端、立儒学,还是救治时弊、经邦治国,他都十分强调中道观念的贯彻与运用。

二、据中道观以辟异端、立儒学

胡寅对异端的批评着力甚多,其儒学思想的阐发在很大程度上就是通过对异端的批评,或者说在与异端学说的对比当中来展开的。如《崇正辩》洋洋洒洒数万言,就是其专门辟佛的力作;另外,在《读史管见》和

---

① 胡寅:《鲁语详说序》,《斐然集》卷一九,第 403 页。
② 胡寅:《读史管见》卷九,第 313 页,长沙,岳麓书社,2011。

《崇正辩·斐然集》两部著作中,胡寅也有大量批判佛、道、玄等诸家的论说。胡寅不遗余力地辟异端,既源于其振兴儒学的根本需要,同时也是为了救治时弊、经世济民。① 他在《杨时赠四官》一文中指出,自圣学失传以来,道无统纪,世风衰颓,佛、老之学猖獗,以致聪慧明敏之人陷溺于空虚寂灭之地而不知安身立命之本,猥琐愚昧之士安于卑陋而不思进取,于是高明、中庸被割裂为二,儒家大中至正之教堕坏不堪。学术(道统之象征)既已败坏,则国家的衰亡亦随之而至。② 因此,为了复兴儒学、昌明正道,胡寅力辟异端邪说。

他又在《上皇帝万言书》中分析时政的弊失时指出,本朝自熙宁以来,官方推行王安石的新学,而王氏的学说乃是"以佛老之似,乱周孔之实,绝灭史学,倡说虚无",当时的士人因受到这种虚浮之学的长期熏染,以致"以空言相高而不适于实用,以行事为粗迹,曰不足道也",士人们皆"纷纷肆行",面对"二帝屈辱,羿、莽擅朝",竟"以为是适然",在国家危难之际能够挺身而出、"伏节死难"者也只不过一二人,如此浮华轻薄的士风最终必然导致国家的败亡。③ 因此,为了救亡图存、经邦济世,必须辟异端、立儒学。胡寅批驳异端邪说的重要根据就是儒家的中道思想,这主要体现在他始终秉持中道原则来批判佛、道、玄等诸家的学说。

胡寅辟佛,一方面是从"体"的层面批评其"谓理为障,谓心为空"④"以天性为幻妄"⑤;另一方面则是从"用"的层面批评其"离亲毁形"⑥"沦三纲,绝四端"⑦"以天下事物无非幻妄"⑧。在胡寅看来,这两个方面是根本一致的,天理、本心、本性与三纲、四端、万物乃是体用不二的关系:

① 参见陈谷嘉、朱汉民:《湖湘学派源流》,第170—172页。
② 胡寅:《杨时赠四官》,《斐然集》卷一三,第286—287页。
③ 胡寅:《上皇帝万言书》,《斐然集》卷一六,第347页。
④⑥ 胡寅:《崇正辩》卷二,第69页。
⑤ 同上书,第72页。
⑦ 胡寅:《致堂先生崇正辩序》,《崇正辩》,第1页。
⑧ 胡寅:《崇正辩》卷三,第120页。

前者是后者的根源，后者则是前者发用流行的表现。所以，佛教否定儒家之理体、心体、性体的客观真实性，则必然将以此为根据的万事万物视为幻妄；而它取消现实经验世界之一切的真实存在性，也就必定会否弃掉作为其本原的理体、心体、性体。胡寅立足于儒家的中道观念，对佛教在"体""用"两个方面所存在的问题都作了批判，并尤为注重批评其超越意识发达而现实关怀缺乏的弊病。如他说：

> 天地万物无不有自然之中，中者，道之至也，性之尽也，理之全也，心之公也，无不该也，无不遍也。佛自以为识心见性，而以人伦为因果，天地万物为幻妄，洁然欲以一身超乎世界之外，则其心不公、其理不全、其性不尽，而其道不至。知有极高明，而无见于道中庸；徒说形而上者，而不察形而下者；慕斋戒，洗心退藏于密，而不知吉凶与民同患；欲无思无为，寂然不动，而不能感通天下之故……正所谓过之者也。孔子之立教曰："敬以直内，易以方外。"子思传之曰："成己，仁也；成物，知也。"孟子传之曰："仁，人心也；义，人路也。"本末、内外、精粗、隐显，其致无二。中国有道者明之曰："体用一源，显微无间。"①

在这里，胡寅首先指出，天地万物皆有其自然之中，"中"即是道之极致、性之穷尽、理之纯全、心之大公，故而无所不包、无处不在。由此，胡寅即凸显出中道的终极圆满性，同时确立了判别儒、释的最高标准。接下来，他就以此中道原则为根据来批评佛教离用言体、体用两橛的弊失。在他看来，佛家虽自以为识心见性，但因其否弃天地万物、人伦日用而超脱于现实世界之外，以致陷溺于空虚寂灭之地而昧于大道全体，所以实际上其心并不公、其理并不全、其性并未穷尽、其道亦未臻于至极。因此，佛家虽有见于极高明却无见于道中庸，只论及形而上者却不体察形而下者，倾慕于斋戒清心、退藏修己却不知吉凶与民同患，心欲无思无为、寂

---

① 胡寅：《崇正辩》卷三，第 123 页。

然不动却不能感应通达天下万事。此即认为,佛教否弃人伦日用,虽然
有极其发达的超越追求、本体意识,却不能济人利物、经世致用,因而有
体无用、体用相离,这就违背了中道原则,从而无法成为大中至正的完满
之教。这就是胡寅所谓:"虽清净寂灭,不著根尘,而大用大机,不足以开
物成务。特以擎拳植拂,扬眉瞬目,遂为究极,则非天地之纯全,中庸之
至德也。"[1]可见,对胡寅而言,佛教的缺失是过于中道,即过分偏重于
"体"而不能正视"用"的重要性,以至于"用"这一面被消解,从而造成
"体""用"的两离。胡寅破斥佛教贵体贱用和体用分离的弊失,正是要彰
显儒学体用一如的圆满性。他进而指出,儒家乃是本与末、内与外、精与
粗、隐与显赅举无遗、一体不二的大中至正之教,并借用程颐"体用一源,
显微无间"之说来总结儒学这种彻上彻下、圆融无碍的精神。

　　胡寅对老庄道学的批评大体同于其辟佛之论,主要也是斥责其否弃
儒家的纲常伦理、清静虚无而不能经世致用的弊病。他在《崇正辩》中指
出:"礼乐固不可绝,释、老皆绝之,仁义固不可弃,释、老皆弃之,其得罪
于圣人均尔!"[2]这就是批评道家弃绝作为人生日用之常的道德伦理法
则。胡寅还分析了道家之所以产生这种弊失的原因,他说:

　　　　老、庄之学,见周末文胜,人皆从事于仪物度数,而不复有诚信
　　为之主,故欲扫除弊迹,以趣乎本真。而矫枉太过,立言有失,玄虚
　　幽眇,不切事情,遂使末流遗略礼法,忽弃实德,浮游波荡。其为世
　　害,更甚于文之灭质也,故孔子曰:"中庸之为德,其至矣乎! 民鲜能
　　久矣。"[3]

在他看来,老、庄之学主要针对周文疲弊的问题而发。周朝末年,人们一
味沉溺于仪物度数这些表面的虚文,却不能将礼法制度的实质精神真正
贯彻于自己的生命之中,以致周礼失去了客观的有效性,进而演变成一

---

[1] 胡寅:《传灯玉英节录序》,《斐然集》卷一九,第399页。
[2] 胡寅:《崇正辩》卷一,第11页。
[3] 胡寅:《读史管见》卷七,第227页。

套空有形式而无实际的虚文。老、庄道学即是要扫除当时那样一种虚浮不实的风气,破斥已经失去实际效用的周文之虚伪,从而回归于生命之本真。然而它矫枉过正,将周代之礼乐法制的根本精神(质)连同其表现形式(文)一并否弃掉,舍离人伦之本、日用之常,超拔于现实人世之上,玄远虚无而不切实用,以致其末流毁弃道德礼法,行为放肆、浪荡不羁,对社会造成了严重的弊害,这较之于以文灭质的后果只有过之而无不及。胡寅说:"老庄之学,虽或过或不及,不得中道……"①又说:"老子之言,其害非若释氏之甚也,然弃仁义、捐礼乐以为道,则其道亦不从事于务,遗物离人,趋于冲泊,而生人之治忽矣……老、佛者,皆畔夫中庸者也。畔中庸,则为己为人同归于弊。"②这就明确指出道家与佛教的根本问题均在于悖逆中道原则,一旦违背中道,不论为己还是为人,都会产生严重弊端。

魏晋玄论本于老、庄之学,其弊病即是由老庄的问题所引发。胡寅指出:"老有庄、列翼之,其说浸漫,足以悦人耳目而动其心,故其后为王、何启清虚空旷、华而不实之祸。"③他认为玄学也具有与老庄相同的"清虚空旷、华而不实"的弊病。众所周知,魏晋玄学家主要以《老子》《庄子》《周易》三大经典为依托来阐发思想,主张以老庄道学为根据来诠释《周易》。胡寅认为这种做法严重背离了《周易》的意旨,对此大加批驳。在他看来,《周易》一书的宗旨乃在于开示中正得失之理,表明吉凶悔吝之故,让人知道如何修身处事、趋吉避凶,其根本精神即是推演天道以明人事,绝非无益于人世的玄谈。魏晋人士却执迷于以道释《易》,将《周易》归于虚无缥缈、不涉世用,以致其行为处事皆违理背义,身陷凶悔之地而不能自拔。他们的根本缺失就在于割裂了《周易》所载之道与人事之间的统一性,不能明晓这两者本来就是不可分割的:《易》道是人事的根据、原则和方向,人事是《易》道的体现与落实。因此,胡寅说:"为清谈者,以

---

① 胡寅:《读史管见》卷一〇,第 343 页。
② 胡寅:《读史管见》卷一四,第 503 页。
③ 胡寅:《读史管见》卷八,第 280 页。

心与迹二,道与事殊,形器法度皆刍狗之陈,视听言动非性命之理,此其所以大失而不自知也。"①这就明确指出魏晋玄学的弊失在于将本来统一的心迹关系、道事关系断然分割为二,以致行事作为不能合于道,道亦成为空疏无用之道。依胡寅之见,无论是王弼、何晏的"贵无论",还是裴頠的"崇有论",都存在这样一种体用分离的弊失。他说:

> 何晏之论见于无,遂以虚空为宗,而遗夫形而下者;裴頠之论见于有,遂以形器为执,而遗夫形而上者。皆不知理之言也。诚知理矣,宜有则有,乌能强之使无? 宜无则无,乌能强之使有? 形器森列,不足为空虚之累;空虚寥廓,未尝为形器之拘。虽无思无为,而天下之故未尝不应也;虽开物成务,而寂然之易未尝有扰也。此则圣人之正道也。②

胡寅指出,何晏之论崇尚"无",以虚无为本,却遗弃了形而下的具体事物;裴頠之论推重"有",执泥于形下事物,却遗弃了形而上的本体。可见,"贵无论"的问题是有体而无用,"崇有论"的弊失则在于有用而无体,二者都是过分地偏向于某一端而毁弃了另一端,以致体用分离、两不相干。这显然违背了儒家的中道原则。对于儒家而言,形上本体与形下事物是相依不离、圆融无碍的:虽无思无为、寂然不动,却能够感通天下万事;虽酬酢万事、开物成务,寂然之体却始终一如、恒常不变。这就是寂感一如、体用不二。唯有如此,才是圣人大中至正之教,才合于儒家正道。由此可知,胡寅颇为重视儒家的中道观念,强调体用之间的统一性、圆融性。

三、主中道观以经世治国

胡寅生活在两宋祸乱之际,其大部分的为政与治学经历是在南宋王朝初步建立的时期。当时金国继续大举入侵、不断向南扩张,大有侵吞

---

① 胡寅:《读史管见》卷七,第 235 页。
② 同上书,第 227 页。

南宋半壁江山之势,统治者却偏安一隅、不思进取,朝廷腐败不堪、软弱无能,一味卑躬屈膝、主和罢战,以致整个社会深陷内外交困的境地,形势极其严峻。[①] 面对这样一种内忧外患的国家局势,胡寅作为一个颇有担当精神的儒者忧心不已,汲汲于探求救世济民之道。如在《上皇帝万言书》中,他深刻检讨自建炎以来国政的种种弊失,力主抗金、反对议和,强调务实用而去虚文,为救治弊政、扫除仇敌、复兴中原而积极出谋划策,提出了一系列改革弊政的切实举措。在《崇正辩》中对异端邪说空谈高论而不切实际、无益世用的批评,在《读史管见》中借助对历史的评议来指摘弊政和阐明治道,也无不蕴含着强烈的现实关怀。可见,其学问的探求仍旨在经世致用、救国济民。对于如何为政治国,胡寅继承和发挥了孟子的仁政思想,主张为政者应当本仁心以推行仁政,并十分强调以中道观念来治理国事。

在胡寅看来,中道乃是内圣成德与外王经世的根本原则,人能够成己又成物的关键即在于对中道的执守。他说:"皇极者,大中之谓也。道至于大中,则无过不及,内外本末,天人上下,赅举而无遗,通行而无弊。此乃尧、舜、禹、汤、文、武、周公、孔、孟之所以成己成物,时措从宜,大庇生民,泽及四海,其效可事据而指数也。"[②]这就是认为,大中之道无过无不及,内外本末及天人上下皆包举无遗、并行不悖,古代圣人能够立身成德与济人利物的根本原因就在于其为人处事能得中道。此即意味着,要实现"修、齐、治、平"的理想,必须本于中道而行。胡寅曾通过对魏世祖废佛事件的评析,来强调执守中道对于为政治国的重要性。太平真君七年(446),魏世祖率兵赴杏城(陕西黄陵)镇压胡人盖吴起义,到达长安时,一次在佛寺中休憩,竟然见到沙门畅饮官酒,并发现寺院内藏有财宝、兵器以及州郡长官和富人所托寄的物品数以万计,便怀疑沙门与盖吴通谋,又因认为其违背佛理、触犯法纪而罪不可赦,于是下诏诛尽长安

---

① 参见尹业初:《胡寅历史政治哲学研究——以〈致堂读史管见〉为中心》,第 25—29 页,北京,中国社会科学出版社,2013。
② 胡寅:《崇正辩》卷三,第 140 页。

沙门,彻底销毁佛像、佛经及寺庙,由此开始在全国范围内大举开展灭佛行动。对于魏世祖这一灭佛之举,胡寅评论道:

> 自有天地以来,必饮酒,圣人教人使不乱耳。自有天地以来,必食肉,圣人教人勿纵耳。男女必配合,教之使有理耳。有生必有杀,教之使用恕耳。利用不可缺,教之使尚义耳。此中庸之道,通万世而无弊者也……魏世祖因沙门之罪而行废斥,美政也。然于其间亦有过举焉,焚其书、销其像、毁其器、人其人,则可矣。不以有罪无罪悉坑之,则滥刑也。凡处事立制,必得中道,则人不骇而政可行。不然,未有不激而更甚者。此亦明君贤相之来鉴也。①

在他看来,饮酒、食肉、男女交合、适当杀生、利用安身等都是人生的基本需求,不可或缺,圣人立教并不是要去禁绝人的这些正常欲求,而是为了让人之欲求的实现能够有所节制,可以合乎理义。所以圣人之教既非禁欲主义,亦非纵欲主义,而是圆满至善的大中至正之教,其所奉行的乃是通行于万世而无弊的中庸之道。魏世祖因沙门有罪而对之加以处罚,如焚烧其书、销毁其像、毁坏其器,这固然是美政,但是对于沙门中人不论其有罪无罪,都一律坑杀之,此则是滥用刑罚的严重过当之举。为政者处事立制,必须合于中道,才能够真正赢得民心,从而使其政治可得以实行。否则,只会适得其反。后世的明君贤相都应当以此为鉴。这就是告诫为政者要以儒家的中庸之道作为根本理念来治国理政。胡寅说:"某尝历考在昔隐约成德之士,与进为辅世之人,其建立光明盛大,不胶一曲者,未有不立于中道,无过无不及者也。"②又说:"夫理有中正,无往不然,为文者华则失之轻浮,质则近于俚俗,华而不浮,质而不俗,以之事上谕下,治道所贵也。"③这显然是在强调中道原则对于修身成德与经邦治国的重要性,由此足见其对儒家中道观念的深切服膺。

---

① 胡寅:《崇正辩》卷三,第 125 页。
② 胡寅:《代人上广帅书》,《斐然集》卷一七,第 372 页。
③ 胡寅:《读史管见》卷一五,第 545 页。

第二节　道物一体说

胡寅是以中道观来建构其内圣成德之教与外王经世之学的,这种中道观落在其道物论上来说,则表现为道物一体的思想,即在坚持以道为本的前提下,同时强调道必有用和道不离物。

一、道:致用之源

胡寅论"道",既从本体意义上来讲,也从具体的方法和原则意义上来讲。对于"道体"的内涵与特征,胡寅主要从以下四个方面来加以把握:

其一,道为生物之本、万化之源。胡寅曰:"天生蒸民,自一而二、自二而三、自三而不可胜穷。致用有源,起数有祖,岂可贰哉?贰则生物之功息矣。"①在他看来,万事万物的产生必然有其根源,而根源只有一个,不可能有二;若有二本,则不已的宇宙生化之功用便被止息,从而不可能产生天地间的万事万物。此正是其所云:"天之生物,无非一本。"②"天生万物,皆一本也,岂有二本者乎?"③这主要是在强调一本论,反对二本论,同时也表明宇宙万有的存在都有其根源,而这一根源也就是"天"或"天道",天道具有生生不已的功用。胡寅说:"天地万物本末终始,皆一道所以生生化化而无终穷……今春夏秋冬之序,雷霆风雨霜雪惨舒之变,是皆万物所以生成,而造化所以不息者。"④他指出,天地万物都是由道所化生,道即是天地万物产生的根源。既然万事万物皆以道为本原,那么它们就不可离于道而存在。

其二,道为日用事物所当行之理。胡寅既把"道"看作是万事万物存

---

① 胡寅:《崇正辩》卷二,第 104 页。
② 同上书,第 73 页。
③ 胡寅:《读史管见》卷二九,第 1058 页。
④ 胡寅:《崇正辩》卷三,第 163—164 页。

在的根据,同时也将其视为一切事物合理运行的基本法则,即人之用物处事的根本原则。他说:"物无不可用,用之尽其理,可谓道矣乎?"①又说:"盈天地之间无不可用者,用而当其理,是则道也。"②这就是认为,天地万物都可以被运用,对物的运用能够合乎其本有之理即是道。此处的"道"当是指人能够合理正当地用物处事的根本原则。胡寅以人之用物合于理来界定"道",正体现出"道"的内在性,即"道"并不离于天地万物、人生日用,而是存在于万事万物之中的特征。

其三,道必具有绝对性、恒常性、普遍性。胡寅曰:"道一而已,亘万古而无弊。得之者,或先百世而生,或后百世而出,其言得行,若合符契。盖至当归一而精义无二也。"③他认为,无论百世以前,还是百世之后,古往今来,道始终只有一个,此道永恒常在,贯通万世而无弊。这就彰显出"道"的绝对性与恒常性。同时,胡寅也十分强调"道"的普遍性,认为不具有普适性的"道"就不是真正意义上的"道"。他说:

> 道者,共由之路也。④

> 非人可共由,行之而有弊,则不谓之道。道者,天下所共由,万世而无弊者也。此儒、释之辩也。⑤

> 若夫道则以天下共由而得名,犹道路然,何适而非道哉? 得道而尽,惟尧、舜、文王、孔子而已。黄帝之言无传矣,老聃八十一篇,概之孔业,固难以大成归之,自其所见而立言,不可与天下共由也。独善其身,不可与天下共由,而名之曰道,此汉以来浅儒之论,以启后世枝流分裂之弊,岂可用也?⑥

---

① 胡寅:《衡岳寺新开石渠记》,《斐然集》卷二〇,第 416 页。
② 胡寅:《读史管见》卷一七,第 638 页。
③ 胡寅:《崇正辩》卷二,第 66 页。
④ 胡寅:《致堂先生崇正辩序》,《崇正辩》,第 5 页。
⑤ 胡寅:《崇正辩》卷二,第 89 页。
⑥ 胡寅:《读史管见》卷二五,第 927 页。

在他看来,"道"必定是天下之人都可以共同遵循而行者,唯有如此,才能被视为真正意义上的"道"。若只能独善其身,而不能为天下之人所共同依循,则必然是有弊端者,故而不可称之为"道"。此处将"天下所共由"视为"道"的本质性特征,旨在凸显"道"的普遍性。当然,由此也可以体现出"道"的内在性。因为"道"是能够为天下人所共同依循而行者,所以"道"并不在人事之外,而是寓于人事之中的,必当是有用之道。若离世绝俗,不能济人利物,则不可谓之为"道"。依胡寅之见,显然只有儒家之道才可以称得上是真正的"道",而佛、老之道都是不能为天下所共有的。因而根据这一点,就可以将儒与佛、老从根本上区分开来。所谓"此儒、释之辩也""老聃八十一篇,概之孔业,固难以大成归之,自其所见而立言,不可与天下共由也",即是根据"天下所共由"之"道"来分判儒与佛、老。

其四,道必是有用之道。这是胡寅颇为强调的一点。他指出:"道者,用之不穷者也。无用之道,圣人不行也。"①此是说,"道"具有无穷无尽的功用,乃是一切用得以生发的根源,所以道必定是有用之道,而无用之道,圣人并不会兴行。这就旨在表明儒家之道必有用。对胡寅而言,道之用可从以下两方面来把握:一方面,从天道的角度来说,道具有不已的宇宙生化之作用,能够产生天地万物。所谓"天地万物本末终始,皆一道所以生生化化而无终穷"与"天地之道,养万物而已"②,即指明了道具有生成和长养天地万物之大用。另一方面,从人道的角度来说,道对于人的行事作为具有统摄、规范和指引的作用,能够成就人间万事。胡寅曰:"夫道固以济物为用,大丈夫用道者也。可求田问舍则求田问舍,可经营四方则经营四方,心岂有大小远近之限哉?"③这里的"物"是就人事而言。在他看来,道本来就是以济人利物为用的,而大丈夫乃由道而行者,可独善其身便独善其身,能兼济天下就兼济天下,心志并无大小远近

---

① 胡寅:《读史管见》卷一七,第 638 页。
② 胡寅:《读史管见》卷一,第 9 页。
③ 胡寅:《读史管见》卷五,第 168 页。

的限制。由此可知，儒家之道必能安身立命和经世致用，能够成就修、齐、治、平之人事。

总之，胡寅对"道体"的把握，一方面是要表明"道体"的超越性，即认为道是万事万物产生的根源，是一切事物存在及运行的基本法则，亦是人们应物处事的根本原则，必具有绝对性、普遍性与恒常性。另一方面则是要彰显"道体"的内在性，即主张道必是能经世致用、济人利物的有用之道，是天下之人皆可以共同遵循而行者，它并非超离于现实世界之外，而是存在并体现于天地万物、人伦日用之中的。

二、物：客观真实且必有用

"物"在胡寅的思想体系中是一个十分宽泛的概念。凡天地间（即现实世界中）存在的一切具体事物皆涵括在内，甚至本体意义上的"天""道"有时也被胡寅称为"物"，如所谓"惟天曰'天斯昭昭之多'，夫昭昭果何物哉"①及"道果何物哉"②，即是如此。这里，本文着重从其具体事物的意义上来说。关于"物"的内涵与特征，胡寅主要强调以下两点：

一者，物必客观真实存在。依胡寅之见，天地之间的万事万物都是客观真实存在者。他说："天地之内，事物众矣。其所以成者，诚也。实有是理，故实有是心；实有是心，故实有是事；实有是事，故实有是物；实有是物，故实有是用。"③在他看来，天地间的万事万物都产生于"诚"本体，而诚体具有真实无妄的特征，由此真实无妄之本体所产生的事物必然也是真实无妄的，所以"事"必是"实有是事"，"物"必是"实有是物"，天地间的一切事物都是客观真实存在者，绝非虚妄。胡寅之所以强调天下事物及其本原根据（诚或理）的客观真实性，主要是为了驳斥佛教的"缘起性空"之论。针对佛教"以理为障""以心为空"及"以天下事物无非幻

① 胡寅：《读史管见》卷一〇，第362页。
② 胡寅：《读史管见》卷二三，第837页。
③ 胡寅：《衡岳寺新开石渠记》，《斐然集》卷二〇，第417页。

妄"的说法，他批评道："凡人世实理与事物之迹，皆指为幻化不真，而无形色名声如天堂地狱轮转、无稽之言，反指为真实不诬，是可信乎？"①此即是说，佛氏把本来真实无妄的人世实理与事事物物皆视为虚幻，而将天堂地狱轮转等虚妄不实者反倒看作是真实，这显然是荒谬的。他又指出：

> 佛之道以空为至，以有为幻，此学道者所当辩也。今日月运乎天，山川著乎地，人物散殊于天地之中，虽万佛并生，亦不能消除磨灭而使无也。日昼而月夜，山止而川流，人生而物育，自有天地以来，至今而不可易，未尝不乐也。此物虽坏而彼物自成，我身虽死而人身犹在，未尝皆空也。②

在这里，胡寅对于佛教以空为本从而将宇宙万有视为虚幻的看法加以驳斥。他认为，日月运行于天，山川显著于地，人、物存在于天地之中，即使是万佛并生，这些事物也都不能被消除磨灭。而日昼月夜、山止川流、人生物育这些亘古即有的自然法则，亦是恒常一如、不可更易的。天地之间的事物，此物虽已消亡，但彼物又会产生；我身虽已死去，但人身依然存在。显然，整个世界绝非空幻。因此，佛之道以空为至、以有为幻，必是违背常道、常理的。这就是通过对天地间万事万物之客观实在性的肯定来批驳佛教的万有皆空论。由此他充分肯定了现实世界，或者说宇宙万有存在的真实性与客观性。

二者，物必有用。对胡寅而言，不仅天地万物都是真实存在者，而且真实存在的事物必然都是有用者，事物的真实存在性与其有用性乃是互涵互摄的。他说："实有是物，故实有是用。"③又云："凡物必有用，物而无用，天地不生也。"④这就明确指出，天地间的事物必都是有其作用和价值

---

① 胡寅：《致堂读史管见》卷一二，第 450 页。
② 胡寅：《崇正辩》卷一，第 42—43 页。
③ 胡寅：《衡岳寺新开石渠记》，《斐然集》卷二〇，第 417 页。
④ 胡寅：《读史管见》卷一七，第 638 页。

的,不可能存在无用之事物。在胡寅看来,即便是"禀赋偏浊,如虎狼虺蝎、野葛乌喙",也"各有益于人";甚至是"污秽之甚,如矢如溺,如粪壤蛴蚰",亦"有已病起死之功"。① 由此,他坚持认为"物无不可用"②"盈天地之间无不可用者"③。当然,胡寅又指出:"夫物虽皆可用,非人莫能用之。人为至灵,圣贤又其灵之尤者也。其功至于弥纶天地,赞助化育,使天地日月、山川动植各得其所,而其本则由阴阳施受而生。"④在他看来,物所具有的作用和价值只有通过人才能得以充分发挥,因为人为万物之至灵,而圣贤又是人之中最为灵秀者,能够经天纬地、参赞化育,从而使天地间的万事万物皆各得其所、各尽其用。可见,胡寅所强调的物的有用性主要是就物对于人的作用而言的,并且人也是万物中的一物,只不过是万物之至灵而已,而人之至灵正体现在其具有经天纬地之大才大用。显然,对于胡寅来说,天地间存在的事物必都是有用者,而物之用唯有通过人才能充分实现。

总之,胡寅对于"物"的理解,一方面是要强调"物"的真实存在性,另一方面是要突出"物"的有用性。由此表明,胡寅对"物"的价值和地位亦给予了充分的肯定和重视。

三、道物之间:内在一体,相依不离

对于道物之关系,胡寅吸收了程颢"道之外无物,物之外无道,是天地之间无适而非道也"⑤的道物一体思想,既坚持以"道"为本,又颇为重视"物",强调道即在物中、道不离于物,亦即道与物相依不离、圆融不二。这一点可从以下两个方面来体现:

一方面,道为物之本原,物不离于道。在胡寅看来,道乃宇宙万有之本原,天地间的万事万物皆根源于道,皆由道所产生,故物不可离于道。

---

①③④ 胡寅:《读史管见》卷一七,第638页。
② 胡寅:《衡岳寺新开石渠记》,《斐然集》卷二〇,第416页。
⑤ 程颢、程颐:《河南程氏遗书·二先生语四》,《二程集》上册,第73页。

道的这种本原性意义可从天道与人道两个层面上来讲。首先就天道论而言，道是天地万物创生的根源，天地万物皆以道为其存在及运化的根据，不可离于道而存在。胡寅曰：

> 仲尼之言天地山川也，皆以自微至著明之……惟天曰"天斯昭昭之多"，夫昭昭果何物哉？及其无穷也。日月星辰系焉，万物覆焉，而不离于昭昭之多。故昔人言天，未有亲切显白如仲尼者也……天果远乎哉？故自赋予而言则曰天命，自禀受而言则曰天性，自无息而言则曰天道，自不惑而言则曰天理，自发用而言则曰天心……①

他指出，日月星辰等天地万物皆不可离于"昭昭之多"，而"昭昭之多"即是指生生不已、流行不息的天道。这也就是说，天地万物都是本于天道而产生的，所以不可离于天道而存在。再就人道论而言，道是一切合理正当的人生实践（如修齐治平等）之根据、原则和方向，故而人的日用常行亦不可离于道。胡寅云："夫道非有一物可把玩而好之也，百姓日用而不能离，亦犹鸟之有翼、鱼之有水，顾不自知耳。"②他把人与道的关系比作鸟与翼、鱼与水的关系，这就充分表明，道对于人具有不可或缺的重要性，乃是人生日用一刻也不能离者，只不过寻常百姓并不自知自觉而已。此即意味着，一切人生实践都应当以道为根本原则，绝不可悖离于道。胡寅又云："儒书之要，莫过乎《五经》、邹鲁之语，是七书者，上下关千五百余岁，非一圣贤所言，总集百有余卷而已。既经仲尼裁正，理益明，道益著，三才以立，万世无弊，违之则与人道远焉。未尝丁宁学者收藏夸眩，以私心是之。而所以至于今存而不废者，盖人生所共由，自不可离故也。"③在他看来，那些经过孔子裁定的儒家经典之所以能传承不衰、亘古

---

① 胡寅：《读史管见》卷一○，第362页。
② 胡寅：《读史管见》卷一七，第618页。
③ 胡寅：《桂阳监永宁寺轮藏记》，《斐然集》卷二○，第413页。

不绝，主要原因在于它们都是载道之书，而道乃人生实践的根本法则，是人人都必须遵循而行者，人生自不可离于道而存在。可见，胡寅充分肯定了道的本原性地位。正因为道是天地间万事万物之本原，即其存在及运行的根本法则，万事万物才不可离于道而存在。

另一方面，道即体现并内在于物之中，道不离于物。胡寅在肯定道为万事万物之本原的前提下，又强调道就体现并存在于事物之中，并不离于事物而别有所在。他说："道无不在，离世绝俗则不谓之道。故先正程公曰：'道外无物，物外无道。'"[1]在他看来，道即内在于现实世界之中，而并不在现实世界之外，若外在于现实生活世界，则不可谓之为道。他又指出：

> 父子君臣之伦，礼乐刑政之具，以至取予之一介，交际之一言，加帚于箕之仪，捧席如桥之习，无非性与天道也。谓此非性与天道，则人所以行乎父子君臣、礼乐刑政者，是皆智巧伪设、土苴秕糠之迹，而性与天道茫昧杳冥，无预乎人事，此岂《五经》所载、孔孟所教耶？[2]

这就是说，性与天道就体现并存在于父子君臣之伦、礼乐刑政之具，以及取予之一介、交际之一语、加帚于箕之仪、捧席如桥之习这些日用伦常的事事物物当中。如果说这些并非性与天道，或者说性与天道外在于人伦日用，那么人在日用常行中所遵循的法则就只是些智巧伪设的糟粕，而性与天道也就沦为与人事无涉的虚无空洞之物，这显然是违背儒家之根本教义的。可见，胡寅在这里乃是要表明，人伦日用即是性与天道之所在，道就体现并内在于人伦日用之中，而并非超离于人伦日用之外，凡外在于人伦日用者，就不是儒家所谓之道。胡寅曰："盖死生之说、鬼神之情状，即性命道德之理，非有二致。"[3]又曰："饥而食，渴而饮，动静皆然，

---

① 胡寅：《崇正辩》卷三，第 144 页。
② 胡寅：《读史管见》卷三，115 页。
③ 胡寅：《读史管见》卷一六，第 596 页。

天理之自然也。"①这些都是在点明道即在物、日用即道之意。由此也表明,道之所以不离于日常生活世界,乃是因为道须通过日用伦常之事物来体现、落实,人伦日用中的事事物物即是道体发用流行之表现。

显然,在道物关系上,胡寅既坚持以道为本原,认为物不可离于道;又强调道就体现并内在于物之中,主张道不可离于物。这不仅肯定了"道"的根本性地位,也凸显出"物"的重要性。可见,胡寅颇为强调道物之间的统一性、圆融性,并充分正视二者的地位和作用。而在当时佛老盛行与内忧外患之时局的双重刺激下,为了应对佛老思想的挑战以及救治时弊、经世济民,他尤为注重发明道即在物、道不离物之义,以强调一种积极入世的精神和敢于担当现实的情怀。

第三节　心迹不二论

胡寅的中道观不仅体现在其道物论中,而且也可以通过其心迹论来展示。心迹论正是偏重于从客观面立意的道物论落在人之主体自身方面而言。既然道物论与心迹论是根本一致的,即皆贯穿着中道思想,而胡寅在道物论中坚持以道为本,并十分注重道物之间的圆融性(道物一体),那么在心迹论中,他必然主张以心为本,并强调心迹之间的统一性(心迹不二)。②

在胡寅的心迹论中,"心"主要是指人之内在固有的道德本心,但有时也就统摄人的认知、情感、意志、欲求、思想观念等内容的经验实然之心而言;"迹"则是指人之表现于外的言行举止或行事作为及其所产生的结果。二者被视为源与流、里与表、实与名的关系。胡寅坚持源流一贯、表里一如、名实相符的观点,从而力主心迹一体不二之论,强调心迹的内在统一性、不可分割性。他指出:"夫天人无二道,心迹不可判,此孔孟之

---

① 胡寅:《崇正辩》卷一,第29页。
② 胡寅云:"圣学以心为本,佛氏亦然,而不同也。"(《崇正辩》卷一,第48页。)无论在心迹论还是在身心观中,胡寅都始终坚持以心(主要指道德本心)为本。

学也。"①而他之所以认为心迹不可相离，主要基于以下两点认识：

其一，心为迹之本。在胡寅看来，"心"是"迹"产生的根源，"迹"以"心"为本。他说："尧、舜、禹、汤、文、武之德衣被天下，仲尼、子思、孟轲之道昭觉万世。凡南面之君，循之则人与物皆蒙其福，背之则人与物皆受其殃，载在方册之迹著矣。其原本于一心，其效乃至于此，不可御也。"②此处尧、舜、禹、汤、文、武衣被天下之德，即是仁德；仲尼、子思、孟轲昭觉万世之道，即是仁道。胡寅认为，凡是君王依循仁道行事则可以造福天下苍生，背离仁道作为则会祸害天下生灵，相关事迹在书册之中都有明显的记载。而人君为政治国之所以会产生"人与物皆蒙其福"与"人与物皆受其殃"两种截然不同的结果，其根本原因即在于君心仁与不仁。也就是说，人君本于仁心而行，则可以造福天下；本于不仁之心（非本心不仁）而行，则会祸害天下。可见，为政者的行事作为（迹）如何取决于（或根源于）其心仁与不仁。这就彰显出迹本于心之意，即所谓"其原本于一心，其效乃至于此"。

正因为君心仁与不仁对于为政治国具有关键性的影响，所以"正心"或"格君心之非"便成为治道之根本。胡寅云："乾坤之元，万物所资；而人君治国，正心为本也。万物资焉，其仁普矣；心无不正，其仁不可胜用矣。"③此即主张以正心为人君治国之本。而人君正心也就是要革除君心之非以显明人之本心（仁心善性），亦即孟子所谓"求放心"。胡寅又云：

> 莫难强如怠心，莫难制如欲心，莫难降如骄心，莫难平如怒心，莫难抑如忌心，莫难开如惑心，莫难解如疑心，莫难正如偏心，然皆放心也。大人格君心之非者，格此等也……君心怠则强之，欲则制之，骄则降之，怒则平之，忌则抑之，惑则开之，疑则解之，偏则正之。要使君心常收而不放，则善日起，恶日消，治可立，安可保矣。夫水

---

① 胡寅：《读史管见》卷二九，第 1060 页。
② 胡寅：《致堂先生崇正辩序》，《崇正辩》，第 3 页。
③ 胡寅：《读史管见》卷二九，第 1071 页。

> 源浊则流污,源清则流洁,古之人所以恶夫逢君之恶者,为病其源也。①

在他看来,"君心之非"乃是人君放失其本心所造成的,如果能够将怠惰、私欲、骄傲、愤怒、忌妒、疑惑、偏邪等君心之非革除掉,以使人君之本心常存而不放失,那么就可以兴善去恶,从而治国安邦。他还将君心与人君为政治国的事迹比作水源与水流的关系,认为水源浑浊则水流必污秽,即君心不仁则必行恶政;水源清澈则水流必洁净,即君心仁则必行善政。这就凸显出君心仁善与否对于为政治国所产生的根本性作用。而在这里,心与迹被视为源与流的关系,此即表明迹根源于心,乃是由心所生发。胡寅之"心澄迹自洁"②与"源清者流澄,本端者末正,有诸内必形诸外"③等说法,也都可以体现出这一点。既然心为迹之本源,那么由仁心则必然产生善迹,由不仁之心则必然产生恶迹。所谓"根诸良心必形诸仁术"④"存诸心者仁,则形诸事者义"⑤,以及"心不仁则事不义"⑥"心体既差,其用遂失"⑦正指明此意。由此可知,心与迹具有明显的内在一致性(或统一性),并非可以截然分割的两物,且心对于迹具有决定性、统摄性和主宰性。依胡寅之见,以仁心为本的心迹一体论正是儒学的基本特质,而佛、道、玄等诸家的学说则都存在着心迹分离的弊病。他说:"佛之术以慈为先,而其行则忍;其道以空为至,而其迹则泥。虽泥而观之以空,虽忍而号之以慈,盖名实不相副者也。圣人之道则异乎此矣。实有是心,故实有是事;实有是事,故实有是德。表里同符,隐显一致,所以能成己而成物也。"⑧这就是站在心迹不二的立场上来辟佛立儒,指出佛氏

---

① 胡寅:《读史管见》卷二五,第928—929页。
② 胡寅:《题单令双清阁》,《斐然集》卷二,第44页。
③ 胡寅:《乙卯上殿劄子》,《斐然集》卷一〇,第214页。
④ 胡寅:《澧州谯门记》,《斐然集》卷二〇,第431页。
⑤ 胡寅:《读史管见》卷三〇,第1113页。
⑥ 胡寅:《读史管见》卷二九,第1071页。
⑦ 胡寅:《乙卯上殿劄子》,《斐然集》卷一〇,第214页。
⑧ 胡寅:《读史管见》卷一二,第449页。

之学存在割裂心与行或道与迹之统一性的问题,而儒家之道则是心迹一体不二,即实有是心(仁心)则实有是事(善迹),实有是事则实有是德,心与迹是内外一如、隐显一致的。这就充分表明心迹之间具有不可分割的内在统一性。当然,这种统一是以心(仁心)为本的统一,"实有是心,故实有是事"即可以体现出"心"的根本性地位。因此,胡寅所主张的是以心(仁心)为本的心迹不二论,这是正确合理的取向。唯有先立定根本,确立原则,明确方向,才能实现心迹之间的良性互动与统一。

其二,迹为心之显。在心迹论中,胡寅不仅从心为迹之根源的角度来凸显心迹之间的内在统一性,而且也从迹为心之显现的方面来强调心迹之间的根本一致性。他在批评佛教时说道:

> 师之为名,教我而我效法之者也。兴于鸠摩罗什,师其言乎?则梵语胡言,译而后明,非所以出教令、修法度也。师其行乎?则不饮酒,不茹荤,非所以待臣下、训军旅也。师其威仪乎?则髡首偏袒,服坏色衣,非人君所当为也。师其道乎?则无父子、夫妇、君臣,三纲沦绝,非治国所当用也。抑曰:"吾遗其外而师其内,舍其迹而师其心乎?"则外者内之表,迹者心之显,非有二致也。[1]

在他看来,佛教的言行、威仪、道法等一切内容都是违背为政治国之常道的,人君不应当去效法。如果舍弃其言论行事和威仪法度等具体表现(迹),而只是效法其内在精神(心),那么也是不可取的。因为表露于外的"迹"即是隐藏在内的"心"的显现,内与外、心与迹是一致不二的。可见,"心"是通过"迹"来显现其自身的,"迹"即是"心"本身的呈现、发用。既然"迹"是"心"之具体表现,那么也就可以"以迹揆心"[2]。由此可知,胡寅既充分肯定了"心"对于"迹"的决定性作用,同时也颇能正视"迹"对于"心"的重要性,即"迹"能使"心"得以具体、真实地呈现。而他说"外者内之表,迹者心之显,非有二致",则主要是为了强调心迹之间的内在一致

---

[1] 胡寅:《读史管见》卷九,第320页。
[2] 胡寅:《读史管见》卷一〇,第346页。

性、不可分割性。

胡寅正是从心为迹之本和迹为心之显两个方面来把握心迹之间的统一性的,这也是他力主心迹不二之论的根本理据所在。胡寅对于佛、道、玄等诸家的批评即以心迹不二作为其立论的基本依据。如他批评佛教,谓其"以心、迹为两途"①;批评玄学,谓其"以心与迹二,道与事殊"②;批评荆公新学,谓其"以行与言二,以迹与心判"③等。这些都足以表明,胡寅颇为强调心迹之间的不可分割性。他甚至通过"心即是迹,迹即是心"这样的强势表达来凸显这一点,他说:"如彼所说,真空无相。以相见我,事障理障。如我所说,一阳一阴。心即是迹,迹即是心。谓迹非近,道终不近。于行必波,于辞必遁。"④这里的"心即是迹,迹即是心",意在强调心迹之间是内在统一、圆融不二的关系,而并不是说"心"与"迹"的内容和意义完全等同。显然,依胡寅之见,心与迹必定是圆融相即、一体不离的。当然,他所主张的是以心为本的心迹不二论。

第四节　以史论政

司马光《资治通鉴》问世之后,其门人范祖禹受理学家程颐影响,著《唐鉴》表达了不同意见,然而作为史家的范祖禹在义理之学上造诣不深,其论断在朱熹看来还说理不透,失之于弱。而理学家在重新解释经典义理之后,进入史学也只是时间早晚之事。两宋之际的胡寅,在父师胡安国及程门高弟杨时的教养下,于程氏学长期浸淫、颇有心得,有感于《资治通鉴》"事虽备而立义少"的缺憾,毅然承担起评论《资治通鉴》所载1362 年历史的任务,撰成了理学家评史的第一部有重要影响的著作《读史管见》。《读史管见》洋洋洒洒数十万字,内容庞杂,涵盖极广,凡治道、

---

① 胡寅:《崇正辩》卷二,第 85 页。
② 胡寅:《致堂读史管见》卷七,《续修四库全书》第 448 册,第 515 页。
③ 胡寅:《致堂读史管见》卷三〇,《续修四库全书》第 449 册,第 265 页。
④ 胡寅:《元公塔铭》,《斐然集》卷二六,第 568 页。

君臣、华夷、君子小人、天理人欲等议题都有涉及。陈寅恪曾称："胡致堂之史论，南宋之政论也。"①胡寅是以论史的形式，表达自己的政治见解。政论不能没有宗旨，《读史管见》作为理学家第一部评史巨著，曾备受理学集大成者朱熹的推崇。朱熹称："致堂（胡寅）《管见》方是议论。"②"胡致堂说道理，无人及得他。"③其《资治通鉴纲目》采纳胡氏议论颇多，全文引用胡寅《读史管见》评论的达 77 条，节录或转述多达 341 条。④ 胡寅《读史管见》一出，理学家才真正进入史学，矫正了司马光的大量学说，夺取了在史学上的话语权，为朱熹编纂《资治通鉴纲目》奠定了基础。朱熹的评语也为胡寅《读史管见》的学术地位定下了基调，其为理学家论史的大著作，基本成为史学家的共识。

一、公原则：从公心到公领域的扩展

作为程门后学，胡寅继承了二程以天理为最高理则的学说。天道与性命相贯通，人世间的道德便也确立了天理的根源。在重视道德的儒家传统之中，史论中的人物评价也特重道德一面，在理学产生之后，这种批评也进而溯及天理。天理本身含有价值义、秩序义，可以作为评论史事的标准，但历史是一个无所不包的系统，涉及面极广，对人事皆以天理为准的，难免失之空泛。而作为传统史学核心内容的政治史，涉及的基本是公共生活领域，于史论中评价的"人物"，是公共政治生活中的人物，对其评价并不能仅仅局限在道德评价上。换一句话说，专用道德评价，不足以言明道尽丰富的政治领域。对政治领域的评价需要一种原则，既能与天理及个人道德相沟通，又能全尽理学所理解的政治精神。在胡寅，他确立的是"公"的原则。在二程学说中，"公"虽然不是最高原理，但在其理论体系之中仍然占据重要地位。程颢《识仁篇》以万物一体说仁，仁

---

① 陈寅恪：《冯友兰中国哲学史上册审查报告》，《三松堂全集》第 2 卷，第 613 页。
② 黎靖德编：《朱子语类》卷一三四，第 3207 页。
③ 黎靖德编：《朱子语类》卷一〇一，第 2581 页。
④ 参见尹业初：《胡寅历史政治哲学研究——以〈致堂读史管见〉为中心》，第 250 页。

者达到的境界是"廓然大公,物来顺应","公"在程颢的理学思想体系的基础架构中是作为仁的一种境界出现的。程颐则以公说仁:"仁道难名,惟公近之,非以公便为仁。"①"仁者用心以公。"②公本身不是仁,心理合一才是仁,依程颐之见,"公"是实践和体现最高理则天理的功夫和方法。从胡寅的相关文献来看,胡寅似乎并没有接受程颢以万物一体言仁的思路,而是更倾向于接纳程颐将"公"作为功夫和方法的学说。

正如陈乔见先生所说:"宋明理学家把义利之辨理解为公私之辨,但他们所谓的公与私主要是就行为主体的动机而论。"③所谓"行为主体的动机",也就是公心和私心,胡寅的一套公原则都是从公心衍生出来的。胡寅说:"义者,天理之公也,华夏圣贤之教也。利者,人欲之私也,小人蛮貊之所喻也。"④也就是说,义是出于公心,符合天理的,利是出于私心,不符合天理的。将义利之辨理解为公私之辨,是宋明理学家的普遍意见。⑤ 他们谈论公私话题,最主要的特征是将"公"与"天理"联系在一起,出现"天理之公"的说法,程颐之后的理学家多习用此语。符合天理即是出于公心,出于公心即当符合天理。而天理为人人所具足,天理的公共性,决定了公心的普遍性,则公心可作为道德判断的普遍尺度。在胡寅看来,历史上的一切社会文化现象、历史事件背后,无一不潜藏着历史人物的用心,是否出于公心,也理所当然成为评价一切社会文化现象和历史事件背后之人的标准。胡寅《读史管见》发展出一整套以公原则为标准的评价历史的话语。其中议论较多的职位、制度,以及天道祸福等话题,大抵可概括为公器论、公制论和公报论。

---

① 程颢、程颐:《二程集》上册,第 63 页。
② 同上书,第 372 页。
③ 陈乔见:《公私辨:历史衍化与现代诠释》,第 224 页,北京,生活·读书·新知三联书店,2013。
④ 胡寅:《桂阳监学记》,《斐然集》,第 430 页。
⑤ 宋明理学家将义利之辨等同于公私之辨,亦即公心与私心之辨、公利与私利之辨,这与孟子对义利之辨的理解是有距离的。孟子固然多有重功利、轻私利的言论,但并未一概抹煞私利,所以义利之辨在孟子那里是不能化约为公利、私利之辨的。关于这一点,可参见李明辉:《儒家与康德》,第 152—155 页。

进一步言之，天理、公原则归根结底是一个正义问题。公原则从公心到公领域扩展，亦即道德正义向社会正义的延伸。社会正义当然是理学家实现外王理想的必然要求，而实现社会正义又必须以实现政治正义为前提，政治正义是社会正义理念从理想变为现实的决定力量；而制度正义又是实现社会正义的必要途径，社会正义是在政治正义的前提下，通过合理制度的安排和设计来实现的。因而，要充分展开理学家的正义理念，必须从政治正义开始，进至制度正义。除了要求政治人物遵循公原则去实现政治正义、制度正义乃至社会正义，还必须建立一定的约束机制，也就是必须证成报应正义。

二、寻求政治正义的公器论

在传统君主制国家，政治反省的第一个问题当然是作为权力之源的君主。何以有君主？立君为何？对这一问题的回答，关乎胡寅政治正义学说乃至其整个政治哲学的前提。胡寅认为，君主的存在是以人民的存在为前提的，若无人民，君主便无存在的必要。胡寅称："天地之道，养万物而已。人君之德，养万民而已。"[1]又说："所为立君者，为人群而争也。不务德化而以力从事，是与之争也。"[2]君主的存在意义，从消极面讲，是为防止人民纷争的无序状态，建立相对安定的人间秩序。人民的集合体必然要凭借某种政治体制来维持一定秩序，而这种体制就是君主制。若无君主掌握权力之源，通过百官治理天下，人民之间的纷争将无有已时。从积极面讲，君主的存在意义，是为将养百姓。为民治生，是西周以来"敬德保民""保民而王"的思想传统，是君主不可推卸的政治责任。胡寅以人民作为其政治正义学说的前提，就将作为权力源头的君主纳入了正道，从理论上确立了民本政治的正当性。

在胡寅看来，衡量君主的首要标准就是他是否能够实现保民养民。

---

[1] 胡寅：《读史管见》卷一，第9页。
[2] 胡寅：《读史管见》卷二，第53页。

在君主的产生机制上,胡寅推崇尧、舜所实行的禅让制。原因无他,禅让制是不以天下为私有、简选贤能之人为君的机制,体现了"官天下"的精神。"官天下者,享国之日虽浅,而子孙以安;家天下者,享国之日虽长,而子孙以危。理势然也。"①只有以君位为天下公器的人才肯放弃本有的君位,禅让给贤能的人,而不传自己的子孙。家天下者,则以君位为自家私有,担心其位其权被他人所夺所掩,即使子孙之间也难免为争位而同室操戈,处境自然也就岌岌可危了。尽管胡寅从价值上判别了官天下和家天下的高下,但家天下已历经数千年的历史延续,成为既定的难以改变的事实,对这一事实除接受以外别无办法,所以胡寅并没有要求从家天下模式回归到官天下模式,而只是要求家天下模式下的君主,仍旧要树立天下为公的观念,从形式正义和实质正义上接近天下为公的理想。他说:"君臣以天位为私惠,父子以神器为私宝,人欲肆行,天理沦灭,其所以异于夷狄者几希矣。"②家天下之事实不可改变,但这并不妨碍君主以尧、舜为法,不以天下为一家一人所私有,在行使权力之时做到公正无偏。如果能做到不图一姓之私利,保证公正行使权力的形式正义,也就更有可能实现保民养民的实质正义。

胡寅要求君主能够以公心行事,做到保民养民,则作为国之公器的官职、爵位亦应以公心处之,不能曲徇私恩。③ 胡寅以为:"官爵,公器也。"④"建国家而以私意行事,不足服人心矣。"⑤官爵是国家的公器,君主应当效法二帝三王,完全以公心封赐官爵,而不能将官爵作为君主施恩的工具。胡寅举叔孙昭子和汉高祖的例子说明遵循公义的重要性:

---

① 胡寅:《读史管见》卷一一,第400页。
② 胡寅:《读史管见》卷八,第267页。
③ 义的概念在孔孟那里主要与个人道德相关,荀子则将义与公私问题结合起来,将义从个人道德引向政治范畴,提出了公义的概念。公义是政治人物行使权力的基本准则。参见黄俊杰:《孟学思想史论》第五章"义利之辨及其思想史的定位",第111—159页,台北,东大图书公司,1991。
④ 胡寅:《读史管见》卷五,第173页。
⑤ 胡寅:《读史管见》卷七,第237页。

"夫匹夫行私,不可自立于乡里,一命行私,无以信服于吏民,而况天子乎？是故叔孙昭子不赏私劳而杀竖牛,汉高祖不赏私劳而诛丁公,君子美之,美其公心,不以一身而废天下之义也。"①对于帝王通常会重用在登基之前的幕僚的情况,胡寅也提出批评:"后世有自诸侯王入继大统者,汲汲施恩于其故邸之属,又致隆焉,曾不知示狭于天下,本以为荣,适以表私也。"②此种情况历代多有,但注意到此点而提出批评的人不少概见,胡寅之语可谓空谷足音。

三、寻求制度正义的公制论

在现代民主社会,一切政治正义的观念都需要以法律的形式来体现。政治正义的价值理念引导着法律正义观念,法律正义观念又维护和保障政治正义理念的实现。可以说,现代社会制度正义的核心就是法律正义。然而在古代中国社会,法律的作用要弱小得多,法律正义的实现是以政治正义的实现为前提的。只有当政治正义得以实现,包括法律正义在内的制度正义才有可能得以实现。上文胡寅对君位、官天下的看法可谓是政治正义的准则。而在与制度正义密切相关的政治制度、经济制度、法律制度等方面,胡寅也有相应的论述。

在法律制度方面,胡寅认为法律是维护公平正义的工具:"法与天下为平者也。"③传统等级社会中的各阶层享有的权利大有差别,底层人民的权利极易受到侵犯,将法律作为维护公平正义的工具,就为最弱势的底层人民的权利做出了基本保障,建立了法律的正义性。在政治制度上,胡寅极力推崇三代的封建之法。在胡寅看来,封建既不是偶然出现的,也不是必然出现的,是圣人根据公天下原则而制定的维持国家公义和人民生计的万世不易之法。"夫封建与天下共其利,天道之公也,郡县

① 胡寅:《读史管见》卷一一,第 782 页。
② 胡寅:《读史管见》卷一,第 37 页。
③ 胡寅:《读史管见》卷一七,第 614 页。

之以天下奉一人,人欲之私也。"①胡寅认为,封建制在天下建立众多诸侯国,能使贤才皆得任用。只要天子圣明在位,则必定封贤能之人为诸侯,有贤能之人在上,在下的人才就可以通过乡举里选、贤能之贡、奏言之试、明扬侧陋等多种途径进入中央和诸侯国政权,各展其才。在经济制度上,胡寅指出井田制度是圣人出于公心,不以天下自奉一人,为民制产的设计。"井田之法,以义取利,公天下而致和平者也。"②井田制度为处于最不利地位的平民提供了基本的土地资源作为生活保障,仅凭这一点已可表明封建井田制本身的正义性。

对于历史上出现的制度,胡寅提出以义理标准来评断:"凡断天下之大法度,舍义理之辨,则何以处是非之决,敢问古者封建,其利心耶?秦之兼并,其义心耶?"③他将制度出现的动因归结于制度制订者的存心,而排斥了制度演化中的必然性因素。因为他要将三代美化成公天下的典范,所以三代的制度在他看来也都是出于公心制定的。封建变为郡县,柳宗元认为是大势所趋、不得不然的,胡寅则以为是在上者出于私心,为兼并天下而造成的,而出自公心建立的封建制度,只要在上者能秉持公心,也一定能够恢复起来。胡寅与其弟胡宏一样,以封建井田为圣人出于公心制作的万世之法,似乎出于公心制定的制度就必然可行,为理之必然,对时势的因素、历史演变的客观必然性则缺乏考虑。

四、寻求报应正义的公报论

幸福是人类全体的共同目的,是具有普遍性的追求。儒家虽特重道德,但德福一致同样是儒家学者的美好愿望。《尚书·汤诰》已有"天道福善祸淫"之说,《尚书·伊训》也称"惟上帝不常,作善降之百祥,作不善

---

①③ 胡寅:《读史管见》卷一七,第 624 页。
② 胡寅:《成都施氏义田记》,《斐然集》卷二一,第 438 页。

降之百殃",但这种"天道无亲,常与善人"的信条在司马迁《史记·伯夷列传》中却遭到质疑。而且,在经验事实层面上,德福不一致似乎更是人们显见的常识。对于儒家而言,秉持道德信念的他们讲究义命分立,强调"莫非命也,顺受其正"的理性精神和"知其不可而为之"的行义精神。这作为个人态度自无不可,儒者也可以在义的层面上安身立命。然而,对于世上报应正义的大问题,人终究是不能置若罔闻的,德福一致的追求也具有现实的意义。如果要求一切权力、制度背后的人都按照道德或公原则行事,进而形成道德的政治、道德的社会,那么就必须以一种机制对为善有善报做出保证。胡寅即希望论证出德福一致,并通过德福一致为其政治学说的实际政治运行提供保障。

胡寅坚持天道公报论,相信报应正义是一定会实现的。他继承和发展了董仲舒的天人感应学说,在报应理论方面有一番新探索。胡寅说:"天者,公也,非有所亲疏而取舍之者也……天者,理也,非有所利害而去就之者也。"①天代表着公和理,依照公理,为善为恶必有报应。天是人间公平、公正的最终保证,但胡寅心中的天已不具有董仲舒的天的人格神意义,而仅仅是一种抽象的主宰,是"天理"的另外一种表达。他在评价东汉杨震"天知,地知,你知,我知"一语时说:"愚谓天地非惟不可以二言,盖亦不可以知论……知者,有血气心思之性也。"②天不具有任何自然人的属性,其主宰义等同于抽象的天理的主宰,冥冥不可言说,是一种信仰。

由于天不具有人格神特征,无法主动报施善恶,所以人间的报应另有原理,此原理即是董仲舒所说的"同类相动"。胡寅说:"天地之间,形运于气。气,阴阳也,纲缊浑沦,未尝相离,故散为万物,消息而不穷,形气合而理事著。"③气分阴阳,同类感应,自然万物的活动都是由于气类相

---

① 胡寅:《读史管见》卷二,第51页。
② 胡寅:《读史管见》卷四,第130页。
③ 胡寅:《读史管见》卷八,第271页。

感而成。人类也分善恶之类,圣贤与愚不肖之类。万物以类相聚,灾祥以类感应。善人、善事会招致善人、善事,恶人、恶事也会招致恶人、恶事。胡寅举后赵石虎为例。石虎杀害叔父石勒的妻儿,自己的妻儿也为亲儿子石遵所杀;石虎前后坑杀数十万人,冉闵也趁乱诛杀羯人二十余万,石虎之孙三十八人,无一幸存。石虎以及羯人的罪恶,终究得到报应。而且,从报应时间上看,并不是为善之人在其有生之年必然受福,为恶之人在其有生之年必然受祸;从报应对象上看,施报的对象未必是本人,也未必是其子女。何时、何人受报,是整个家族为善为恶的累积效应。胡寅说:"人之为善与恶,天未必逐逐然从而祸福之也。尧之子朱,何恶而致之? 瞽之子舜,何善而来之? 然尧、舜之后不绝者数千年,盖尧之德盛,非朱所能迄,黄帝之德远,非瞽所能遏也。"①所谓"积善之家,必有余庆。积不善之家,必有余殃",正像善、恶、圣、贤、愚不肖根据各自的道德性质各成其类一样,一个家族也因其整体的道德性质而为一类,一个恶的家族成员未必能改变积善之家的善的性质,一个善的家族成员也未必能改变积不善之家的恶的性质。善恶之气以类相感,有如神在,报应机制的微妙之处是人所难言的。但胡寅坚信一点:"天之报施,无言可闻,无象可见,而理不可诬,或大或小,或迟或速,未有不以类而应者也。"②这就是说,尽管报应的大小、迟速难以确定,但报应正义是必然会到来的。

传统的德福一致论,既用以解释长时段后裔凋零或繁盛的祸福之报,也用以解释本人及其子女的祸福之报,但两方面似乎都有不少解释不了的个案。如西汉酷吏张汤,用法严酷,不当有后,但其后人却繁衍盛大。至于人们更关注的本人或其子女报应问题,如尧之子丹朱品行不好,但没有受祸,瞽叟为恶人,却养育了圣王大舜,也没有受祸。这些如何解释? 胡寅将整个家族作为一个类,放在一个较长的时段来解释,就

---

① 胡寅:《读史管见》卷二,第50—51页。
② 胡寅:《读史管见》卷八,第272页。

为天道公报论注入了新的活力：张汤虽为恶，或许其祖宗或子孙为善，故而其家族免受其祸。尧之德盛，黄帝之德远，丹朱（尧之子）、瞽叟（黄帝后裔）的为恶，皆不能断绝尧、黄帝之后裔（包括丹朱、瞽叟）的福报。这样就解释通了。

第十七章　胡宏的哲学

　　胡宏,字仁仲,福建崇安人,生于徽宗崇宁四年(1105),卒于宋高宗绍兴三十一年(1161),享年五十七岁,因长期寓居湖南衡山五峰之下,学者称其为五峰先生。

　　胡宏是南宋著名道学家胡安国之子,胡氏父子皆为当时有名的学者。胡安国是著名的经学家,所著《春秋传》为南宋治《春秋》者所宗仰,明初被定为科举取士的教科书。胡宏的兄弟胡宪、胡实均是南宋有名的学者。朱熹、吕祖谦、张栻号称东南三贤,而朱、吕是胡宪的学生,张栻则从学于胡宏,可见胡氏兄弟在当时思想界的地位。胡宏幼承家学,自觉地以弘扬道学为己任。他说:

　　　　道学衰微,风教大颓,吾徒当以死自担。①

胡宏是北宋道学向南宋道学过渡的关键人物之一,全祖望编著《宋元学案》,对胡宏评价很高:

　　　　绍兴诸儒,所造莫出五峰之上。其所作《知言》,东莱以为有过
　　于《正蒙》,卒开湖湘学统,今豫章以晦翁故祀泽宫,而五峰缺焉,非

---

① 黄宗羲原本,全祖望补定:《五峰学案》,《宋元学案》第二册,第 1366 页。

公论也。[1]

在中国古代学术思想史上，胡宏应占有一席之地。他终生不事科举，致力于学术，游学于衡山之下二十余年，湘衡一带士人影从。他先后讲学于碧泉、道山等书院，张栻、杨大异、彪居正、吴翌、孙蒙正、赵孟、赵棠、方畴、向吾等都是他的高足，朱熹虽未直接师从于他，但在思想上也颇受他的影响，故《宋元学案》将其列为胡宏的私淑弟子。明人彭时称胡氏父子"俱为大儒，遂启新安朱氏、东莱吕氏、南轩张氏之传，而道学遂盛以显"（《嘉靖建宁府志》卷一七）。朱熹也称胡宏学识丰富，节操高洁，"当时无有能当之者"[2]。可见胡宏在北宋道学向南宋道学转变的过渡时期起了承上启下的作用。然而现代人在叙述宋代学术思想史时很少注意到胡宏，近现代研究中国哲学思想史者如胡适、冯友兰先生在其哲学史著作中即未曾提到胡宏其人其学，港台学者较早注意到了胡宏在道学中的地位，新儒家代表人物之一牟宗三先生给胡宏以极高的评价，当代大陆学者所著哲学史著作也开始予胡宏思想以一定的地位。但是，这些研究成果或浅尝辄止，或言而不当，或失于片面，远未达到全面、系统、科学论释胡宏其学，理解胡宏其人的目的。因此对胡宏的思想仍有深入研究的必要。本章不拟全面阐释胡宏的思想，而是力图在宋明道学演进的大背景中重新诠释胡宏的道学思想，从本体论这一特定领域重新理解胡宏的道学思想，试图阐明其思想的独特性与继承性，并对胡宏的思想予以重新评价。

胡宏的思想无疑是继承北宋道学而来，但其思想与其他道学家相比有其自身的特色。他提出的一些颇具特色的命题发前人所未发，如"性立天下之大本"的性本论，"未发只可言性，已发乃可言心""心以成性"的心性论，"天理人欲同体而异用"的理欲观，"善恶不足言性"的人性论等。这些命题在宋明道学中的意义并非特别清楚，在当代不同学者间也产生

---

[1] 黄宗羲原本，全祖望补定：《五峰学案》，《宋元学案》第2册，第1366页。
[2] 黎靖德编：《朱子语类》卷一一一，第2582页。

了一些争议。笔者认为,胡宏这些命题、思想必须置于宋明道学的大背景中去理解,即必须阐明北宋道学的基本精神,并澄清胡宏对北宋道学的继承关系,才有望认识胡宏思想的内涵与意义。因此,我们首先分析胡宏对北宋道学的继承关系,再以此为基础较系统地诠释胡宏的本体论思想。

第一节　胡宏道学思想的渊源及其基本特征

宋代学术思想有两种主要的称谓,即道学和理学,两种称谓在二程的思想中都可找到根据,大程子比较强调"道",而小程子更注重"理"。胡宏却很少提理学,而经常以"道学"自居,所以还是以道学称呼胡宏的思想较为妥当。

胡宏的思想承接北宋五子的思想而来,据本人研究,他虽属二程一系的师承,却也深受周敦颐思想的影响,邵雍和张载的观念在其思想中也时有表现。大体而言,北宋道学家的基本原则与基本思路是胡宏道学思想形成的主要源泉。

一、胡宏的师承

胡宏研究与弘扬道学,首先得力于其父胡安国的影响。他本人回忆说:

> 愚晚生于西南僻陋之乡,幼闻过庭之训,至于弱冠,有游学四方、访求历代名公遗迹之志,不幸戎马生于中原,此怀不得申久矣。①

正是其父的影响使胡宏从小产生了志学的愿望。

胡安国是二程的私淑弟子,即未曾亲聆二程的教诲,但与二程弟子谢良佐、杨时、游酢过从甚密。全祖望说:

---

① 胡宏:《题司马温公贴》,《胡宏集》,第 190 页。

　　私淑洛学而大成者,胡文定公其人也。文定从谢、杨、游三先生以求学统,而其言曰:"三先生义兼师友,然吾之得于遗书者为多。"然则后儒因朱子之言,竟以文定列谢氏门下者,误矣。①

胡安国与二程三大弟子的关系,黄宗羲、全祖望说得明白:

　　先生为荆门教授,龟山代之,因此识龟山,因龟山方识杨、谢,不及识伊川。自荆门入为国子博士,出来便为湖北提举。是时上蔡(即谢良佐)宰本路一邑,先生却从龟山求书见上蔡。上蔡既受书,先生入境,邑人皆讶知县不接监司。先生修后进礼见之。先生之学,后来得于上蔡者为多。盖先生气魄甚大,不容易收拾。朱子云"上蔡英发,故胡文定喜之"。想见与游、杨说话时闷也。②

因受其父影响,胡宏对洛学非常推崇,年仅十五岁,即自撰《论语说》,编《程子雅言》并为之作序,在《程子雅言·序》中表达了归依洛学的思想倾向:"予小子恨生之晚,不得洒扫于先生之门,始集其言,行思而坐诵,息养而瞬存。因其言而得其所以言,因其言而得其言之不可及者,则与侍先生之坐而受先生之教也,又何异焉?"可见胡宏对洛学用力之深。

　　家庭教育奠定了胡宏的基本思想倾向。因其父的关系,胡宏也有机会拜见程门弟子杨时,向他学习道学。宣和七年(1125),胡宏年满二十,随父至京师,入太学就学,得以拜见杨时。胡宏追随杨时的时间很短,入京第二年金兵南侵,徽钦二宗被掳,二十一岁的胡宏只能随父离京,寓居荆门,按其父的意旨师事侯师圣,学习理学。《宋元学案·刘李诸儒学案》为侯师圣立有小传,传中说:"侯仲良,字师圣,河东人,二程子舅氏华阴先生无可之孙。"侯氏是程颐的外侄,其思想观念应属程氏一系。胡宏本人对侯师圣有所评说:

　　按河南夫子,侯氏之甥,而师圣又夫子犹子夫也。师圣少孤,养

----

① 全祖望:《武夷学案序录》,《宋元学案》第 2 册,第 1170 页。
② 同上书,第 1172 页。

> 于夫子家，至于成立，两夫子之属行，皆在其左右，其从夫子最久，而悉知夫子文章为最详。其为人守道义，重然诺，言不妄，可信。①

据胡宏自述，其从侯氏学习道学，颇得《中庸》之旨，其心性之学将中庸作为核心概念，可能与此有关。但胡宏只称侯仲良之字而不称先生，大概是没有师徒关系的。

胡宏所从游从学之人几乎都是程氏一系的弟子门人，这使他有机会广泛接触北宋道学各代表人物的著作。据现有文献，胡宏曾为二程语录、周子《通书》、张载《正蒙》作序，表彰之情溢于言表。尤其是他曾重编张载《正蒙》，并称"虽得罪于先生之门人，亦所不辞也"②。可见其对张载的重视。正是因为广泛接触北宋五子及其门人弟子的著作，胡宏能够不拘于一家一派之言，广泛吸取各家各派的长处，并且就其求学过程可以看出，他从师的时间很短暂，以自学为主，故能不拘一格，独树一帜，成一家之言。

对于胡宏思想的渊源，《宋元学案》认为他"卒传其父之学"，但胡宏的思想与其父显有区别，不足为凭。牟宗三先生认为：

> 五峰早年师事侯师圣，然其学实绕明道、上蔡而转出者。③

此说忽视了胡宏思想不拘一格广吸博纳的精神，实际上北宋五子的思想在胡宏这里都有所体现，其思想并非一家一派之言。

尤其需要指出，胡宏思想的大纲与周敦颐有惊人的相似，以诚言命，是天之道，周氏说"诚者，天之道也"（《通书》）；以中言性，周氏说"性者，刚柔善恶，中而已矣"（《通书》）；以仁言心，周氏说"圣人定之以中正仁义，而主静"，又说"心纯，则贤才辅；贤才辅，则天下治。纯心要矣！"并且以生为仁，此乃宋儒之通义，自不待言，只是胡宏对心的重视远超于周敦颐，这却可看作他的创造性阐释。

---

① 胡宏：《题吕与叔中庸解》，《胡宏集》，第189页。
② 胡宏：《横渠正蒙序》，《胡宏集》，第162页。
③ 牟宗三：《心体与性体》中，第430页。

二、北宋道学的问题意识与胡宏的问题意识

要理解某一特定时代的思想家及其思想，最好的起点莫过于了解这个时代所面临的问题，然后才能理解思想家们试图解决它们的思路及方法，才能真正深入思想家们的思想。

北宋道学家们面临的首要问题是佛学给儒学带来的冲击及其导致的对儒家社会传统价值观的颠覆，相应地，社会的政治、经济、文化等都会受到影响。唐末的韩愈反佛的宗旨于此可见一斑，他最先提出的道统观，即禹、汤、文、武、周公、孔、孟的思想传承，开启了宋明道学的先河，这已经成为常识。可是唐末天下大乱，难民们都归依佛门以求自保，正是佛教兴盛的时代，韩氏却在此时坚决反佛。其根本的原因在于，他将唐末天下大乱归咎于佛教的兴盛，归因于佛教思想对儒家思想的侵蚀。今天看来，这是倒果为因，正如在魏晋南北朝时期天下大乱，大批难民都归依佛门以求自保，前后如出一辙。但韩氏的观点在宋朝统一之后却有了很大的反响，从宋初三先生弘扬儒学，到后来北宋五子各自建构其思想体系，都出于同样的诉求。

他们的问题意识是一样的，即如何恢复和建立稳定的合理的社会秩序，如何确立人生、社会的基本价值，以及如何通过修养实现和保持这些人生价值。思想路径也有共通之处，即他们认为只能从儒家先贤们的思想中去寻找救世良方。他们从不认为过去可考的社会是理想社会，汉唐盛世也不是，只有不可考的所谓三代是理想社会，正如战国时代的思想家们动辄称三代一样。这是中国古代思想家们的传统，以至近代的康有为仍在使用托古改制的策略，从中可以看出儒家传统的理想性、超越性。

儒家基本的价值观是什么，韩愈所讲的道统是什么，其实并不特别清楚，孔子与孟子的思想有很大差异，荀子的思想与他们的差别更大，而孔子与文王、武王、周公的思想已大不相同，至于禹、汤的观念，则已经不可考了。因此宋儒重建儒学价值观的过程其实是一个重新阐释、重新论证的过程，而阐释的重心最后被确定在四书五经上，这是到朱熹才完成

的一个漫长的过程，北宋的理学家们主要的资源大体上也依赖于这些文献。

宋儒面临的最重要的问题是：为什么佛教的教义是错误的？为什么要遵从儒学的价值观？这是真正的哲学问题，它大概始于魏晋玄学关于名教与自然的争论，那时儒、道、佛三教已经出现了矛盾与争论，也有各种不同的解决方案。宋儒对这个问题的解答始于周敦颐，它延续了魏晋的观点，即名教与自然并不相悖，名教正是出于自然，并且借助了道家的观念。《太极图说》之所谓太极阴阳五行，是道家、道教的观念，周敦颐却将中正仁义建立在这些概念之上，显然是儒道观念之结合，通过这种方式，他为名教出于自然的命题创制了一个理论根据，也就是将天道与人道结合起来。但他的哲学与孔子的观念已经有了很大区别，因为孔子是文化至上主义者（这是本文作者对孔子思想的理解，是孔子人本主义思想的最高成就），而周子却是一个自然主义者，所谓"诚者，天之道也，诚之者，人之道也"，道家顺应自然的思想倾向表现得非常明显。二程曾在周子门下学习过，知道了周氏的思路，估计是因为对周子道家气息的不满，所以也不以之为师。大程子就说，"天理二字，是自家体贴出来"，其所谓的"天理"，也还是延续了周子的理路，天理也不过是太极的转化形式。朱熹大概是意识到了，所以对周子太极特别重视，并且与陆象山有长篇的争论。

二程发明"天理"的实质本极明显，是在存在论的意义上论证儒家伦理的合理性，换言之，"仁""义""礼""智"等儒家坚持的人生社会价值是天所赋予的，是与生俱来的，与孟子以来的儒家传统也接续得上，所以人性论成为儒家哲学的中心问题也就顺理成章。

这种理路是哲学的，而且也确有其独创性的内涵，但这种自然主义的伦理观却导致了一个困局，即，善是天理，恶却从何而来？整个宋明道学大概都为此难解之题目所困扰，自二程至朱熹至王阳明，莫不皆然。程颢为此问题所迷惑，以至于不得不说"恶亦不可不谓之性也"，这却使问题复杂化，而且没有得到解决。其兄弟程颐却简捷明了，他的答案是，天理是善的，而恶皆来源于气，这甚至让我们联想到柏拉图的理念论，理气二元论实极明显。

　　胡宏对北宋道学家们的问题非常熟悉,但似乎对他们解决问题的方式不太满意,所以提出"善恶不足言性"的观念。他的意图在于摆脱二元论的纠缠,意在以一种新的一元论的观点解决此困局,这一层意思极其明显。他认为善恶皆是相对的,而人性本来是不分善恶的,所谓"谓之恶者非本恶,但过与不及耳"。如果作一合理的推论,那么可以说,胡宏认为人性是先天的,而善恶之分却是后天的,先天的人性本无善恶,只是感物而动,有过有不及,于是有了善恶。如果这是成立的,那么胡宏是否认为,善恶的区分是人为的,并没有先天的根据呢?这却是一个值得深思的问题。但有一点可以肯定,即胡宏的观点与佛教教义极其接近,因为佛教认为一切皆是幻影,善恶皆属虚幻,而本真的存在是无分善恶的。胡宏甚至可使人联想到人性无善无恶的早期观点。朱熹于是追问,这过与不及的标准不是先天的吗?他对胡宏的批驳是出于其二元论的立场,故对胡宏的观点不可能持肯定的态度,但胡宏的观念是否就是一种合理答案,却须另作专论。

三、天道与人道的贯通:北宋道学与胡宏道学的基本精神

　　北宋道学重建儒学价值观的方式基本上是将人道归于天道,以此贯通天道与人道,以便重新肯定儒家的价值观,并以此批判佛教的价值观,这就是所谓的天人合一。程颢的表达最清楚:"只此便是天,或者别立一天……"人性便是天性,所谓天理,不过是说,人性之理即是天理,人性即是天性,是本来如此的。只不过,程颢摆脱了一个困扰,却陷入另一个困惑,既然人性即是天性,却何以有善有恶?

　　善恶问题且暂时放在一边,我们讨论天人合一的问题。这个提法很奇怪,极易导向神秘主义,究其原因,语言表达含混不清是一个重要原因。在中文里,"天"的意指过多,其中有不少都带有原始宗教的意味,先秦典籍如《尚书》《诗经》甚至《论语》中都有人格化的天,所以天道的提法极易混淆,但宋人基本上摆脱了宗教之天,在周敦颐那里已经完成了这

一过程,他是借助道家的观念。虽然如此,今天的学者们讲天人合一时,仍然染上了一些神秘主义的恶习,以致把所谓的天人合一看作中国古代哲学的根本特征,将其提升到一个不可理喻的高度,这是很无趣而且害人害己的理论取向!

所以,必须还原天道人道合一的本来面目。程颢的表达最为清楚,"只此便是天",人性即是天性,天性即是人性,这种自然主义的观念不能不说源于道家的自然观。只不过,道德活动、道德意识的先天性并非那么容易得到论证的,进而言之,社会秩序,包括道德秩序、政治秩序,其实不是先天的,所以宋儒论证道德先天性的任务注定不可能完成。

但宋儒并非开创者,魏晋时期为了对抗佛教的观念,提出了名教出于自然的观点,魏晋玄学也是在这个背景下发展起来的。

四、从体用范畴看胡宏本体论的特征

"体""用"是北宋道学家使用极为普遍的一对范畴,也是他们的本体论的重要范畴。通过分析这对范畴的不同用法有助于理解各道学家本体论的基本性质,可在一定程度上澄清各道学家建立的本体论的基本特征,因为不同道学家那里体用范畴的含义不尽相同,其差别正可显示不同道学家本体论的特色。

体用范畴在宋代以前的含义,张岱年在《中国哲学大纲》中有较详尽的分析,这里需略加申述。大体而言,宋代以前,体指形体,用指功能、效用,体用指形质之体与形质之用,并且是一物之体用而非存在之体用。至宋明道学才有了存在之体用的观念,他们借助佛教的观念建立了儒家的本体论。张岱年先生说:

> 所谓体,即永存常在者,体亦称"本体",本体指本来而恒常者。在宋明道学中,所谓体或本体,亦非专指宇宙之最究竟者。[1]

---

[1] 张岱年:《中国哲学大纲》,第7页,北京,中国社会科学出版社,1987。

显然,体用已经发展为宇宙论、存在论的范畴,当然,这两者是有区别的。

　　宇宙论、本体论意义上的体用范畴,其内涵相当复杂,不同的道学家的用法不尽相同。概而言之,大体指三种不同的对立关系,以下略作分疏。

　　其一,指实体与功能、属性的关系,略相当于亚里士多德之实体与属性范畴。张载说:"未尝无之谓体,体之谓性。"①"未尝无"就是实有,所以体就有、无而言,体的称谓就是"性",所以性属体,显然是存在论的范畴。"太虚无形,气之本体,其聚其散,变化之客形尔。"②太虚之气是永恒的实体存在,是本源之体,万事万物都是此实体的特殊样式,都源于气的聚散。张载以气为存在之本体,却不能归结为唯物论,因为他说:"湛一,气之本,攻取,气之欲。"③前者是天地之性的根源,而后者则属气质之性。与张氏不同,二程兄弟以理为体:"夫诚者,实而已矣。实有是理,故实有是物,实有是物,故实有是用,实有是用,故实有是心,实有是心,故实有是事。"④理作为体是用的根据,葛瑞汉更说二程所谓理"不是用来描述一物的某一方面的特性,而是说明它完成的某方面的功用,以便在自然秩序中占据某个位置"⑤。二程理解的体用关系有这层含义,但不是全部,这点葛瑞汉的观点是有所偏颇的。

　　其二,指本质与现象的对立,或根据与实存、普遍与特殊、抽象与具体的对立,体之形质之义被完全取消,代之以某种普遍的本质、规律、秩序。二程之理本体典型地表现了这种关系。程颢说:

　　　　所谓万物一体者,皆有此理,只为从那里来。⑥

万物之所以同体,因为万物皆有理,皆以理为其本质和存在的根据,万物

---

① 张载:《正蒙·诚明篇》,《张载集》,第21页。
② 张载:《正蒙·太和篇》,《张载集》,第7页。
③ 张载:《正蒙·诚明篇》,《张载集》,第23页。
④ 程颢、程颐:《河南程氏经说·中庸解》,《二程集》下册,第1160页。
⑤ 葛瑞汉:《二程兄弟的新儒学》,第54页,郑州,大象出版社,2000。
⑥ 程颢、程颐:《河南程氏遗书·元丰己未吕与叔东见二先生语录》,《二程集》上册,第33页。

只是理本体表现出来的现象。"天者理也"①，天以理为其本质。程颐的表述更为清楚：

> 至微者理也，至著者象也，体用一源，显微无间。②

理是体象是用，理至微而象至著，理为本质象为现象。"体用一源"即是说体是用的本质和根据，用是体的显现，理是一切事物的本质，而一切事物是理的体现。

本体与现象的对立关系和实体与功能的对立关系有显著的不同，不能混为一谈，它们从不同侧面反映了事物的关系。实体与功能的关系没有摆脱形质之体的含义，如张载的气本体，正因如此，实体尚有活动之意，气是充满生机与活力的。而以天理为体，是完全抽象的意义上言体用，理是形而上之道，是抽象存在，它是纯静态的存在，是万物之形而上的根据，是不能活动的，也是永恒常在的。程颐说：

> 冲漠无联，万象森然已具，未应不是先，已应不是后，如百尺之木，至根本至于枝叶，皆是一贯。③

万物之理是常在的，就像种子与树木，树木之理在种子之中，由发芽到长成参天大树，这理既不增一分，也不减一分。程颐以万物之所以然释理，意思也不外乎如此：

> 凡物有本末，不可分本末为两段事，洒扫应对是其然，必有所以然。④

理是万物存在的根据，具体事物有生灭，理作为万物的根据无生灭，没有事物之理，则无事物。冯友兰先生以共相释理，即与此相关。

体用被理解为抽象的本质与现象的关系，普遍与特殊、一般与个别

---

① 程颢、程颐：《河南程氏遗书·师训》，《二程集》上册，第 132 页。
② 程颢、程颐：《周易程氏传·易传序》，《二程集》下册，第 689 页。
③ 程颢、程颐：《河南程氏遗书·入关语录》，《二程集》上册，第 153 页。
④ 同上书，第 148 页。

的对立关系自然也就进入了道学家们的视野。程颐提出"理一分殊"的理论，虽然有为等级制寻求理论根据的意图，但也自有其理论上的必然性。现在，体与用被规定为理一与分殊的关系：

> 物虽异而理本同，故天下之大，群生之众，暌散万殊，而圣人为能同之。①

自然世界的事物各各不同，显示了极强的多样性，但差异中有同一，也就是事物的普遍性。冯友兰先生以共相和殊相讲体用，应该说是体用关系的一个非常重要的侧面。程颐也用理一分殊的理论解释人伦道德关系：

> 分殊之敝，私胜而失仁，无分之罪，兼爱而失义，分殊而推理一，以止私胜之流，仁之方也；无别而兼爱，至于无父之极，义之贼也。②

在道德生活中要处理好一般之仁与分殊之义的关系，所谓爱无等差，施从亲始。

　　其三，体用指称潜能与现实的关系。本质是具体事物的抽象，不能看作潜能，但就实体与其功能属性的关系而言，实体却可以同时看作是潜能，因为实体并不完全现实地表现为各种功能属性，它具有现实化为功能属性的多种可能性。实际上道学家们以成圣成贤为其最高理想，其本体论即是为此设定形而上的根据，由本体的理想性到现实化必须有一个过程，即本体现实化的过程，需要通过修养工夫才能实现。本体只是一种可能性，一种潜能，不能说即是现实。本体现实化的过程即是由体达用。朱熹说："见在的便是体，后来生的便是用。"③"先有体后有用。"明确肯定由体达用是一个过程，有先后顺序。"自太极至万物化生，只是一个道理包括。但统体是一大源，由体而达用，由微而至著耳。"④太极本体只是潜在的存在，并非实有一物，"只是一个道理"，是万物化生的根源。

---

① 程颢、程颐：《河南程氏易传·周易下经上》，《二程集》下册，第 889 页。
② 程颢、程颐：《河南程氏文集·答杨时记西铭书》，《二程集》上册，第 609 页。
③ 朱杰人等主编：《性理三》卷六，《朱子语类》一，《朱子全书》第 14 册，第 239 页。
④ 朱杰人等主编：《周子书》卷九四，《朱子语类》一，《朱子全书》第 17 册，第 3133 页。

由体达用即是由微至著,由潜在到现实,但本体并不在万物化生的现实之外。他说:"故语道体之至极则谓之太极,语太极之流行则谓之道。虽有二名,初无两体。周子谓之无极,正以其无方所无形状,以为在阴阳之外而未尝不行乎阴阳之中,以贯通全体,无乎不在,而又初无声嗅影响之可言也。"①太极本体与其流行发用之间的关系不即不离,太极本体的理想性与其万物流行的现实性、具体性之间始终存在矛盾,体之流行发用即包含有理想性的本体到不那么理想的发用流行之间的矛盾,由体达用的理论可以看作这一矛盾的必然结果,其目的是使现实达至本体的理想性。

以上是体用关系内涵的三个主要方面,但体用关系内涵并不只限于这三个方面,它还可能指称全体与部分、有限与无限等对立。道学家们在使用体用范畴时往往因具体语境而指称不同的意义,也因各自本体论的特征而各有侧重,因此而各自有各自的特色。

体用范畴是宋学本体论的基本范畴,也是胡宏本体论的基本范畴,这既是对其前辈思想的继承,也有他自己的特色与创新。

第二节 胡宏本体论的现实性层面——心范畴

本体论是北宋道学的主要特色之一,他们将人生观、价值观提升到存在论、宇宙论的高度。胡宏在研究前人思想的基础上建立了自己颇具特色的本体论,其本体论结构相当清楚,即他在《知言》中反复申说的天命(诚)—性(中)—心(仁)的逻辑结构。《知言》开篇即说:"诚者,命之道乎;中者,性之道乎;仁者,心之道乎,惟仁者为能尽性至命。"②这个整体架构是胡宏本体论的特色所在,它有明确的逻辑层次,最高层次是"天命(诚)",是天道,天道与人道的中间环节是"性(中)",性(中)通过"心(仁)"现实化为人道,人道的根本归依是实现"尽性至命"而上达天道,人

---

① 朱杰人等主编:《答陆子静》卷三六,《朱文公文集》二,《朱子全书》第21册,第1568页。
② 胡宏:《知言·天命》,《胡宏集》,第1页。

道的根据是天道,但其实现只能是尽心成性,只有心是现实的可把握的层次,尽性至命只能通过尽心才能实现,所谓"心以成性者也"①。

一、心范畴的内涵——仁者,心之道乎

宋代心性论是孟子心性论的发展。孟子论心,就形式而言,"心之官则思",指知觉、思虑、情感、意志等活动,就内容言,指道德良心,即仁义礼知之心:"恻隐之心,人皆有之,羞恶之心,人皆有之,恭敬之心,人皆有之……"(《孟子·告子上》)这是形而下的层面,但孟子将其提升到人性与天命的层面,即"尽其心者,知其性也,知其性则知天矣"(《孟子·尽心上》)。只是"天"却并未摆脱人格神的意味,指天的意志,不过"天"与"命"相关联,则有去人格化的趋势,并且孟子对性与命的区分隐约透出将人道与天道合一的意图。

应该说,将心性提升至存在论、本体论的高度,是宋人的贡献。他们将"天"看作存在的最终根据,当然也是心、性的最终根据,而心性范畴也实现了理论的转化,成为存在论本体论范畴,而不再仅仅是价值论范畴。心、性范畴获得了更普遍的内涵,心范畴的普遍化抽象化因张载的"大心说"最初得以实现。他说:

> 大其心则能体天下之物,物有未体,则心为有外。世人之心,止于闻见之狭,圣人尽性,不以闻见梏其心,其视天下无一物非我。②

又说:

> 人本无心,因物为心,若只以闻见为心,但恐小却心。今盈天地间皆物也,如据己之见闻,所接几何? 安能尽天下之物? 所以欲尽其心也。③

---

① 胡宏:《宋朱熹胡子知言疑义》,《胡宏集》,第 328 页。
② 张载:《正蒙·大心篇》,《张载集》,第 24 页。
③ 张载:《语录下》,《张载集》,第 333 页。

此大心说超越了孟子的道德良心,而将天地万物都看作是"心"之所本有,通过主客观转化使主观的"心"与天地万物合为一体,于是形成了心本体的概念,它已不仅是价值论、人性论的范畴,而上升为存在论、宇宙论的范畴。

"心"本是主观性范畴,但其内容有客观性,西方式的思维强调思维内容的客观性,包括感觉与观念或理念,中国式的思维也注意到意识的内容,所以感知觉也属于"心"的应有之意。但张载说不能仅将感知觉当作心的内容(若只以闻见为心),"人本无心,因物为心"。此语非常深刻,以古人的观念,天地之间无非物也,则天地之物无非心也。所以张载将天地之性与闻见之性区别开来,"天地之性,不滞于见闻","心"并不仅是抽象概念,不只是一种观念式、理念式的存在,它也是万物一体的直觉体验。程颐也说:

> 不当以体会为非心,以体会为非心,但恐小却心,故有心小性大
> 之说……不可将心滞在知识上,故反以心为小。①

将直觉式体验与价值融为一体,这不是知识,不是理念,而是存在,是活生生的存在体验。心的一切体验活动都是"心"的应有之义,正是有心的体验活动才有了与天地万物为一体的认识(其实是一种体验),对此,程颢说得最好:

> 仁者与天地万物为一体,莫非己也。认得为己,何所不至? 若
> 不有诸己,自不与己相干,如手足不仁,气已不贯,皆不属己。②

以万物为一体的体验首先源于主体间的情感体验,推之于万物,所以是直觉体验而非抽象思维达到的物与物之间的逻辑联系。

万物一体的直觉式思维方式是"心"范畴本体化的重要基础,在此基

---

① 程颐、程颢:《河南程氏遗书·元丰己未吕与叔东见二先生语录》,《二程集》上册,第22页。
② 同上书,第15页。

础上他们能够对"仁"作新的界定,将"仁"上升到存在论、宇宙论的高度,而不仅只是人的经验之心的规定性。周敦颐已经说:"生,仁也。"(《通书·顺化》)而二程以"生之理"释仁,也是超越了人心之仁,而成为天地万物之仁。程颐说:

> 心譬如谷种,生生之理便是仁也。①
>
> 所以谓万物一体者,皆有此理,只为从那里来。②
>
> "生生之谓易",生则一时俱生,皆完此理。③
>
> "天地之大德曰生","天地絪蕴,万物化醇","生之谓性",万物之生意最可观,此元者善之长也,斯之谓仁也。人与天地一物也,而人特自小之,何也?④

天地万物生生不息之理即是仁,而人心之仁与天地之仁是一体的,仁不能被局限于人的爱心,而应是天地万物的本质。朱熹以"爱之理"释仁,完全继承了二程的思路。

既然仁是天地之德,以仁为本质特征的人心自然也就转化为本体论范畴。这种转化以直觉体验为基础,通过有机论的思维方式得以实现,并且要通过有机目的论才能得到合理解释。天地生生之德既是天地万物的本质,也是天地万物的潜在目的性,它只能通过具体万物现实的生长发育体现出来,但万物现实的生成并非仁体,作为本体的仁只能是潜在的,是潜能。

万物一体的直觉体验是宋儒心性本体论的基础性观念,这样说一点也不夸张,它是心体的本质内容,同时它也是性体的基础。我们敢于这样说,是因为,它是一种有机论的思维方式,将天地看作一个有机整体,更重要的是,在此基础上他们建立了一种天地秩序的观念。以今天的话说,是一种有机的自然秩序的观念,其实就是二程所说的"天理"。这个

---

① 程颐、程颢:《河南程氏遗书·刘元承手编》,《二程集》上册,第184页。
②③ 程颐、程颢:《河南程氏遗书·元丰己未吕与叔东见二先生语录》,《二程集》上册,第33页。
④ 程颐、程颢:《河南程氏遗书·师训》,《二程集》上册,第120页。

秩序的根本内容大概就是《中庸》所说的万物各得其所的中和之境,胡宏将其看作性本体的根本属性,即"性者,中之道乎"。

这个天地秩序最重要的原则被称作"天地之心",也就是"生生之德",也就是"仁"。研究这个理论构造是非常有趣的,可以揭示宋明道学的根本取向、精神实质,可以显露宋儒理论体系建构的基本方式及其各个环节,宋学的思维方式也由此可见。有一点可以直截了当地指出,他们认为,人类社会的道德秩序、政治秩序是由自然秩序即天地秩序所决定的,这不是人类可以改变的。所以可以肯定,宋代的道学家基本上是为已有的儒家政治、道德秩序作论证的。

胡宏对心范畴的界定明显继承了北宋五子的思想,特别是继承了程颢《仁说》中的思想,将仁看作心本体的根本内容。他说:

> 仁者,心之道乎。①

说"仁"是"心之道",则仁是心体的一个动态的过程,心体的现实化过程即是仁,或者用熊十力的话说,心体的显现即是仁。这样看来,牟宗三所说熊十力与胡适的那一重公案中,熊的观点确有根据,即他认为仁是显现,而不是假设,这种说法比较符合古人的思维方式。可是仁没有显现出来的时候,它不还只是潜在的,是潜能吗? 因此胡适说心体之仁只是假设,也并不错,毕竟心体之仁不可能是完全现实的存在,它还是需要证明。胡宏说:

> 人尽其心,可以言仁矣。②

似乎心体本具仁德,人不仁,只是人不尽心而已,与程氏所说"万理具备"的意思是一致的。

胡宏对仁的规定的主要内容也是讲天地生生之德,他说:

---

① 胡宏:《知言·天命》,《胡宏集》,第1页。
② 胡宏:《知言·纷华》,《胡宏集》,第26页。

> 仁者,天地之心也。①

所谓"天地之心"则是:

> 天地之心,生生不穷者也,必有春夏秋冬之节,风雨霜露之变,
> 然后生物之功遂。②

> 乾元统天,健而无息,大明终始,四时不忒,云行雨施,万物生
> 焉,察乎是,则天心可识矣。③

这些说法在肯定天地生物之心的同时,比较强调万物生长的节律,以古人的联想,这里面就包含了"义",仁和义都是天地的本质。胡宏以天地生生不穷解仁,与北宋诸子在本质上是一致的。但有一点区别,即胡宏不以理言仁,这一点似乎不是偶然的,它源于理气的二元对立在胡宏的体系中不再有重要地位。他倒是说过性与气的关系,"气之流行,性为之主",其意义留待后文详析。

在对心体之仁的规定中,胡宏特别强调了心体与其充分实现之间的区别,心体的本质是仁,但只是潜在的,必须尽心才可实现仁,所谓"人尽其心,则可以言仁矣"。由此看来,心又可分体用:

> 仁者,天地之心也,心不尽用,君子而不仁者有矣。④

心不尽用,即是说心体可能不会完全现实化,不能充分地实现,心体的显现就是"心之用",体隐而用显,所谓"体用一源",并不意味着"体"必显现为"用",体用因此还是有了间隔。所谓"心无死生",讲的是心之"体",所谓"心不尽用"则指心之显现,说到了心之"用"。心之体用说表明胡宏本体论存在一些内在的冲突与紧张关系,比如这里的体用,这也是整个宋明理学存在的一些内在冲突。

----

① ④ 胡宏:《知言·天命》,《胡宏集》,第 4 页。
② 胡宏:《知言·修身》,《胡宏集》,第 6 页。
③ 胡宏:《知言·复议》,《胡宏集》,第 38 页。

二、性体心用——心之体用

"心"与"性"是宋明道学本体论的根本范畴,因此又被称为心性之学,自周敦颐开创儒学本体论直至明末王学,不同思想家对本体的理解与建构各有不同,如张载较注重"气",二程则重"理",而程颐的弟子谢良佐已开始重视心之明觉,而胡宏之父与谢氏关系密切,五峰可能受其影响,故五峰之学特别重视心的作用,也算是其来有自。

在胡宏本体论中,"心"被赋予了一个非常重要的地位,其重要性甚至超过了"性"范畴,"性"是万事万物的存在根据,但性体却只能通过人心才能被理解,才能显现出来、实现出来,所以在"命"—"性"—"心"的本体论结构中,心处于最现实的层面,它是性体之流行发用,也是道体之流行发用,这就是胡宏提出"性体心用"的原因。

胡宏阐释心性关系的基本概念是已发与未发的区分,这个观念最早出于《中庸》,后来二程作了新的解释,以之谈论本体论。胡宏的解释则与二程也有所不同:

> 窃谓未发只可言性,已发乃可言心。故伊川曰"中者,所以状性之体段",而不言状心之体段也。心之体段,是圣人无思也,无为也,寂然不动感而遂通天下之故是也。未发之时,圣人与众生同一性,已发,则圣人无思无为,感而遂通天下之故,圣人之所独。夫圣人尽性,故感物而通,无有远近幽深,遂知来物。众生不能尽性,故感物而动,然后朋从尔思,而不得其正矣……伊川先生以未发为真心,然则圣人立天下之大本也,成绝世之至行,举非真心耶?[1]

胡宏的观点很明确,即认为未发指性而言,已发指心而言,心性绝

---

[1] 胡宏:《答曾吉甫书三首》,《胡宏集》,第115页。

然有别。关于未发已发的本义，胡宏与程颐没有争议，指隐与显、潜藏与显现的区别。有争论的是，胡宏以未发指性，而程颐以未发为真心。程颐说："心一也，有指体而言（小注：寂然不动之时也），有指用而言（小注：感而遂通天下之故是也）。"①杨时更说："中也者，寂然不动之时也。"②两人都以未发为意识在某一时间内的特定状态，即寂然不动之时，也就是"喜怒哀乐"未发之时也是心的一种状态，这倒比较符合《中庸》的原意。胡宏却认为，无论"寂然不动"或"感物而动"，都只是心的不同状态，都不是未发之中，未发之中只可指性。所谓"中者，性之道乎"，性与心的区别恰恰在于性是未发而心是已发。也即是说，心是意识的各种状态，它是可以直接体验到的现实性、活动性，而性却是不可能直接体验到的，只能通过心而被认识，它是无声无臭的，是形而上的，虽然是心的根据，却只是潜在的，必须通过心体现出来。

这段话还有几点特别值得注意，其一，胡宏对小程的体系颇有不满，他们对心性的理解大有不同，也可以说小程子"性即理"的观点是胡宏不赞成的，就理具于心而言，心性的差别就模糊了，胡宏有意要强调这种差别。其二，尤其值得注意的是，无思无为感物而通，是圣人独有的，众人却感物而动不得其正，不能尽性，表明性体不能自发地通过心得以实现，这不是个小问题，尽性当以尽心为基础，众人何以不能尽性、尽心呢？对整个宋明道学来说，这都是一个问题，既要说体用不二，又不得不承认本体不能完全显现出来，解决之道只有一个，即将其原因解释为心体、性体受到遮蔽，不能完全显现出来，所以必须通过修养以尽心尽性。可是心体、性体为什么会受到遮蔽呢？各人的解释就会有所不同了，但终归不会是机械论的解释。

正因如此，胡宏又以体用阐明心性之别：

---

① 程颐、程颢：《河南程氏文集·与吕大临论中书》，《二程集》上册，第 609 页。
② 胡宏：《答曾吉甫书三首》，《胡宏集》，第 115 页。

> 圣人指明其体曰性,指明其用曰心,性不能不动,动则心矣。①

朱熹与吕祖谦都认为心性分体用是错的,理由是性动为情,当改为"心妙性情之德",其实胡宏以心性分体用,只是说心是性之显现,且性心通过心方才显露出来,而且就性体是心体的根据与本源来说,性体是心体的本质,心性分体用是合理的,而这层意思朱熹是赞成的。他说:

> 自性之有形者谓之心,自性之有动者谓之情。②

无非也是说心是性的显现,他所反对的是将心看作是"用"而非体,可是胡宏没有这个意思。胡宏以心性分体用,只就隐显而言,在他的观念中,其实心也是本体。

因为心体是性体的显现,性体必须通过心体得以实现,所以胡宏又说:

> 气之流行,性为之主,性之流行,心为之主。③

其意思并非说心决定性、主宰性,而只是说性体流行发用而为心,通过心得以现实化,所以在这点上牟宗三先生是对的,他说:"此性之流行指性体现为心,而非心主宰性。"可是有一点却是牟先生没看到的,即心也可分体用,"心为性之主"当与"心不尽用"合看,此"心"显然是体而非用,所谓"心不尽用,君子而不仁者有矣夫"。可以清楚地看出,尽性必须通过尽心,而尽心是一个能动的过程,它不是现成地摆在那里,不通过努力就可达到的,此理后文还将详说。

虽有"性体心用"说,但心有体用,并不如朱子所说只就功用上说:

> 今观此书之言尽心,大抵皆就功用上说,又便以为圣人之事,窃疑未安。④

---

① 胡宏:《宋朱熹胡子知言疑义》,《胡宏集》,第336页。
② 同上书,第337页。
③ 胡宏:《知言·事物》,《胡宏集》,第22页。
④ 胡宏:《宋朱熹胡子知言疑义》,《胡宏集》,第329页。

心并非形而下的范畴，胡宏以一种特殊的方式表达了这种观点，也被朱子所批判：

> 或问："心有死生乎?"曰："无死生。"曰："然则人死，其心安在?"曰："子既知其死矣，而问安在邪?"或曰："何谓也?"曰："夫唯不死，是以知之，又何问焉!"或者未达，胡子笑曰："甚哉子之蔽也。子无以形观心，而以心观心，则知之矣。"①

心是永恒常在的，这是就体而言，且此体乃观念之体，非以形质而言，朱子其实知道这一点，只不过他强调"所谓心者，乃夫虚灵知觉之性"，且以理一分殊解释永恒常在与变动不居之间的关系，也是贴切的，并不与胡宏的观点相左。正因所谓不死之"心"指心体，指纵贯古今而无成坏的心之道，所以他也说：

> 心无不在，本天道变化，为世俗酬酢，参天地，备万物。②

心性体用的问题是道学家们的根本问题之一，在第一节我们已作了一些梳理，在此我们对胡宏的体用观做一概括。

首先可以肯定，胡宏体用观的最具特色的部分是强调体用作为潜能与现实的矛盾、作为理想与现实的矛盾、作为全体与部分的矛盾，因此体用既统一又对立，不可偏废，并且它也提供了对善恶之别的一种合理的解释，恶非本恶，只是本体的显现有偏全而已。这显然与小程子不同，小程说"体用一源，显微无间"，强调体用的一致性，胡宏提出"性体心用""心不尽用"，都在强调体用之差异乃至对立，这是非常有意义的，它实际上在为道德修养提供理论根据。而朱子对胡宏最大的不满恰恰集中在这个观念上，这是值得深思的。其根源在于朱子是理气二元论者，而胡宏是一元论者，所以他认为天理人欲的区别不是本体的区别，而是用的差别，"天理人欲同体而异用，同行而异情"的观念

---

① 胡宏：《宋朱熹胡子知言疑义》，《胡宏集》，第 333 页。
② 同上书，第 331 页。

也就是胡宏本体论的应有之义,乃至"善恶不足言性"的观念也与此有关,所有这些观念构成一个统一的整体。

其次,体用之别躲开了二元论的结论,为道德修养建立了一个合理的基础。这就是胡宏强调人物之性有偏全、体之显现有偏全的原因。因此胡宏提出的修养方法是先察识而后涵养,即认得何者为体,然后在实践中尽可能完全地将心体、性体实现出来。

第三节　胡宏的存在论——性体

宋儒的本体论有宇宙生成论的成分,如周敦颐的《太极图说》中的太极生阴阳,朱熹的太极论也还保留着这层含义。但宋儒的本体论也是存在论,张载的气本体属存在论,二程的理本体虽未将天道与人事区别开来,但存在论也是其根本的取向之一。

胡宏的本体论已经明确地意识到天道与人道的区别,并且试图对存在论与人性论加以区分。大体而言,"命"与"性"主要属于天道、存在论的范畴,而"心"则更多地属于人道、人性论的范畴。他明确地划分了本体论范畴的层次结构,即命—性—心之由天道至人道的逻辑结构,并且规定了命与性的存在论意义,最清楚的表达莫过于说:"性立天下之有。"

胡氏本体论体系的大纲非常清楚,因为他自己进行了反复的强调。《知言》开篇即说:

> 诚者,命之道乎;中者,性之道乎;仁者,心之道乎,惟仁者为能尽性至命。[1]

又说:

> 人尽其心,可以言仁矣;心穷其理,则可以言性矣;性存其诚,则

---

[1] 胡宏:《知言·天命》,《胡宏集》,第1页。

可以言命矣。①

这三个最重要的范畴"命""性""心"的关系，"性"居于中间层次，但实际上性与命属同一层次，属天道的范畴，所谓"天命为性，人性为心"②，而人心则属人道的范畴，但尽心到尽性至命仍是统一的。

一、胡宏存在论的基本观念——性立天下之大本

先秦儒家只有人性论而没有宇宙论、存在论，虽然孟子有"尽心是知性，知性则知天"的提法，但仍然属于人性论，最多只有存在论的萌芽。宋儒最重大的贡献即在于开创、发展了宇宙论、存在论哲学，"性"范畴不再局限于人性论，这在张载的哲学中已经非常清楚。他说：

> 由太虚，有天之名，由气化，有道之名，合虚与气，有性之名。③

太虚与气都属于客观存在，性是它们的本性，故张载又说：

> 性与天道合一，存乎诚。④

"诚"的意义只能解释为实有、实存，它不是人性论范畴，这一点非常清楚，所以他又说：

> 性者，万物之一源，非有我之所得而私也。⑤

万物皆源于其性，不是人所独有的。而二程对"性"的规定更为简捷明了："性即理也"，又说"天下无性外之物"，则万物的存在都是由性决定的，也即由理决定的。

上述张氏、程氏的观点胡宏是很清楚的，所以他对"性"的使用当然是超出了人性论的领域，"性"在他这里是纯粹的存在论范畴，比之其前

---

① 胡宏：《知言·纷华》，《胡宏集》，第 26 页。
② 胡宏：《知言·天命》，《胡宏集》，第 26 页。
③ 张载：《正蒙·太和篇》，《张载集》，第 9 页。
④ 张载：《正蒙·诚明篇》，《张载集》，第 20 页。
⑤ 同上书，第 21 页。

辈更为清楚和纯粹。性是万事万物存在的根据,一切事物皆因性而有,理也因性而有,性比理更为根本,是存在的最终根据,气也由性决定:

> 天命之谓性,性,天下之大本也。①
>
> 性也者,天地之所以立也。②
>
> 非性无物,非气无形,性其气之本乎。③
>
> 万物皆性所有也,圣人尽性,故无弃物。④
>
> 探视听言动无息之本,可以知性……性立天下之有。⑤

已上各条均足以说明,胡宏已将"性"上升到存在论的高度,可以恰当将其本体论称为性本体论。但是胡宏是如何界定"性"的呢? 其实在宋儒的心中,一说到"性",首先出现的意象就是"生",性与生语出同源,甚至可说性就是生,"生之谓性"的说法是宋儒可以赞成的,因此性与生命天然地联系在一起,所谓的万物,常常是指有生命之物,"万物各得其所"之万物,指的是一切生物。这是宋儒有机论宇宙观的基本意象。

与"性"相关联的另一个重要意象是天命,即天之所赋。"天命不已,故人生无穷,具耳目口鼻而成身,合父子、君臣、夫妇、长幼、朋友而成世,非有假于外而强成之也,是性然也。"⑥实则还是讲生而有之,所以"夫目之于五色,耳之于五声,口之于五味,其性固然,非外来也"⑦。

还有一个基础性的意象,那就是性与形的区分,也就是形上与形下的区分。性是无形的,抽象的,是道,而物是有形的,所以程颐能说"性即理也"。程颐还说过"天下无性外之物",但"性"并非二程的核心范畴,二程也没有将"性"看作最高本体。以性为最高本体,是胡宏本体论的特色。

---

① 胡宏:《宋朱熹胡子知言疑义》,《胡宏集》,第 328 页。
② 同上书,第 333 页。
③ 胡宏:《知言·事物》,《胡宏集》,第 22 页。
④ 胡宏:《知言·一气》,《胡宏集》,第 28 页。
⑤ 胡宏:《知言·事物》,《胡宏集》,第 21 页。
⑥ 胡宏:《知言·修身》,《胡宏集》,第 6 页。
⑦ 胡宏:《知言·阴阳》,《胡宏集》,第 9 页。

　　细绎胡宏性本论的内容,可以清楚地发现,这个观念是在综合考量其前辈本体论优劣的基础上提出的,可谓用心良苦,其中有不少观点是胡宏自己独创的观念。原因可能是,北宋道学没有一个本体论是能让胡宏完全满意的。

　　在胡宏的本体论诸范畴中,"性"是客观性原则,作为万物存在的根据,其中有理,这与二程是一致的,他说:

　　　　人尽其心,则可以言仁矣;心穷其理,则可以言性矣;性存其诚,则可以言命矣。①

性是理的根据,是客观的,心只有穷理才可尽性。因为静态的理具有持久性、永恒不变性,所以能作为万事万物存在的根据:

　　　　天下莫大于心,患在不能推之耳;莫久于性,患在不能顺之耳;莫成于命,患在不能信之耳。②

他甚至说过"物成其性,万古不变"的话,可见"理"是"性"的本质内容之一。但穷理只是尽性的前提条件,性不仅只是理:

　　　　大哉性乎,万理具焉,天地由此而立矣。世儒之言性者,类指一理而言尔,未见天命之全体者也。③

万理与一理的差别的具体之所指并不特别清楚,程氏曾提出"理一分殊",以为万理可归于一理,胡宏不曾这样表达。他也讲万物之同异,讲物之共性与个性,他的表达与程氏不同:

　　　　故观万物之流形,其性则异,察万物之本性,其源则一。④

只讲性之统一与差别,不讲理之同异。至于"天命之全体"的意义,则似乎是与天道有关,因为理与道必须加以区别。这里对以理言性深表不

---

① 胡宏:《知言·一气》,《胡宏集》,第26页。
② 胡宏:《知言·纷华》,《胡宏集》,第25页。
③ 胡宏:《知言·一气》,《胡宏集》,第28页。
④ 胡宏:《知言·往来》,《胡宏集》,第14页。

满,其批评矛头之所指,似乎就是程氏兄弟的理本论。

理是静态的条理、秩序、规则等等,它是静态的,而性却是活动的,不能不动,牟宗三先生说性体是即存有即活动的,是切合胡宏的观念的。他说:

> 孔子曰:"人生而静,天之性也,感物而动,性之欲也。"知天性感物而通者,圣人也;察天性感物而节者,君子也;昧天性感物而动者,凡愚也。①

可见性是物之相感的根据。再联系到胡宏另一观点就更清楚了:

> 圣人指明其体曰性,指明其用曰心,性不能不动,动则心矣。②

这就是朱子批判的"性体心用"说,性之动为心,"性之流行,心为之主",指性流行发用而为心。从活动义讲性体,则性体当看作潜能而非现实,它蕴含着无数的可能性,它既是万物已成之性,也是万物之性的本源:

> 性有大体,人尽之矣,一人之性,万物备之矣,论其体,则混沦乎天地,博洽乎万物,无得而名焉;论其生,则散而万殊,善恶吉凶百行俱载,不可掩遏,论至于是,则知物有定性,而性无定体矣,乌得以不能自变之色比而同之乎?③

性作为万物之本体,蕴含着万事万物的所有可能性,其生成的可能性也存在于性的生成能力之中,这就是作为最高本体的性体,显然我们称其为潜能是恰当的。

能不能用实体来理解"性"体呢?应该也可以,因为它是存在的本质和根据。

但有一点是清楚的,就具体内容而言,"性"其实还是没有超越儒家

---

① 胡宏:《释疑孟·性》,《胡宏集》,第318页。
② 胡宏:《宋朱熹胡子知言疑义》,《胡宏集》,第336页。
③ 胡宏:《释疑孟·辨》,《胡宏集》,第319页。

仁义礼知的那一套道德规范：

> 万事万物，性之质也，因质以致用，人之道也。人也者，天地之
> 全也。何以知其全乎？万物有父子之亲焉，有君臣之统者焉，有极
> 本反始之礼者焉。至于知时御盗如鸡犬，犹能有功于人，然谓之禽
> 兽而不与人为类，何也？以其不得其全，不可与为类也。①

在比较了人性与动物之性后，他说人性具天地之全，很明显，人性当下即
被宣称为天地之性。

二、性物统一的一元论

程朱理学严格区分理气，尤其是朱子更是将天地之性与气质之性的
区分推到极致，以之作为区分天理人欲的基础，不能不说是一种二元论
的哲学。

与程朱不同，胡宏显然持有一元论的立场，他基本上抛开了二程理
气对立的观点，而代之以性物统一的观点，他说：

> 道之有物，犹风之有动，犹水之有流，夫孰能间之？②
> 河南先生举世以为得圣人之道者，其言曰："道外无物，物外无
> 道。"是天地之间无适而非道也。兄不事科举，闭门读书，有晨昏之
> 举，家室之好，嗣续之托，夏葛冬裘，渴饮饥食。必如是行之，而后慊
> 于心，此释氏所谓幻妄粗迹，不足为者，曾不知此心本于天性，不可
> 磨灭，妙道精义俱在于是。③
> 气之流行，性为之主。④
> 气有性，故其运不息。⑤

---

① 胡宏：《知言·往来》，《胡宏集》，第14页。
② 胡宏：《知言·修身》，《胡宏集》，第4页。
③ 胡宏：《书·与原仲兄书二首》，《胡宏集》，第120—121页。
④ 胡宏：《知言·事物》，《胡宏集》，第22页。
⑤ 胡宏：《知言·好恶》，《胡宏集》，第11页。

三、性与道——中者,性之道乎

性体是理,是潜能,是实体,所有这些意义都必须与道相关,因为,求道、得道才是目的,以今天的语言来说,研究的目的是寻求社会人生的指引,是确立人生观价值观和社会历史观。性与道的关系的讨论源于《中庸》"天命之谓性,率性之谓道,修道之谓教",这个提法为儒家性道关系的讨论定下了基调,胡宏应该知道这一点。顺应天性而为即是道,性是体而道是体的活动过程、显现过程,归根结底,道无非是人的合乎道德的活动,这是性道的基本关系,中国人的道德讨论与西方的一个重要差别是,西方的伦理学主要研究行为规范而儒家却强调行为本身,强调行为过程。

但胡宏对道的理解与规定似乎并未完全遵从《中庸》的教导,他认为道有体用:

> 中者,道之体,和者,道之用。中和变化,万物各正性命而纯备者,人也,性之极也。①

胡宏以中和分体用,其理论原因是清楚的,只需对儒学关于"中"的解说略作疏理即可明了。中或未发之中源于《中庸》:"喜怒哀乐未发,谓之中,发而皆中节,谓之和。中也者,天下之大本也;和也者,天下之达道也。"这本是对人的心理结构的分析,甚至可能涉及潜意识。但是中却有另一层含义,即孔子所说"过犹不及",与中外之"中"的意义完全不同。程颐说:

> 无过也,无不及也,此中之所以名也。

又说:

> 且谓之中,若以四方之中为中,则四边无中乎?若以中外之中

---

① 胡宏:《知言·往来》,《胡宏集》,第14页。

为中，则外面无中乎？……中者，且谓之中，不可捉一个中来为中。①

程颐对中外之中的意义解释得很清楚，它就是两端之中。窃以为宋儒是纠缠在以上两种不同的意义上，试图调和它们，但还是常常混淆。由中外之中发展了体用的观念，由两端之中发展了中和的观念，这两种观念被同时强调，于是有了胡宏中是体而和是用的观念，这样，中和之中与中外之中也就统一起来了。

道之分体用，究其所指，大约涉及抽象与具体的分别、总体与部分的区别、隐与显的区别、实体与显现的区别、本质与现象的区别等，具体是哪种分别，要想确定非常困难，恐怕得因说话的语境而定，也许哪一种解释都可成立。如以中和分体用，中是抽象的而和是具体的，中是实体而和是显现，中是天地总体之道而和是具体活动的效验，等等，也许胡宏自己也不一定说得清楚。

但道之分体用主要的意义在于，它表明胡宏将道看作天地之总体，既是静态的本体也是本体之发用、显现，所以他又说：

> 道者，体用之总名，仁其体，义其用，合体与用，斯为道矣。②

既以中和言体用，又以仁义言体用，大意虽然相通，意思却并不完全相同，大概也是其直觉思维的体现。

撇开具体文字的解读，胡宏以中和、仁义规定道的内容，其所持有的观念还是非常明显的，这个观念在整个儒家思想中也是长期居于统治地位的观念，就是所谓中和、仁义的观念及两者的贯通，仁义行于天下，则天下必是中和之天下，反之，天下处于中和状态，则必是行仁义之效。那么，什么是中和的状态呢？

中和的具体意义也是非常清楚的，实际上就是万物各得其所。这是胡宏不厌其烦地强调的观念：

---

① 程颢、程颐：《河南程氏遗书·戊冬见伯淳先生洛中所闻》，《二程集》上册，第135页。
② 胡宏：《知言·阴阳》，《胡宏集》，第10页。

> 至哉,吾观天地之神道,其时无忒,赋形万物,各足其分,太和保
> 和,变化无穷也。①

万物都各足其分,处于极度和谐状态。再如他说:

> 天地高下而位定,万物各正性命而并育,成位乎其中,与天地
> 参矣。②

万物各正性命,如果他看到达尔文的进化论,他也许会说,万物每一个特征、每一种性能都是老天早就安排好了的,所以各得其所,无比和谐,而不会承认生存竞争的事实。

以中状性之体段,以中和为道,其所指涉的真正领域是人与人之间的关系,"不使一物失其所"的主要意义是不使一人失其所。这个理想其实由来已久,张载《西铭》更是将其推到极致,胡宏以之作为其本体论的基础性观念,以之作为道体的根本内容,包括以之作为政治合理与否的标准,是对儒家社会人生价值观的一个集中表达。兹举一例说明以中和为道体的实践意义,就是胡宏对井田封建的看法。

在中国古代的政治思想中,封建与郡县之争由来已久,而胡宏非常鲜明地反对郡县制,赞成封建制,其理由即是封建制可使万物各得其所,他认为:

> 圣人理天下,以万物各得其所为至极,井田封建,其大法也。暴
> 君污吏既已废之,明君良臣历千五百年未有能复之者,智不及邪,才
> 不逮邪,圣道不传,所谓明君良臣也,未免以天下自利,无意于裁成
> 辅相,使万物各得其所邪。③

胡宏赞成封建制的主要原因在于,井田封建之法是将天下之利与天下人共之,所谓兴灭国继绝世,也是胡宏经常提到的,关于井法的一条语录清楚地表明了胡宏赞成封建制的原因:

---

① ② 胡宏:《宋朱熹胡子知言疑义》,《胡宏集》,第332页。
③ 胡宏:《知言·事物》,《胡宏集》,第21页。

井法行，而后智愚可择，学无滥士，野无滥农，人才各得其所，而游手鲜矣。君临卿，卿临大夫，大夫临士，士临农与工商，所受有分制，多寡均而无贫苦者矣。人皆受地，世世守之，无交易之侵谋，无交易之侵谋，则无争夺之狱讼。无争夺之狱讼，则刑法省而民安。刑法省而民安，则礼乐修而和气应矣。[①]

关于封建制与郡县制的优劣，古人争论极多，明末黄宗羲、全祖望的观点极有代表性。胡宏赞成封建制，根本原因在于它是分权而治的体制，所以黄宗羲、全祖望讨论封建与郡县的宗旨落脚在公天下与私天下，并非偶然，胡宏也算是开其先河。

让我们回到胡宏的理论建构，回到概念间的理论关系。既然道有体用，性与道的关系也就清楚了。"中者，性之道乎。"中是性体的特征，从这个意义上讲，中是潜在的，这就合乎《中庸》所说"喜怒哀乐之未发，谓之中，发而皆中节，谓之和"的经典表述，中是体而和是用，性体的显现就是"和"，"保合太和"的存在论根据就是性体之"中"。中除了前述的两种本体论意义，还有另一层含意，即人性备万物之性，具天地之全，不偏不倚，这才可以使万物各得其所：

凡人之生，粹然天地之心，道义全具，无适无莫，不可以善恶辨，不可以是非分，无过也，无不及也，此中之所以名也。[②]

因为人备万物之性，所以才能尽人之性，尽物之性，而与天地相参。

综上所述，可以认为胡宏以中状性的性本论既有存在论的理论建构，也有实践方面的制度设计，在道学家们不同的理论体系中，也可算得独树一帜的理论建构。

四、善恶不足言性、理欲同体而异用

在对性体的认识上，胡宏有几个很有特色也很鲜明的观点遭到朱熹

---

① 胡宏：《知言·阴阳》，《胡宏集》，第8页。
② 胡宏：《宋朱熹胡子知言疑义》，《胡宏集》，第332页。

的严厉批评,对此我们作一个疏理。"善恶不足性"是其中之一。这段文字现存于朱熹的《知言疑义》,不见于今本《知言》,说明《知言》肯定经过了朱熹、张栻、吕祖谦等所谓南宋三杰的删节。朱子批驳的重点即是胡宏"善恶不足言性"的观点,所引胡宏原文如下:

> 或问性,曰:"性也者,天地之所以立也。"曰:"然则孟轲氏、荀卿氏、扬雄氏以善恶言性也,非欤?"曰:"性也者,天地鬼神之奥也,善不足于言之,况恶乎?"或者问曰:"宏闻之先君子曰:'孟子所以独出诸儒之表者,以其知性也。'"宏请曰:"何谓也?"先君子曰:"孟子道性善云者,叹美之词,不与恶对。"①

性善性恶,属于人性论的问题,其根据却在天性。胡宏所言之"性",是存在论本体论范畴,即是"天地之所以立也",是天地万物存在的根据,概莫能外。在这个意义上,性体不可以善恶言,不存在善恶之相对,显然是合理的,因此他又说人性"不可以善恶辨,不可以是非分",而只是"中"。

朱子将胡宏的观点称之为性无善恶论,并从胡宏的观点中拣出几条主要观点加以驳斥。

其一,胡宏说:

> 天理人欲同体而异用,同行而异情。②

朱熹认为人之初生,即有天理,人欲是后来有的,并说:

> 既谓之"同体",则上在便著"人欲"两字不得,此是义理本源极精微处,不可少差。试更仔细玩索,当见本体实然只一天理,更无人欲。故圣人只说"克己复礼",教人实下功夫,去却人欲,便是天理,未尝教人求识天理于人欲汩没之中也。③

① 胡宏:《宋朱熹胡子知言疑义》,《胡宏集》,第 333 页。
② 同上书,第 329 页。
③ 同上书,第 330 页。

意思极明确,即性只是天理,更无人欲,这是出于其理气二元论的立场,恶只可归于气。然而胡宏是一元论者,所以他说"性外无物,物外无性",一切存在皆性使然,人欲既然存在,故与天理一样也以性为存在的根据。

其二,胡宏说:

> 好恶,性也。小人好恶以己,君子好恶以道。察乎此,则天理人欲可知。[①]

此条已涉及性与情的关系,性体现在人情之中。朱熹批评说:

> 此章即性无善恶之意。若果如此,则性但有好恶,而无善恶之则矣。[②]

又说:

> 熹谓好恶固性之所有,然直谓之性则不可。盖好恶,物也,好善而恶恶,物之则也。有物必有则,是所谓形色天性也。[③]

朱子的意思非常清楚,好善恶恶才是性,才是天理。与前一条意思一般。

朱子的观点是,善恶皆有所本,性只是善的,而恶则来源于后天气之汩没,这显然出于其理气二元论的立场。善如果性只是善的,恶却从何而来,换一种立场,性若不分善恶,善的根据却又何在?朱子持前一种立场,而胡宏持后一种立场,其实程颢也有与胡宏类似的立场。程颢说:

> "生之谓性",性即气,气即性,生之谓也。人生气禀,理有善恶,然不是性中原有此两物相对也……善固性也,然恶亦不可不谓之性也。[④]

---

① ② 胡宏:《宋朱熹胡子知言疑义》,《胡宏集》,第 330 页。
③ 同上书,第 331 页。
④ 程颢、程颐:《河南程氏遗书·端伯传师说》,《二程集》上册,第 10 页。

区分了本原之性与气质之性,然都是性中本有的,所以他又说:

> 盖"生之谓性",人生而静以上不容说,才说性时,便已不是性
> 也。凡人说性,只说"继之者善"也,孟子言人性善是也。夫所谓"继
> 之者善"也者,犹水流而就下也……水之清,则性善之谓也。①

程颢的观点其实比较暧昧,既然已经肯定了气也是性之所有,而气有善
恶,那么就不能说性善,所以他将"性"善之性规定为是"继之者善",是既
生以后之事,生之前只是理。②

胡宏的观点可能直接来源于程颢的说法,程颢说过"天下善恶皆天
理,谓之恶者非本恶,但过与不及尔"。这也是胡宏的观点。还有更明显
的证据是,胡宏说:

> 性譬诸水乎,则心犹水之下,情犹水之澜,欲犹水之波浪。③

这似乎直接脱胎于程颢前述以水喻性的文字。这段文字比之程颢更为
清楚地表明,他是一元论者,情与欲不是性之外的存在,而就是性的表现
形式。这进一步证明,胡宏不认为人欲是性外之物。

但是一元论始终有一个根本问题需要解决,即善恶之分从何而来,
善恶的根据是什么。朱熹的回答是善恶各有各的来源,这样比较直截了
当,但将存在打为两截。胡宏与程颢都是一元论者,善恶之分似乎变得
比较模糊,大概这就是为什么朱熹不满意胡宏的观点。

正因善恶之界限不太分明,胡宏只能以"中节"与否确定善恶:

> 凡天命所有者,圣人皆有之。人以情为有累也,圣人不去情;人
> 以才为有害也,圣人不病才;人以欲为不善也,圣人不绝欲;人以术
> 为伤德也,圣人不弃术;人以忧为非达也,圣人不忘忧;人以怨为非
> 宏也,圣人不释怨,然则何以别于众人乎? 圣人发而中节,而众人不

---

① 程颢、程颐:《河南程氏遗书·端伯传师说》,《二程集》上册,第10—11页。
② 参见葛瑞汉:《二程兄弟的新儒学》,第206页。
③ 胡宏:《知言·往来》,《胡宏集》,第13页。

中节也。中节者为是，不中节者为非……而世儒以善恶言性，邈乎辽哉。①

朱熹批判说：

> "圣人发而中节"，故为善，"众人发而不中节"，故为不善……然不知所中之节，圣人所自为邪，将性有之邪？谓圣人所自为邪，则必无是理，谓性所固有，则性之本善也明矣。②

这个批评是切中要害的，如果以今人的观点和思维方式来看，朱子的逻辑其实是不成立的，因为善恶可以是后天的，甚至是人为的，何况，善恶是非不只是一人之善恶是非，而是千百人之是非，本来就有相对性，但在本体论上却完全可以是一元论的。

前述张载与二程都有其存在论，胡宏的存在论有没有自己的特色呢？要回答这个问题，必须先回答另一个问题，即胡宏在综合研究其前辈的本体论时，有没有自己独特的问题意识？回答是肯定的，胡宏意识到，并且亟欲解决的最根本的问题是天道与人道的关系问题，这其实也是北宋道学的一个根本问题，只是他们的解决方式是胡宏不满意的。

何以见得胡宏的根本问题是天道与人道的关系问题呢？首先，胡宏在大纲中已明确地区分了天道与人道，性与心有明确的界限，存在论与人性论是不同的，后者有善恶而前者无善恶，所以才有性无善恶之说，后将详论。其次，他多次强调"性"的多样性，强调物性与人性的区别，性既是普遍的共性，也是特殊的个性：

> 中者，道之体，和者，道之用，中和变化，万物各正性命而纯备者，人也，性之极也。故观万物之流形，其性则异，察万物之本性，其

---

① 胡宏：《宋朱熹胡子知言疑义》，《胡宏集》，第329页。
② 同上书，第334页。

源则一……调理万物,使各得其所,此人之所以为天地也。①

这段话有几层意思,其一,万物各有其性,这是个性,但万物之性源于同一性,这是普遍性。其二,性有偏全,人性具天地之全体:

> 万事万物,性之质也,因质以致用,人之道也。人也者,天地之全也。何以知其全乎? 万物有父子之亲焉,有君臣之统者焉,有极本反始之礼者焉。至于知时御盗如鸡犬,犹能有功于人,然谓之禽兽而不与人为类,何也? 以其不得其全,不可与为类也。②

既然人性与物性有别,则人道与万物之道是有区别的。再次,胡宏提出"理欲同体而异用"的命题,其原因在于他对体用的区分,性是体,理欲皆是用,体不尽显现为用。

第四节　天命与天道

命或天命是胡宏本体论的重要范畴之一,是其本体论三大原则之一,因而与心、性并列为三。整个宋明道学都很强调天命的观念,而胡宏将命明确地提升为本体论的一条基本原则却是非常独特的。本章试图分析理解胡宏的天命的观念。

一、胡宏的天命观

原始儒家所说天或天命多指人格神及其意志,特别是《尚书》中的天或天命。孔子所说之天有人格神意味,而命或天命则已具有客观必然性的含义,同时也指神秘莫测的命运,他说"道之不行也,命也夫"即是此意。孟子进一步将命理解为"莫之致而至者"(《孟子·万章上》),也是一种客观必然性,并对命和性作了严格区分。性是"求在我者也",命是"求

---

① 胡宏:《知言·往来》,《胡宏集》,第9页。
② 同上书,第14页。

在外者也"。同时他又认为性与命有密切关系："口之于味也,目之于色也,耳之于声也,鼻之于嗅也,四肢之于安佚也,性也,有命焉,君子不谓性也。仁之于父子也,义之于君臣也,礼之于宾主也,知之于贤者也,圣人之于天道也,命也,有性焉,君子不谓命也。"(《孟子·万章上》)命可以是性,性也可以是命,只是由于价值取向不同而有不同说法,区分性命的根据是以仁义礼智为性的根本内容。更为重要的是,孟子提出"正命"的思想,《易传》提出"穷理尽性以至于命",与孟子的正命思想很接近,宋儒喜言"穷理尽性以至于命",正是来源于这一传统。而《中庸》"天命之谓性"则更清楚地规定了性与命的关系,认为性源于命,命已具有本体论地位。

宋儒言命,基本上来源于《孟子》《中庸》《易传》,而特别强调"天命之谓性"的观念,而因为道学家的性范畴有本体论含义,已不是单纯的人性论范畴,故有性命合一的趋势。这并非说性与命没有区别,而是指性与命都指涉整个存在领域,命作为客观必然性当然指涉存在的全体,个体的命来源于宇宙全体,而性作为本体则更是全体存在的本性。但性与命又有明确的界限,性着重于人的道德意识、道德根源,而命着重于外在的客观必然,有主观与客观、内在与外在之分。性着重于宇宙万物的普遍本性,而命则涉及个体的差异、特殊性。例如张载说:

> 天授于人为命(自注:亦可谓性),人受于天则为性(自注:亦可谓命)。①

命是就天的角度而言,而性更多地是以人立论,因此有"性可必而命不可必"的思想。

胡宏言命,其含义非常确定,乃是对张载以"不息"为天命的继承与改造,张载说:

---

① 张载:《语录中》,《张载集》,第324页。

人能至诚则性尽而神可穷矣,不息则命行而化可知矣。①

天命有流行不息的意思,天命发育流行,生生不息,正是人与万物生成的根源,也是人性的根本来源。胡宏以不息为天命,将其作为本体论的根本原则之一,因此他反复将命、性、心排列在一起,作为其思想的大纲。

胡宏对诚范畴加以改造,以之规定天命不息的思想。命或天命的本质是诚,这一点被反复申说:"诚者,命之道乎。""诚,天命。""诚者,天之道也。""性存其诚,则可以言命矣。""诚,天道也,人心合乎天道,则庶几于诚乎!"此诚范畴虽与《中庸》和北宋道学家的理解有相似之处,但其中心含义已经过了胡宏的改造。

《中庸》已将诚作为本体论范畴,"诚者,万物之本,不诚无物","自诚明,谓之道,自明诚,谓之教"。就字义讲,诚是诚实无欺,它可以从主观与客观两方面理解,既是客观实在,同时也是主观上对客观实在的诚实无欺的心理状态,因而是标志天人合一的范畴,既是天道(自诚明),又是人道(自明诚)。北宋道学家无不讲诚,并突出了诚的本体论地位,这本体既是宇宙本体,又是人的主体精神。如周敦颐说:"诚者,圣人之本,大哉乾元,万物资始,诚之源也,乾道变化,各正性命,诚斯立矣。"(《通书》)诚来源于宇宙本体,同时又体现为人性。张载表达得更明确,他说:

> 性与天道合一存乎诚。②

对张载而言,性是从主体方面说明宇宙的本质存在,天道是从客观自然界的普遍规律和法则说明宇宙的本质存在,只有两者合一,才是诚的境界。

对胡宏而言,诚也是一标志主客统一的范畴,他说:

> 诚,天道也。人心合乎天道,则庶几于诚乎……失道而曰诚,吾

---

① 张载:《正蒙·乾称篇》,《张载集》,第63页。
② 张载:《正蒙·诚明篇》,《张载集》,第20页。

　　未之闻也,是故明理居敬,然后诚道得。①

诚既是天道,也是人道的根本要求,因此诚也是一标志主体精神的范畴,
他说:

　　　　感应,鬼神之性情也,诚则能动,而鬼神来格矣。②

　　　　人之于天地,有感必通,如心之于身,疾痛必知焉。③

此感应不仅是客观存在的本性,也是主体精神的特性,而诚的本质是感:

　　　　感而无息者,诚之谓欤。④

　　但胡宏之所以特别强调诚范畴,更为重要的是他强调诚是宇宙生生
不息的根源,"感而无息者,诚之谓欤"。此感既指主客之间的相感,也指
客体内部的对立斗争,是运动、变化的根源。张载说过:"两端故有感,本
一故能合。"感是对立面的相感,是对立面的斗争与依存。胡宏说"感则
能动""诚则无息",与张载是同一意思,以感应作为事物运动变化的动力
原则。

　　诚的本质是感而无息,以诚规定天命,即是强调天命的生生不息。
诚是天地万物生生不息的根源,天命是天地万物生生不息的整体,既
是运动变化的过程,也是这一永恒变化过程的根据。因此对这一原
则胡宏不厌其烦地反复强调,将其作为其本体论的根本原则之一。
他说:

　　　　皇皇天命,其无息乎,体之而不息者,圣人也。⑤

天命不息是人生不息的根源,当然也是人的一切道德活动的根源,他还
以此说明《易经》重卦的根据。天命不息之诚即是天道:"诚,天道也。"此
天道同时是客观事物的发展变化过程,也是主体的道德活动过程,是主

---

① ④ 胡宏:《知言·一气》,《胡宏集》,第 28 页。
② 胡宏:《知言·义理》,《胡宏集》,第 29 页。
③ 胡宏:《知言·纷华》,《胡宏集》,第 25 页。
⑤ 胡宏:《知言·义理》,《胡宏集》,第 30 页。

体精神与客体存在的统一。天命既然是天地万物生生不息的过程和人的道德活动过程，也是其根据，无怪乎胡宏要将天命无息作为其本体论的基本原则之一。

二、天命与心性的关系

命、性、心三个范畴在胡宏本体论体系中都具有本体论地位。但三个范畴代表三个不同的原则，命是天地万物生生不息的运动变化过程，也是运动变化的根据、动力。性作为本体以静态的方式表明客观万物存在的根据，也表明人的一切道德活动的客观的、先天的根据。心则是主体精神，它是性的现实化的体现。对三个范畴之间的关系，胡宏有清楚的说明。他说：

> 诚成天下之性，性立天下之有，情效天下之动，心妙性情之德。①

诚作为运动变化的原则是万物各成其性的根源。性是天地万物存在的根据，而心则是性的实现。由此可以看出天命之诚居于特殊重要的地位。诚作为运动变化的过程及其动因，是万物之性的来源，即相对静止的万物之性的根源，万物各有其性，然归根到底都是命的表现，因此性可以归结为命。道学家以"穷理尽性至命"为理想，其最后归宿是"至命"，即安自立命，充分实现各自的"命"，类似于孟子的正命。

性作为本体是万物存在的根据，但并不是最高的根据，而是相对静止的万物的存在的根据，但不是万物化生的根据。"性立天下之有"是说天下万物的具体存在是性使然，但性也有其根源，即天命之诚。性表示的是万物各成其性而为万物，所谓"非性无物"。物的存在由性决定，物的活动也来源于性，但其活动的最后根据是命。因此笔者的观点是，性代表天地万物的相对静止的、相对特殊化、具体化的存在，当然万物有其共性，也可指一般存在，是一般性与特殊性的存在的统一。

---

① 胡宏：《知言·事物》，《胡宏集》，第21页。

　　性是万物存在的根源,命是万物生成的根源,是万物运动变化的根源,性以天地万物的静态存在立论,命以万物生成、变化立论,是两种不同的原则。对此我们加以较为详细的分析。胡宏说:

　　　　有而不能无者,性之谓欤。[1]

性是有而非无,此有既指一般性存在,也指具体物的存在。通过进一步分析,可以看出,此"有",更倾向于指具体物的存在,他说:

　　　　有聚而可见者谓之有,故散而不可见者谓之无。[2]

"聚而可见"显然指具体的有形质之物,散而无形则是无,因此性是由无到有的基本环节,万物各成其性使万物成其为"有",但性并不表示由无到有的过程,此变化过程是天命之诚的生生不息。

　　心作为主体性原则与命、性并列为三,它是性的现实化,性体作为静态的未发的存在实现出来即是心,由性到心是由客观存在到主体活动的过程,性是心的根据。性处于命与心的中间层次,性成于命,通过心而得以实现,由性到心的现实化过程即是尽性,尽性的根本内容是人的道德活动过程,此过程即是命的体现,因此尽性即能至命,且只有尽性才能至命。天命即存在于人性之中,只有尽性才能立命,"本诸身者有性,假诸人者有命,性可必而命不可必,性存则命立"[3]。命是客观必然性,必须通过性才能把握。因此胡宏认为要"理性以立命"[4]。他说:

　　　　诚,天命,中,天性,仁,天心。理性以立命,惟仁者能之。委于
　　　命者,失天心,失天心者,兴用废。[5]

命作为天地万物生生不息的客观性原则,只能通过"理性""尽性"才能实

---

[1] 胡宏:《知言·一气》,《胡宏集》,第28页。
[2] 胡宏:《知言·阴阳》,《胡宏集》,第8页。
[3] 胡宏:《知言·仲尼》,《胡宏集》,第16页。
[4][5] 胡宏:《知言·汉文》,《胡宏集》,第41页。

现,故强调人的主观的努力。命成为只能通过性的充分实现才能达到的原则。

总之,性是命与心的中间环节,胡宏说:

> 人尽其心,则可以言仁矣。心穷其理,则可以言性矣,性存其诚,则可以言命矣。①

尽心才可尽性,尽性才可立命。此三大原则被胡宏概括为:

> 天下莫大于心,患在不能推之尔,莫久于性,患在不能顺之耳,莫成于命,患在不能信之耳。②

三、胡宏的天道观

道本是道家发明的范畴,是自然哲学范畴,既指宇宙创生的实体又指创生的过程,在儒家经典中只有《易传》与《中庸》对道作出过规定,即"一阴一阳之谓道""形而上者谓之道,形而下者谓之器"。前者从阴阳的矛盾对立说明道,后者从抽象与具体、有形与无形说明道。《中庸》的规定涉及人的道德活动过程:"中也者,天下之大本也,和也者,天下之达道也。"

宋明道学接过道家的道,其指宇宙本体也指宇宙生生不息的过程,最根本的含义则是道德活动过程,在宋明理学看来,宇宙的活动过程本是有道德意义的过程,宇宙生生不息的过程与人的道德活动是一致的。前已论述过宋明道学的潜在目的论思想使之认为宇宙的生生不息有一个潜在目的,宇宙的活动过程有一潜在目的,符合这一目的的过程即是道,人的活动也必须合于这一目的,即合乎天道。

胡宏继承了宋明道学这一传统,对道的规定首先是从道与物的关系出发,确立道与物的差别:

---

① 胡宏:《知言·纷华》,《胡宏集》,第26页。
② 同上书,第25页。

> 形形之谓物，不形形之谓道。物拘于数而有终，道通于化而无尽。①

道无形质，同有形之物有别。同时物有生有灭，而道是无限的。这与"形而上者谓之道，形而下者谓之器"是一致的，是抽象与具体的区别，甚至是规律与具体物的区别。他说：

> 造车于室，而可通天下之险易，铸剑于冶，而可定天下之妍丑，得其道而握其要也。②

这里的道显然指规律而言，道与物是抽象与具体、特殊与普遍的关系，两者相互依存，不可分离。他说：

> 道不能无物而自道，物不能无道而自物，道之有物，犹风之有动，犹水之有流，夫孰能间之？故离物求道者，妄而已矣。③

两者虽不可分离，然而道显然处于主导地位，道决定物而不是物决定道，物是道的表现。

从抽象与具体区分道与物并非胡宏道论的主要方面，更重要的是从阴阳矛盾对立的方面，从功能、活动、过程方面规定道：

> 一阴一阳之谓道，有一则有三，自三而无穷矣。老氏谓"一生二，二生三"，非知太级之蕴者也。④

太极的统一体本身包含阴阳的矛盾对立，这即是道，道是既对立又统一的生生之道。他还说：

> 或往或来，天之所以为道也，或语或默，士之所以为仁也，或进或退，臣之所以事君也，或擒或纵，兵之所以为律也，或驰或张，王之

---

① 胡宏：《知言·纷华》，《胡宏集》，第 26 页。
②④ 胡宏：《知言·修身》，《胡宏集》，第 7 页。
③ 同上书，第 4 页。

所以化成天下也。①

无论天或人都以对立的方式活动,他甚至说:

> 一嘘吸,足于察寒暑之变,一语默,足于著行藏之妙,一往来,足以究天地之理。②

天地之理可在一往一来之中显现出来,因为天地是矛盾运动过程,天地万物的矛盾运动被概括为诚:"诚者,天之道也。"诚即是感而无息,由阴阳二端相感而生生不息。

矛盾的对立决定了事物运动变化的过程,统一体的对立决定了事物的功能、活动、过程,道既是本体也是功能、活动、过程。他说:

> 道者,体用之总名。仁,其体,义,其用,合体与用,斯为道矣。③

道以仁为体,以义为用,而义在这里不是静态规范,而是活动。"义者,权之行也,仁,其审权者乎!"④义是权衡具体情况作出合乎仁的行为,故其并非从静态的道德规范作出的理解,而是具体的道德活动,所谓"义有定体,仁无定用"⑤。仁是本体,而义是本体的活动、功能。胡宏又以中和规定道之体用:

> 中者,道之体,和者,道之用,中和变化,万物各正性命而纯备者,人也,性之极也。⑥

实际上胡宏更强调道的活动、功能、过程的一面,他说:

> 道之明也,道之行也,或知之矣,变动不居,进退无常,妙道精义未尝须臾离也。⑦

---

① 胡宏:《知言·往来》,《胡宏集》,第13页。
② 胡宏:《知言·好恶》,《胡宏集》,第11页。
③ 胡宏:《知言·往来》,《胡宏集》,第10页。
④ 胡宏:《知言·天命》,《胡宏集》,第3页。
⑤ 胡宏:《知言·修身》,《胡宏集》,第5页。
⑥ 胡宏:《知言·往来》,《胡宏集》,第14页。
⑦ 胡宏:《知言·仲尼》,《胡宏集》,第15页。

道总是活动的,体不可见,可见的只是活动与过程。

道是功能、活动、过程,而且这过程有价值论意义,但这意义必须从宇宙总体的活动过程去看,而不可拘于一事一物。"道充乎身,塞乎天地,而拘于躯者不见其大,溺于流者不知其精。"①道是整个天地之道。"尧舜禹汤文王仲尼之道,天地中和之至;非有取而后为之也,是以周乎万物,通乎无穷,日用而不可离也。"②道本不可以个别具体事而言,是贯通天地万物之总体的道,因而一旦拘于一事一物的形体,则不可与万物相通,不可称为道。

天道本是有潜在目的的活动过程,这过程本身即有价值意义,自然而然,不假人为。所谓"无为之为,本于仁义,善不以名而为,功不以利而劝,通于造化,与天地相始终"③。又说天地中和之道"非有取而后为之也"。天道本出于自然,但人之为道又必须经过努力修养和实践方可达到。"人虽备天道,必学然后识,习然后能,能然后用,用无不利,唯乐天者能之。"④"人道主敬,所以求合乎天也。"⑤天道之自然无为与人之必通过努力学习与修养方可合道似乎存在矛盾。可以想象的解决办法即是将这矛盾看成宇宙全体和个别人与物的矛盾,宇宙全体的活动过程即是道,而个别人与物只是道的部分,各部分因与全体不相应,与宇宙全体隔绝孤立出来而失道,即失去宇宙活动的价值意义,故必须通过努力与道相通。胡宏以中和规定道的本质,正提供了以上解释的依据。中是各对立面的统一,和是各方面的协调平衡地发展,所谓"万物并育"。天道并非机械的自然过程,而是矛盾对立发展的过程,人与天道之间也不例外,人虽可合乎天道,但亦可背离天道,这是局部与整体的矛盾对立。

胡宏本体论是综合北宋道学家的理论之后形成的,他继承了北宋道

---

① 胡宏:《知言·天命》,《胡宏集》,第 3 页。
② 同上书,第 2 页。
③ 胡宏:《知言·好恶》,《胡宏集》,第 12 页。
④ 同上书,第 11 页。
⑤ 胡宏:《知言·一气》,《胡宏集》,第 28 页。

学家的基本精神，为仁义道德作理论论证是其理论的基本宗旨。经过综合，胡宏以三个基本范畴作为其本体论的基本线索，建立了本体论的三条基本原则，即天命流行的生生不息的原则，性立天下之大本的原则，尽心以成性的原则，从而以心、性、命为基本框架建立其本体论。

通过心、性、命三个本体论范畴，胡宏较好地贯通了道学家的基本理论观点，并对这些基本理论作出了独具特色的理解，提出了与北宋道学家颇不相同的命题。其最重要的命题包括"性立天下之大本""善恶不足言性"的性本体论，"未发只可言性、已发乃可言心"的性体心用说，"心以成性"的工夫论，"天理人欲同体异用"的理欲观等，胡宏把这些命题统一在天命流行的宇宙生生不息的理论之下。他把由性到心理解为由体到用的现实化过程，这是一个充满矛盾的发展过程，其充分实现有待于发挥主体心的能动性，因此胡宏又强调主体能动性，将主体精神提高到更高的层面。

胡宏的本体论体系性较强，提出了一些与北宋道学家大不相同的命题，因此受到朱熹的批判，结果其理论未能取得显赫的地位，但是笔者认为，胡宏的本体论在道学史上是应占有重要地位的。

第十八章　朱熹的理学

　　朱熹(1130—1200),字元晦,号晦庵,徽州(今属安徽)婺源(今属江西)人,出生于福建尤溪。朱熹出身于"以儒名家"的"著姓",少小苦读经典,后师事武夷三先生(胡原仲、刘致中、刘彦冲),出佛入老,泛滥于百家。及至师从杨时再传弟子李侗,体验未发之中道后,始立定脚跟。此后,在与同时代诸哲的激烈辩论过程中,朱熹以二程理学为宗,吸引和融会了周敦颐、张载、邵雍等人的学说,承继孔孟道统,构筑起博大精深的理学体系。朱熹的著作颇丰,遍及经学、史学和文学等领域,其哲学思想主要集中在《朱文公文集》(100 卷,《续集》11 卷,《别集》10 卷),《朱子语类》(140 卷)和《四书章句集注》等著作中,今人将朱子的著作及其年谱等编为《朱子全书》①,颇便使用。朱熹所建立的学派被后人称为"闽学"。

---

① 朱熹撰,朱杰人、严佐之、刘永翔主编:《朱子全书》。按:下文引用该书时,变动了一些标点符号。

第一节　理气论

一、"无极而太极"

朱熹哲学的核心观念无疑是继承和发展了二程伊洛之学的"天理"范畴,不过其哲学体系的大框架却是继承周敦颐《太极图说》所确定的思路而来,这就是他把《太极图说》看得比《通书》重要,同时与江西陆氏兄弟辩论"无极而太极"的渊源与统系,久久不肯舍弃的原因。"无极而太极",对于朱熹整个理学体系来说确实太重要了,其一是与整个道统是否正传密切相关,其二是与朱熹自己思想的思辨基础是否坚实可靠密切相关。

陆九渊兄弟训"极"为"中",据此认为"无极而太极"在字面上都言不成义。又认为先秦儒家旧典都只讲"太极"而不讲"无极","无极"出于老氏,正是反儒家中庸之学的异端邪说,因此以"无极而太极"作为儒家思想体系的基础,正是背离了孔孟道统之传。况且如解"太极"为"天理",则在"天理"的圆满规定中不必附加"无极"以修饰,所以言"无极而太极"无异于叠床架屋。由此否定"无极而太极"为周敦颐写定的最终文本。

朱熹哲学思想的核心及其出发点无疑是"太极","太极"即"理";不过与陆氏不同的是,他训"极"为"至"。"太极"指"理","无极"则是对"太极"的修饰。他说"无极"有三义。其一,针对有形、具体的器物界而言,"无极"即"无形",它表明"太极"不是事物类属链条上同质的一物,"太极"无形无象,不可以事物言。其二,针对形上界而言,"无极"肯定了"太极"之上并没有一超然的绝对存在者,由此肯定了"太极"为逻辑在先的最高者,是确凿真实的,不因形象的变动而迁流,不因事物的幻现而虚无。其三,从贯通形上形下两界而言,"无极"既是对有形的否定,同时也是"太极"自身内涵的否定因素,"太极"不是于事物之外别有一事物，"太极"即本然之理："谓之'无极'，正以其无方所、无形状；以为在无物之前，而未尝不立于有物之后；以为在阴阳之外，而未尝不行乎阴阳之中；以为通贯全体，无乎不在，则又初无声臭影响之可言也。"①此外，朱熹面对陆氏兄弟的一再批评而能坚持"无极而太极"的说法，是因为他在周敦颐《太极图说》的文本校勘上确有所据，当陆九渊猜测"无极而太极"的说法是周子少年时代的观点时，朱熹立即拿出文本上的对证予以有力的批驳。总的看来，朱熹在无极、太极之辩中能够不拘泥于文字，对"无极"加以理会、理解。通过对"无极而太极"的诠释，他一方面维护了周敦颐开创的道学体系，另一方面也深化了程朱理学的思想内涵。他说："不言无极，则太极同于一物，而不足为万化之根；不言太极，则无极沦于空寂，而不能为万化之根。"②在当时，朱熹所面对的不仅是儒家内部的道统之传，而且肩负批驳释老的任务，他批评地吸取佛家、道家思想，开创性地发展儒家思想，重新为整个儒学系统奠定了坚实而可靠的基石。

二、"理"与"气"不离不杂

太极只是一个"理"，只是天地万物之理；理不离气，气不离理，理气相即，所谓太极正表明理气一体浑成的特点。气是形成事物的形质之体的根源，形器实质的存亡生灭，都是气的聚散；而气之聚散的根据，则是理。理在气中，理气一体浑成，理与气是构成此世界的两大根据。有此理此世界有了存在的根据、价值和意义，理是此世界有差别相的统一者，此理是庄严肃穆，洁净空阔的。有此气则形成了此形质的世界，气是一个永无终止的流行之物，它聚散、障蔽，充满随机性和偶然性。理气一体浑成是在此世界上看。太极是天地万物之理，在天地言，则天地中有太极；在万物言，则万物中各有一太极，浑成之理备

---

① 朱熹：《答陆子静》五，《朱子全书》第 21 册，第 1568 页。
② 朱熹：《答陆子美》一，《朱子全书》第 21 册，第 1560 页。

于天地间万事万物。

朱子云："天下未有无理之气，亦未有无气之理。"①又说："天地之间，有理有气。理也者，形而上之道也，生物之本也；气也者，形而下之器也，生物之具也。是以人物之生，必禀此理然后有性，必禀此气然后有形。"②有理必有气，有气必有理，才能生成真切实际的天地和万事万物。不过理为形上之道，是生物之本原；气为形下之器，是生物之资具。人与物禀受此理而成自身之人性或物性，禀受此气而成就自身之形体器质。正因为理气对于此世界中人物之生成作用不同，所以理气虽一体浑成，却不妨将二者相区别开来。朱子云："所谓理与气，此决是二物。但在物上看，则二物浑沦，不可分开各在一处，然不害二物之各为一物也；若在理上看，则虽未有物而已有物之理，然亦但有其理而已，未尝实有是物也。"③"在物上看"，就是从具体而真实的事物来看，这可以说是一种常识的看；"在理上看"，则是从事物的本原根据上看，这可以说是一种哲学的看。从具体而真实的事物来看，理气浑沦一体不可分开，"理"与"气"不离，但从事物的本原根据上看，理是理，气是气，理为形而上者，气为形而下者，理气不同类，理与气"绝是二物"，并且，较之气，理则更为根本，理是事物存在的根据。这就是朱子的理气既不相离又不相杂的思想。

三、"理""气"先后的问题

《朱子语类》卷一载：

> 或问："理在先，气在后。"曰："理与气本无先后之可言。但推上去时，却如理在先，气在后相似。"④

> 或问："必有是理，然后有是气，如何？"曰："此本无先后之可言。

---

① 朱熹：《朱子语类》卷一，《朱子全书》第 14 册，第 114 页。
② 朱熹：《答黄道夫》一，《朱子全书》第 23 册，第 2755 页。
③ 朱熹：《答刘叔文》一，《朱子全书》第 22 册，第 2146 页。
④ 朱熹：《朱子语类》卷一，《朱子全书》第 14 册，第 115—116 页。

然必欲推其所从来,则须说先有是理。"①

　　或问先有理后有气之说。曰:"不消如此说。而今知得他合下
是先有理后有气邪? 后有理先有气邪? 皆不可得而推究。然以意
度之,则疑此气是依傍这理行。及此气之聚,则理亦在焉。盖气则
能凝结造作,理却无情意,无计度,无造作。"②

这三则语录基本代表了朱子晚年对理气先后关系问题探索的最后结
论。由上述可知,对朱子来说,理构成了万物的性,气构成万物的形,
人物的生成是"理与气合",故从此世界的构成或理气一体浑成的角度
看,理不可生气,气亦不可能生理,理与气只是两种不同的存在,并无
生成关系与时间先后的间隔可言。在这几则语录中朱子所谓的"理与
气本无先后之可言"也说明了这一点,由此看来,朱子是主张理气无先
后可言的。然而,在"理""气"先后问题上,朱子及其门人又都不以这
种人们所皆能接受的常识理解为满足,总是要不断地追问理与气究竟
何者为先。从这几则语录中朱子所谓的"推上去""推其所从来"之意
来看,他们这种刨根究底所追问的"先"显然不是时间先后的"先",而
是理与气何者更为根本。当朱子及其门人从理与气何者更为根本的意
义上说"先有理后有气"时,他们对理与气究竟何者为先的理解则无疑
为一种哲学理解,"先有理后有气"这一命题也无疑为一哲学命题。下
面且来看朱子究竟是如何从哲学理解的角度对"先有理后有气"这一
命题作出具体说明的。朱子云:"要之也,先有理。只不可说是今日有
是理,明日却有是气,也须有先后。且如万一山河大地都陷了,毕竟理
却只在这里。"③朱子在这里明确指出,在理先气后的说法上不可以掺
杂"今日""明日"这些时间概念。要之,理气先后是指逻辑上的先后,
而不是指时间上的先后。理与气,在此世界要有一起有,无无理之气、

---

① 朱熹:《朱子语类》卷一,《朱子全书》第 14 册,第 115 页。
②③ 同上书,第 116 页。

无气之理。但"也须有先后","山河大地"都是物，物有生存毁灭，理却常存不息，而天地之理的常存不息，故又能再生出天地万物来，朱子在此是从天地之理的恒常性来说明"先有理后有气"这一哲学命题的。朱子云："以本体言之，则有是理，然后有是气。"①朱子在此所谓的"本体"即事物存在或发生的根据。对朱子来说，"以本体言之"，理是本、是体，是事物存在或发生的根据，理决定气，朱子在此是从本体、本原的角度来推论和说明理气的先后问题的。朱子云："理未尝离乎气。然理形而上者，气形而下者。自形而上下言，岂无先后?"②尽管理与气，犹呼吸，犹终始，循环无端，"理未尝离乎气"，但"理"毕竟属形而上者，"气"属形而下者，故由上及下，由理言气，自是理在先，气在后，朱子在此是从形上、形下之分的角度来说明理先气后的。如上所说，"先有理后有气"这一哲学命题所显示的是：理是终极的实在，是万事万物的本原与根据，理决定气而非气决定理。

当然，朱子对"先有理后有气"作一哲学理解和说明也是为了给儒家的人伦道德提供宇宙本体论的论证：

> 未有君臣，已先有君臣之理在这里。不是先本无，却待安排也。
> 未有这事，先有这理。如未有君臣，已先有君臣之理；未有父子，已先有父子之理。不成元无此理，直待有君臣父子，却旋将道理入在里面?③

对朱子来说，君臣父子之间的忠孝之理决定君臣父子关系，是处理君臣父子关系的根据，故在此意义上，朱子认为："未有君臣，已先有君臣之理；未有父子，已先有父子之理。"并且，朱子哲学体系中的人伦道德之理与作为终极实在的宇宙本体论的"理"是贯通和一致的，而作为终极实在

---

① 朱熹：《孟子或问》卷三，《朱子全书》第 6 册，第 934 页。
② 朱熹：《朱子语类》卷一，《朱子全书》第 14 册，第 115 页。
③ 朱熹：《朱子语类》卷九五，《朱子全书》第 17 册，第 3204 页。

的宇宙本体论的"理"具恒常性、普遍性,故儒家的人伦道德之理亦具恒常性、普遍性,朱子哲学体系从而为儒家的人伦道德提供了一种宇宙本体论的论证和说明。毫无疑问,朱子这种对儒家人伦道德的宇宙本体论论证与说明,不仅是对二程"理"本论的一种继承,而且也是对二程"理"本论的一种发展,使其更具思辨性和理论深度。

四、"理一分殊"

"理一分殊"的观念始于程颐,在朱熹的哲学中则得到了进一步的丰富和发展,他主要是用"太极"的观念来论述这一思想的:

> 盖合而言之,万物统体一太极也;分而言之,一物各具一太极也。①

> 太极只是天地万物之理。在天地言,则天地中有太极;在万物言,则万物中各有太极。②

> 本只是一太极,而万物各有禀受,又自各全具一太极尔。如月在天,只一而已,及散在江湖,则随处而见,不可谓月已分也。③

在朱子看来,天地万物总体而言只有一个太极或一理,此太极此理散在万物,使万物各具一太极一理,此即"理一分殊"。故在此意义上,朱子认为:"只是此一个理,万物分之以为体。"④"是有天下公共之理,未有一物所具之理。"⑤这表明对朱子来说,理都是普遍的,没有特殊的,"理一"与万物所各具之"理"的关系也并非我们所说的一般与个别、抽象与具体、全体与部分的关系,而是具统一性、普遍性的本体之"理"与此"理"在万物上的用的关系,万事万物之理皆是此统一性、普遍性的本体之"理"的

---

① 朱熹:《太极图说解》,《朱子全书》第 13 册,第 74 页。
② 朱熹:《朱子语类》卷一,《朱子全书》第 14 册,第 113 页。
③ 朱熹:《朱子语类》卷九四,《朱子全书》第 17 册,第 3167—3168 页。
④ 同上书,第 3126 页。
⑤ 同上书,第 3124 页。

体现。朱子常以"月映万川"和"随器取量"二例来阐明理一分殊之内涵。"月印万川"本是释氏用来阐明真假两界一多相摄理论的例子,朱子在此随手借用,已涤除其间的佛家理论内涵,而代之以程子"体用一源,显微无间",以此为背景,认为太极之理统摄人物分殊之理。在"随器取量"的例子中,朱子说:"人物之生,天赋之以此理,未尝不同,但人物之禀受自有异耳。如一江水,你将勺去取,只得一勺;将碗去取,只得一碗;至于一桶一缸,各自随器量不同,故理亦随以异。"①从性质来说,随器取量之水虽分量不同,但皆为水,也即譬况人物所禀受之理为一;然而器有大小,故水在不同器中也就有多少之别,此即比喻:人物所禀受之理虽一,但因受各自所禀受的气的粹驳不同的影响,故此"理一"在各个具体的人与物上的表现则有偏有全。总的来说,朱熹无非想说明"万个是一个,一个是万个"②的道理。

朱子之师李侗曾说:"吾儒之学,所以异于异端者,理一分殊也,理不患其不一,所难者分殊耳。"③朱子正是通过对这种"理一分殊"思想的阐发来抵御佛老思想和维护儒家的人伦规范的:

> 理只是这一个。道理则同,其分不同。君臣有君臣之理,父子有父子之理。④

> 万物皆有此理,理皆同出一原,但所居之位不同,则其理之用不一。如为君须仁,为臣须敬,为子须孝,为父须慈。物物各具此理,而物物各异其用,然莫非一理之流行也。⑤

对朱子来说,万物所同出的"一理"亦即具统一性、普遍性的本体之"理"是通过"分殊"以见其用的,各种具体的人伦道德规范都是此"一理"的体现,如果不能了解此"一理"之用之"分殊"亦即各种具体的人伦道德规

---

① 朱熹:《朱子语类》卷四,《朱子全书》第 14 册,第 185 页。
② 朱熹:《朱子语类》卷九四,《朱子全书》第 17 册,第 3167 页。
③ 赵师复:《跋延平答问》,《朱子全书》第 13 册,第 354 页。
④ 朱熹:《朱子语类》卷六,《朱子全书》第 14 册,第 237 页。
⑤ 朱熹:《朱子语类》卷一八,《朱子全书》第 14 册,第 606 页。

范，那么，此"一理"即是"空"理，与佛老无别，故他强调道："盖能于分殊中事事物物、头头项项理会得其当然，然后方知理本一贯。不知万殊各有一理，而徒言理一，不知理一在何处？"①并且，朱子尤为注重"理一"在"分殊"或"用"中的那种差序之爱以及个人对不同对象所承担的义务的差别，他说："自天地言之，其中固自有分别；自万殊观之，其中亦自有分别。不可认是一理了，只衮做一看，这里各自有等级差别。且如人之一家，自有等级之别。所以乾则称父，坤则称母，不可弃了自家父母，却把乾坤做自家父母看。且如'民吾同胞'，与自家兄弟同胞，又自别。"②一个人首先是爱自己父母，然后再及他人和物，一个人对父母、兄弟、他人及万物所负有的义务也自有等级差别，这是次第自然如此。朱子对"理一分殊"思想的阐发正是为了揭示和凸显儒家差序之爱以及个人对不同对象所承担的义务自有差别这些"儒家性"品格。

第二节　心性论

朱熹由泛滥于佛老，而复归于儒学，是与他对已发、未发中和气象的体认密不可分的。朱熹对中和的体认经过了丙戌（1166）之悟和己丑（1169）之悟两个重要阶段。丙戌之悟的结果是觉悟到了"人自婴儿以至老死，虽语默动静之不同，然其大体莫非已发，特其未发者为未尝发尔"③的道理。这实际上是认为人自生至死，虽有语默动静的不同，但人生基本上属于喜怒哀乐莫非已发的情感世界，只是未发之本体却未曾发展开来，依然凝敛含蓄在内罢了。这里，未发之性与已发之情截然分开。他又认为"心为已发，性为未发"④，对心性情三者的关系尚未有真切确实的把握。

---

① 朱熹：《朱子语类》卷二七，《朱子全书》第 15 册，第 975 页。
② 朱熹：《朱子语类》卷九八，《朱子全书》第 17 册，第 3317 页。
③ 朱熹：《中和旧说序》，《朱子全书》第 24 册，第 3634 页。
④ 朱熹：《与湖南诸公论中和第一书》，《朱子全书》第 23 册，第 3130 页。

己丑之悟，朱熹已经过与张栻等湖湘学者的辩论，对"中和"问题有了长足的认识。在《与湖南诸公论中和第一书》①《已发未发说》②《胡子知言疑义》③《仁说》④等著作中，朱子认为未发之中为性，是心之体；已发为情，是心之用；心主（统）性情，贯通于已发未发之间。仁义礼智，性也；恻隐羞恶辞让是非，情也；以仁爱，以义恶，以礼让，以智知者，心也。仁者，心之德，爱之理，是天地生物之心，即物而在。以其本体言，性无不善；以其发用言，则有时而善。因此要通达已发未发之旨、中和之道，心必以敬主性情，在日用处省察推明，这就是"用敬""致知"的为学工夫。根据丙戌之悟及其后思想的转进过程，朱子的心性论可以比较详细地梳理如下。

一、朱子中和旧说与新说的确立过程

中和问题之所以复杂，原因在于它涉及心性情中的已发未发、动静、内外等诸问题，此问题又直接关联着工夫论，即究竟如何真切修养的问题。朱子在师从李延平及延平过世后很长一段时间内都为求此妥当的工夫而困扰，朱子一方面求之于北宋以来诸子之书，另一方面亦不惜转益多师问道于友朋，但究要自己切身体会，这一过程伴随着朱子对心之理解的逐渐深入，对心、性和情之间关系的重新理会与调整。此历程既反映出心性问题的复杂性，也现出朱子求学和求道的真诚与坚毅，可以说此问题定，则朱子思想的梗概亦随之而大定，理气、工夫、仁说等一系列问题皆由此而有了展开的坚实基础，朱子的修身行己、讲学论道和遍注群书等诸项事业也由此而渐次成就。

---

① 朱熹：《与湖南诸公论中和第一书》，《朱子全书》第23册，第3130—3131页。
② 朱熹：《已发未发说》，《朱子全书》第23册，第3266—3269页。
③ 朱熹：《胡子知言疑义》，《朱子全书》第24册，第3555—3563页。
④ 朱熹：《仁说》，《朱子全书》第23册，第3279—3281页。

（一）中和旧说

朱子开始参究中和问题,虽然有家学渊源、读书讲论、切身修养和佛学刺激等诸项因素的影响,但最原初转进的促缘在延平,朱子称:"余蚤从延平李先生学,受《中庸》之书,求喜怒哀乐未发之旨。"①可见,朱子之参悟中和问题实与延平所授为学方式有关。延平是程门后学②,据朱子所讲,延平曾教其观"大本未发时气象分明",但当时朱子对此问题并没有切身的感受,以致在延平逝世后,朱子重新回到这一问题时,对延平之精义已不能领会。③　朱子追忆道:"旧闻李先生论此最详,后来所见不同,遂不复致思。今乃知其为人深切,然恨已不能尽记其曲折矣……但当时既不领略,后来又不深思,遂成蹉过,辜负此翁耳。"④朱子曾闻听延平关于中和问题的论说,延平所论虽详,但朱子当时并不能相契与领会,并且还逐渐形成对此问题与延平不同的看法,由此可见,延平提供的问题实际上已经开启了朱子自身苦参中和的历程,朱子虽然不能尽记延平论述的曲折详尽处,但朱子在中和问题上却隐然常与延平展开"对话",经由最初的疑转进到对延平为人深切的敬,从而有不能领略把握延平之意的悔憾,无怪乎牟宗三先生称朱子受了延平给出的一个题目⑤。刘述先先生对此概括道:"朱子既未学得延平之精粹,延平的遗教乃变成了一种触媒,促使朱子不断前进去寻求他自己的答案。"⑥刘先生之见可谓精当。

朱子之所以会回到中和问题,原因在于他欲寻求真正的修身工夫,

① 朱熹:《中和旧说序》,《朱子全书》第 24 册,第 3634 页。

② 二程传杨时,时传罗从彦,从彦传李侗(延平)。

③ 朱熹《答何书京》:"李先生教人,大抵令于静中体认大本未发时气象分明,即处事应物自然中节,此乃龟山门下相传指诀。然当时亲炙之时贪听讲论,又方窃好章句训诂之习,不得尽心于此,至今若存若亡,无一的实见处,辜负教育之意。每一念此,未尝不愧汗沾衣也。"参见朱熹《答何叔京》二,《晦庵先生朱文公文集》卷四〇,《朱子全书》第 22 册,第 1802 页。

④ 朱熹:《答林择之》二十,《朱子全书》第 22 册,第 1979—1980 页。

⑤ 牟先生认为:"延平虽供给朱子一入路,一题目,而文章却是朱子自己作。"参见牟宗三:《心体与性体》三,《牟宗三先生全集》第 7 卷,第 12 页。

⑥ 刘述先:《朱子哲学思想的发展与完成》,第 76—77 页,长春,吉林出版集团有限责任公司,2015。

通过此修养工夫而日进不已。对于延平观未发前气象的工夫，朱子迟迟不能有所得，因为延平观未发前气象之论实是要直接契入性体，朱子乃以经验的动静视之，故终嫌延平之学偏于静。换言之，延平欲通过暂时隔离的方式，通过静中观察未发前气象的方式，来实现对"大本"与"性体"的契入，朱子此时（从其稍后即有得于中和旧说来看）于此不能领会。从这一点看，好似朱子对延平未有所得才转而寻求中和说。但朱子之所以不契延平的原因，从其后来的发展看正在于朱子本身对心的理解隐约为经验的，为属气的，此近于朱子之生命性情，所以始终不能与延平相契，使得朱子要求之于北宋以来诸子之书。其中，伊川曾与吕大临和苏季明论商"中"的问题，尤其与吕大临的对话最启发朱子[1]，朱子依据程子所论"凡言心者皆指已发而言"[2]，而对北宋以来关于未发已发的问题的观点皆能有所摒弃，即是在"求之于喜怒哀乐未发之际而已"[3]、"善观者不如此，却于喜怒哀乐已发之际观之"[4]和"体认大本未发时气象分明"[5]等不一致的论说中有所取舍，可见，这并不意味着朱子完全受北宋以来诸子之说的影响，因为诸子关于已发未发的论说本身已是复杂繁复而包含相异处的。所以，朱子此时深深认同中和旧说的原因，还在于与他自身修养的体验亦即切身体会相关，乃"自以为安矣"[6]，他甚至自信地认为程子对于此问题的前后不一致处，乃是因为那些与此不一致的观点是程子少作。同时，这也并不意味着前贤的学说对朱子无所征验，因为朱子在确立中和旧说的见解与湖湘之行后，得见胡宏与曾吉甫论中和的书

---

① 陈来先生指出："心为已发、性为未发的思想固然主要出于朱熹自得，但按他后来的说法，除自我体知之外，这个思想的确立与在程颐答吕大临论中书得到印证有关联。"参见陈来：《朱子哲学研究》，第 191 页。

② "又因'程子凡言心者，皆指已发而言'，遂目心为已发、性为未发。"参见朱熹：《与湖南诸公论中和第一书》卷六四，《朱子全书》第 23 册，第 3130 页。

③ 吕大临语，参见程颢、程颐：《论道篇》，《二程粹言》卷一，《二程集》下册，第 1183 页。

④ 程颐语，参见程颢、程颐：《二程遗书》卷一八，《二程集》上册，第 201 页。

⑤ 此为"龟山门下相传指诀"。参见朱熹：《答何叔京》二，《朱子全书》第 22 册，第 1802 页。

⑥ 朱熹：《已发未发说》，《朱子全书》第 23 册，第 3266 页。

信,见其所论与已相合,即愈加自信。

朱子后来将其中和旧说概括为"心为已发,性为未发",无论语默动静皆是心的活动,这些都是已发,而在已发之心的背后则存在未发之性,此性和心显然不在同一个层面,性和心不啻是一种体用关系,相应地,人做工夫就应该或只能在已发之心的层面亦即在已发上做工夫,朱子有言,"若不察于良心发见处,即渺渺茫茫,恐无下手处"①。牟宗三先生认为此中涵着"一逆觉之工夫",此工夫"表示一种本体论的当下体证"②,本可成就道德实践的本领工夫,不是仅仅察识心在经验层面的动静而已。然朱子终对此有隔,对此不能相契,这种"有隔"与"不能相契"其后乃表现为朱子对此时的工夫所导致的气象有所不安。朱子反省道:"向来讲论思索,直以心为已发,而所谓致知格物,亦以察识端倪为初下手处,以故缺却平日涵养一段工夫。其日用意趣,常偏于动,无复沉潜纯一之味,而其发之言语事为之间,亦常躁迫浮露,无古圣贤气象,由所见之偏而然尔。"③可见,朱子认为其在中和旧说时期躁迫浮露,缺乏沉潜纯一的气象,反思出的原因为旧说时期的工夫偏向于动中察识而缺少静中涵养,并认为这是中和旧说的观点之偏颇所致。

由此可知,中和旧说虽然一度使朱熹非常自信,但朱子最终于此感到不安,这种不安、忧虑主要在于两个方面。其一,中和旧说相较于延平则偏向于动的一面。朱子以为这只能在已发上做工夫,不能必定保证已发皆能中节。这就必然关联于第二方面,这是更深一层的忧虑,即朱子始终认为心体会受到气质偏杂的影响,应该以工夫对治它并以之为入手处。朱子声称:"未发之前不可寻觅,已发之后不容安排,但平日庄敬涵养之功至,而无人欲之私以乱之,则其未发也,镜明水止,而其发也,无不中节。"④依朱子之见,涵养未发的工夫能够对治人欲之私,如此才能保

---

① 朱熹:《答何叔京》,《朱子全书》第 22 册,第 1822 页。
② 牟宗三:《心体与性体》三,《牟宗三先生全集》第 7 卷,第 158 页。
③ 朱熹:《已发未发说》,《朱子全书》第 23 册,第 3268 页。
④ 朱熹:《与湖南诸公论中和第一书》,《朱子全书》第 23 册,第 3131 页。

证发而中节,这意味着其中和旧说未能照顾到未发的阶段,不能保证发而皆能中节,终会认欲作理而躁迫张狂,唐君毅先生曾对朱子之意有精当的论述:"唯在吾人心之发用上,从事察识等工夫,而忽吾人之心之发用,恒不能无气禀物欲之杂之一方面;乃未知于如何对治此杂处,建立一由下学以自然上达之工夫。人之沿此用功者,乃不免与气禀物欲夹杂俱流,泥沙并下,终成狂肆,流弊无穷矣。"①所以,朱子必要再次寻求突破,必要使工夫能兼顾已发未发、动静和内外的各个方面才能自安,这就要求其对心性的性质、结构与关系有新的理解,重新确立已发未发、动静和内外各自新的含义。从这个意义上而言,朱子中和旧说固是其苦参中和的第一个中转站,朱子以此为支撑点又向更加合理的新说发展,与此同时,朱子对中和旧说之弊病的反省也时刻警醒着自己,朱子其后之所以屡屡批评上蔡、龟山、五峰甚至象山,皆与朱子关于中和旧说的反省相关,"盖所以深惩前日之病,亦使有志于学者读之,因予之可戒而知所戒也"②。

由此而言,朱子中和旧说的意义,在于朱子对中和旧说的反省使得朱子之前关于气质给心性带来的影响由不自觉而进一步自觉化,促进其对心之未发已发关系有了更加深入的理解和安排,同时也进促使他重新思考与理解"气质之性"的含义③。朱子之所以感到依其旧说而行时有躁

---

① 唐君毅:《中国哲学原论·原性篇》,第 361 页。
② 朱熹:《中和旧说序》,《朱子全书》第 24 册,第 3635 页。
③ 钱穆先生认为朱子"气质之性"的形成较晚,他认为:"此条金去伪乙未所闻,朱子年四十六。谓本善之性堕入气质中便熏染得不好,此似不必再有'气质之性'之一名。不必把性分作两截看,此乃朱子较早时之看法⋯⋯似是朱子较早时,并不欲确认'气质之性'一语,至是(按:钱先生指朱子五十八至六十这三年间)乃意态大变。"参见钱穆:《朱子新学案》第二册,第 7—8 页,北京,九州出版社,2011。陈来先生认为对于钱穆先生据以立论的依据可有不同的解读,陈先生对金去伪所录之语解读道:"这里朱熹所反对的只是把二者视为并立的人性,并不是反对人有气质之性,这里所表达的正是上述本然之性是气质之性的本体的思想。按《语录姓氏》,金去伪所录在淳熙二年乙未,朱子时年 46 岁。如果上引金录之语确实在乙未,那么说关于上述气质之性与本然之性的思想在那个时期已经基本形成了。"陈来:《朱子哲学研究》,第 241—242 页。

迫浮露感,原因在于朱子本人对气质问题有着或明或暗的感受,当朱子对气质问题有了充分的自觉,尤其对气质对心之不同阶段的影响有其独到的把握时,这实际上已经预示着他要将心区分出不同的活动阶段,这也就意味着朱子已经快逼近其中和新说了。进一步而论,朱子其后论学之所以要屡屡与人论辩,固然是为了论理之是非,但论此理之是非的依据则不能不与朱子关于中和旧说的反思相关。换言之,朱子以为他人尚陷在其业已反省过的中和旧说状态之中,亦即别人尚处于他的中和旧说状态而自安,所以,朱子之辩实在又可言是今之朱子与昔之朱子之间的论辩,而朱子能深入把握中和新旧说其内在理路之含义与特质,故能持之坚而辩之力。如朱子屡屡指责别人为禅①,指责象山为告子,所谓:"象山死,先生率门人往寺中哭之。既罢,良久,曰:'可惜死了告子!'"②告子的主要论点有两个,即"食色性也"和"仁内义外",朱子批评象山为告子显然是在第一个观点上,即象山认知觉为性,误认私欲作天理。可以说,这与朱子对于中和旧说的反省是直接相关的,朱子致力于反对"先察识",认为此不能免于认欲为理。因此,朱子对中和旧说的反省时刻警醒朱子不要懈怠修养工夫,不要将工夫只偏重于一个层面,竭力避免认私欲作天理,终于形成其中和新说的观点。

(二)中和新说

中和新说的形成,朱子自述是在其与蔡季通书信问辨论学的时候,"予忽自疑斯理也"③,并进而质疑此前对程子之言的轻忽,"程子之言出其门人高弟之手,亦不应一切谬误,以至于此。然则予之所自信者,其无乃反自误乎?"④在朱子看来,自己之前的所谓自信,很可能是自以为是,此前的不容置疑亦为可疑之处,自己的修身工夫可能已为此自信所贻

---

① 朱子甚至指责湖湘学派中学者的谈论也近乎禅,"胡氏子弟及他门人亦有语此者,然皆无实得,拈搥竖拂,几如说禅矣"。参见朱熹:《答石子重》五,《朱子全书》第22册,第1923页。

② 朱熹:《朱子语类》卷一二四,《朱子全书》第18册,第3889页。

③ 朱熹:《中和旧说序》,《朱子全书》第24册,第3634页。

④ 同上书,第3635页。

误。就中和新说而言,朱子之所以能够进展至此境,实在于朱子对气质有深切的体味——在旧说时已隐隐感到不安,这种不安即是未能充分重视气质对心性的影响以及未有相应的工夫而引起的不安,至中和新说时朱子才将此不安化除,即已经对气质对心性的影响有了充分的自觉和考量。由此而言,朱子之学非口耳之学,实亦由切身体会而得进展,这是朱子的优长处,然此优长亦对朱子有所限,即朱子极能重视气质对心的影响。而中和新说虽对旧说心性情之间关系的理解有所改变,但终未改变对心之属性的看法。朱子称:

> 《中庸》未发已发之义,前此认得此心体流行之体,又因程子"凡言心者,皆指已发"之云,遂目心为已发,而以性为未发之中,自以为安矣。比观程子《文集》《遗书》,见其所论多不符合,因再思之,乃知前日之说,虽于心性之实未始有差,而未发、已发命名未当,且于日用之际欠缺本领一段工夫,盖所失者不但文义之间而已。①

此处朱子认为中和旧说对性与心之已发未发的分属有差失,因此使得修养工夫偏于已发和动的那一面,而欠缺一段关于本领的工夫,这就使得工夫不得切实,不能真有所进益。但这并不意味着新说相较于旧说已经对心性的性质的认识与理解有了质的区别。朱子认为中和新旧说对于"心性之实"的认识是一致的,并没有错失,这即意味着新说虽然相对于旧说使得心性之名有了不同的分疏和安置,但并未改变心性本身的性质。

心性之实虽然没有改变,但中和新说终究使得朱子认为修养工夫有了安妥的归属与依据,其原因乃在于心性及其未发已发之名已有了正确的分属与划定,此即心统性情的观点(详见下文)。由此,可以具体论述朱子中和新说确立后的心性论。

---

① 朱熹:《已发未发说》,《朱子全书》第 23 册,第 3266 页。

二、继善成性：本然之性与气质之性

"性"这一概念有多重含义，朱熹所谓的"性"，一是指天命之性、本然之性，此性乃人物所禀受"天理"而成的性，故也可说是"天理之性"；二是指气质之性，气质之性相对于天命之性，并非别有一性，不过是从气质之禀受而言，指理气一体浑成而在人物之性。天命之性从本然上言，从理上说；气质之性兼理气而言，是从每个人直接发生作用的现实的人性上说。

孔子云"性相近，习相远"，但并未推明"性相近"之所以然。孟子以心言性，性无有不善，但并没有指明本然之性与气禀之性的差别。荀子言性恶，却背弃天理，以情欲说性，把性等同于气质之恶，从告子性论上进一步滑落下去。但孔子之后，《中庸》直契天道与性命，开篇即言"天命之谓性"，上继《诗经》"惟天之命，於穆不已"吟咏，下启《易传》"继之者善，成之者性"之宏论，把一个净洁纯一的本然之性当下指出来。在此基础上朱熹对"性"论述道：

> "继之者善，成之者性。"这个理在天地间时，只是善，无有不善者。生物得来，方始名曰"性"。只是这理，在天则曰"命"，在人则曰"性"。①
>
> 伊川言："天所赋为命，物所受为性。"理一也，自天之所赋与万物言之，故谓之命；以人物之所禀受于天言之，故谓之性。其实，所从言之地头不同耳。②

在朱子看来，天地之理流行于天地间，恒常不已，无有片刻间断，人与万物皆禀此天道天理以生，故人与物都具此无有不好之纯善之性，而人作为万物之灵，不仅禀受此天道天理为性，而且能继复而呈现此天理此"无有不善"之性，此亦即所谓"继之者善也，成之者性也"。刘述先先生对此阐述道："对朱子来说，性是理之内在化的结果，人得之为人性……朱子

---

① 朱熹：《朱子语类》卷五，《朱子全书》第 14 册，第 216 页。

② 朱熹：《朱子语类》卷九五，《朱子全书》第 17 册，第 3184 页。

的说法始终有一宇宙论的背景。故曰："在天地言则善在先性在后。"但人既有生，则成乎性，善成为后天修养工夫的结果，故曰："在人言，则性在先，善在后。"①当然，此天理此天命之性有"所从言之地头不同"，但二者之间是一致的。"性即理"，只解释了"性相近"之一面。性之所以相近，还有使其不可全同的因素。朱子从自身的经验中体会到："人之性皆善。然而有生下来善底，有生下来便恶底，此是气禀不同。"②朱子认为人性从其本然来看，无有不善，但人却有善恶之别，这是因为气禀不同。由此他对孟子先善后恶的陷溺之说作出批评，认为孟子的缺陷乃在于"'论性不论气'，有些不备"③，不能解释恶之来源及人生即有恶这一事实。并进一步指出，董仲舒所谓"贪性"，扬雄所谓"性善恶混"，韩愈所谓"性三品说"，都在一定程度上歪曲了圣人的性命之理，对气禀之作用也未曾正视。朱子则从他的理气观出发，对"性"作了"天命之性"与"气质之性"的分析和说明。

朱熹的理气观主张理气各为一物，体现在人性论中，则为"天命"与气虽未尝相离，但也不与气相杂，朱熹指出，"虽其方在气中，然气自是气，性自是性，亦不相夹杂"④。所以，"其本体元未尝离，亦未尝杂"⑤。从理气一体浑成来看，则天命与气质"亦相滚同，才有天命便有气质，不能相离。若阙一，便生物不得。既有天命，须是有此气，方能承当得此理。若无此气，则此理如何顿放"⑥。"性离气禀不得，有气禀，性方存在里面；无气禀，性便无所寄搭了。"⑦然而，尽管每个人的"天命之性"无不同亦无不善，但气则有别，朱熹说，"盖气是有形之物，才是有形之物，便

---

① 刘述先：《朱子哲学思想的发展与完成》，第 199 页。
② 朱熹：《朱子语类》卷四，《朱子全书》第 14 册，第 198 页。
③ 同上书，第 193 页。
④ 同上书，第 196 页。
⑤ 朱熹：《朱子语类》卷九五，《朱子全书》第 17 册，第 3196 页。
⑥ 朱熹：《朱子语类》卷四，《朱子全书》第 14 册，第 192—193 页。
⑦ 朱熹：《朱子语类》卷九五，《朱子全书》第 17 册，第 3134 页。

自有美有恶也"①。正因为人之气质之禀有清明昏浊、纯粹驳杂之别,故与"天命之性"浑成一体时其则有透明或障蔽的作用,此作用对于天命之性来说便有善恶的区别。朱子与张载程颐二人所理解的气质之性并不相同,张载认为气质之性就是气质本身的攻取缓急之性,是经验层面的材质之性,伊川同样就人所禀的气来论述气质之性而非就本然的超越之性即天地之性立论,可以说张载程颐二人所言的气质之性都是气质的性,这就意味着气质的性和天地之性相互独立,分属不同领域。朱子则不取这种观点,他主张气质之性实际上就是天地之性坠在气质之中后,受到气质的遮蔽后所表现出来的性,所以气质之性是兼有本然之性(天地之性)和气质两方面而言的,正如李明辉先生所指出的"在横渠、伊川,'气质之性'与'天地之性'(性之本)是两个各自独立的概念,各属于不同的领域。在朱子,'气质之性'与'天地之性'却不是两种'性',而根本是同一'性'"②。也就是说朱子的本然之性和气质之性在本质上是一样的,只是其表现有所不同罢了,气质之性只是本然之性受到气质的影响后所显现出来的样态。朱熹常把本然之性和气质之性的关系以如珠在水、如灯在笼作譬喻,珠与灯,随水之清浊、纸之厚薄不同而著见有异。性之发见亦复如是,所谓"气质之性"即兼气质之作用而言,连带"天命之性"一滚说了。

详而论之,朱子认为:"论天地之性则专指理言,论气质之性则以理与气杂而言之,非以气为性命也。"③理与气本不相杂,理是理,气是气,不妨为二物;但从理气浑成一体言之,则可以"杂"言理气共成一物。其次,朱子认为,才说性便已是兼乎气质而言,本然之性即在气质之性中,气质之性不是"用气为性"传统下所说的气性,而是"性坠在气质之中,故随气

---

① 朱熹:《朱子语类》卷四,《朱子全书》第 14 册,第 197 页。
② 李明辉:《朱子论恶之根源》,钟彩钧主编:《国际朱子学会议论文集》,第 559 页,台北,"中央研究院"中国文哲研究所筹备处,1993。
③ 朱熹:《答郑子上》十四,《朱子全书》第 23 册,第 2688 页。

质而自为一性"①。也就是说气质之性是天命之性受气质熏染后的一种转化形态。再次,朱子认为,天命之性无有不善,气质之性有善有恶;人物既生来已具气质,因此亦必天生即有善有恶,而无有不善的天命之性则是一超越的存在者。在此基础上,朱子进一步认为仁义礼智之性体,因恻隐、羞恶、辞让、是非之情用而发见于外。由未发之性体到已发之情用,朱子特重发明"心主性情"之道。

三、朱子论"心":人心和道心

在朱子哲学中,他论"心"主要有下列几种说法:

> 心者,人之神明,所以具众理而应万事者也。②
>
> 心者人之知觉,主于身而应事物者也。③
>
> 性者,心之理也;情者,心之用也;心者,性情之主也。④

朱子认为,"心"具有"神明知觉""具众理""主于身""应万事""统性情"等特性。对于"心"的"神明知觉""主于身""应万事"的特性及其功能,他常以镜鉴作喻说明道:"人之一心,湛然虚明,如鉴之空,如衡之平,以为一身之主者,固其真体之本然。"⑤"人心如一个镜,先未有一个影象,有事物来,方始照见妍丑。若先有一个影象在里,如何照得!人心本是湛然虚明,事物之来,随感而应,自然见得高下轻重,事过便当依前恁地虚方得。"⑥从朱子以镜鉴作喻对"心"的说明来看,心之所以能"主于身""应万事",主要在于"人心本是湛然虚明",可见,"虚灵"亦即"神明知觉"是"心"的主要特性。

既然"心"是以"虚灵"亦即"神明知觉"为主要特性,那么,又何以说

---

① 朱熹:《答徐子融》三,《朱子全书》第23册,第2768页。

② 朱熹:《孟子集注·尽心上》,《四书章句集注》,《朱子全书》第6册,第425页。

③ 朱熹:《大禹谟解》,《朱子全书》第23册,第3180页。

④ 朱熹:《元亨利贞说》,《朱子全书》第23册,第3254页。

⑤ 朱熹:《大学或问》下,《四书或问》,《朱子全书》第6册,第534页。

⑥ 朱熹:《朱子语类》卷一六,《朱子全书》第14册,第538页。

"心""具众理"呢？据《朱子语类》载："心之所以具是理者,以有性故
也。"①"问:'心是知觉,性是理,心与理如何得贯通为一？'曰:'不须去贯
通,本来贯通。''如何本来贯通？'曰:'理无心,则无着处。'"②"心与理一,
不是理在前面为一物,理便在心之中,心包蓄不住,随事而发。"③天地万
物统体一太极亦即"一理",此"一理"在天为天之道,在人与物为人物之
性,然而,人与物又有不同,人是有"心"的,故此理此人之性体现于人的
"心"中,也正因为如此,"理得于天而具于心"成了朱子习用的表达方式。
显然,对朱子来说,"心"与"理"是相分别有所不同的,他在此所谓的"心
与理一"并不是说"心"与"理"无别是同一的,而只是在"理便在心之中"
"本来贯通"的意义上说"心与理一"的,朱子所谓的"心大概似个官人,天
命便是君之命,性便如职事一般。此亦大概如此……性虽虚,都是实理。
心虽是一物,却虚,故能包含万理"④也表明了这一点。

　　朱子在对心的这种理解的基础上又区分出人心和道心,朱子称:"盖
尝论之,心之虚灵知觉,一而已矣。而以为有人心、道心之异者,则以其
或生于形气之私,或原于性命之正,而所以为知觉者不同,是以或危殆而
不安,或微妙而难见耳。"⑤依朱子之见,人之心都具虚灵知觉的功能,而
之所以会有人心和道心的区别,就在于虚灵知觉的对象与内容有所不
同,若心以形气之私为所知觉者则为人心,若以性理为其对象即是道心,
实则只存在一心,道心与人心之分乃在于"所以为知觉者不同",或"生于
形气之私",或"原于性命之正"。换言之,道心人心的区分并未改变心本
身的性质,因为这种区分只涉及心所知觉的对象与内容,在此心超脱利
欲的熏陶、缠绕而向于性理或道时,则为道心,当心陷溺于利欲之中时,
就会有私心的产生。因此,道心与人心不是两种性质的心,由此即可以
理解朱子屡屡言及的道心人心之间的相互转化。与此同时,朱子又认为

---

① 朱熹:《朱子语类》卷五,《朱子全书》第 14 册,第 223 页。
②③ 同上书,第 219 页。
④ 同上书,第 222—223 页。
⑤ 朱熹:《中庸章句序》,《四书章句集注》,《朱子全书》第 6 册,第 29 页。

人心也"不是全不好底",他又在人心中区分出"人欲",朱子宣称：

> 人心，尧舜不能无；道心，桀纣不能无。盖人心不全是人欲，若全是人欲，则是直是丧乱，岂止危而已哉！只饥食渴饮，目视耳听之类是也，易流故危。道心即恻隐羞恶之心，其端甚微故也。①

朱子在区别了道心与人心之后，进而又在人心之中区分出人欲，人心并不等同于人欲。唐君毅先生曾对这种道心、人心和人欲的划分有所评论："朱子之说，乃将一心开为道心、人心与具不善之人欲之心三者。"②唐先生更言及人心容易陷溺，道心常微弱，而私心常表现，当能得朱子之心声。李明辉先生认为："朱子所理解的'人心'是指人的自然欲望。就人的生存必须依赖其自然欲望而言，他们不能说是不善。在一般情况下，他们在道德上是中性的。唯有在它们违背天理时，它们才成为'人欲'或'私欲'。"③可以说，朱子实际上已经洞见到人心本身并非善或恶的，与此同时，朱子虽然认为道心人心相互对立，人心和人欲亦不相同，但他并未将心分裂为道心和人心两个心，它们实在只是一心的陷溺与否所致，由心所知觉的内容决定。就上述意义而言，人心在道德上本是中性的，无所谓善恶，或它自身不能论善恶，只有当它和性产生联系时才能言善恶，当此心向于道时则能合于性而善，当此心陷溺于利欲而不遵循本性时则有人欲或私欲的产生。

于此，又可进一步论朱子对心之属性看法，这就是心虽然有虚灵的特征，但它终究是属气的④，心深受气质的影响，这也是朱子虽言心之本体却不能认可"本心"的原因所在。朱子所言的"心体"，诚如陈来先生所论，朱子的"心体"是指心的本来状态，具体而言是指心在未曾思虑、未曾

---

① 朱熹：《朱子语类》卷一一八，《朱子全书》第 18 册，3746 页。
② 唐君毅：《中国哲学原论·原性篇》，第 265 页。
③ 李明辉：《朱子对"人心""道心"的诠释》，黄俊杰主编：《东亚朱子学的诠释与发展》，第 82 页，上海，华东师范大学出版社，2012。
④ 李明辉：《朱子论恶之根源》钟彩钧主编：《国际朱子学会议论文集》，第 565—571 页；李明辉：《朱子对"人心""道心"的诠释》，黄俊杰主编：《东亚朱子学的诠释与发展》，第 71—77 页。

受外物干扰时的状态,而非象山、阳明所言意义上的"本心"①,如此朱子说心统性情,心具理,而非心即理。朱子对心的这种看法,心之本体也必然连着气说,使得朱子的工夫论显得格外坚毅,这意味着人生修养之艰苦,化解人生中存在的恶之艰难,这表明恶的问题对朱子来说显得格外引人瞩目。对朱子来说,修养工夫的坚毅、人生的坚苦,即体现在一般气禀物欲的普遍存在使得不善随时可能发生,这当然与朱子所认为的恶之存在的根源有关。关于朱子之学中恶的根源问题,李明辉先生认为此中的关键在于朱子所理解的"心"不能挺立道德主体。

按照李明辉先生的看法,依道德观点而言的恶,其根源要出自实践主体,而不能将恶之根源放到其他地方,否则很难避免决定论甚或命定论,在恶的问题上若不能避免决定论,就很难责人以道德责任;朱子的气质之性在本质上同于天地之性而纯善,不能在此发现恶之根源;因而,要在"气禀"或"气质"对"本然之性"的影响中探求此根源,气质似应对人之恶负责,因为理要安顿于气,理本身无偏全,所安顿之气有偏全。朱子也曾屡屡言及气质,"人所禀之气,虽皆是天地之正气,但衮来衮去,便有昏明厚薄之异。盖气是有形之物,才是有形之物,便自有美有恶也"②。但这将避免不了决定论,因为它即使能说明恶之存在的"时间上的根源",也仍然不能说到其"理性上的根源",若依此而论恶之根源,终将不能责人以道德责任。进一步而论,朱子的心是实践主体,且具有自主性,似能对恶负责,朱子亦曾宣称:"熹谓感于物者心也,其动者情也,情根乎性而宰乎心,心为之宰,则其动者无不中节矣,何人欲之有? 惟心不宰而情自动,是以流于人欲而每不得其正也。然则天理人欲之判,中节不中节之分,特在乎心之宰与不宰,而非情能病之,亦已明矣。盖虽曰中节,然是

---

① 陈来先生认为:"在朱子哲学中,也承认意识活动有其内在的根据,就是说,如果意识活动是'用',那么也有决定意识活动的'体',这个体就是'性'而不是什么'本心'。因而事实上在朱熹哲学的结构中并不需要'本心'这一类概念……质言之,朱熹所说的'心体'指未发时心,它与已发时心并不是不同层次的东西,而是同一层次上不同时态的表现而已。"参见陈来:《朱子哲学研究》,第289—290页。

② 朱熹:《朱子语类》卷四,《朱子全书》第14册,第197页。

亦情也;但其所以中节者,乃心尔。"①"性只是理,情是流出运用处,心之知觉,即所以具此理而行此情也。"②如此,朱子所理解的心是自主自觉的主体,心实应该是恶之出现的根源,然而心之自主在于其"知觉",而有无此"知觉"以及其昏明情况皆为气所决定,如此亦将不能免于决定论。故而,李先生认为只要朱子的心属气,它虽然能有相对的自由,却缺少先验自由,虽然有"经验的性格",却缺少"智思的性格",不能超脱经验的限制,就将不免于决定论,亦即此心不能成为对此"道德之恶"负责的道德主体。③ 根据李先生对于朱子的恶之根源的深刻阐释,朱子虽然对修身工夫有切身的感受和体验,并有其坚毅卓绝的工夫论,但其所创获的哲学架构对道德主体的挺立,以及对恶之问题的探索与化解实亦有其限制。

四、心统性情

正因为朱子所谓的"心"具"虚灵"或"神明知觉"的特性且又有"人心"与"道心"之分别,故他极为强调"心统性情",强调心依据性理而调节情的活动。"心统性情"本是张载所提出来的,但张载并未多作说明,朱子则认为:"伊川'性即理也',横渠'心统性情'二句,颠扑不破。"④朱子之所以如此重视和赞赏张载这一说法,是因为在朱子看来,张载"心统性情"之语最能说明和表达心、性、情三者之间的关系,按朱子己丑(1169)之悟中对心、性、情三者之间关系的看法和理解:"在天为命,禀于人为性,既发为情。此其脉理甚实,仍更分明易晓。唯心乃虚明洞彻,统前后而为言耳。"⑤"'心统性情',统犹兼也。"⑥"性,其理;情,其用。心者,兼

① 朱熹:《问张敬夫》一,《朱子全书》第 21 册,第 1395 页。
② 朱熹:《答潘谦之》一,《朱子全书》第 23 册,第 2590 页。
③ 李明辉:《朱子论恶之根源》,钟彩钧主编:《国际朱子学会议论文集》,第 551—580 页。
④ 朱熹:《朱子语类》卷五,《朱子全书》第 14 册,第 229 页。
⑤ 同上书,第 224 页。
⑥ 朱熹:《朱子语类》卷九八,《朱子全书》第 17 册,第 3304 页。

性情而言。兼性情而言者，包括乎性情也。"①对朱子来说，性为体，乃未发；情为用，乃已发，心因具"虚明洞彻"的特性与功能，故能统性情，而"心统性情"也就是"心包性情"。并且，朱熹通过与张栻的切磋亦极为赞成其"心主性情"的说法，他说："性者，理也。性是体，情是用，性情皆出于心，故心能统之。统，如统兵之统，言有以主之也。"②"心主性情，理亦晓然，今不暇别引证据，但以吾心观之，未发而知觉不昧者，岂非心之主乎性者乎？已发而品节不差者，岂非心之主乎情者乎"③"心，主宰之谓也，动静皆主宰，非是静时无所用，及至动时方有主宰也。"④朱子在把性与情按体用、静动、未发已发的层次架构加以二分的基础上，认为心在性情于体用、静动、未发已发处皆为主宰，故"心统性情"既指"心包性情"又指"心主性情"。

　　于此仍待讨论朱子"心统性情"之性究竟是天地之性还是气质之性的问题。朱子的气质之性如上所述，非与天地之性相对反之性，非如横渠、伊川所谓的材质之性，而是天命之性堕在气中之性，人所具有的都是气质之性。在这个意义上所谓的性之未发似应是指气质之性而言，然就气质之性和天命之性的本质内涵而言，气质之性和天地之性同质，气质只是影响天地之性的表现而已，在此意义上，仍应当说性之未发中的性为天地之性。刘述先先生认为："针对具体的心或情而言，由于性本身没有气的夹杂，所以是纯善，故凸显其超越义，乃成为朱子思想在建立中和新说之后不可动摇之一贞定的基础。在这样的情形之下所谈到的性极明显地即一般所谓义理之性，这不成疑问。"⑤依据刘先生之见，在与心和情对举而言的情况下，此性是指纯然善的义理之性即本然之性，换言之，在"心统性情"的语境中所言的"性"是指"本然之性"。陈来先生在考察

① 朱熹：《朱子语类》卷二〇，《朱子全书》第 14 册，第 704 页。
② 朱熹：《朱子语类》卷九八，《朱子全书》第 17 册，第 3304 页。
③ 朱熹：《答胡广仲》五，《朱子全书》第 22 册，第 1902 页。
④ 朱熹：《朱子语类》卷五，《朱子全书》第 14 册，第 229 页。
⑤ 刘述先：《朱子哲学思想的发展与完成》，第 200 页。

朱子的性发为情以及性情分体用之中存在的矛盾时,提到一种化解的思路,即"如果广义地把情理解为一切情,则未发之性就不能是仁义礼智本然之性,而应当是气质之性。因为朱熹哲学中的气质之性既体现有理的作用又体现有气的作用,气质之性有善有恶,从这里才能使体用一致,不过这又是朱熹不曾说过的"①。依陈先生之见,性发为情何以解释发而不善之情,若是将此"性发为情"之"性"理解为"气质之性",将能很好地对此进行解释,因为"气质之性"本身就包含了理和气两种要素,从理而发的为四端之情,受气质影响的为不善之情。陈先生认为这虽然很合理,"不过这又是朱熹不曾说过的"。总之,依据刘述先与陈来先生所论义理与文本上的证据,朱子"心统性情"的语境下所言之"性"应为"本然之性"而非"气质之性"。另外,朱子学说中的情也非一般意义上的情感,朱子对情的理解比较宽泛,即朱子所说的情,有时也并非只指七情,甚至还包括思虑、欲望等,陈来先生已经指出朱子的"'情'已不止于一般的喜怒哀乐情感活动,而且包括其他许多思维活动在内……情在朱熹哲学中的意义至少有三种,一是指作为性理直接发见的四端,二是泛指七情,三是更包括某些具体思维在其内"②,可见,朱子对情还未有更加清晰的界定,这也是后来学者们深入探讨"四端"和"七情"问题的契机之一。

具体而言,"心统性情"这一观点认为性为未发,情为已发,心统性情或心主性情,性未发时万理森然,未尝不能发;已发时性行于其中,未尝离乎已发;心则贯乎已发未发。朱子曾对心统性情的关系分疏如下:

> 元亨利贞,性也。生长收藏,情也。以元生,以亨长,以利收,以贞藏者,心也。仁义礼智,性也。恻隐、羞恶、辞让、是非,情也。以仁爱,以义恶,以礼让,以智知者,心也。性者,心之理也;情者,心之用也;心者,性情之主也。程子曰:"其体则谓之易,其理则谓之道,

---

① 陈来:《朱子哲学研究》,第 246 页。
② 同上书,第 245 页。

　　其用则谓之神。"正谓此也。①

程子所说的"体"是指体段或活动的总体过程，"其理"和"其用"则是就体用意义而言的，即是性情对言而分体用、已发未发，性情是异质的，而心则是流行与活动的总体，此体是贯通于未发已发的。在这一总体中，性则是情之所以如此的根据，情则是依据性而表现出的活动，即仁是爱的根据，而爱则是仁的表现，义恶、礼让和智知亦是如此。与性情之未发已发平行的则是心的未发已发，性情的未发已发是就活动的依据与发用而言，心之未发已发是就心之是否应物而动而言，而非就情之依据和表现而言的。因此，这两者具体的含义并不相同，正如陈来先生所论："己丑之悟所谓未发已发包含两个方面的意义，一是指心的未发已发，一是指性情的未发已发。这两方面并不是一回事。"②相对于中和旧说时，性和心之间的体用关系背景下的心为已发，中和新说中的心之未发已发不再是体用的含义，因为这里并不存在一个"本心"，亦即不是本体与发用的关系，而是指心的不同阶段和状态。陈来先生概括为"思虑未萌被规定为心体流行的寂然不动阶段或状态，思虑已萌被规定为心体流行的感而遂通阶段或状态，前者是未发，后者是已发"③。由此可知，心的这一不同阶段实际上就是其在时空中的前后不同的状态。因此，中和新说相较于中和旧说变化最大的是心之结构与情。朱子区分出心之未发已发状态，使性情对言而成体用关系，但性为未发则始终未变，对心之属性亦未尝改变，此即心性情三分，而性属理，心与情属气。

　　朱子之所以会发展出这种心统性情的观点，原因在于他此前注意和自觉到气质对人之心性的影响可能使人认私欲为天理，所以他要避免先察识，始终对逆觉的工夫不相契，认为未有任何工夫保障而任由察识，结果很可能是私欲肆行。这使得朱子对湖湘学派的察识不能有

---

① 朱熹：《元亨利贞说》，《朱子全书》第 23 册，第 3254 页。
② 陈来：《朱熹哲学研究》，第 209 页。
③ 同上书，第 204 页。

更多同情的理解，认为必要有涵养主敬工夫，由此线索步步转进出其心统性情的学说，这与他的切身体验密切关联。与此同时，这一思想无疑也与朱子对延平和湖湘学派的继承关联，在朱子看来，如果说延平静中观未发气象是偏向于静了，那么湖湘学派则又偏向于动了；若偏向于静的延平较关注于内了，那么湖湘学派的先察识又偏向于外了；偏向于静关注于内的延平若过多地留心于未发，那么湖湘学派则更多地关注于已发了。虽然延平和湖湘学派不尽然如朱子所理解的那样①，但朱子依照其自身的理解将内外、动静和未发已发问题作了更加精微的整合，使得内外、动静和未发已发都得到关注，这就是"合内外"和"贯乎已发未发"等的问题。

　　总之，朱子结合自身体验而来的这一继承和融贯使得朱子的工夫能够兼顾到内外、动静和已发未发等各个方面，这与朱子对气质的深入体会是深切相应的。唯有工夫够了，工夫涉及各个方面了，朱子才感觉到踏实，能够克服认欲作理的不足。即如旧说时，只能在已发上做工夫，但未必能保证已发皆能发而中节。若要保证发而中节，必定要保证未发时的心之本体状态不受损害，否则就会"几善恶"，即是发而中节为善、不中节为恶。因此，朱子要通过工夫来保证未发时不受私欲的干扰，这就是新说要求"先涵养后察识"，朱子认为这不是可以颠倒的事情，此关系到工夫能否真实有效的问题。若没有针对未发的涵养工夫，那么，所察识的又是什么呢？必不免认欲为理，并且以之自安自得。这就意味着，在朱子看来，唯有在中和新说对心性情所包含的未发已发关系的重新理解与分疏之下，亦即对此命名妥当之后，才能将工夫凑泊到内外、动静和未发已发各个方面，才能化除掉旧说所产生的张皇失态感。可以看出，偏向于平实工夫的朱子，一依其工夫的修养问题的渐次深入和展开而取得

---

① 刘述先先生对朱子关于延平与湖湘之学的理解有所保留，他称："朱子是否真正了解衡山之学或延平遗教，这是另一问题……朱子从此皈依伊川之教，由此而发展出他自己的成熟思想架构。此系思想自成一路说，然对衡山之学与延平遗教之实义，则未必真有所得。"参见刘述先：《朱子哲学思想的发展与完成》，第89页。

了使其心安的对心性问题的成熟看法。

朱子晚年时曾对延平、南轩的为学作过评述："但程先生云：'涵养于未发之前则可，求中于未发之前则不可。'此语切当，不可移易。李先生当日用功，未知其于此两句为如何，后学未敢轻议。但今当只以程先生之语为正，则钦夫之说亦未为非。但其意，一切要于闹处承当，更无程子涵养之意，则又自为大病耳。"①朱子确立中和新说的过程，可谓以延平的"观大本未发前气象"为其起点，途经湖湘学派"先察识，后涵养"的切磋琢磨，终于确立"心统性情"的学说架构，此学说可谓是对延平和湖湘学派的综合吸收与推进。刘述先对此有清晰的洞察："从朱子本人思想体验发展的过程中，则这两方面确对他发生过巨大的影响。"②到后来朱子以其关于心性论的成熟观点即中和新说来反观延平和张栻的观点时，以为他们均不免有些许不尽之处，即按照朱子的看法，他们都只顾及修养工夫的一个层面而有所遗漏。对此朱子深有所感，因他已经对此问题有了较为全面的理解。

第三节　工夫论

朱子的工夫论相应于其对心性论的探求过程，一定程度上是工夫论问题及其切身的感受与体验促使朱子在和北宋以来诸子对话的同时，也逐渐调整其对心、性、理、气及其动静、内外、已发未发等关系的看法，最终有了对心性问题的成熟观点即中和新说。反过来说，中和新说确立后，朱子的工夫论也随之有了确定的表述，朱子认为要体验未发之中，理会已发之情，以及"明明德"而"止于至善"，必须在尽心的工夫上操存涵养，精一执中，才能发道心之微，去人心之危。人心之危，道心之微概由物欲诱蔽，因此又必须在格物穷理中"明天理"。朱子继承伊川"涵养须

---

① 朱熹：《答吕士瞻》，《朱子全书》第 22 册，第 2122 页。
② 刘述先：《朱子哲学思想的发展与完成》，第 89 页。

用敬,进学则在致知"①的观点,既重"尊德性",亦重"道问学"的两全之道,发展出一套属于自己的"居敬穷理"论,即居敬涵养论与格物致知论,所谓"主敬以立其本,穷理以进其知"②。因此,对朱子工夫论需要从理气、心性及其动静、内外、本末关系等角度来把握,才能见出朱子所关注的问题及其工夫论的细密之所在。

刘述先曾论述道"朱子哲学思想的枢纽点是在心"③,原因在于朱子的哲学系统中"性是理,对朱子言是一必要的形上基础。然而理不能起任何作用。情虽说是用,但情是已发,可以漫荡无归,不必一定中理纯善,故必须加以节制驾御才行。情既是被节制驾御者,它不可能是自己的主宰,此实际主宰者也不能是理,因为理只是一些道理,本身不能有任何作为,必另有一作主宰者用这些道理来节制驾御情才行。这一主宰就朱子看来就是心。此所以心的观念在朱子的思想之中乃占一枢纽性的地位"④。刘先生继承牟宗三先生的看法,认为朱子的"理"本身缺乏活动义,它须借助于心才能够对情产生影响,才能避免情的因无所节制而漫无所归。就此而言,"心"之贯穿于"性情"能够据"性"节"情",在朱子的思想中,心无疑处于"枢纽性的地位"。既然如此,我们似也可承刘先生所论而言在朱子的工夫论中处于关键地位的仍然是"心",所谓"心者,主乎性而行乎情。故'喜怒哀乐未发则谓之中,发而皆中节则谓之和',心是做功夫处"⑤。

然而,刘先生的论述虽能显示出朱子思想的整体形态,但具体到朱子的工夫论问题情况则稍显复杂一些。朱子作为一位以求道为己任的学者,他所关切的是如何成圣的问题,诚如牟宗三先生对宋明理学的这

① 程颢、程颐:《二程遗书》卷一八,《二程集》上册,第 188 页。
② 朱熹:《程氏遗书后序》,《朱子全书》第 24 册,第 3625 页。
③ 刘述先:《朱子哲学思想的发展与完成》,第 223 页。
④ 同上书,第 223—224 页。
⑤ 朱熹:《朱子语类》卷五,《朱子全书》第 14 册,第 230 页。

一问题的讨论，它主要包括两个问题①。其一，何以能成圣，亦即人之成圣的根据是什么；其二，如何去成圣，亦即通过何种工夫来成圣。前者由心性或理来说明，朱子工夫论的目的在于实现此性、此理。至于如何成圣则是工夫的问题，朱子认为"盖为此心此理虽本完具，却为气质之禀不能无偏。若不讲明体察极精极密，往往随其所偏，堕于物欲之私而不自知"②。在朱子看来，心与性理虽然为人所本来具备，但它们难免会受到气禀与私欲等气质之偏的影响，人们可能会不自觉地把私欲当作天理，因此朱子强调要有对此心此理进行细密的讲明体察的工夫。可见，修养工夫是朱子充分地考虑到气禀物欲对此心此性此理的影响后的必然要求。就此而言，工夫就是要对治气质之偏而使本来具有的此性此理得以呈现。然而，我们仍有必要联系到心性的结构和性质才能进一步知晓工夫论所要对治的气质之偏具体影响心性的哪一部分或阶段，才能对居敬涵养和格物致知的意义有更加真切的把握，从而对朱子的工夫论有更为清晰和深入的理解。

一、居敬涵养

朱子的本然之性无所谓"结构"可言，因为"本然之性"是"'人生而静'以上不容说"③之事，现实中存在的性则是"气质之性"，也就是本然之性堕在气质之中的性，既然如此，这里要讨论的性之结构，实际上就是气质之性的结构。在朱子之前，气质之性是和天地之性或本然之性相对立的。天地之性所论的是人的形上的超越之性，而气质之性是人的材质之性即气性。如张载认为"形而后有气质之性，善反之则天地之性存焉。

---

① 牟宗三先生认为："自宋、明儒观之，就道德论道德，其中心问题首在讨论道德实践所以可能之先验根据（或超越的根据），此即心性问题是也。由此进而复讨论实践之下手问题，此即工夫入路问题是也。前者是道德实践所以可能之客观根据，后者是道德实践所以可能之主观根据，宋、明儒心性之学之全部即是此两问题。以宋、明儒词语说，前者是本体问题，后者是工夫问题。"参见牟宗三《心体与性体》一，《牟宗三先生全集》第 5 卷，第 10 页。
② 朱熹：《答项平父》五，《朱子全书》第 23 册，第 2543 页。
③ 程颢、程颐：《二程遗书》卷一，《二程集》上册，第 10 页。

故气质之性,君子有弗性者焉"①,这种"气质之性"是指"人之刚柔、缓急、有才与不才"②等属性,这与"天地之性"不在同一层次上,它们本身谈不上善或恶,由"气质之性"到"天地之性"中间必要经过一种跳跃或逆察的工夫,即所谓"善反之"的工夫。朱子改变了前贤关于"气质之性"的理解,使它不再和"本然之性"相互独立分属不同的层面,所谓气质之性就是本然之性在气质之中所表现的样子,这两个名字只不过表述了同一种性的不同表现。刘述先敏锐地意识到朱子气质之性为朱子所带来的影响,"性即为内在化以后的理,它虽与气不杂,然也与气不离,由是而逼得朱子往老年走必须正视所谓气质之性的问题,其中所牵连的理论效果,就不能为'性即理'这样一个简单的公式所得以范围的了"③,"似乎越往朱子晚年走,就越倾向于由经验实然的观点看气的成分,而不要悬空谈性理的观念"④。进一步而言,朱子所改变的不仅仅是"气质之性"的含义这么简单,他同样也改变了工夫论的形态。何以朱子改变了"气质之性"的含义就蕴含着工夫的改变呢? 这是因为,朱子的气质之性与本然之性在本质上为一而非异质异层。在朱子看来,"虽熏染得不好,然本性却依旧如此,全在学者用力"⑤,这表明本性虽然受到气质的影响,但它仍然存在,只要用力做工夫恢复此性即可。至于如何用力,朱子的气质之性包含了理和气两个方面的意涵,"论天地之性则是专指理言,论气质之性则以理与气杂而言之"⑥。可以说,其中的性之本体乃人之成圣的根据,而气质则说明了工夫论所要克治的对象。这就意味着朱子的气质之性具有工夫论的意义,或者说气质之性本就要在工夫论中才能显出其意义。这同时也表明了朱子何以会改变其工夫论形态,他不再主张经由逆察的工夫返回本然之性,因为"朱子并不相信有一离存的性之本体,它是因气

---

① 张载:《张载集》,第 20 页。
② 同上书,第 23 页。
③ 刘述先:《朱子哲学思想的发展与完成》,第 200 页。
④ 同上书,第 194 页。
⑤ 朱熹:《朱子语类》卷九五,《朱子全书》第 17 册,第 3199 页。
⑥ 朱熹:《答郑子上》一四,《朱子全书》第 23 册,第 2688 页。

质而见,却又不与气质相杂,与之形成一种不离不杂的微妙关系"①。朱子不再将天地之性和气质之性看作异质异层的两种性,而认为二者根本就是同一种性。那么,他所考虑的主要工夫,要么是减少气质之性中气质的遮蔽作用,亦即减少这种气禀物欲的干扰,使得此本然之性能够如实地被表现,要么通过认识天理来照察气质对天理的遮蔽。前者是通过约束气质以见本性,可归为居敬涵养的工夫,后者则是通过明理以见其所受气质的遮蔽,此乃格物致知的工夫。由此可见,朱子居静涵养和格物穷理这两种修养论,是朱子所理解的气质之性本身所要求的工夫。②

与气质之性的双重要素相较,朱子所理解的心同样涉及理与气两个方面。在朱子的心统性情思想中,性为理,情属气,心则周流于性情,关于心的属性,诚如牟宗三、刘述先③和李明辉等先生所认为的,在朱子义理系统中"心"属于气;性理虽是工夫所指向的目标,但性又需要通过心与情来表现。按照朱子的看法,心能够依据理调节情,为摆脱气禀干扰的"关辖",处于一"枢纽性的地位"。属气之心虽处于"枢纽性的地位",然而它本身的属性却又使其深受气禀的影响,何以能够避免认私心为公心、认私欲作天理,从而真正能调节情而不出现偏颇呢? 如此一来,修养工夫主要就是减少气质对心的影响,使其能够兼顾到理气与性情的各个部分,从而由未发之性到发而中节之和。朱子之所以如此强调涵养的重要性,正在于朱子对此气禀的障蔽有切身的感受,朱子感到中和旧说时期"察识"的工夫使他的言语和行为变得躁迫浮浅又张狂,他称:"其发之言语事为之间,亦常躁迫浮露,无古圣贤气象。"④他对此的反省为,"向来

---

① 刘述先:《朱子哲学思想的发展与完成》,第201页。
② 杨儒宾先生针对朱子的"气质之性"与其工夫论之间的关系指出:"朱熹这种气质之性的观念大概是他首创的,除了他以外,很少人这样使用。他这种解释一方面可以配合理气的形上学理论,一方面可以配合他格物穷理的认识论与工夫论……气质之性的气质如果要变得清明,使性在清明之气中朗现,学者必须借助格物穷理的认知活动及主敬的收敛心气工夫,双管齐下,乃克有成。"参见杨儒宾:《儒家身体观》,第362—363页,台北,"中央研究院"中国文哲研究所,1999。按:理之朗现或呈现应通过心的活动才能实现。
③ 刘述先:《朱子哲学思想的发展与完成》,第223—250页。
④ 朱熹:《已发未发说》,《朱子全书》第23册,第3268页。

讲论思索,直以心为已发……以故缺却平日涵养一段工夫"①。在朱子看来,已发时受到气禀影响的原因在于未发时的工夫不够,未发之心若受气禀的影响必然导致其不能如理如实地发而为情。由此而言,对心的工夫主要是对事物未至思虑未萌时的心之本体所做的工夫。从这个角度而言,朱子居敬涵养首先所要对治的是未发之时心之本体所受到的气禀影响,这是首要的工夫,其次才是关于已发的工夫。由此看来,居敬涵养的工夫是与朱子对于心的性质以及将心区分为未发已发状态的理解相关,甚至此后朱子对涵养和致知之间先后关系的区分也要追溯到心的属性和结构。

由此可知,朱子在己丑之悟后反对湖湘学派"先察识,后涵养"的工夫,其原因正在于依朱子之见,察识实际上是针对已发之情和已发之心。这种针对已发的工夫并不能保证发而中节,"未发之前不可寻觅,已发之后不容安排,但平日庄敬涵养之功至而无人欲以乱之,则其未发也,镜明水止,而其发也无不中节矣。此是日用本领工夫,至于随事省察,即物推明,亦必以是为本。而于已发之际观之……向来讲论思索,直以心为已发,而日用工夫亦止以察识端倪为最初下手处,以故缺却平日涵养一段工夫"②。朱子认为中和旧说时只把心看作已发,以察识端倪为先,才导致缺乏一段涵养的工夫。中和新说相对于旧说则区分出未发的心之本体,这是一个重要改变,如此命名恰当,即可有一段涵养主敬的工夫,以对治气禀物欲之杂,以致"其未发也镜明水止,而其发也无不中节"。那么,唯有涵养之工夫在前,才能有发而中节的效果,也就是朱子当时所主张的要先涵养后察识,只有以涵养主敬的工夫为纲领,然后才能够随时随事省察。

进一步而论,无论气质之性还是心的结构,之所以都蕴含着居敬涵养的要求,原因在于心性无不同时涉及理的存在以及气的因素,人们又

---

① 朱熹:《已发未发说》,《朱子全书》第 23 册,第 3268 页。
② 朱熹:《与湖南诸公论中和第一书》,《朱子全书》第 23 册,第 3131 页。

不能免于受到气禀物欲的影响。如上所述,心性本身的结构和属性具体表明了心性所受气质影响的可能部分与阶段,那么,这也就必然昭示相应的具体工夫。其中通过对心性涵养于未发的工夫来克治气禀物欲的偏颇,减少物欲对心的遮蔽而使理能被更好地呈现,心亦能更好地应事接物,这即是居敬涵养的工夫。居敬涵养的工夫强调的"克己"即要约束气质提撕此心,从而使性理作主宰,可以说兼顾到理气两个层面。具体而言,居敬的工夫有以下几方面的含义①:

第一,收敛。朱子说:"只收敛身心,整齐纯一,不恁地放纵,便是敬。"②这说明朱子所说的居敬要求人将身心收向内不使其放纵或散逸,此亦即收拾精神。

第二,谨畏。朱子说:"敬有甚物?只如'畏'字相似。"③这说明朱子所说的居敬要求人内心时时处于一种敬畏的状态,而这种畏又并非对某一特定对象的畏惧。

第三,惺惺。朱子说:"敬只是常惺惺法,所谓静中有个觉处,只是常惺惺在这里,静不是睡著了。"④这说明朱子所说的居敬要求人内心时时处于一种警觉、警省的状态。

第四,主一。伊川曾说:"主一之谓敬。"⑤朱子则说:"主一又是'敬'字注解。"⑥"主一只是专一,盖无事则湛然安静而不骛于动,有事则随事应变而不及乎他。"⑦这说明朱子直接继承了小程"主一之谓敬"的主张,他们都认为,敬即主一,主一即专一、无适。

第五,整齐严肃。朱子说:"持敬之说,不必多言,但熟味'整齐严肃''严威俨恪''动容貌、整思虑''正衣冠,尊瞻视'此等数语,而实加工焉,

---

① 对于朱子所说的居敬这几种意义,此处所依据的是陈来先生的概括和总结。参见陈来:《宋明理学》,第 194 页。

②③ 朱熹:《朱子语类》卷一二,《朱子全书》第 14 册,第 369 页。

④ 朱熹:《朱子语类》卷六二,《朱子全书》第 16 册,第 2031 页。

⑤ 程颢、程颐:《河南程氏遗书》卷一五,《二程集》上册。

⑥ 朱熹:《朱子语类》卷一二,《朱子全书》第 14 册,第 367 页。

⑦ 朱熹:《答吕子约》八,《朱子全书》第 22 册,第 2175 页。

则所谓直内,所谓主一,自然不费安排,而身心肃然,表里如一矣。"①这说明朱子与小程一样将整齐严肃作为人之居敬不可或缺的一部分。

从朱子所说的居敬的这几种意义来看,朱子所主张的居敬工夫要求人身心并重、内外交修,做到内无妄思、外无妄动,但又并非断念息虑而入寂的"枯木禅"。他所谓的"敬不是万事休置之谓,只是随事专一,谨畏,不放逸耳"②即表明这一点。而朱子之所以如此强调和重视这种居敬涵养的工夫,其目的当然是使人做到一种自觉的提撕和警省,同时更是为了使人追问心性之体,故他说:"只是提撕此心,教它光明,则于事无不见,久之自然刚健有力。"③"人之心性,敬则常存,不敬则不存。"④在朱子看来,人只有通过居敬涵养、存心养性,才能使其自身之心性光明纯洁,仁心仁性发辉朗照,从而做到"吾心湛然,天理粲然,无一分着力处,亦无一分不着力处"⑤。

居敬涵养虽然强调对行为、体态等的约束,然而,其意则在心性之体的追问与唤醒,要在外物未至时做此工夫的原因,就是尽可能地减少气禀物欲对心、性的干扰,使得心能够如实地表现与呈露此性、此理。朱子明快地指出:"敬只是自家一个心常醒醒便是,不可将来别做一事。又岂可指擎跽曲拳,块然在此而后为敬"⑥,"敬只是提起这心,莫教放散。恁地,则心便自明"⑦。所以居敬涵养虽然包括对身体动作的约束,但并不能仅以此为敬,最主要的还是在此心能保持常惺惺的警觉状态。至于居敬、主敬和持敬所论虽然侧重点不同,但并不能超出使此心常惺惺的含义。具体而论,主敬是强调此心的主宰性;居敬强调此心常在于敬而不移,这更多的是从心处于何处而论,犹如"天地之间,亭亭当当,直上直下

---

① 朱熹:《朱子语类》卷一二,《朱子全书》第 14 册,第 373 页。
②⑤ 同上书,第 372 页。
③ 同上书,第 370 页。
④ 同上书,第 371 页。
⑥ 朱熹:《朱子语类》卷一一五,《朱子全书》第 18 册,第 3631 页。
⑦ 同上书,第 3638 页。

之正理,出则不是,唯敬而无失最尽"①;而持敬则言此心常在于敬而不失,这则是从心在此处的时间而论,亦如"'天地设位而易行乎其中',只是敬也。敬则无间断,体物而不可遗者,诚敬而已矣,不诚则无物也"②。可见,它们所强调的都在于此心的常惺惺,亦即分别从不同的角度强调了这一工夫的不同状态。

居敬涵养虽然多是涵养于未发即涵养本原,但居敬涵养并非只为心之未发时的工夫,实际上无论涵养还是主敬皆可无关乎动静、已发未发,各个状态皆能有涵养和主敬的工夫。陈来先生指出朱子的涵养也包括已发时的涵养,所谓"涵养无间于动静,未发已发都须涵养"③。居敬工夫同样能够贯通于已发未发、动静、本末等的各个阶段,朱子认为"大抵敬有二:有未发,有已发。所谓'毋不敬''事思敬'是也"④。若考虑到居敬涵养的目的是在人的提撕和警醒亦即心性之体的追问,那么,无论已发动静本末等皆应有此工夫。朱子曾论述道:"或云:'主一之谓敬。敬莫只是主一?'曰:'主一又是敬字注解。要之,事无小无大,常令自家精神思虑尽在此。遇事时如此,无事时也如此。'"⑤可见,无论有事无事都需要主敬,敬则贯穿于动静、已发未发、本末之中,若无未发之时的涵养居敬,则心体不免于受气禀物欲的干扰,若无已发过程中的涵养主敬,则此心昏聩亦不能保持常惺惺的警觉状态,亦很难依据性理来应事接物。因此,陈来先生就把朱子的主敬涵养区分为广义与狭义两种,"朱熹的主敬涵养说有广狭两义,狭义的主敬涵养专指未发功夫而言,与穷理致知相对;广义的主敬涵养则贯通未发已发,贯通动静内外的全过程"⑥,陈先生的这一论断很确当,但这种区分并不意味着这两种敬的性质不同,因为

① 程颢、程颐:《河南程氏遗书》卷一一,《二程集》上,第 132 页。
② 同上书,第 118 页。
③ 陈来:《朱子哲学研究》,第 380 页。
④ 朱熹:《朱子语类》卷一七,《朱子全书》第 14 册,第 572 页。
⑤ 朱熹:《朱子语类》卷一二,《朱子全书》第 14 册,第 367 页。
⑥ 陈来:《宋明理学》,第 193 页。

敬的这一区别仅就适用的范围而言。人们往往把居敬涵养仅仅视为未发时工夫，虽然其确实较多地偏向于未发，但那种观点并不是恰当而全面的看法。

二、格物致知

与心性的结构和性质相应的工夫，其一是居敬涵养，其二则为格物致知。涵养终究是较多地偏向于对此心的涵养与提撕。无论是涵养未发之心体，还是此心已发时的警觉，所谓"涵养于未发""毋不敬"，皆未离于自身而较多地偏向于内做存养与警省的工夫，强调通过克己而使此心清明从而更好地呈现此性理，从而能更好地应事接物。朱子认为这还不能够完全地克治认私欲为天理的问题，他称："儒者之学，大要以穷理为先。盖凡一物有一物之理，须先明此，然后心之所发，轻重长短，各有准则。"[1]在朱子看来，还需要对理本身有更加直接的认知，通过对理的更加仔细的体会来对治受人欲已私汩乱已久的弊病，才能使心的活动有准则可以遵循，这就是格物致知的工夫。可以看到，相较于涵养主敬，格物致知更加直接地关注性理，要通过对理的如实把握来实现对气禀物欲的对治。或者说，居敬涵养主要是由心的结构和性质所引发的工夫，而格物穷理则主要是"气质之性"导致的必然要求。因为居敬涵养更多地偏向于此心尤其心之未发时的工夫，通过减少气禀对心的干扰从而实现心的清明，来保证由未发之中到已发之和的活动过程，从而避免为物欲所影响。而格物致知则更偏向于强调对性理的认识，避免认粗气为妙理。当然，依据朱子对这两种工夫之间我中有你、你中有我的看法，这一划分并不能绝对化。

具体到格物致知，则涉及修养论的一个问题，即朱子的认识论和工夫论之间的关系。刘述先指出："朱子对于分殊之理的探究只不过是一

---

[1] 朱熹：《答张钦夫》二，《朱子全书》第 21 册，第 1314 页。

个跳板，最后终于体现到，通天下实在只是同一生理、生道的表现。此所以他必然要讲豁然贯通，这种贯通并不是科学层面上找到一个统一的理论来说明事象的关联，而是隐指一异质的跳跃，为世间的万事万物找到一超越的形上学的根据。"①刘先生认为朱子的格物所要证成的就是依据理一分殊关系探究此生理或生道，通过对具体的不同事物上所体现出的理的探究，从而认知与体悟到这些具体事物上的理是同一生理、生道的表现。朱子所讲的"豁然贯通"就是要能够返回到"理一"，它是万事万物形上学的根据。这就意味着朱子的格物穷理不是要认识事物具体的情况以获得科学的知识，而是考察心、物和理之间的关系。那么，朱子所认为的格物致知的内容、方式与过程等到底为何呢？先看朱子对格物的看法：

> 人之生也，固不能无是物矣，而不明其物之理，则无以顺性命之正而处事物之当，故必即是物以求之。知求其理矣，而不至夫物之极，则物之理有未穷，而吾知亦未尽，故未至其极而后已，此谓"格物而至于物，则物理尽"者也。物理皆尽，则吾之知识廓然贯通，无有蔽碍，而意无不诚、心无不正矣。②

在朱子看来，格物的目的在于明事物之理，然后才能依之合理地应事接物，具体而言，格物先要即物，其次要求其理，最后达到物理尽的境地，陈来先生对此概括为三个要点，"即物"、"穷理"和"至极"，并对此解释道："格物思想的核心是穷理，但穷理不能离开具体事物，穷理又必须穷至其极。"③牟宗三先生对此格物穷理阐释道："'即物穷理'以致知并不是留住于物自身之曲折之相上而穷究其形构之理以成经验知识（见识之知、科学之知），乃是即之而越过其曲折之相以穷究其超越的、形而上的'所以然'之'存在之理'，以便使吾人之心气全凝聚于理上，使其发动全如理。

---

① 刘述先：《朱子哲学思想的发展与完成》，第517页。
② 朱熹：《答江德功》二，《朱子全书》第22册，第2037—2038页。
③ 陈来：《朱子哲学研究》，第330页。

故此知仍是'德性之知',其目标仍在指向于道德行为上,使吾人之行为皆如理。"①所以,朱子的格物是要明此生生之理,而非考察事物所蕴含的规律。那么,这种"即物穷理"何以可能?这是因为在朱子看来事事物物即使枯槁之物亦具此性理,所谓"天下之物,则必各有所以然之故,与其所当然之则,所谓理也"②。关于如何即物穷理,朱子曾称:

> 若其用力之方,则或考之事为之著,或察之念虑之微,或求之文字之中,或索之讲论之际,使于身心性情之德,人伦日用之常,以至天地鬼神之变、鸟兽草木之宜,自其一物之中,莫不有以见其所当然而不容已,与其所以然而不可易者。③

朱子所理解的格物的范围很广泛,包括事情、思虑、文字、讲论等。朱子甚至对它们的程度有进一步的说明:"要之,内事外事,皆是自己合当理会底,但须是六七分去里面理会,三四分去外面理会方可。"④其所要获得的是对人的身心、性情和人伦的认识,最后要达到无论在天地鬼神的变化还是鸟兽草木生长发育的时节之中,都能对所应做且不能不做以及所以要如此做而不可改变的原因有清楚的把握。"所当然"是指具体的道德规范,"所以然"则是道德规范背后的根据即"理",因此,格物不仅要践行"所当然",而且还要理会"所以然",从具体的道德规范上升到规范背后的"理"。这种格物穷理和穷理至极的过程为何会有"物理皆尽,则吾之知识廓然贯通、无有蔽碍,而意无不诚、心无不正矣"的效果呢?原因就在于朱子的格物穷理正如牟宗三和刘述先等先生所言,其意并不在客观知识,而在"所当然之则"与"所以然"之理。这种理并不为一物所独有,实为万物的公共之理。经过格物达到此"豁然贯通"亦即穷理到至极

---

① 牟宗三:《心体与性体》一,《牟宗三先生全集》第 5 卷,第 109—110 页。
② 朱熹:《大学或问》上,《朱子全书》第 6 册,第 512 页。
③ 朱熹:《大学或问》下,《四书或问》,《朱子全书》第 6 册,第 527—528 页。
④ 朱熹:《朱子语类》卷一八,《朱子全书》第 14 册,第 616 页。

的境地,心自知其所当行与有不容已之情①,可不受气质的遮蔽,然后心能够据理而发,所谓"须穷极事物之理到尽处,便有一个是,一个非。是底便行,非底便不行。凡自家身心上,皆须体验一个是非"②。

关于此即物穷理至其极以及依之而有的践履行为,还可从对"豁然贯通"的理解中得到更好的把握。格物过程所要达到的"豁然贯通",其含义为通过对分殊之理(天理流行)的认知以见此"理一"(天理)。"豁然贯通"必然要明此天理,然而"豁然贯通"的含义又不止于仅仅明此天理。关于"豁然贯通"与事物及理之间的关系,朱子有所说明:

> 盖为道理出来处,只是一源,散见事物,都是一个物事做出底。一草一木,与他夏葛冬裘、渴饮饥食、君臣父子、礼乐器数,都是天理流行,活泼泼地,那一件不是天理中出来!见得透彻后,都是天理。理会不得,则一事各自是一事,一物各自是一物,草木各自是草木,不干自己事。③

依朱子之见,格物穷理要达到豁然贯通,正是要经过对具体事物的穷究而见其皆是天理的流行,皆从天理中出来,亦即是指各种事物并非绝然悬隔、相互独立的,而都是天理流行中的事物,本都包含、体现着天理。就此而言,万事万物气脉相通都是同一生理、生道的体现和流行。那么,这里的"贯通"的含义是就事物和理而言的,是从万物的分殊之理中理会此理一。然而,朱子格物论中"豁然贯通"的含义除此之外,还有与此相关的其他面向,所谓"见得透澈后,都是天理。理会不得……不干自己

---

① 李明辉先生认为在朱子的义理架构之中,不能很好地说明道德践履的动机,李先生认为:"'知行合一'之说意谓:良知是道德法则底制定者,而其本身即兼为判断原则与践履原则。故良知在其立法中即涵著能实现其所立的道德法则的力量,而非如在康德底系统中,令这种力量旁落于属于感性层面的道德情感……唯有在'心即理'底义理间架下,承认道德主体本身具有自我实现的力量,我们才能真正说明'道德责任'底意义。若根据朱子心、性、情三分的义理间架来理解孟子底'四端之心',则其系统上的地位类乎康德底'道德情感'概念,因为康德在其二元的主体性架构中将道德情感完全归诸感性。就这点而言,康德近于朱子,而远于陆、王。"参见李明辉:《儒家与康德》,第 144 页。
② 朱熹:《朱子语类》卷一五,《朱子全书》第 14 册,第 463 页。
③ 朱熹:《朱子语类》卷四一,《朱子全书》第 15 册,第 1456 页。

事"。在朱子看来，天理并非与己不相干而皆是切己的，分殊之理与"理一"都与自己相关。这种切己和相关在朱子《大学章句》的补传中有详尽的表述：

> 所谓致知在格物者，言欲致吾之知，在即物而穷其理也。盖人心之灵莫不有知，而天下之物莫不有理，惟于理有未穷，故其知有不尽也。是以《大学》始教，必使学者即凡天下之物，莫不因已知之理而益穷之，以求至乎其极。至于用力之久，而一旦豁然贯通焉，则众物之表里精粗无不到，而吾心之全体大用无不明矣。此谓格物，此谓知之至也。[1]

具体而言，这种切己相关表现为对此天理有所把握之后理与心之间的贯通，这种贯通包含两层含义：

其一，心与外物的分殊之理及天理之间的贯通。心具有"知"的功能，人之知限于气禀的遮蔽并不能尽数表现。若能通过格物对此理有充分的把握，实现理与心知的贯通，则知道如何恰当地应事接物，从而能够烛照出气禀对此性和心的影响；若是未能穷尽此理而不能对此性理有如实的把握，那么心知亦不能依据真正的性理而活动。人们必要通过此前对万物之理的认知、考察，见出万物和此生理之间的关系，从而见出万物之理背后的生生之理，亦即有对"众物之表里精粗无不到"的理解。这里对"表里精粗"的理解显然并不是指对各个事物自身的规律、材质等的认识，而是对事物与天理关系的把握。朱子曾用具体的例子解释"表里精粗"："向来说'表里精粗'字。如知'为人子止于孝'，这是表；到得知所以必着孝是如何，所以为孝当如何，这便是里。见得到这般处，方知决定是着孝，方可以用力于孝，又方肯决然用力于孝。人须是扫去气禀私欲，使胸次虚灵洞彻。"[2]在朱子看来，"表"是所当然亦即具体的行为规范，而"里"则是这些规范背后的所以然之理。若能见得道理精熟真切理会了

---

[1] 朱熹：《大学章句》，《四书章句集注》，《朱子全书》第 6 册，第 20 页。
[2] 朱熹：《朱子语类》卷一六，《朱子全书》第 14 册，第 523 页。

此理，才能依理而行。反之，若内心为气禀物欲所遮蔽，则不能如此。亦即见得道理粗疏，所以要祛除气禀私欲的干扰，使此心要与此理相贯通，实际上即是要此心能对此性理有如实的把握。由此可见，"众物之表里精粗"是要从行为规范深入到其背后之理，增加对此理的自觉与理会，其意义主要还是在于通过对事物背后之理的认知与把握来克治气禀物欲之杂，尤其是克治气禀对此心与此性的遮蔽作用。

其二，心之体用的贯通则是"未发之中"和"已发之和"两者之间的贯通，是心据理而发的过程，亦即经过心与理之间的贯通而对未发之性或理有更多、更确切的认识或自觉后，心能够依据此性此理活动，实现心之依据理调节情而避免其漫无所归。换言之，心与理之间的"贯通"在一定程度上是"明体"，那么此处关于心之体用的贯通，则是在"明体"基础上的"达用"，乃一种承体起用的过程①，一种将心知对性理的认知推广到具体的事情，使此心性之体呈露展现出来的过程。可以说，"豁然贯通"兼有上述三层含义，亦即万物和理之间、心理之间和心之体用的贯通，可以看出，这三个过程是对治误认气禀私欲作天理的切实工夫，它经穷理而明气禀物欲之偏，实现以理御情，使心之体用畅达，这不啻一个内外兼顾、相互促进的合内外的工夫。

实际上，关于心的这两种"贯通"也正是致知的内容，因为在朱子看来，之所以要致知，原因就在于人之心若不能对理有充分的把握，很可能会受到私欲的干扰，所谓：

> 以一人之心，而于天下万物之理无不能知；以其禀之异，故于其理或有所不能穷也。理有未穷，故其知有不尽，知有不尽，则其心之所发，必不能纯于义理，而杂乎物欲之私。此其所以意有不诚，心有不正，身有不修，而天下国家不可得而治也。②

---

① 此处的体用非指心之本体和心之发用，因为朱子的心之本体与发用所指的是同一层面上心的两种不同活动状态，而此处的体用更多地是就性情而论，亦即心之依据性来调节情。

② 朱熹：《大学或问》下，《四书或问》，《朱子全书》第 6 册，第 527 页。

依朱子之见,穷理至极后心知对理有如实的掌握,那么心就可以不受物欲的干扰而纯然地依据义理而活动。可见,这实际上正是心的两种贯通,因为心知对理的如实把握就是心和理之间的贯通,心不受物欲的干扰而依据义理活动就是心之体用的贯通,由此亦可清楚地见出朱子的格物穷理论的工夫论意义。由此可知,格物致知论①的主要含义也就是这三层贯通之意,或者说,这三种贯通缺一不可地构成格物致知这一工夫论。唐君毅先生曾极富洞见地阐述道:“朱子所谓格物穷理之事,实当自三面了解:其一是:吾人之心之向彼在外之物;二是:知此物之理,而见此理之在物,亦在我之知中;三是:我之‘知此理’,即我之心体之有一‘知此理’之用。”②唐先生将格物穷理划分出的这三个阶段③,实为的见。格物致知论中这三种“豁然贯通”的工夫论含义表明其固然会有偏向知识论的面向,但其不重在对客观知识的求取,而是要把握万物如何体现此理,正是通过考察、理会这种理气之间的关系和作用而见出理之本然的样子,此本然之理或理一即是所说“贯通”的本质之所在,迥异于对事物的具体规律与属性的关注。

朱子在格物穷理论中之所以注重从分殊之理中见出其背后的生理,固然可能受到延平的影响,朱子曾对延平关于理一分殊的见解有所回忆:“吾儒之学,所以异于异端者,理一分殊也。理不患其不一,所难者分殊耳。”④但朱子后来逐渐对此问题有了自己的认识,表现出对分殊之理的浓厚兴趣则是不争的事实,这无疑也与其自身的学说有关,更明确地说这与他对“气质之性”的理解相关。朱子曾有比喻,若没有绳索又不知要怎么贯穿、贯穿什么,“或问‘一贯’。曰:‘如一条索,曾子都将钱十十数了成百,只是未串耳。若他人则零乱钱一堆,未经数,便把一条索与

---

① 关于格物与致知之间的关系,陈来先生阐述道:“格物致知只是认识过程的不同方面,格物是就主体作用于对象而言,致知则就认识过程在主体方面引起的结果而言……格物与致知并不是分别以物与心为对象的两种不同‘工夫’。”参见陈来:《朱子哲学研究》,第336页。

② 唐君毅:《中国哲学原论·原教篇》,第174页。

③ 唐先生此处“见此理之在物,亦在我之知中”是对朱子有不同解读的关键所在。

④ 赵师复:《跋延平答问》,《朱子全书》第13册,第354页。

之，亦无由得串得。'"①可以看出，朱子否认直下即能见到理与性的本然状态、本有状态。换而言之，现实中人必然受到气质的影响，一定要通过格物的过程，从各种分殊之理和各种有限事物中理会出其背后之理，经由格物穷理这一种渐教的工夫形态，才能真正把握此"气质之性"和"本然之性"。朱子认为："识得，即事事物物上便有大本。不知大本，是不曾穷得也。若只说大本，便是释、老之学。"②在朱子看来，若是只说大本或直接把握大本，显然未能正视气禀物欲的存在，有流入佛学的可能。

由"豁然贯通"的三层含义可知，朱子的格致论的意义，不仅在于朱子要通过分殊之理而明理一，强调这种"理一"之"理"绝非抽象的悬空之理，它不能被空悬而直接地把握；而且作为不能悬空之理，它一定还要落实于现实之中，实际上即是心能够据之因应具体事情，亦即经由格物穷理的过程，使心知对此理有清楚的自觉，然后一定要承体起用，使此性此理复现于万事万物。故而，朱子认为要先"明其物之理"然后"顺性命之正而处事物之当"，然而，"人多把这道理作一个悬空底物，《大学》不说穷理，只说个格物，便是要人就事物上理会，如此方见得实体"③。"今人但守一个'敬'字，全不去择义，所以应事接物处皆颠倒了"④，在朱子看来，《大学》之所以说格物而非穷理就是为了防止人们把理看作一个悬空的事物，说格物就是要人在事物之中来理会此理。同样地，持敬本来也是为了更好地格物致知，更好地把握此性此理，若只空言提撕此心不使其懈怠，却未有择义的工夫亦即格物穷理的工夫，那么，犹如空谈心性仍然不能很好地应事接物。换言之，未有格物穷理的过程而要悬空地理解性理，就不能使心知对此性此理有清楚的把握，心亦不能承体起用，使此性此理复现于万事万物。

概而言之，朱子之所以主张"格物穷理"，是因为他考虑到："此理堕

---

① 朱熹：《朱子语类》卷二七，《朱子全书》第 15 册，第 966 页。
② 朱熹：《朱子语类》卷一五，《朱子全书》第 14 册，第 471 页。
③ 同上书，第 469 页。
④ 朱熹：《朱子语类》卷二三，《朱子全书》第 14 册，第 802 页。

在形气之中,不全是性之本体矣"①,除了"气极清而理无蔽"的"生而知者"②圣人外,众人自身所本有的"性"或"理"则被所禀之昏浊偏驳之气质所障蔽,根本无法像圣人那样"于天地之性,无所间隔,而凡义理之当然,有不待学而了然于胸中"③。因此,他强调一般人必须通过"格物穷理"来"学以求其通"。在此须特别指出的是,朱子所谓"格物穷理"的"理"并非指事物自身的特殊原则和特殊规律,因为对他来说,理只有"天下公共之理,未有一物所具之理"④。这就是说天地万物都是同一理,只是散在万物使万物各具一理而已,此即"理一分殊"。此"理一"与万物所各具之"理"的关系乃具统一性、普遍性的本体之"理"与此"理"在万物上的用的关系。并且,依朱子之见,此具统一性、普遍性的本体之"理"为人所本具亦即人自身所本有的仁义之"性",故他所谓"物理"也就无非儒家的道德原则和人伦规范,而"格物"即"格"与伦理有关的事物,"穷理"即"穷"与伦理有关的理。他说:"格物之论,伊川意虽谓眼前无非是物,然其格之也,亦须有缓急先后之序,岂遽以为存心于一草木、器用之间而忽然悬悟也哉!且如今为此学而不穷天理、明人伦、讲圣言、通世故,乃兀然存心于一草木、一器用之间,此是何学问!如此而望有所得,是炊沙而欲其成饭也。"⑤"君臣、父子、兄弟、夫妇、朋友,皆人所不能无者,但学者须要穷格得尽。事父母,则当尽其孝,处兄弟,则当尽其友,如此之类,须是要见得尽,若有一毫不尽,便是穷格不至也。"⑥如果说朱子所谓的穷事物的"所当然之则"是为了使人知晓孝悌忠信等人伦规范,那么,他所谓知"其所以然,则莫不原于天命之性"⑦则是为了使人觉悟和体认孝悌忠信等人伦规范乃本于普遍性的"天理"和人自身所本有的"天命之性",并且,朱

---

① 朱熹:《答严时亨》一,《朱子全书》第 23 册,第 2961 页。
② "生而知者,气极清而理无蔽也",参见朱熹《答郑子上》十五,《朱子全书》第 23 册,第 2691 页。
③ 朱熹:《论语或问》卷一六,《四书或问》,《朱子全书》第 6 册,第 871 页。
④ 朱熹:《朱子语类》卷九四,《朱子全书》第 17 册,第 3124 页。
⑤ 朱熹:《答陈齐仲》,《朱子全书》第 22 册,第 1756 页。
⑥ 朱熹:《朱子语类》卷一五,《朱子全书》第 14 册,第 464 页。
⑦ 朱熹:《论语或问》卷八,《四书或问》,《朱子全书》第 6 册,第 763 页。

子对人如何通过"格物穷理"来达到"豁然贯通""吾心之全体大用无不明"①，提出了如积累与贯通、远近、精粗、深浅等许多细密的工夫。显然，对朱子而言，人一旦达到"豁然贯通""吾心之全体大用无不明"之境，即能自觉地、主动地服从和践履孝悌忠信等人伦规范。

三、工夫论之间的关系

朱子的工夫论主要包括居敬涵养和格物致知，既然如此，它们之间的关系仍待进一步的说明，这主要包括：其一，涵养主敬和格物穷理两种工夫之间的关系；其二，朱子从早期的涵养察识并言到居敬涵养与格物致知对举的转变。先就第一种关系而论，朱子对此两种工夫确信不移，对于它们的关系也多有议论，也没有将两者孤立起来理解，而是将两者看作一个整体，然后又从中区分出二者的先后关系。在朱子看来，涵养主敬和格物穷理之间是不容分割的关系：

> 学者工夫，唯在居敬、穷理二事。此二事互相发，能穷理则居敬工夫日进，能居敬则穷理工夫日益密。譬如人之两足，左足行则右足止，右足行则左足止。②

> 涵养中自有穷理工夫，穷其所养之理；穷理中自有涵养工夫，养其所穷之理，两项都不相离。才见成两处，便不得。③

> 择之问："且涵养去，久之自明。"曰："亦须穷理。涵养、穷索，二者不可废一，如车两轮，如鸟两翼。"④

> 穷理涵养，要当并进。盖非稍有所知，无以致涵养之功；非深有所存，无以尽义理之奥。正当交相为用，而各致其功耳。⑤

> 涵养、体认、致知、力行……曰："四者据公看，如何先后？"曰："据道夫看，学者当以致知为先。"曰："四者本不可先后，又不可无先

---

① 朱熹：《大学章句》，《四书章句集注》，《朱子全书》第 6 册，第 20 页。
② 朱熹：《朱子语类》卷九，《朱子全书》第 14 册，第 301 页。
③④ 同上书，第 300 页。
⑤ 朱熹：《答张游诚之》二，《朱子全书》第 22 册，第 2061—2062 页。

后，须当以涵养为先。若不涵养而专于致知，则是徒然思索；若专于
涵养而不致知，却鹘突去了。"①

依朱子之见，居敬涵养和格物穷理两者之间犹如车的两轮、鸟的两翼和
人之两足，不可分隔，缺一不可，两种工夫能相互发明、交相促进。格物
穷理则理明心知而能使居敬涵养日进不已，居敬涵养则使人减少私欲的
干扰，自觉的提撕和警醒亦可使得格物穷理的工夫更加细密。居敬涵养
之中包含格物穷理之功，所谓涵养即是要存养此心以更好地把握格物穷
理所明之理，格物穷理中也含居敬涵养之效，所谓的格物穷理即是要此
心穷究那所要追问的此性此理。反之，若对此性此理无自觉，也不会知
为何存养而无以达到存养的效果，如没有深厚的存养涵养的工夫，亦将
不能极尽义理的精微之处。因而，居敬涵养和格物穷理两者不可偏废，
正当相资为用、相互促进。若论二者之间的先后，朱子认为它们本无所
谓先后，皆指向共同的修养目的，要因机而发，但具体到修养工夫，又不
可无先后之分，应该以居敬涵养为先，亦即涵养是致知的基础。这并非
轻视格物致知，而是在朱子看来，格物致知要先有一个自我约束和警觉
的条件，否则会有近于"徒然思"，实则离开了涵养的条件，亦不能真正达
到此思的目的。

　　进一步而言，有必要对朱子对居敬涵养和格物穷理的这种看法作更
深入的省察，朱子之所以要强调这两种工夫如鸟之两翼、车之两轮并强
调居敬涵养在格物穷理之前，其意乃在于只有通过居敬涵养才能使此心
保持常惺惺的状态亦即此心常清明，从而能更好地认知与呈现性理。因
为"气质之性"必然连着气质而非能够直下把握的，必要经过格物穷理的
过程不可，但此过程又不可须臾离开心。不仅对性理的认识过程不可以
离开此心，就是依据性理而应事接物的过程也同样不可以离开此心的警
觉，所以敬要贯穿于未发已发。同样地，经由对此性理的认知后，又能反

---

① 朱熹：《朱子语类》卷一一五，《朱子全书》第 18 册，第 3631 页。

过来体察出气禀对此心的影响,经过心知对性理的正确把握这一工夫来实现心之据理而发,因此朱子认为:"人之所以为学,心与理而已矣……然或不知此心之灵,而无以存之,则昏昧杂扰,而无以穷众理之妙。不知众理之妙,而无以穷之,则偏狭固滞,而无以尽此心之全。此其理势之相须,盖亦有必然者。"①可以看到,居敬涵养和格物穷理交相促进的过程何以要居敬涵养在先,正在于即使格物穷理的工夫也不能缺少心知的作用,心若昏昧扰攘亦不能穷尽众理之实,更遑论静涵要先于动察了,由此而论,我们才可承刘述先先生所论"朱子哲学思想的枢纽点是在心"②,而言心在朱子的工夫论中的基础性地位。实际上,朱子的这两种工夫之间如此的关系正显明出其工夫论的关键即在于心和性,居敬涵养更多地在于使此心清明与警省,而格物穷理则使此性理显豁,只有二者合璧才能实现心的据理而发。否则,若无格物穷理对性理的认识,则会误认气禀作天理;若仅有格物穷理而无居敬涵养亦即缺少于心之未发已发时涵养主敬的工夫,心受气禀的影响,缺乏据理而发的能力,亦不会去据理而发;若既无格物穷理亦无居敬涵养,则既无对性理的真切之知又无心的据理而发之能,则漫无所归矣。因此,朱子强调"持敬观理,不可偏废"③。

朱子在确立其中和新说后,针对中和旧说时期的工夫,明确主张要先涵养后察识。其后,朱子又扩充和丰富其工夫论的内涵,终于确定了其居敬涵养和格物致知并重的修养论,由此区别于涵养和察识并言的工夫论。那么,就有必要对这种变化作一个说明,尤其集中在察识何以就发展成格物致知并为其所代替了。朱子在其中和新说确立之后,区分出心的未发已发,并将察识视作已发后的工夫,朱子认为:"若曰于事物纷至之时,精察此心之所起,则是似更于应事之外别起一念,以察此心。以心察心,烦扰益甚,且又不见事物未至时用力之要。"④"未发自是一心,体

---

① 朱熹:《大学或问》,《四书或问》,《朱子全书》第 6 册,第 528 页。
② 刘述先:《朱子哲学思想的发展与完成》,第 223 页。
③ 朱熹:《大学或问》下,《朱子全书》第 6 册,第 531 页。
④ 朱熹:《答张钦夫》二,《朱子全书》第 21 册,第 1313 页。

认又是一心，以此一心认彼一心，不亦胶扰而支离乎!"①（此语虽非出于朱子，但颇能代表朱子之意）依朱子之见，察识有以心察心、以心识心的弊病，会使此心烦乱扰攘、支离不堪。不仅如此，朱子还指出这种以心察心"则前面方推这心去事亲，随手又便去背后寻摸取这个仁；前面方推此心去事兄，随手又便著一心去寻摸取这个义，是二心矣。禅家便是如此"②，朱子认为以心识心是分心为二，有流入禅学的可能③，这是朱子所不能接受的。

况且，察识的目的本在于经过对已发的察知来认识未发之性，而朱子中和新说背景下的工夫论尤其格物穷理，其意正在于实现对此性此理的认知与把握，亦即它代替和实现了察识的功能，这就避免了他们所认为的五峰他们"不于原本处理会，却待些子发见"④的弊端。如朱子的一次问答中提到格物和发见后理会的问题："傅问：'而今格物，不知可以就吾心之发见理会得否?'曰：'公依旧是要安排，而今只且就事物上格去。如读书，便就文字上格；听人说话，便就说话上格；接物，便就接物上格。精粗大小，都要格它。久后会通，粗底便是精，小底便是大，这便是理之一本处。而今只管要从发见处理会。且如见赤子入井，便有怵惕、恻隐之心，这个便是发了，更如何理会。若须待它自然发了，方理会它，一年都能理会得多少! 圣贤不是教人去黑淬淬里守着。而今且大着心胸，大开着门，端身正坐以观事物之来，便格它。'"⑤可见，朱子在这里已将格物穷理的认识方式看作比已发后理会和省察等察识的工夫更为合适了，他

---

① 朱熹：《朱子语类》卷一一五，《朱子全书》第 18 册，第 3633—3634 页。
② 朱熹：《朱子语类》卷三五，《朱子全书》第 15 册，第 1303—1304 页。
③ 唐君毅先生认为朱子所以将象山视作禅的原因之一就在于"以此心识心，以心觉心，以心观心，求心体，更为朱子之大忌。朱子意禅学之精神即如是……其后之攻陆象山，则更纯因朱子断定其学近禅之故也"。参见唐君毅：《中国哲学原论·原性篇》，第 383 页。
④ 朱熹：《朱子语类》卷一一〇，《朱子全书》第 17 册，第 3396 页。此处对湖湘学派的批评有些不相应，湖湘学派的察识是就本心而言的，非是喜怒哀乐之情的发动，前者有本心的存在，后者则不存在。
⑤ 朱熹：《朱子语类》卷一五，《朱子全书》第 14 册，第 466 页。

不仅认为已发后的工夫不仅时间上有所阻滞,甚至认为对已发的工夫并不能够认识性理,所谓"这个便是发了,更如何理会"。不仅如此,格物致知的工夫论还能避免认私欲为天理的弊病。在这方面,朱子强调格物时"须是表里精粗无不到。有一种人只就皮壳上做工夫,却于理之所以然者全无是处。又有一种人思虑向里去,又嫌眼前道理粗,于事物上都不理会。此乃谈玄说妙之病,其流必入于异端"①。可知朱子的格物穷理的工夫避免直接谈玄说妙的弊病,它要经由对所以然之理有真实的把握,如此亦将避免流入禅学的可能。正是因为察识有其弊病,而且其功能也已为格物穷理所代替,那么它之发展为格物致知甚至为其所替代即可想而知了。

如果说,格物穷理可以代替此前察识的认识性体的功能,那么格物穷理还多出了致知的功能,即将心知表现于事情之中。相对于察识这一逆的工夫,致知则是一种直接推广心知与性理的工夫。这种推广是建立在居敬涵养和格物穷理的基础上,对此性此理有了更为真切的把握后所呈现的工夫,自然比直接察识的行为多了更加细密的约束与反省,自然不会有张狂放肆之失。朱子虽然将为学工夫的重点转向了格物致知,但他仍然强调"省察"的工夫,如"若能常自省察警觉,则高明广大者常自若,非有所增损之也"②。"心存时少,亡时多。存养得熟后,临事省察不费力。"③"今人无事时,又却恁昏昏地;至有事时,则又随事逐物而去,都无一个主宰。这须是常加省察,真如见一个物事在里,不要昏浊了他,则无事时自然凝定,有事时随理而处,无有不当。"④可见朱子此处所强调的省察主要不是通过逆反的工夫来认识性理,而是更加强调对此性理的觉知提撕,是直接就此性理而为言了,已经是与其居敬涵养和格物穷理相配合的工夫了。唐君毅先生曾对朱子的工夫论概括道:"涵养主敬,在朱

① 朱熹:《朱子语类》卷一六,《朱子全书》第 14 册,第 513 页。
② 朱熹:《朱子语类》卷一二,《朱子全书》第 14 册,第 362 页。
③ 同上书,第 364 页。
④ 朱熹:《朱子语类》卷一六,《朱子全书》第 14 册,第 502—503 页。

子又初为致知之本,应属第一义,致知以穷理属第二义,而其前诸儒所谓察识之功,在朱子,乃应位居第三矣。"[1]

四、小结

朱子的工夫论以成圣成贤为目标,以克治气禀私欲对性理的障蔽为要,无疑其工夫在兼顾到不同的层面后呈现出极其细密的形态。朱子的工夫论中无论居敬涵养还是格物致知,都贯穿周流于理气、内外、动静和体用等所涉及的各个层面。对自身行为的约束是为了提撕与唤醒此心而保持其常惺惺,格物穷理是为了使心知对此性理有真实的把握而无所不尽。然而此心的常惺惺和心知的无所不尽还要表现于应事接物之中,可见其工夫论是未发已发、内外、动静等各个方面相互发明、交相为用、彼此促进的工夫系统。虽然如此,朱子的不同工夫之间又可说对这一工夫系统有不同的侧重,从内外的角度而言,涵养主要针对内心的方面,从而由内而外,而格物致知则强调通过即事穷理等过程,实现对性理的把握,并将此性理呈现出来表现于外的应事接物;从动静的角度而言,涵养主敬多强调针对心之本体未受扰动时候的工夫,格物致知则更多强调即事穷理的工夫,从而心能够依据性理而动,而省察则多在与物交感思虑萌动时;从未发已发而言,则涵养多是对于未发之心的工夫,省察则在已发之时或之后;从体用而言,涵养之意多在心之本体的清明,然后能更好地把握性理,格致则在先明性理,而后经由心性之间的贯通而实现承体起用的过程。由理气关系的角度而论,涵养则意在"克己"、制气以更好地认知与表现理,格致则要由理在气中的不同表现中见出其背后的理之本然,复由此本然之理来克治气质之偏对心的影响,从而使心能够据理而发,达到理如实地发为中节之情。当然这种区分只是强调工夫的不同入路和对治的不同对象,并不能绝对化这种差异,因为,实际上无论居敬涵养还是格物致知都是无间于动静、贯穿于已发未发的。

---

[1] 唐君毅:《中国哲学原论·原性篇》,第 361 页。

　　朱子的工夫论无疑以居敬涵养和格物致知为中心，朱子尤其使格物致知论获得了前所未有过的重视。它虽然和居敬涵养同样是要使性理能够如实表现，但它更加强调对天理的认知以减少气禀物欲的干扰，亦即它并非完全地依赖心的自知、自察，而是通过对万事万物的省察与把握，形成对理之本然及其所受气质的影响的充分认识，进而以性理与心的融会贯通，克治气禀对心的影响，从而使得心能够主宰性情，实现心之依据性理而调节情，所谓"吾心之全体大用无不明"的意涵即在于此，此是变化气质而日迁于善的成圣成贤的道路。由此而言，朱子的格物致知在其工夫论中有独特的地位，它能使"人之秉懿"更加显豁，能对治认私欲为天理的弊病，无怪乎朱子对之极为重视。虽然如此，朱子仍然强调居敬涵养在修养工夫中的优先性，毕竟无论是对格物穷理的过程还是依据性理而节制情的过程，二者皆不能离开心的警醒与提撕。对于两种工夫的关系，朱熹《与孙敬甫书》曾总结道："程夫子之言曰：'涵养必以敬，而进学则在致知。'此两言者，如车两轮，如鸟两翼，未有废其一而可行可飞者也。"①朱子认为这两种工夫之间相辅相成，不可偏废。

　　朱子的工夫论极其细密，这里还要讨论朱子所创立的避免认欲为理的方式亦即工夫论，是否切实有效。唐君毅先生认为，朱子的涵养致知工夫是否有蔽，在于以何种心情涵养及何所得，此项工夫固可变化气质，若刻意、着意于养成动容貌、齐颜色等相关习惯，亦未免人欲之私，同样也可把"敬"当作一对象来持守、把捉，此也不免人欲之私。② 至于格物穷理沦为驰于外求而不知返亦为人所常有之失，不赘论。对于这些可能的过失，唐先生曾论述道："然人之用任何其他之德性工夫者，同不能保证其必然无误而无自欺。如人之用格物穷理之工夫者，固亦可于此工夫中误认欲为天理，而造作似是而非之义理以自欺；人即在自谓是客观观物时，仍可由其私欲意见之蔽，以主观所构想，视为客观的义理所在。"③诚

① 朱熹：《答孙敬甫》一，《朱子全书》第 23 册，第 3061 页。
② 唐君毅：《中国哲学原论·原性篇》，第 394—395 页。
③ 唐君毅：《中国哲学原论·原教篇》，第 218 页。

如唐先生所言,人之任何德性工夫,皆要善用,并不能保证必然无所贻误,诚使无法病,亦不能保证无人病之失。李明辉先生更指出,在朱子的哲学系统里,心"并非真能为'道德之恶'负责的道德主体"①,这就意味着真诚求道的朱子将不免于其坚毅卓绝的工夫。

第四节　朱陆之辩

朱陆异同在朱子和象山生前已成为当时学界所关注的问题,吕祖谦为了和会朱陆而召集了一场鹅湖之会。然而,深自服膺儒学的朱子与象山在鹅湖相会之前皆已学有所主与所成,又因各自相见前的误解及会后的种种原因②致使双方在"禅"和"不见道"的指责声中,最终失去了"疑义共与析"的机会。他们的及门弟子之间的争论无论矣,其后朱陆异同成为理学史上一大关节,或宗朱,或宗陆,或主和会二家,如陈建认为朱陆二人早同而晚异③,章学诚更把朱陆之间的差异称之为"千古不可合之同异,亦千古不可无之同异"④。当然,人们之宗主朱陆实际上是对朱陆的问题取向有同情和切身的领会,即如阳明虽和象山并称为陆王,然并不碍其正视朱子所面对的问题而与朱子对话,并非是简单地回到象山。同样地,在一定程度上阳明后学中也有一股吸收朱子学的潮流,然而他们也并非要简单地回到朱子。时至近现代,此一问题同样是学术界关注的重要论题而引起了广泛论述,其中尤为优异者如牟宗三、唐君毅和陈来

---

① 李明辉:《朱子论恶之根源》,钟彩钧主编:《国际朱子学会议论文集》,第 579 页。

② 如不能同情理解对方的理路,门人弟子不免于负气相争,以及吕祖谦等人的过早离世等诸原因。陈来先生认为:"张栻、陆九龄、吕祖谦的相继死去,对朱陆之争是有影响的。由于三人之死,南宋学术界的主流由东南三贤过渡至朱陆分野。特别是吕祖谦和陆九龄的死,大大削弱了朱熹一边促使陆九渊彻底转变旧见的力量。而另一方面,张、吕之死使朱熹处于一种'举天下无不在下风'(陈亮语)的境地,这对他虚心听取各方意见也有不利影响。"参见陈来:《朱子哲学研究》,第 432 页。

③ 陈建认为:"朱陆早同晚异之实,二家谱集具载甚明。""朱子早年尝出入禅学,与象山未会而同,至中年始觉其非而返之正也。"参见陈建撰,黎业明点校:《学蔀通辨》,《陈建著作二种》,第 80、83 页,上海,上海古籍出版社,2015。

④ 章学诚撰,叶瑛校注:《文史通义校注》,第 306 页,北京,中华书局,2014。

等学者的观点,这些是后来者所不可能绕过去的学术资源。下文将就朱陆鹅湖相会之前的异同,以及相会时及其后相互指责的最主要问题和原因作阐述,然后再主要根据牟宗三和唐君毅的解读来论述和会朱陆的可能途径。至于朱陆之间无极太极之辨,已于第一节的"无极而太极"部分有所论及,又如陈来先生所论:"无极太极之辨在当时及以后都被视为思想界的一大事件。但是,无极之辨并未直接涉及二人多年来的重大分歧。"①故而,此节不再赘述。

一、鹅湖会前朱陆之异同

陈来先生指出陈建朱陆早同晚异的观点是错误的,因为朱子在鹅湖之会前已经开始辩禅学之非,并已形成与象山不同的为学宗旨。② 然而,在纠正了陈建的错误之外,我们仍可对此问题有进一步的探究与追问,即中和旧说时期的朱子和象山之间的异同,此是在已经辩驳陈建之论的基础上来讨论朱陆异同时所可涵有的问题,此处"鹅湖会前朱陆之异同"即指朱子中和旧说时期的看法与象山的观点之间的异同。

朱子在延平逝世后,仍不懈地探寻儒学的修养工夫,在读北宋以来诸子之书和切身体会的过程中逐渐确立了其中和旧说,并经湖湘学派的印证后益加自信,在心性论的问题上以心为已发性为未发,为学工夫主先察识后涵养。朱子此时认为:"人自婴儿以至老死,虽语默动静之不同,然其大体莫非已发,特其未发者为未尝发耳。"③依朱子之见,人从幼时至老年的所有活动,虽然各式各样,但这种差异并不能掩盖这些活动都属于"已发",都是心未尝中断的表现,然这些外在的已发有其内在的未发之性为体,可以说性和心之间就是一种体用的关系,此体一定要通过心的活动来表现。那么,工夫问题则在"良心萌蘖,亦未尝不因事而发

---

① 陈来:《朱子哲学研究》,第 454 页。
② 陈来:《朱子哲学研究》,第 398—406 页。
③ 朱熹:《中和旧说序》,《晦庵先生朱文公文集》卷七五,《朱子全书》第 24 册,第 3634 页。

见,学者于是致察而操存之,则庶乎可以贯乎大本达道之全体而复其初矣"①。对于此先察识后涵养的工夫,朱子此后终觉其无古圣贤的气象,并在对气禀物欲之杂的问题更加重视与自觉后,终于舍弃了此项工夫以及关于中和旧说的观点。然而,正如在第二节所已言的,朱子也正因为其对中和旧说下的工夫有切身感受上的缺憾,遂对先察识后涵养辩驳不已,无论对上蔡、五峰还是象山皆是如此。那么,在考察朱子对象山的批评前就有必要先分析中和旧说时期的朱子与象山的异同,由此亦可见朱子此后对象山的批评是否相应。

朱子在心为已发性为未发背景下所蕴含的工夫论与象山发明本心的工夫似乎一致,因为按照湖湘学派先察识后涵养之论,其所要察识的当是本心的流露和善端的发见,而非经验层面的意识活动,否则何以能够经由对经验层面的察识来理会形上之性理呢?如朱子此时亦主张要"致察于良心之发见"。但牟宗三先生(刘述先亦持同样的看法②)经过对朱子旧说时期文献的细密梳理和义理阐发,指出朱子:"混'良心发见'之发与喜怒哀乐未发已发之发而为一。因此即函:对于孟子四端之心与《中庸》喜怒哀乐之情之混扰。因此复函:对于本心体悟之不足……表示对于体上工夫有欠缺。"③这意味着朱子虽然与象山同样主张察识(在象山为发明本心),但朱子对良知的发见与情之已发未能划定分限,虽然仍在言"察识端倪"但实际上对"本心体悟不足",亦即未能对此"本心"真有所自觉与自信。具体而言,中和旧说时期朱子的心与性之间,就其体用关系而言本可上提进至心与性为一亦即"心即理"的境地,可以由此而言本心,进而可与象山相沟通。但朱子未能真切地契入本心,就性心仍然分属未发已发而言。朱子此时所理解的心性之间可谓仍然有别,性之体

---

① 朱熹:《答张钦夫》三,《朱子全书》第 21 册,第 1315—1316 页。
② 刘述先先生认为:"朱子并不了解,五峰所谓察识实乃察识本心之发见而当下体证之,是先识仁之体,是肯认一本心,非察于喜怒哀乐之已发也。"参见刘述先:《朱子哲学思想的发展与完成》,第 88 页。
③ 牟宗三:《心体与性体》三,《牟宗三先生全集》第 7 卷,第 138 页。

是"未发者为未尝发"已经显示出很强的迥异乎心的活动义。朱子后来对此有所概述,"旧在湖南……又理会动静,以为理是静,吾身上出来便是动"①。当然作为形上之理其本身并不能用活动等词描述,这是就心与理之间是否为一而言的,在象山则心与理一故心即理,在朱子则心与性有别,可以说朱子在旧说时期亦未能真切地把握住本心。

朱子的察识是在已发未发的语境下言说的,因此朱子的察识所注重的是在动中或动后察识端倪(混良知发见和情之已发)以达到察知良心萌蘖发露处,入手工夫只能在此已发上做,然后就所察知的大本而涵养,朱子曾对此有所说明:

> 向来妄论持敬之说,亦不自记其云何。但因其良心发见之微,猛省提撕,使心不昧,则是做工夫底本领。本领既立,自然下学而上达矣。若不察于良心发见处,即渺渺茫茫,恐无下手处也……所喻多识前言往行,固君子之所急,熹向来所见亦是如此。近因反求,未得个安稳处,却始知此未免支离。如所谓因诸公以求程氏,因程氏以求圣人,是隔几重公案。曷若默会诸心,以立其本,而其言之得失自不能逃吾之鉴耶!②

朱子此时认为先要经过对良心萌蘖之处的察识,使此心不昏昧,这才是修养工夫的关键之所在,由此才可说下学而上达。朱子显然认为相对于工夫的"本领"而言,多识前言往行和读书不免支离之病,那么不经由此心而求之于别人即使如求之于程子亦不能免于支离,未能找到真正的关键。这些看法和后来朱子对象山不读书等的指责何其相似,陈来先生指出:"这些见解在许多方面都与后来的陆学相近,如专主求乎良心发现,猛省提撕,而以日用持敬为不然。以为由博观多识以求道不若默会于心以立本等等。"③可见,朱子此时主张要先察识后涵养,主张工夫要先有

①　朱熹:《朱子语类》卷一四〇,《朱子全书》第17册,第3435页。
②　朱熹:《答何叔京》十一,《朱子全书》第22册,第1822页。
③　陈来:《朱子哲学研究》,第201页。

"本领",反对"多识前言往行"以及通过他人而认识圣人。

象山同样主张要先见道和发明本心,然后才可辅以格物穷理、剥落意见、读书等工夫,即学问要先有头脑然后更兼用其他工夫来对治现实中的种种意见和私欲等。但象山并非如朱子一样将心放在"已发"的语境和脉络下,即使一定要用"已发未发"来限定此心,象山所主的本心也是贯穿于未发已发的,不可仅执定于已发一面。牟宗三和唐君毅先生均对陆王一系的逆察工夫有所论述:

> 若无法肯认此本心,则真正之道德行为即不可能。此一逆觉之工夫当下即判开感性界与超感性界而直指超越之本心,此则决不容含糊者。是故"察识端倪之发"单指超越之本心而言,其义理根据完全在孟子。此察识不是朱子所说之施于已发之察识,而"端倪之发"是本心发见之发,亦不是喜怒哀乐已发之发。两者混而同之,遂纠缠不清矣。[1]

> 朱子之谓识字即涵捕捉之义,亦明非其前之宋儒用此一字之通义。此字之义,在宋儒自明道言识仁以降,盖皆当顺孔子所谓默识之识去了解。孔子之默识,正当为一无言之自识,而自顺理以生其心者,固非往识事一物、一对象、而涵把捉或捕捉意味之认识也。[2]

牟先生(唐先生此处所指出"识"之意虽非为象山而发,实可以此明象山之意,至少为我们理解象山的"察识"提供了一个助缘)指出象山的工夫是直就本心而言,工夫的入手对象为本心的流露,不能混同于朱子就"已发"之心(非本心)所呈现的端倪而来的察识工夫。相对于象山直就本心而言,朱子则要经过对心之端倪的察知来把握本体亦即未发之性,所以象山和此时的朱子虽皆要逆察或察识,然其具体察知的对象并不相同,亦即入手处有异。再就察知的目的而论,象山直就此本心而论,朱子显然则是要针对性而论,然象山的本心是有活动义的,朱子的本性却缺少

---

[1] 牟宗三:《从陆象山到刘蕺山》,《牟宗三先生全集》第 8 卷,第 104 页。
[2] 唐君毅:《中国哲学原论·原性篇》,第 391 页。

此活动义,就此而言,象山和此时朱子所要察知的最终目的也不同。但察知对象与目的不同,又不碍象山的"逆察"和朱子的"察识"为相近的工夫形态。

由此可说,象山和中和旧说时期的朱子在工夫论方面分享着相类的工夫形态,这是二者之间最为相近处,然而他们工夫论的具体内容,无论工夫的对象与目的皆有所差异,归根到底还是对本心有不同认识,才导致工夫论中不同的察知对象与目的。所以,只能说此时的朱子与象山在一定意义上分享了工夫论的一种共法形态。至于朱子改变其中和旧说的看法后,其中和新说和象山之间的差异更加明显了,这已是朱子和象山鹅湖相会后以"禅"和"不见道"相互指责的问题了。

二、朱子以禅视象山

朱子在鹅湖之会前即对象山有禅学之想①,鹅湖之会上对二陆兄弟所做之诗不置可否,乃在于朱子对象山"辨只今"的为学方式及其行为举止不能认同。所谓的"辨只今"在象山是本心的呈现,而在朱子看来则未免于认粗气为妙理、认私欲为天理。这种担忧即表现于朱子对象山之学为禅学的疑虑与批评。

鹅湖之会是吕祖谦为齐同朱陆而召集的讲会,此会朱陆争论的焦点据言是在为学工夫的异同,象山主张先发明本心,然后博览,朱子认为象山之教太简,象山则视朱子之学为支离。对于读书,象山认为要有一个先后次序,发明本心要在先,朱子认为这种看法实际上是"其病却是尽废讲学而专务践履"②,双方均未能就此说服对方。鹅湖之会已经展现出朱

---

① 陈来先生提到鹅湖之会前朱子关于象山为禅的疑虑,如"陆子静之贤,闻之盖久,然似闻有脱略文字、直趋本根之意,不知其与《中庸》学问思辨然后笃行之旨又如何耳","近闻陆子静言论风旨之一二,全是禅学,但变其名号耳。竞相祖习,恐误后生。恨不识之,不得深扣其说,因献所疑也"等。参见陈来:《朱子哲学研究》,第 410 页。这两条材料的原文分别见于朱熹:《答吕子约》十五,《朱子全书》第 22 册,第 2190 页;朱熹:《答吕子约》十七,《朱子全书》第 22 册,第 2191 页。
② 朱熹:《答张敬夫》十八,《朱子全书》第 21 册,第 1350 页。

陆为学方式的不同以及其背后的深层原因，当然，在朱子看来这次聚会未免更进一步地证实了此前他对象山"脱略文字"和"直趋本根"的看法。其后，当其在南康与象山再次相见后，朱子在与吕祖谦的通信中对象山之学评论道：

> 子静旧日规模终在，其论为学之病，多说："如此即只是意见"，"如此即只是议论"，"如此即只是定本"。熹因与说："既是思索，即不容无意见；既是讲学，即不容无议论；统论为学规模，亦岂容无定本？但随人材质病痛而救药之，即不可有定本耳。"渠却云："正为多是邪意见、闲议论，故为学者之病。"熹云："如此即是自家呵斥亦过分了，须著'邪'字、'闲'字方始分明，不教人作禅会耳。又教人恐须先立定本，却就上面整顿，方始说得无定本底道理，今如此一概挥斥，其不为禅学者几希矣。"①

据朱子所言，象山认为朱子的讲学多是议论、意见和定本，俱在挥斥之列，朱子则认为教人为学应该先确立一定的道理，然后才能"说得无定本道理"，象山对此一概挥斥则又近于禅学了。此后，朱子则正式挑明象山之学为禅学，他记述道：

> 向来正以吾党孤弱，不欲于中自为矛盾，亦厌缴纷竞辩若可羞者，故一切容忍，不能极论。近乃深觉其弊，全然不曾略见天理仿佛，一味只将私意东作西捺，做出许多诐淫邪遁之说。又且空腹高心，妄自尊大，俯视圣贤，蔑弃礼法，只此一节，尤为学者心术之害，故不免直接与之说破。渠辈家计已成，决不肯舍，然此说既明，庶几后来学者免堕邪见坑中，亦是一事耳。②

---

① 朱熹：《答吕伯恭》四十四，《朱子全书》第 21 册，第 1515 页。
② 朱熹：《答赵几道》一，《朱子全书》第 23 册，第 2573 页。

这是朱子直接批评象山为禅时期的书信。① 朱子一如既往地批评象山为禅，但这里指出象山未曾或不能领会天理，只任其私欲流行，同时以此自尊自大，所谓"不曾略见天理仿佛，一味只将私意东作西捺，做出许多诐淫邪遁之说"。在朱子看来，这分明是对认私欲为天理的问题未能正视，分明是禅学。这一公开指责，是此前朱子一直未曾中止过的对象山近禅的疑虑与屡屡言及象山的学风和修养方式类禅之议论的进一步发展的自然结果，与此同时，它还表明朱子批评象山为禅的原因不止于学风与行止，而是认为象山对天理未有真切如实的把握，不能免于认私欲为天理。

由此而论，朱子之所以批评象山为禅，原因在于朱子经由对中和旧说的反省后已经确立了其中和新说的思想，其对禅学的警惕和批评也早已展开，所谓释氏"不见天理而专认此心以为主宰，故不免流于自私"②即是如此。他认为象山与异学同病，皆不知有气禀物欲之杂而不免于认私欲为天理，而这正是其工夫论所要对治的主要问题。按照朱子的看法，人之心和圣人之心之间有差异，不能简单认为二者之间相同，否则既掩盖了涵养的工夫，同时也遗留下了以私意作公理的自以为是的弊病。朱子还宣称："陆子静之学，看他千般万般病，只在不知有气禀之杂，把许多粗恶底气都把做心之妙理，合当恁地自然做将去。"③依朱子之见，象山未能注意到气禀之杂的影响，把本属于粗恶的气当作心所应遵循的天理，若误将此粗恶之气作为心之妙理，循之而行必然会有象山的那些弊病。由此可知，朱子不仅认为象山不知心，亦是在指责象山对"气质之性"未能有真切的认识，不知气质对天地之性的影响，却要直接把握大本。"事事物物上便有大本。不知大本，是不曾穷得也。若只说大本，便是释、老

---

① 据陈来先生考证，"朱熹把他一二年来深切意识到的陆学流弊及其对陆门弟子的尖锐批评向陆九渊和盘端出，丁未一年朱陆的争端急剧激化和明朗了"。参见陈来：《朱子哲学研究》，第451页。
② 朱熹：《答张钦夫》二，《朱子全书》第21册，第1314页。
③ 朱熹：《朱子语类》卷一二四，《朱子全书》第18册，第3866页。

之学。"①在朱子看来,象山要直接把握本根实在不免流入于释、老之学。换言之,依据朱子的看法,既不知心又不知性的象山,却对其关于心性等的命名之当与分疏定本之合理深不以为意,指其为"邪意见""闲议论",却不知这些命名与定本所关者不仅在名词而已,实则直接关系到修养工夫。其由中和旧说到新说的转变,一大改变即是对心性之名的重新划定,才感慨"其他有合理会者,渠理会不得,却禁人理会"②,如此不能理会"全看得不子细"③,就鲜有相应的工夫以对治气禀物欲之私,那么,流入禅学亦可想而知。因此,朱子才始终对象山之学有所疑虑与批评,以至于公开指其为禅、为告子。

关于朱子对象山为禅的批评,陈来先生认为:"就朱熹具体所指的'脱略文字,直趋本根'、'一概挥斥'来看,说明朱熹主要是从陆学的一些外部特征、为学方式、修养风格上与禅学类比,并不是从内在的本质上来理解双方的差异。"④依陈先生之见,朱子主要根据象山重内轻外、简易直接、不重文字、直求本心等特点来批评象山为禅,批评的主要是为学方式。与此同时,陈来先生又指出朱子这一批评背后实际上是"朱熹以陆子静之学为禅学,为告子之学,除了在为学的外在方式、修养风格上的类比外,即指三者都是以知觉作用为性"⑤。陈荣捷先生对此的看法为:"朱子批评禅家作用是性,不遗余力,亦即批评象山。无论其理论是否正确,其从内在的本质上立论,则无可疑也。"⑥

牟宗三先生认为朱子未能正视象山的理路,而只根据象山挥斥议论、意见和定本以及重视依据道德本性的践履而做出禅学的联想,牟先生称:

---

① 朱熹:《朱子语类》卷一五,《朱子全书》第 14 册,第 471 页。
② 朱熹:《朱子语类》卷一六,《朱子全书》第 14 册,第 511 页。
③ 同上书,第 511—512 页。
④ 陈来:《朱子哲学研究》,第 461 页。
⑤ 同上书,第 474 页。
⑥ 陈荣捷:《评陈来的〈朱子哲学研究〉》,陈来:《朱子哲学研究》,第 492 页。

象山亦并非不讲学，亦并非不读书。只是相应道德本性而为道德实践确是以孟子义理为谛为实，读书讲学亦不过是启发此义理，深明此义理，以期至乎"人品"之挺立耳。此是读书、讲学、明理之第一义，当然主旨不在客观研究作学究也。象山及其门人之气象好皆本于此，而朱子不肯正视也。却以其不肯客观研究作学究，便认为是禅，天下宁有此理耶？……顺孟子之义理，相应道德本性而为道德实践，崇朴实、黜议论，有何不可，而必以为如此便是禅耶。①

在牟先生看来，象山之学要在先明本心、明此义理，然后才可辅之以读书、讲学等工夫，这符合孟子学的义理结构，以此立论为学毫无疑问不应该被视为禅，况且象山并非不讲学和不读书，只是要有先后、分主次，主张应当以发明本心和明义理为先。至于挥斥议论的问题，牟先生有进一步的说明："挥斥议论及非分解方式之为共法，尚不是'无心为道'之为共法。"②"作用义之'无'本是大家俱可说者，故实可说是共法，何必定是禅耶？即如此，象山亦并不说此义，或可说尚不暇说此义。彼之挥斥'闲议论''邪意见'，乃是就言内圣之学之不正当的端绪而期扭转之而然。"③依牟先生之见，"无心为道"本是一"共法"，儒释道皆能自发地表现，不能以之判别归属。况且象山尚未言及"无心为道"这一作用层面的工夫，其所谓呵斥议论实在只是为了扭转内圣之学方面所存在的不能把握"端绪"的状况，以此回到孟子学发明本心先立其大的坦途。因为在象山看来，"今天下学者唯两途：一途朴实，一途议论"④，其挥斥议论正是要返归朴实之学。因此，牟先生认为朱子以之为禅是"把象山之挥斥议论与非分解方式所示之精神与风格同一化于禅了"⑤"望风捕影咬定

---

① 牟宗三：《从陆象山到刘蕺山》，《牟宗三先生全集》第 8 卷，第 129—130 页。
②⑤ 同上书，第 13 页。
③ 同上书，第 44—45 页。
④ 陆九渊：《陆九渊集》，第 489 页。

其为禅"①。

唐君毅先生认为:"朱子所言之涵养主敬与穷理致知之工夫,其精切之义之所存,亦初纯在对治此气禀物欲之杂……今吾人若能识得朱子之工夫论,意在对治气禀物欲之杂,则于所以疑于其前诸贤之言及对象山之言论,即亦皆可先加以一真正同情的了解。"②唐先生认为气禀物欲之杂的问题是朱子所正视与对治的问题,在朱子看来,象山未能重视此问题,缺少对治此气禀物欲的工夫,则不免于狂肆,因之不能免于朱子的批评,由此才能对朱子之所以批评象山有真正同情的了解。唐先生进而指出朱子之所以批评象山为禅,还在于"彼复意言察识者……乃是直接以心为所对,欲求直接沿心之发用,以见得此心之体为工夫。以此心识心,以心觉心,以心观心,求心体,更为朱子之大忌。朱子意禅学之精神即如是……其后之攻陆象山,则更纯因朱子断定其学近禅之故也"③。在唐先生看来,朱子所认定的禅学精神就是以心观心这种求心体的工夫,他之所以断定象山为禅而力攻象山,就在于其认为象山发明本心先立其大的为学方式亦是如此。唐先生又对朱子辟佛攻象山的理由深入地作了四层分疏:初看,禅对四端五典之理不能详备,实则心外有法;象山不务穷理,言察识者不以穷理为先。进一步看,朱子认为此种以心观心之说,皆在心之发用处下工夫,有裂心为二之病。再进一步看,此中有一心的自我把捉,会造成纷拏迫切,使工夫不能成就。自最深层看,以心识心、观心、觉心而加以把捉者是一种私欲。④ 唐先生对此中问题的分析,层层深入,鞭辟入里,指出朱子之所以辟佛和攻击象山的根本原因正在于他们皆未能正视其中的气禀物欲之杂、私欲的存在。

综述以上分析,朱子认为象山未能正视气禀物欲对心性以及工夫的影响,其所主张的发明本心,在朱子看来将不免于认私欲为天理,其行止

---

① 牟宗三:《从陆象山到刘蕺山》,《牟宗三先生全集》第 8 卷,第 13 页。
② 唐君毅:《中国哲学原论·原性篇》,第 361—362 页。
③ 同上书,第 382—383 页。
④ 同上书,第 383 页。

亦不免于张狂;同时,朱子认为象山所强调的直接把握本根,实际上并不能对天理有切实的把握,亦不能免于认粗气为妙理,实是不能把握"气质之性",从而不能有相应的工夫。这一气禀物欲对心性的影响问题既曾困扰着朱子本身对修养工夫的追寻,他曾道:"学问亦无个一超直入之理,直是铢积寸累做将去。某是如此吃辛苦,从渐做来。若要得知,亦须是吃辛苦了做,不是可以坐谈侥幸而得。"①同样,朱子也以此问题质疑和批评象山为禅学。然而,正如牟先生所分析的,象山之学由读《孟子》深造自得而来,义理结构顺孟子之学展开,为学主发明本心然后博览,此固不同于朱子之为学方式,然二者并非泾渭分明,亦不可视之为禅,无论唐君毅先生指出了朱子多么精微的工夫论的深意,然究不碍象山对儒学价值的持守,为学工夫的次第固可不必相同。

三、象山以朱子为不见道

朱子以禅学视象山,如上所述,朱子之意在象山未能正视气禀物欲之杂,未免于认粗气为妙理、认私欲为天理,故朱子注重对治此问题的涵养主敬与格物致知的工夫。在朱子看来,既然人心和圣人之心并非直接相同,那么,如何从这样的人心入手来面对所要克治的问题则是必要的,因而,读书讲学属于必不可少的为学途径。这就引起了象山对朱子这种工夫的质疑,认为朱子之学陷于条分缕析的名相分别之中而自安,务于读书驰于外求而轻视了自身的践履,更忽视了对本心的确认、对义理的把握,这就不能免于支离之病。

鹅湖之会前象山同朱子一样已对对方有先入的看法,象山兄弟鹅湖之会的诗词即可证明他们已经对朱子的为学宗旨不以为然,陆九龄与象山统一认识后,曾用诗将他们为学的特征表述为:"孩提知爱长知钦,古圣相传只此心。大抵有基方筑室,未闻无址忽成岑。留情传注翻蓁塞,

---

① 朱熹:《朱子语类》卷一一五,《朱子全书》第18册,第3631页。

着意精微转陆沉。珍重友朋相切琢,须知至乐在于今。"①陆九龄表明他们的为学宗旨,要以此心为主,这不同于世人所强调的"留情传注"和"着意精微",还表达了对同道之间切磋琢磨的珍重之意。鹅湖之会时象山和诗道:"墟墓兴哀宗庙钦,斯人千古不磨心。涓流滴到沧溟水,拳石崇成泰华岑。易简工夫终久大,支离事业竟浮沉。欲知自下升高处,真伪先须辨古今。"②象山表明其要发明的本心,能够随时呈现并且具有恒常性,是道德之基价值之源,他们的为学方式较之"留情传注"和"着意精微"的工夫更为简易和得要领,由此简易的发明本心的工夫才能成就可长可久的真正的学问事业。相反,"留情传注"和"着意精微"只能算是一种"支离事业",但它却偏偏是人们竞相追求的方式,象山不免感叹"真伪先须辨古今"。鹅湖之会后,朱陆之间虽然并未一直对此问题有所争论,但这种看法却是象山此后的定见,即认为朱子为支离,象山曾道:"吾尝与晦翁书云:'揣量模写之工,依放假借之似,其条画足以自信,其节目足以自安。'此言切中晦翁之膏肓。"③

朱子一段时间里想要和会双方的长处,认为应取两长而避所短,朱子声称:"大抵子思以来,教人之法惟以尊德性、道问学两事为用力之要。今子静所说专是尊德性事,而熹平日所论却是问学上多了。所以为彼学者多持守可观,而看得义理全不子细,又别说一种杜撰道理遮盖,不肯放下。而熹自觉虽于义理上不敢乱说,却于紧要为己为人上多不得力。今当反身用力,去短集长,庶几不堕一边耳。"④在朱子看来,象山的长处在于能尊德性,其问题在"专是尊德性事"却不免对义理的把握不太准确,他本人"却是道问学上多了",其意在于其未尝不"尊德性",既然偏重于道问学方面出现了工夫上的弊病,那么就要在"尊德性"方面用些工夫。对于这种观点,象山评论道:"元晦欲去两段,合两长。然吾以为不可,既

---

① 陆九渊:《语录》上,《陆九渊集》,第 427 页。
② 同上书,第 427—428 页。
③ 同上书,第 419—420 页。
④ 朱熹:《答项平父》一,《朱子全书》第 23 册,第 2541 页。

不知尊德性,焉有所谓道问学?"①象山认为朱子虽想要集合两长,但若不更改其为学的宗旨,这一合两长的设想就根本不能实现。

那么,在象山看来,朱子主要的问题在于何处呢?"包敏道侍,问曰:'先生何叹?'曰:'朱元晦泰山乔岳,可惜学不见道,枉费精神,遂自担阁,奈何?'"②这里象山以"不见道"论朱子,可以说是对他认为的朱子所存在的问题的最为有力的表述,无论支离、意见等批评皆可视为此"不见道"的表现。在象山看来,朱子不见道,他想要合"尊德性"和"道问学"之两长,通过"道问学"来融合"尊德性"是不可能的,因为既无纲领不明本心,读书讲学只能漫无所归。依象山之意,所谓"见道"就是要"辨端绪""辨志""辨只今""发明本心""先立其大",就是要让本心作主宰,象山本人并不反对读书讲学,但读书讲学相对于"发明本心"只是一种助缘工夫,而非相应道德本性的本质工夫。

牟宗三先生对象山之意有很好的阐述,牟先生认为:"此就道德实践言为不中肯。不中肯由于不见道。不见道者即是不明本心自发自律之实事实理也。"③在牟先生看来,就道德实践的本性而言,有中肯和不中肯两种形态,不见道会造成对道德的不中肯的理解。具体而言,不见道就是未能把握住本心自发自律的道理,象山的发明本心是真能够把握住此点而无所偏移的。牟先生对此有进一步的论述:

> 不知象山之"心地工夫"正在辨端绪得失下本《孟子》而来者,非泛泛之"心地工夫"也。此是内圣之学之端绪问题、第一义问题,正是绍孔、孟之统,指出实事实理之学,并未陵跨古今,高谈大论,以人欲为天理也。"穷理细密工夫"则是知识问题,是第二义以下者,此不相干,象山并不否认。其所挥斥者是依此路讲道德(讲内圣之学),此正是端绪之迷失(支离歧出),非挥斥知识本身也。其言论之

①陆九渊:《语录》上,《陆九渊集》,第 400 页。
②同上书,第 414 页。
③牟宗三:《从陆象山到刘蕺山》,《牟宗三先生全集》第 8 卷,第 30 页。

重点只在此端绪之扭转,而朱子终不自省也。①

　　象山亦非不重视第二义之助缘工夫者。象山亦讲涵养操存,亦重讲明,亦重博学、审问、慎思、明辨,亦重格物致知,亦重智之事,亦非不读书,不理会文字(当然不必限于此),然必以本心之直贯,沛然莫之能御,为头脑,并非空头而成为纯然之智之事。故养是养此,存是存此,讲明是讲明此,博学、审问、慎思、明辨,亦无非明辨乎此,格物致知亦无非是格此、知此,读书、理会文字亦无非为的是了解此,而仍归于本心直贯沛然莫之能御之践履。而朱子于此直贯却甚不能正视,且甚厌恶,视为禁忌,动辄以无谓之遐想而予以责斥,此朱子之过也。自此而言,象山谓其不见道、见道不明,亦非无故。②

依牟先生之见,象山正是本着《孟子》的"本心"而来的"先立其大""发明本心"工夫,并非由具有气禀物欲之杂的人心而来的发明如此之心的工夫。"发明本心"是孔孟内圣之学的第一义的工夫,而非将人欲作天理,与此相对的条分缕析的知识问题则是第二义以下的问题,所谓第二义是相对于内圣之学的相应与否而言。象山并非要否定知识,但象山不认同以讲知识的方式来讲道德,象山虽然同样重视涵养操存、讲明、博学、审问、慎思、明辨,重格物致知和重智之事,也并非不要读书,不讲求文字,但他更重视本心的发明与呈现,以此作为道德践履的主宰,这是道德实践的本质工夫之所在。因此,对象山来说,第二义的工夫实际上是明第一义的工夫的助缘,而非第一义的本质工夫。朱子不能相应于象山这种本心的直贯形态的工夫,认为此中存在私欲天理夹杂的弊病,会流为狂肆而不自知,把这种工夫形态看作禅学,由此而言,象山指责朱子"不见道"亦即见道不明、不能把握住本心亦有他的根据。

　　可以说,象山正是在这个意义上指责朱子为"不见道",亦即朱子不能直就本心立论,把握相应道德本性的本质工夫。在象山看来,朱子的

① 牟宗三:《从陆象山到刘蕺山》,《牟宗三先生全集》第8卷,第40页。
② 同上书,第74—75页。

"揣量模写之工,依放假借之似,其条画足以自信,其节目足以自安"是枉费精神不见道的具体表现。然而,朱子是否驰于此而不知返? 朱子虽然并没有象山本心存在,但其居敬穷理的工夫亦是要明此性理,使此性理得到如实的表现即作主宰,亦不必然要驰于知识而不知返,此中固有不同的阐释与解读的空间存在。

四、和会朱陆

朱子与象山彼此皆不满于对方的为学方式,朱子视象山为禅,象山以朱子为不见道,然而这种指责本身皆有所见,同样也有所误解,象山和朱子二人本有当面论学的机缘,但又未能就双方的核心问题有所论定。陈来先生不无感慨地写道:"朱陆间的争论却常常离开了两家分歧的主要之点。"[①]既然朱陆本人未能对为学方式达成一致见解,那么,后来者所想要致力于齐同朱陆的努力,也只能就朱陆双方所最主要关注的问题来进行比较,化解所受指责中的误解,或通过对朱陆二人的重新解读来达到和会朱陆的工作。

在这方面,牟宗三和唐君毅两位先生可谓作出了独到的阐述,二人的解读又呈现出相反相成的一种效果,即二人虽然对朱子的解读差异较大,但所呈现出的为学的态势又有其相类、相同之处。具体而言,就认私欲为天理的问题,牟先生在论述陆象山时认为:

> 此当下呈露之端倪何以知其即是本心之端倪? 焉知不是私欲之端倪? 曰:即由孟子所说"非要誉于乡党,非纳交于孺子之父母,非恶其声而然",而知其为本心之端倪,而知此时即为本心之发见,即,由其"不为任何别的目的而单只是心之不容已,义理之当然"之纯净性而知其为本心之端倪,为本心之发见。若无法肯认此本心,则真正之道德行为即不可能。此一逆觉之工夫当下即判开感性界

---

① 陈来:《朱子哲学研究》,第404页。

与超感性界而直指超越之本心，此则决不容含糊者。是故"察识端倪之发"单指超越之本心而言，其义理根据完全在孟子。此察识不是朱子所说之施于已发之察识，而"端倪之发"是本心发见之发，亦不是喜怒哀乐已发之发。两者混而同之，遂纠缠不清矣。①

所谓"觉悟"者，即在其随时透露之时警觉其即为吾人之本心而肯认之耳。肯认之即操存之，不令放失。此是求其放心之本质的关键。一切助缘工夫亦无非在促成此觉悟。到有此觉悟时，方是求其放心、复其本心之切要处。一切积习工夫、助缘工夫并不能直线地引至此觉悟。由积习到觉悟是一步异质的跳跃，是突变。光是积习，并不能即引至此跳跃。跃至此觉悟，其本质之机还是在本心透露时之警觉……本质的关键或主因唯在自己警觉—顺其呈露，当下警觉而肯认之。除此以外，再无其他巧妙办法。②

依牟先生之见，此种察识是就本心而言的，非就一般有气禀物欲之杂之心而言的。并且，这种本心是一种人人皆有的事实，让此本心做主宰即是最本质的工夫，其他一切别的工夫，无论读书、师友讲学只能起到助缘作用，不能代替自己稍一警觉即有的本心呈露的工夫，而且这就是唯一本质的工夫，其他再无可能。既如此，在牟宗三先生看来，朱陆和会的途径就很清楚，牟先生对此的阐述为：

是以若于朱、陆同异而欲得一决定答复，则说：同者同讲道德（内圣之学），异者端绪之异，而朱子所取之端绪决定是错。若于两家各取其长，则朱子须放弃其所取之端绪，依从象山之劝告，"不作孟子以下学术"，定端绪于《孟子》（此须改变其对于《孟子》之误解），非只泛言之尊德性，亦非只泛言之方法上之简易也。至于象山，既不抹杀知识，则须随时正视知识，随机作"穷理细密工夫"，以增益其知识，此即取朱子之长。但此不待言，何以故？此非根本问题所在

---

① 牟宗三：《从陆象山到刘蕺山》，《牟宗三先生全集》第 8 卷，第 103—104 页。
② 同上书，第 136—137 页。

故,虽圣人亦不能尽知故。如是,则朱陆可以大通,其同异可以解决。此盖为本末问题,非两本平行而可以取长补短也。若是两本平行,则必争吵不已,永世不得解决。①

> 朱子重后天工夫以学圣所特别彰著之横列形态,而非孔孟立教之直贯形态也(以直贯横、非无横也)。而象山则直承此直贯形态而立言,故尤近于孔孟也(此自形态言,当然不自造诣境界言)。悠悠之口视之为禅者,真诬枉之见也。此两形态显然有异,但以直贯横,则融而为一矣。但朱子若不肯认直贯形态,则不足与言融一,此象山之所以总斥其"见道不明"也。②

牟先生给出的和会朱陆的方式,就是让朱子重返孔孟之教的直贯形态,此形态并非简单的直贯,而是"以直贯横、非无横也",既讲本心的呈现,同时亦不轻视知识的独立价值;而象山要向朱子取益之处,即是在发明本心的同时,能够不轻视知识的价值,以此作细密的工夫。可以说,象山正要兼容朱子之长,对此二者间的关系做一个合理的融合才能达到更圆成的境地,以让两者融合为一,因为在牟先生看来,象山和朱子所注重的是一个系统中的两个不同层面③。就尊德性和道问学而言,两者并非平行的关系,而是一种本末关系,尊德性事第一义的,道问学是第二义的,但道问学并非因此就无价值,其价值要在合适的范围内,而非相应于道德本性而显现。可见,牟先生认为象山的先立其大和发明本心方式,可以避免所谓认私欲为天理的问题,而且和会朱陆的关键就是给德性和知识划出分界,要以尊德性为道德实践的本质工夫之所在,此是纵贯系统。与此同时,议论、定本则为第二义的知识问题属横摄系统,然后要以纵摄横,回归孔孟的为学立教传统。

---

① 牟宗三:《从陆象山到刘蕺山》,《牟宗三先生全集》第 8 卷,第 40—41 页。
② 同上书,第 80 页。
③ 牟先生认为:"以吾观之,实是一个系统之两层,而落于第二义者不能自足独立也。而孔孟仁教之精神究是以立体直贯为本质也。"参见牟宗三:《从陆象山到刘蕺山》,《牟宗三先生全集》第 8 卷,第 73 页。

唐君毅先生对朱子有不同的解读,他认为朱陆二人皆要尊德性,二人的差异之处在于他们的工夫论,"朱陆异同之原,应首在工夫论上看。而重在以心理之一不一……以言朱陆异同在心与理之一不一,亦未至真问题所在。此真问题乃在毕竟气与心及理之关系,当如何看"①。在唐先生看来,朱子所要面对和对治的问题即是气禀物欲之杂的问题,心与理是否为一并非问题之所在,真正的问题还是在于气与心及理之间的关系。因此,朱子的工夫论要对治这些气禀物欲的问题。与此同时,唐先生又指出,"朱子虽言人心有气禀物欲之杂,然亦屡言心体之原有明德,原为一光明之体,非一切气禀物欲之所能全蔽。而其涵养主敬之工夫所以当为本,亦正在此工夫乃直接与心之本体之光明之扩充、昏昧之减少,为相应者"②。依唐先生之见,气禀物欲之杂虽然会遮蔽心之本体的呈露,但并非完全能遮蔽此心体本有明德的显现,涵养主敬的工夫就是为了扩充此心之本体的明德与减少其昏昧的工夫,亦即在朱子之涵养时有此心体之自明自在。由此可见,朱子并非不见道,朱子也是讲尊德性要扩充此心体。唐先生又将朱子的"涵养主敬"具体解读为:"先有一段涵养主敬,而后方有深义之觉知,善端昭著;即意谓:必涵养主敬,以使心恒虚灵不昧,而后义理昭著,方能察识不谬,而有深义之觉知……人之心灵之清明,首赖于此心之有主乎此身之一面,以种种规矩约束此身一面,方能使此心惺惺了了。此种种规矩,有其机械的形式性,然其意义,则纯是消极的为对治气质物欲之机械的形式而有,其目标只在呈现心灵之清明,使浑然之天理,得粲然于中。"③依据唐先生的理解,朱子涵养主敬的工夫所要克治的对象是气禀物欲,但其目的旨在使善端昭著、义理昭著、心灵清明,是要通过减除各种干扰屏去不当的欲望而使天理呈现使心的本体呈露。由此可见,在唐先生看来,朱陆异同之在工夫论上,朱子所主张的涵养主敬和格物致知的工夫实际上也是要使天理得以呈现,也要尊

① 唐君毅:《中国哲学原论·原教篇》,第 132 页。
② 唐君毅:《中国哲学原论·原性篇》,第 407 页。
③ 同上书,第 380—381 页。

德性,所异只在尊德性的工夫,此自可免于象山对朱子不见道的指责。

唐先生对朱子和象山如何会通亦作了论述,他认为依据朱子的心性论而言,"朱子与象山之言本心,皆有本体论上之自存义"①。对此唐先生又将朱子的"主敬"具有的针对心体的意义作了解释:

> 朱子言敬之工夫,则一方本伊川之言,而谓主一无适之谓敬,并本伊川使身心整齐严肃之旨……然在另一方面,则在朱子之言敬,尚不只是一所用之"法"或"工夫",在心之发上用者;而是以敬涵养心之未发之体。朱子言"敬为心之贞",又言"未发,浑然是敬之体","敬字只是自心自省当体"。以此言敬之工夫,即此工夫只是心之自体之贞定于自己,或"见此未发时之浑然的敬之体"之别名;而敬之一工夫,只在使此心体常存,而除此心体常存之外,亦可说别无敬之工夫……依朱子意,收紧此心,应即是敬,此敬即已是此心体之炯然醒觉在此。②

在唐先生看来,依据朱子的心性论来看这种针对心体的敬之工夫实际上和象山所主张的使此心自作主宰的工夫是相同的,敬也是从此心体上而论,是此心体贞定于其自身,为"此心体之炯然醒觉在此"。故而唐先生又进一步论断"朱子亦实正是趋向于:依本心之心体之建立,而以一切工夫,不外所以自明此心体之说者"③。若论朱陆所言心之区别,只在于朱子将心区分未发已发、体用、动静等,因而朱子一面言此心体的自存自在,又言人要承体而起用,在象山则工夫只视为本心的呈现流露、自明自立,可以说二人的差异只在毫厘之间。④ 但若以朱子宇宙论的观点而言,则未必能有基于心体之明的工夫,因为连着气说此心,唐先生认为:"则此所谓本心之明,其依理而生生者,亦可只指吾人之有生之初,所受于天

---

① 唐君毅:《中国哲学原论·原性篇》,第406页。
② 同上书,第407—408页。
③ 同上书,第409页。
④ 同上书,第409—410页。

之气,原有其虚灵上说。而工夫则皆为后起,以求遥契吾人有生之初,所受于天者。则由此工夫所致之此本心之'明',即皆为修成,不能皆说为原有之本心自身之自明自立之表现。"①因此,唐先生认为应该从朱子心性论的角度而非从其宇宙论的角度来会通朱陆。

唐先生不仅指出朱子与象山发明本心有相类处,同时表明象山发明本心工夫也可含有朱子的涵养工夫,他认为:

> 象山所谓发明本心,此本心之自明自立,亦即其所以自保养。此保养,即是本心之自己涵养其自己之事,而具有朱子之所重涵养工夫在。此中二贤之不同,亦唯在朱子之言涵养,乃是相对于此气质之昏蔽,而用此工夫为对治,却未能信此工夫即此本心之自呈用,或本心所自起。然象山之发明本心,则要在自种种限隔中拔出,既能拔出,即可不见有气禀物欲之蔽,为所对治……此发明本心之工夫,亦即当为贯彻于动静之中,亦贯彻于静中之察识,以及致知格物之工夫中,而不能自悬绝,以只为一静中之工夫者矣。由此而吾人可进而言象山之发明本心之工夫,所以能通于朱子所谓心之未发之体之静,心之已发之用之动,而贯彻统摄涵养以及省察穷理等工夫之故。②

唐先生认为象山发明本心的工夫,实际上也就是一种涵养工夫,因为朱子所谓的涵养工夫也是要使心体自明自在,象山则直接就此本心而言自明自在以及本心的自我保养。唐先生进而认为象山这种发明本心的工夫可以贯通于朱子所区别出的分别针对心体未发已发时的涵养、省察和格物致知的工夫中。唐先生之所以这样讲,原因在于他认为依据朱子的理解,无论心体未发已发,均有此未发存在,已发之时未发的心体仍贯彻于其中,并为之主,因此,"言发明本心之工夫,亦不当只是求在静时涵养得

---

① 唐君毅:《中国哲学原论·原性篇》,第410页。
② 同上书,第413—415页。

一未发之本心,而当是即在人之思虑之中,亦应可时时发明其本心者"①。

综此,唐先生认为朱陆二者并非完全不同的两种类型,在其看来无论朱陆均要尊德性发明"本心",只不过二人所作的工夫不同,但此又不碍两者能"自然会通"。唐先生对此分析道:"吾人如知无论在静时或动时,有思虑时或无思虑时,用涵养工夫时或用省察等工夫时,皆有此本心之自明,即知人无论作何工夫之时,皆可同时作象山所言之工夫,以时时有其本心之自明自立……克就此发明本心之工夫,遍在于未发已发涵养省察等中而言,则此涵养省察以及一切致知穷理之工夫之细密处,亦无足与此发明本心之工夫相悖者。此一切细密之工夫,皆同可为此一工夫之所贯彻。此其所以为大纲。大纲提掇来,其余固皆可由此大纲之所贯注,而细细理会去。则朱子与其他贤者所言之其他种种细密工夫,象山亦不须更加以反对,而皆可于不同意义上,加以承认,而人用任何工夫,亦皆可如'鱼龙之游于江海之中,沛然无碍'。"②在唐先生看来,朱陆皆要以扩充本心或心体之明使其能贯穿于各种工夫之中,则此本心即起到"大纲"的作用,大纲立定后则其他细密工夫亦可为其用,亦可细细理会。

可见,牟先生和唐先生虽然对于朱子的解读存在差异,但他们对朱陆如何会通又有着相类的见解,即是以本心作大纲然后以细密工夫充实之。他们和会朱陆的方式,虽然和他们对朱子的解读相关,但最后呈现出的会通的方式又如此一致,可以说,以本心作大纲为内圣之学的本质工夫之所在,不碍其兼容其他细密工夫,这是齐同朱陆的一条可能途径。如此虽对朱子有不同的理解,但亦可不碍对内圣之学的理解。

五、小结

朱陆二人同讲内圣之学,但二人的入路不同,朱子虽然也知心性之理为人完具、内在自足,但他强调现实中心性会受到气禀物欲的影响,并

---

① 唐君毅:《中国哲学原论·原性篇》,第 416 页。
② 同上书,第 417 页。

对心性理气作了细密的分别,由此而有其居敬涵养和格物穷理的修养论;象山就人之本心立论,虽也注意到现实中气禀物欲的存在,但并不将它们作为本质的存在,认为其只是一心的陷溺所致,所以强调先立其大、发明本心。朱陆二人从由的路径既然相异,又未能就对方的核心问题作出如实而同情的理解,隔膜既生而又不免于负气心起,终于不可避免地陷到对彼此的指责之中。

朱子对认私欲作天理的担忧实际上是很有道理的,现实中人们很容易陷入自以为是之中,并且如庄子所论的"彼亦一是非,此亦一是非"之事常所多有,又皆能"持之有故"。所以康德不要在经验层面寻求道德的根据,要为道德奠定形而上学的基础,良有以也。若如此,象山亦很难摆脱朱子的批评。然而,如牟宗三先生所言,依儒学传统所讲的本心和良知的主流看法,其并非经验之物,而具有普遍的涵盖性与超越性,如阳明所言其能将草木瓦砾等涵盖其中。牟宗三先生所论的"道德的形上学"对此有深刻的阐发,象山之意亦不外此。象山所呵斥的不见道亦自有其道理。知识本身当然有其独立的价值,但人若陷入对知识的驰求于外而不知返,以讲知识的方式讲道德,以此而求天道性命之理,与身心性命之学终究还是有隔,禅宗"'从门入者,不是家珍',须是自己胸中流出"①差可形容。若以尊德性而言,朱子的居敬涵养做提撕此心此性和格物致知的工夫以使此性此理得以被呈现出来,亦非不要见道,但和象山相比终究无其"本心"的概念。

诚如牟宗三和唐君毅两位先生所做的工作,内圣之学要以本心为大纲,然后细密其工夫,即使对朱子有不同的理解,容有争论,亦不碍对此内圣之学的把握。朱子从气禀私欲汩乱心性的角度立论,寻求怎样达到心之能如实地依据性理而调节情;象山则从本心的角度立论,看怎样发明此心而使此本心不陷溺于私欲意见。二者可以相互借鉴、相资为用,阳明曾对朱陆之辩有所评论,"仆尝以为晦庵之与象山,虽其所以为学者

①圆悟克勤著,尚之煜校注:《碧岩录》卷一,第 31 页,郑州,中州古籍出版社,2011。

若有不同,而要皆不失为圣人之徒"①,诚哉斯言!

第五节　朱熹在中国哲学与文化史上的地位

中国哲学与文化自东周以来,几经起伏,终至于宋明则理学昌盛。理学昌盛实有赖于理学诸家,其中朱子之功尤为显赫、关键。朱子批评佛老,融会诸家,总结儒学,追尊道统,无往不成绩斐然。其于政事治道、教育师道、经史博古与文章子集的各方面,有全面的开拓。他既重思想的开创,亦重统系的建构,在当时及以后堪称峰巅。朱子成就的程朱理学统系,因其蓬勃广大的生命力最终深入民族意识的深处,扎下根来。

朱子有贡献于儒学。在对儒学的重新诠释中,朱子在前贤的基础上,做了文化下移的工作。有宋一代,中国精英文化之取向发生了重心的转移,适应了社会文明化的需要。朱子在学风上重现了先秦子学好尚论辩批判的学术精神。他不但批评佛老,而且在当时儒家诸派的内部也展开了激烈的思想争论,他与湖湘学派、江西陆氏心学、浙东事功之学的辩论,都深深地体现了一代大哲的"思想"品性。此外他对书院的积极支持与建设,对儒学的传播,乃至学问的下移,都作出了功不可没的贡献。朱子总结了有宋以来的道学,乃至孔孟以来的整个儒学,建立了一套思想精深、体系庞大的儒学系统,其中尤以他的经学与理学为代表。

朱子理学是两宋理学的总结和发展的最高峰。宋初周敦颐的濂学开道学的风气,确立了儒家所谓"诚休",构建了一套贯通宇宙与人生的"无极而太极"的思辨框架,朱子之学于后者尤有创发和充实。张载的关学阐发了一套"太虚即气"的学问,在气论的基础上对鬼神进行了消融。而朱子则以理会气,理气一体浑成,对横渠之学实有补阙;且在"鬼神者,二气之良能"的基础上,认为鬼神人我具有感通之理,于是儒家的礼学及宗教精神有了一个稳固的寄托处。对于二程,朱熹通过对道南指诀的反

---

① 王守仁撰,吴光等编校:《王阳明全集》下,第 1360 页。

思,直接上承伊洛之学,其中尤以伊川为正统。二程曰"天理",曰"性即理""心即理",朱子则除以"天理"作为自己学问的核心观念外,在心性论上还着重传承与创发横渠"心统性情"的观点,认为"性即理",心性"固共一理",但心不是性;"心统性情",性情为心之体用;心之自体为神明知觉,性之自体为仁德,"心与理一",心性在其根源处会通于"天理"。在历史观上,朱子构建了人心与道心、人欲与天理对战的两分结构,并在取益邵雍易数学的基础上,对历史作出了一治一乱,三代以王道胜,三代之后则以霸道胜的霸胜王、力胜德的道德退化论,其中包含了这样的观念:道心人心,天理人欲,王霸德力,正是历史曲折变化的原因与动力。但是无往不复,终始若环,从道德理想主义的立场出发,朱子深信历史总会有贞下起元的时刻,未来将是天理、道心与王德主宰、流行的光明世界。

当然朱子理学与北宋五子之学也有差别。周程张邵大都注重就儒家生命之气象与境界上立言与体认,如周子玩心于"孔颜乐处",二程希图"与物同体",张载倡扬"民胞物与",邵雍则以易与诗筑居,生活在理学家空阔而自在的国度里。朱子则与他们不同,他充分发挥《中庸》"尊德性而道问学,极高明而道中庸"之旨,认为圣贤气象与人格生命的培养,乃在于涵养用敬、进学致知的双重工夫上,其中尤为强调格物穷理和具体的社会、政治、伦理之实践一面。他反对空谈性理、不肯下学的空疏学风,正是这一点,使朱子不但成为一个伟大的理学家,同时也成为一个伟大的经学家,是集学者与哲人于一身的一代宗师。

第十九章　张栻的哲学

　　张栻(1133—1180)，字敬夫，又字钦夫、乐斋，号南轩，学者称南轩先生，谥号宣，又称张宣公，魏国公张浚之子，南宋汉州绵竹(今四川绵竹)人。他既是一位勤政爱民、政绩卓著的官员，同时也是个在内圣与外王之学两方面皆有所创获的儒者，与朱熹、吕祖谦并称"东南三贤"，被陈亮誉为"一世学者宗师"[①]。张栻具有良好的家学渊源，自小即从其父学习儒家忠孝仁义之道，并受到二程洛学的熏陶。其后他又师事湖湘学派的大宗师胡宏，随之研习孔孟儒学精义和北宋诸儒之思想，这对其理学的形成和发展产生了重大影响。张栻直承孔孟道统，接续周、程道学之正脉，在吸收和融会周敦颐、张载、二程、胡宏等先贤之思想的基础上，又与朱熹、吕祖谦等同时代的大学者反复论辩切磋，不断研习义理和践履道学，从而建立了既深广而又颇具特质的理学体系。张栻一生精研理学而著述颇丰，主要有《南轩先生论语解》《南轩先生孟子说》《南轩易说》《南轩先生文集》等著作。他作为湖湘学派的中坚力量，不仅对湖湘学和蜀学有振兴之功，而且对整个宋代理学的丰富与发展也产生了重要影响。

　　张栻儒学建构的问题意识主要有三：一是如何回应佛老思想的挑

___

[①] 陈亮：《与张定叟侍郎》，《陈亮集》(上册)卷二九，第383页，北京，中华书局，1983。

战，二是如何救治当时儒学内部所出现的空谈心性而不务实际的弊病，三是如何在世衰道微、内外交困的严峻社会局势下救亡图存、经邦济世。为了解决这些问题，张栻一方面积极建构形上世界，以此为儒家的纲常伦理以及合理社会秩序的重建确立形上根基；另一方面则大力开拓人生实践论，以使超越的形上本体或天道性命之理能够真正贯彻落实于人生日用之中，即将其真实意义在修齐治平的人生实践当中开显出来。这其实也就是要将超越追求与现实关怀、本体论与人生实践论有机地统一起来。张栻在本体论上强调本体生生不已的活动性以及形上与形下的相涵统一，在工夫论上注重存养与体察、持敬与穷理的相资互发，在外王论中则力主仁心与仁政、学与治（或道德与政事）的相依互成。也就是说，张栻颇为注重形上与形下之间、本体与工夫之间、知与行之间、内圣与外王之间的平衡统一与互动融通，这就使得他的整个理学充满了圆融、务实、辩证的色彩。

第一节　天道论

张栻对天道观念的阐发，继承和发挥了周敦颐、张载、程颢、胡宏等先贤的相关思想，要点有三：其一，就天道之义涵与特征而言，他尤为注重天道的本源性及其生生不已的能动性、创生性；其二，就天道与性命的关系而言，他主张太极即性，将太极与性互诠互释，直接赋予"性"以天道层面的意涵；其三，就天道与万物的关系而言，他十分强调二者之间相涵互摄、相依互成的辩证统一性。以上三点可见之于其太极论、性气论和道器论。

一、太极论

宋初，为回应佛老思想的挑战，推动儒学的复兴，周敦颐著《太极图说》与《通书》阐发太极学说，积极建构儒学本体论，以此为儒家的纲常伦理和道德实践奠立形上根基。张栻精研周敦颐的太极论说，并与朱熹等学者往复论辩，著成《太极图说解义》一书以阐发其太极思想。在他看来，周敦颐《太极图说》的宗旨即在于，"穷二气之所根，极万化之所行，而明主静之为本，以见圣人之所以立人极"①。他继承了周敦颐的太极学说既"深明万化之一原"而又极尽"本体之流行发见"的宗义②，力主太极乃"兼有无、贯显微、该（赅）体用者也"③，从而坚持以"体用合一"的观念来发明太极之义，强调太极本体的根源性、活动性以及太极之体与太极之用的内在统一性。

（一）太极乃所以生生者

"太极"在张栻的理学中，既是指宇宙万有之根源，也是指天地万物存在及运化的根据，兼具宇宙论与本体论的双重意义。张栻论太极的特点，首先体现在他颇为注重太极的本体义、根源义。他说："太极混沦，生化之根……"④"易也者，生生之妙也；太极者，所以生生者也。"⑤"盖何莫而不由于太极，何莫而不具于太极，是其本之一也。"⑥显然，在他看来，太极乃"所以生生"之体，即天地生生不息之妙用得以显发的来源和根据。易言之，太极就是天地万物产生的根源，就是天地万物存在及运化的本源和根据。在此，"所以生生"所显明的本源义、根据义，乃是"太极"观念的第一义、根本义。

张栻对太极的论说，不仅注重阐发其本源性的意义，而且还十分强调太极本体的能动性、创造性。他说："夫生生不穷，固太极之道然也……有太极则有两仪，生生而不穷焉。"⑦在他看来，太极固有其活动性，乃是生生不已的宇宙本体。而当他认为性体生生不已之妙用须通过

① 张栻：《濂溪周先生祠堂记》，《新刊南轩先生文集》卷一〇，《张栻集》，第 914 页，北京，中华书局，2015。
② 张栻：《周子太极图解序》，《张栻集》，第 1603 页。
③ 张栻：《太极图说解义》，《张栻集》，第 1605 页。
④ 张栻：《扩斋记》，《新刊南轩先生文集》卷一一，《张栻集》，第 934 页。
⑤ 张栻：《答吴晦叔》第五书，《新刊南轩先生文集》卷一九，《张栻集》，第 1057 页。
⑥ 张栻：《南轩先生孟子说》卷六，《张栻集》，第 540 页。
⑦ 张栻：《答吴晦叔》第一书，《新刊南轩先生文集》卷一九，《张栻集》，第 1054 页。

太极之说来发明时,就更加彰显了太极本体的活动义。张栻曰:"太极所以形性之妙也,性不能不动,太极所以明动静之蕴也……若只曰性而不曰太极,则只去未发上认之,不见功用,曰太极则性之妙都见矣。体用一源,显微无间,其太极之蕴欤!"①他认为,太极之说是用来彰明性体生生不已之妙用的。性体虽具有不已的能动性,但其能动作用必须通过"太极"这一观念来发明。如果只论性而不论太极,那么就只是体认其未发之体,却不能明识其已发之功用。而一旦论及太极,则性体之能动作用即可得以昭显。太极之所以能彰明性体的活动性,就在于其本身即是"体用一源,显微无间"的,也就是说,太极兼赅体用,且太极之体与太极之用相涵互摄、一体不离。张栻力主以太极之说来发明性体的活动义,即彰显了太极本体的能动性、创生性。而太极何以能生生不已? 在他看来,这是因为太极内含动静交感互运之理。他说:"太极涵动静之理者也。有体必有用……一动一静,互为其根,动为静之根,而静复为动之根,非动之能生静,静之能生动也。动而静,静而动,两端相感,太极之道然也。"②正因为太极内在具有动静相互交感运作之理,所以必具有不已的能动创造性。而太极所固有的动静交相互运之理即在于:一动一静,一静一动,动静两端交感运作不已;即动即静,即静即动,动静两端相互涵摄、相互作用、相互生成。这就决定太极必具有生生不已之功用。

(二) 太极即性

天道性命相贯通,乃是宋明儒的基本共识或共法。湖湘学派讨论天道与性命的关系问题,既秉持了这一共法,同时又具有其自身的特质,这就体现在他们从本体论的意义上将天道与性命直下通而为一,主张天道即性或性即天道。如胡宏即继承和发挥了《礼记·中庸》"天命之谓性"

---

① 张栻:《答吴晦叔》第一书,《新刊南轩先生文集》卷一九,《张栻集》,第 1054 页。
② 张栻:《太极图说解义》,《张栻集》,第 1605 页。

的观念，认为性即是天命。① 他说："天命为性，人性为心。"②又说："性，天命也。"③此即是直接从天道、天命的意义上来把握"性"，以"性"为宇宙万化之本原。这是胡宏论"性"的独到之处，天道性命相贯通固然是宋明儒之共法，但很少有理学家直接从宇宙本体的意义上言"性"。④ 胡宏将性与天道直通为一，颇为强调"性"的宇宙本体地位。他说："性，天下之大本也。"⑤"性也者，天地之所以立也。"⑥在他看来，"性"即宇宙万有产生的根源，是天地间万事万物存在及运化的根据，一切存在者皆因"性"而获得其客观存在性。既然"性"是宇宙万有之本原，那么它就直接获得了天道的意义，必具有超越性、绝对性、普遍性、客观性。

张栻继承和发挥了胡宏直通性与天道的性本论观点，这就体现在他力求融会《周易》与《中庸》的思想，以及贯通周敦颐的太极论和二程的性理学说，从而主张以性释太极，以太极论性，将太极与性相互发明、相互诠释。对张栻而言，性与太极均属于本体性范畴，二者的义涵根本相通。他说："太极不可言合，太极性也。惟圣人能尽其性，太极之所以立也。"⑦这就直接、明确地表达了太极即性的观念，表明太极与性具有相同的实质，二者完全可以互诠互释。张栻颇为重视以太极来论性、解性，比如他说："盖论性而不及气……太极之用不行矣；论气而不及性……太极之体不立矣。用之不行，体之不立，焉得谓之知性乎？"⑧又说："太极所以形性之妙也，性不能不动，太极所以明动静之蕴也……若只曰性而不曰太极，

---

① 向世陵认为，"从作为理论来源的《中庸》的'天命之谓性'的观点来说，胡宏不是解作由天所命（气或理）而构成性，而是天命就是性"。（向世陵：《善恶之上——胡宏·性学·理学》，第113页，北京，中国广播电视出版社，2000。）

② 胡宏：《知言·天命》，《胡宏集》，第4页，北京，中华书局，2009。

③ 同上书，第6页。

④ 张载曰："性者万物之一源，非有我之得私也。"（《正蒙·诚明篇》，《张载集》，第21页，北京，中华书局，1985。）

⑤ 胡宏：《宋朱熹胡子知言疑义》，《胡宏集》附录一，第328页。

⑥ 同上书，第333页。

⑦ 张栻：《答周允升》，《新刊南轩先生文集》卷三一，《张栻集》，第1234页。

⑧ 张栻：《南轩先生孟子说》卷六，《张栻集》，第540页。

则只去未发上认之,不见功用,曰太极,则性之妙都见矣。"①可见张栻认为,"性"本身就完整的蕴含着"太极之体"与"太极之用"这两个方面的义涵,易言之,就其实质内涵来讲,性即太极或太极即性。只不过在张栻看来,如果只是就"性"论"性",恐只能体现其本体义,而不能彰显其功用义或活动义。正是基于这种考量,张栻强调以太极的观念来发明和凸显性本体生生不已的能动创造性。当他说"若只曰性而不曰太极,则只去未发上认之,不见功用,曰太极,则性之妙都见矣",即是要表明此意。张栻有关太极与性之关系的这些论述,绝不是说"性"只是一个本身不具有活动性的未发之体,而"太极"则是体用兼赅的大全,故需以太极的观念来补救性体的缺失(无性之用),而是要表明太极与性之间不存在何种根本性的差异,是为了通过太极的观念来彰明性体的活动义。显然,对张栻而言,在本体论的意义上,太极与性并不具有什么实质性的分别,二者是直通为一的。这种注重将"太极"与"性"互诠互释、直通为一的主张,便是其天道论的一大特色,同时使得其太极学说兼具天道论与心性论两个方面的意蕴。

(三)太极之体用相涵互摄

在张栻看来,既然太极本即具有活动性,那么它也就必然会发用流行而产生二气五行万物。张栻说:"太极动而二气形,二气形而万物化生,人与物俱本乎此者也。"②他认为,有太极则必有二气五行万物之化生,即有体则必有用。这也就意味着,二气五行万物皆根源于太极、统摄于太极,皆以太极为其存在及运化之根据。张栻云:"太极混沦,生化之根,阖辟二气,枢纽群动。"③又云:"二气五行,乃变化之功用,亦非先有此而后有彼。盖无不具在于太极之中,而命之不已者然也。"④此即是说,太极乃是二气五行万物之本体,而二气五行万物即是太极本体的作用和表

---

① 张栻:《答吴晦叔》第一书,《新刊南轩先生文集》卷一九,《张栻集》,第 1054 页。
② 张栻:《存斋记》,《新刊南轩先生文集》卷一一,《张栻集》,第 931 页。
③ 张栻:《扩斋记》,《新刊南轩先生文集》卷一一,《张栻集》,第 934 页。
④ 张栻:《太极图说解义》,《张栻集》,第 1606 页。

现，它们无不为太极所统摄、涵具。这一方面表明太极本体具有生化二气五行万物之功用，另一方面则意味着二气五行万物之用皆根源于太极之体。张栻所说的"只于不息验端倪，太极分明涵万象"①，即是在发明太极本体必涵能动创生作用之义；而所谓"太极立，则天地、日月、四时、鬼神之理其有外是乎？故无所不合也，则以其一太极而已矣"②，即可以表明万事万物皆本于太极而产生。由此即彰显出太极本体的活动性及其本源性地位。

对张栻而言，一方面，太极具有生生不已之功用，必然产生二气五行万物，二气五行万物皆以太极为本原；而另一方面，太极就存在于二气五行万物之中，二气五行万物各都完整地涵具一太极。他说："五行生质虽有不同，然太极之理未尝不存。"③又说："既曰物莫不皆有太极，则所谓太极者，固万物之所备也。惟其赋是气质而拘隔之，故物止为一物之用，而太极之体则未尝不完也。"④在他看来，天地万物的形质或所禀之气虽存在种种差异，但无一不完整地涵具太极本体，即便是那些禀气昏浊之物也同样如此。针对有人所认为的"天命独人有之，而物不与焉"的看法，张栻批评道：

> 为是说者，但知万物气禀之有偏，而不知天性之初无偏也；知太极之有一，而不知物物各具太极也。故道与器离析，而天地万物不相管属，有害于仁之体矣，谓之识太极可乎？不可不察也。⑤

对他而言，太极作为宇宙万有之本原，必然普遍地存在于万事万物之中，而万事万物也都必然涵具太极本体。若以为人备具太极而物不备具太极，则是只知万物之气禀有偏却不知其天性（太极）本来无偏，只知太极本体为一却不知天地万物各都涵具一太极。这也就是割裂了太

---

① 张栻：《春风楼上梁文》，《张栻集》，第 1495 页。
② 张栻：《太极图说解义》，《张栻集》，第 1608—1609 页。
③ 同上书，第 1606 页。
④ 张栻：《答周允升》，《新刊南轩先生文集》卷三一，《张栻集》，第 1234 页。
⑤ 张栻：《答胡伯逢》，《新刊南轩先生文集》卷二九，《张栻集》，第 1211 页。

极与天地万物之间的内在统一性,而没有认识到太极体用相涵的真实
意蕴。

二、性气论

既然张栻主张太极即性,那么他的性气论与其太极论一定是内在贯
通的。既然他在太极论中强调太极之体与二气五行万物之用相依互涵、
一体不二,则亦必然在性气论中力主性之体与气之用相即互摄、一体
不离。

在性气论中,张栻以性为本体,以气为性体发用流行之具体表现,十
分强调二者的辩证统一性。在他看来,一方面,性为气之本,故气不离于
性;另一方面,性由气来显现,且性即在气之中,故性亦不离于气。性与
气乃是相依不离、互为一体的关系。"性"是宇宙万有之本根,那么"气"
作为宇宙万有也就当以性为其本原,自不可离于性而存在。同时张栻
又指出,性就体现并内在于气之中,并不离于气而别有所在。他说:"观
天下之物,就其形气中,其生理何尝有一毫不足者乎? 此性之无乎不在
也。"①"盖如饥食渴饮、手持足履之类,固莫非性之自然形乎气体者
也。"②这就是认为,性普遍地存在于天地万物的形气之中,而并不在一切
形气之外,并且性是通过气来显现其自身的。由此,性气之间必定相互
依存、相互统一而不可分割。

张栻对性气之间的辩证统一关系的发明,充分体现在其"性体气用"
"性一气殊"的思想当中。他说:

> 论性之本,则一而已矣;而其流行发见,人物之所禀,有万之不
> 同焉。盖何莫而不由于太极,何莫而不具于太极,是其本之一也。
> 然有太极则有二气五行,纲缊交感,其变不齐,故其发见于人物者其
> 气禀各异,而有万之不同也。虽有万之不同,而其本之一者亦未尝

---

① 张栻:《答胡伯逢》,《新刊南轩先生文集》卷二九,《张栻集》,第 1211 页。
② 张栻:《南轩先生孟子说》卷七,《张栻集》,第 595 页。

不各具于其气禀之内。故原其性之本一,而察其流行之各异;知其流行之各异,而本之一者初未尝不完也,而后可与论性矣。故程子曰:"论性而不论气,不备;论气而不论性,不明。"盖论性而不及气,则昧夫人物之分,而太极之用不行矣;论气而不及性,则迷夫大本之一,而太极之体不立矣。用之不行,体之不立,焉得谓之知性乎? 异端之所以贼仁害义,皆自此也。①

在他看来,性之体是一,而性体之流行发见(即人、物所禀之气)千差万别。性之体之所以为一,乃在于性体(即太极)是宇宙万有之本原,天地间禀气不同的万事万物无不根源于性体、统摄于性体;而性体之所以有万殊之表现,则是因为性体具有不已的活动性,其流行发用、变化万端,从而使得人、物所禀之气产生种种差异。张栻又进一步指出,虽然人物所禀之气存在各种差异,但作为大本的性体始终备具于不同的气禀之中。由此,论性必及气,论气必及性,唯有深明性气之间相涵相依、互动互成的一体关系,方能确当把握"性"的真实义涵。否则,如果只是认识到性之本为一,而不知性之流行发见各异,那么就无法辨明人物之间的分别,如此性之用便无从显现,性即成为无用之体;同样,如果只知万物之气禀存在种种差异,而没有认识到万物之本原为一,那么就是不明性之大本,如此性之体便无从挺立,气即成为无体之用。② 这两种情况无疑都割裂了性体与气用之间的统一性,只是看到其中一面,而没有真正明识性体气用相须相涵之义。可见,张栻颇为注重性体与气用之间的相互统一关系。

三、道器论

道器关系问题发端于《周易·系辞》,涉及形上世界与形下世界之关

---

① 张栻:《南轩先生孟子说》卷六,《张栻集》,第 540 页。
② 对于张栻理学中的性气关系问题,蔡方鹿、杨柱才等学者皆有探讨,但主要不是从体用论的角度立意。参见蔡方鹿:《一代学者宗师:张栻及其哲学》,第 83—84 页,成都,巴蜀书社,1991;杨柱才:《张栻太极体性论》,第 61—62 页,《船山学刊》2014 年第 1 期。

系等基本哲学问题,历来备受中国古代思想家们的关注。张栻通过阐释《周易·系辞上》"形而上者谓之道,形而下者谓之器"这一命题,也对道器关系问题提出了自己的看法。其道器论的重要特点是,在肯定道器之间存在形上、形下之分别的基础上,着重强调道与器相互依存、相互成就的一体性。这与其太极论和性气论中的立场是根本一致的。张栻说:"知太极之有一,而不知物物各具太极也。故道与器离析,而天地万物不相管属,有害于仁之体矣。"①据此可知,道即太极(体),器即天地万物(用),于是道器关系也就是太极与万物相须相涵的关系。②

张栻论道器关系,在肯定道器之差异性的前提下,着重凸显二者的内在统一性。他说:"形而上曰道,形而下曰器,而道与器非异体也。"③形而上者称之为道,形而下者称之为器,道与器虽存在形上、形下之分别,但二者并非截然分割、彼此孤立,而是相互依存、一体不离的。而道器之间何以具有这样一种统一性,以及这种统一性又是如何体现的? 这可以通过张栻的以下论述来加以认识:

> 道不离形,特形而上者也;器异于道,以形而下者也……离形以求道,则失之恍惚,不可为象,此老庄所谓道也,非《易》之所谓道也。《易》之论道、器,特以一形上下而言之也。然道虽非器,礼乐刑赏,是治天下之道也;礼虽非玉帛,而礼不可以虚拘;乐虽非钟鼓,而乐不可以徒作。刑本遏恶也,必托于甲兵,必寓于鞭扑;赏本扬善也,

---

① 张栻:《答胡伯逢》,《新刊南轩先生文集》卷二九,《张栻集》,第 1211 页。
② 蔡方鹿先生对张栻的道器观早有讨论,他指出:"张栻哲学的道,一方面作为宇宙的本体……与物的关系是本体与作用、本原与派生的纵向联系;另一方面,道作为天地万物的规律,与器(物)范畴相联系,道器一体,不相分离,但道以器为存在的前提,有了具体事物(器),才有了具体事物之道(规律),舍器则无所谓道。张栻道器关系说是从他道为事物规律的思想逻辑演变而来的理论,这是张栻有别于朱熹哲学道论的地方……张栻在论述道器关系时所说的道,是指事物规律、规则之道,而不是宇宙本体之道,这是特别需要加以指出的。"(蔡方鹿:《一代学者宗师:张栻及其哲学》,第 89 页。)笔者认为,根据张栻所云"知万物气禀之有偏,而不知天性之初无偏也;知太极之有一,而不知物物各具太极也。故道与器离析,而天地万物不相管属"可知,其道器论中的"道"仍具有宇宙本体的意义。道即太极,是体是本;器即天地万物,是用是末。显然,器具有本源性的地位。
③ 张栻:《南轩先生论语解》卷五,《张栻集》,第 181 页。

必表之以旂常，必铭之以钟鼎。是故形而上者之道托于器而后行，形而下者之器得其道而无弊。①

在这里，张栻首先抓住"形"这一勾连"形而上者"与"形而上者"的中介语词，来显明道器之间的辩证统一性。他认为，《周易》论道器，特别以"形"上与"形"下来加以言说，即在于强调道器的不可分割性。道不离于"形"，只是"形"而上者而已；器不同于道，也只是"形"而下者而已。道和器既以"形"上、"形"下来加以区分，同时又通过"形"而获得其内在关联性，二者都不可脱离于"形"而论。当然，这主要是从名言概念上来说，其实质意义乃在于凸显道器之间的内在一体性，强调"道"就体现于、内在于"形""器"之中，并不离于"形""器"而别有所在。"形""器"在张栻的思想中都是就形而下的具体事物而言，也是指代现实世界。他说："夫乾坤者，生成万物之体也；变化者，乃乾坤生化万物之用也。其覆载范围之中可得而见者谓之象也，可指其形者谓之器也。"②这就是将天地间一切有形的具体事物皆视之为"器"。另外，张栻也将"形""器"二字连言以指称形而下的具体事物，所谓"太极之体各全于其形器之内"以及"扫去形而下者而自以为在形器之表"③，即是如此。因而"道不离形"即是指"道不离器"，意在表明道就存在于现实世界之中，而并不在现实世界之外。这也就在于指出，道既具有超越性和普遍性，同时又是具体而真实的，绝非抽象空洞、虚无缥缈之物。④ 张栻以"道不离形"来推明儒家的根本精

① 张栻：《系辞上》，《南轩易说》卷一，《张栻集》，第 25 页。
② 同上书，第 18 页。
③ 张栻：《答彪德美》，《新刊南轩先生文集》卷二五，《张栻集》，第 1140 页。
④ 向世陵指出："张栻将'形'的概念严格化了。'上下'既然只能依形而判，否定了形也就根本无从谈上下之分。离开形象去求道，也就只能是老庄的虚无恍惚之道，而不可能是《周易》亦即儒家的实在确定之道。他以为，《周易》论道器，专门立足于'形'来谈上下，道理就在儒家之'形'从来就是以丰富充实的内容为前提的，绝非空洞虚无之形。"（向世陵：《理学与易学》，第 99 页，长春，长春出版社，2011。）苏铉盛认为："他（张栻—引者注）在道和器之间还要设一个'形'这个中介概念，其目的是区别老庄之道和《易》之道之间的不同。由此他想强调所谓'道'者系存在于'现在这个世界之内'。我们无法怀疑现在这个世界的实在性，伦理价值和其他丰富意义。这是儒家哲学的存在论的理论基础。"（苏铉盛：《张栻哲学思想研究》，第 139 页，北京大学 2002 年博士学位论文。）

神，并据此以批评老庄之道的虚无。他说"离形以求道，则失之恍惚，不可为象"，即是在指斥老庄之道超离于现实世界的空洞虚浮之弊失。而由此所凸显的正是儒家之道直面现实生活的本质和积极入世的精神。

张栻不仅通过"道不离形"之说来发明道即在器、道不离器之义，而且借助对"礼、乐、刑、赏"之道与"玉帛、钟鼓、甲兵、鞭扑、旂常、钟鼎"等具体器物之关系的讨论来阐明道器一体的原因。在他看来，道虽然不是器，但礼、乐、刑、赏都是治理天下之道，也就是说，要由道以治理天下，就必须采取礼、乐、刑、赏等方面的举措，并且礼、乐、刑、赏作为治天下之道须依赖于具体器物实现来说明。基于此，张栻总结道："是故形而上者之道托于器而后行，形而下者之器得其道而无弊。""在道不泥于无，在器不堕于有，微妙并观，有无一致。"①可见，在他看来，道器之间必定是相互依待、相互成就而一体不二。

当然，张栻在此主要是强调道不可离于器，而对于器不可离于道未加详细论析。关于器不离道的方面，可以用《南轩先生论语解》和《南轩先生孟子说》中的相关论述来加以说明。如张栻曰："玉帛固所以行礼也，钟鼓固所以为乐也。谓玉帛钟鼓为非礼乐则不可，然礼乐岂止乎玉帛钟鼓之间哉？得其本，则玉帛钟鼓莫非吾情文之所寓，不然，特虚器而已。"②又曰："有其本，而后法制不为虚器也。"③这里的"本"是指道或仁道，玉帛钟鼓之于礼乐，法制之于为政治国，只有得其道或合于道，才真正成为道的表现与落实，才能实现其应有的价值和意义，否则就只是徒有形式而无实质的虚器。这就表明，器必须以道为本，不可离于道而存在。

总之，在天道论中，无论是其太极说，还是其性气论和道器观，张栻都十分强调天道本体的根源性与活动性，以及形上天道与形下事物之间

---

① 张栻：《系辞上》，《南轩易说》卷一，《张栻集》，第 25 页。
② 张栻：《南轩先生论语解》卷九，《张栻集》，第 279 页。
③ 张栻：《南轩先生孟子说》卷二，《张栻集》，第 379 页。

相依互涵、相即互摄的辩证统一性。另外，主张以太极解性，以性释太极，将太极与性互诠互释、直通为一，也是张栻天道论的重要特点。

第二节　心性论

张栻心性论的一个核心观点即是"心主性情"。这一观点，从哲学史的角度而言，乃是张栻对张载"心统性情"①之论、程颐"心一也，有指体而言者，有指用而言者"②和"自性之有形者谓之心，自性之有动者谓之情"③之说、胡宏"性体心用"④和"心妙性情之德"⑤之观念的吸收、融会与改造；而从张栻理学发展的内在逻辑来讲，则主要是其"太极即性"的天道论思想在心性论中的推演和贯彻。在天道论中，张栻以性解太极、以太极论性，将"太极"诠释为一个统摄、赅贯性之体与性之用（或形上之性与形下之气）的范畴。⑥ 又因在张栻看来，"太极"内在于人即为"心"，心体即太极，所以其天道论之太极统赅性气或性之体用的观念下落到心性论之中，则必然表现为"心"对性（体）、情（用）二者的主宰和赅贯，即必然推演出"心主性情"的思想。此一思想与朱子的"心统性情"之论有所不同，它蕴含着张栻对"心""性""情"之义涵及其相互关系的较为独到而深

---

① 张载曰："心统性情者也。有形则有体，有性则有情。发于性则见于情，发于情则见于色，以类而应也。"（《性理拾遗》，《张载集》，第374页。）

② 释颢、程颐：《伊川先生文五·与吕大临论中书》，《河南程氏文集》卷九，《二程集》上册，第608页。

③ 程颢、程颐：《伊川先生语》十一，《河南程氏文集》卷二五，《二程集》上册，第318页。

④ 胡宏曰："非圣人能名道也，有是道则有是名也。圣人指明其体曰性，指明其用曰心。性不能不动，动则心矣。"（《胡宏集》附录一《宋朱熹胡子知言疑义》，第336页。）

⑤ 胡宏曰："诚成天下之性，性立天下之有，情效天下之动，心妙性情之德。性情之德，庸人与圣人同，圣人妙而庸人所以不妙者，拘滞于有形而不能通尔。"（《知言·事物》，《胡宏集》，第21页。）

⑥ 张栻云："盖论性而不及气……太极之用不行矣；论气而不及性……太极之体不立矣。用之不行，体之不立，焉得谓之知性乎？"（《南轩先生孟子说》卷六，《张栻集》，第540页。）据此可知，"太极"与"性"必然涵具体用两面。就"太极"而言，可以说它统摄、兼赅性之体与性之用或者说形上之性（体）与形下之气（用）。在此，"气"是指性体本身之流行发用。

刻的理解和把握。[①]

一、"心"之义涵

"心"乃张栻理学中的一个核心范畴，主要涵具着"本体"义、"道德"义和"主宰"义。

（一）"心"之"本体"义

"心"在张栻的理学中，与"太极""道""理""性"诸范畴"所取则异，而体则同"[②]，具有本体性的意义。张栻云："人受天地之中以生，有是心也。"[③]又云："人皆有良心，能存而养之，则生生之体自尔不息。"[④]他认为，人皆先天本有此心，此心乃生生不已的本体，唯有力行存养功夫，才能使人皆固有的生生不已之本心常存不息。本心之为"生生之体"，在张栻看来，实则是作为"所以生生者"的"太极"在人身上的体现与落实，易言之，太极本体内在于人，即成就人之本心。就此而言，人心即太极。张栻云：

> 太极混沦，生化之根，阖辟二气，枢纽群动。惟物由乎其间而莫之知，惟人则能知之矣。人之所以能知者，以其为天地之心，太极之动，发见周流，备乎己也。然则心体不既广大矣乎？道义完具，事事物物无不该（赅）、无不遍者也。[⑤]

这就指出，太极是天地万物产生的根源，是天地万物存在及运化的根据。只是物生于其中，却不自知其所从来，而人则能觉知其得以生化之本源。

---

① 前人有关张栻心性论的研究，可参见蔡方鹿：《一代学者宗师：张栻及其哲学》，第 79—81、135—140 页；陈谷嘉、朱汉民：《湖湘学派源流》，第 223—230 页，长沙，湖南教育出版社，1992；苏铉盛：《张栻哲学思想研究》，北京大学 2002 年博士学位论文，第 87—115 页；曾亦：《本体与工夫——湖湘学派研究》，第 233—261、281—288 页，上海，上海人民出版社，2007；张琴：《论张栻理学体系的逻辑结构》，《中国哲学史》2014 年第 2 期，第 72—75 页；等等。
② 张栻：《南轩先生孟子说》卷六，《张栻集》，第 585 页。
③ 张栻：《送曾裘父序》，《新刊南轩先生文集》卷一五，《张栻集》，第 989 页。
④ 张栻：《南轩先生孟子说》卷六，《张栻集》，第 549 页。
⑤ 张栻：《扩斋记》，《新刊南轩先生文集》卷一一，《张栻集》，第 934 页。

人之所以能体认、明识太极本体,主要在于人为天地之心,太极之体完整地涵具于或内在具足于人之本心。在这里,太极内在于人心,则使本体主体化;而人心具足太极,则使主体本体化。既然主体与本体相融为一,那么就可以说心体即太极,二者同为既超越而又内在的本体性范畴。因此,"张栻是主张'心'为体的,'心'与'太极''性''理'等范畴一样,具有宇宙本体的意义"①。当然,"心"在张栻的理学中,不仅具有宇宙本体的意义,且更具有道德本体的内涵。

(二)"心"之"道德"义

张栻以"仁"规定"心"的内涵,认为"心"的实质即"仁"。他说:"人之心,其德亦有四云云,而统言之,则仁为人之心。"②这就是指出,人之心即仁心,内在具足道德义涵,乃纯粹至善的道德本心。张栻反复论说此意:

> 仁者心之所为妙也。③
>
> 仁者天地之心,天地之心而存乎人,所谓仁也。④
>
> 仁,人心也。人皆有是心,放而不知求,则其本不立矣。⑤
>
> 夫人之心,天地之心也,其周流而该遍者,本体也。在乾坤曰元,而在人所以为仁也。⑥

在张栻看来,人之心即天地之心亦即仁,此心内含万德,乃一切道德和价值的根源。此心既为万德生发之根源,则由其所直接显发者必为善。此种善性或道德性乃是人心所先天本具或内在固有的,而绝非由后天外力所强加。所以,张栻说道:"义理素具于人心……人心本无不善。"⑦

当然,张栻不仅要强调人心本善的观念,而且要凸显出此仁心善心

---

① 陈谷嘉:《张栻与湖湘学派研究》,第 29 页,长沙,湖南教育出版社,1991。

② 张栻:《答朱元晦秘书》第九书,《新刊南轩先生文集》卷二〇,《张栻集》,第 1069 页。

③ 张栻:《送曾裘父序》,《新刊南轩先生文集》卷一五,《张栻集》,第 989 页。

④ 张栻:《洙泗言仁序》,《新刊南轩先生文集》卷一四,《张栻集》,第 970 页。

⑤ 张栻:《南轩先生孟子说》卷四,《张栻集》,第 482 页。

⑥ 张栻:《桂阳军学记》,《新刊南轩先生文集》卷九,《张栻集》,第 888 页。

⑦ 张栻:《南轩先生孟子说》卷六,《张栻集》,第 547 页。

对于人道的根本性价值和意义。他说："仁者，人也。仁谓仁之理，人谓人之身。仁字本自人身上得名，合而言之，则人而仁矣，是乃人之道也。"①在他看来，"仁"即是人之道，是人之所以为人的本质规定性。因"仁"即"人之心"，故决定人之所以为人者即在于人之本心。张栻云："人与万物同乎天，其体一也，禀气赋形则有分焉。至若禽兽，亦为有情之类，然而隔于形气，而不能推也。人则能推矣。其所以能推者，乃人之道，而异乎物者也，故曰几希，言其分之不远也。人虽有是心，而必贵于能存，能存而后人道立。不然，放而不知求，则与庶物亦奚以异哉？"②人与万物皆根源于天，本来同体同源，只是因为禀气赋形的不同，所以才产生人、物之分别。人之所以为人而异于他物的根本，即在于人皆有其心能够尽其人之性。当然，人人虽都有可以尽性之心，但唯有存养得本心者，才能够尽其性，从而实现人道、挺立人之所以为人之根本；如果放失其本心而不知求，则必然失却其为人之根本从而沦为一物。这样，挺立人道的关键就落在了存养本心的功夫上。

（三）"心"之"主宰"义

张栻论"心"，承续其师胡宏"心也者，知天地，宰万物以成性"③之说，尤为强调"心"的主宰作用，对"心"之"主宰"义多有阐发。这一点贯穿于其整个理学之中。他在《潭州重修岳麓书院记》中说："仁，人心也，率性立命，知天下而宰万物者也。"④又于《存斋记》云："惟人全夫天地之性，故有所主宰而为人之心，所以异乎庶物者，独在于此也。"⑤张栻认为，人之心具有"率性立命"、主宰天地万物之大用，而这正是人之所以为人而异于物的根本所在。可见，他是以是否具有能作主宰的"心"来从根本上区分人与物的，即以主宰性的"心"规定人的本质。在张栻看来，"心"的主

---

① 张栻：《南轩先生孟子说》卷七，《张栻集》，第632页。
② 张栻：《南轩先生孟子说》卷六，《张栻集》，第483页。
③ 胡宏：《宋朱熹胡子知言疑义》，《胡宏集》附录一，第328页。
④ 张栻：《潭州重修岳麓书院记》，《新刊南轩先生文集》卷一〇，《张栻集》，第900页。
⑤ 张栻：《存斋记》，《新刊南轩先生文集》卷一一，《张栻集》，第931页。

宰性主要体现在以下三个方面：

其一，心主宰万事万物及其所以然之理。张栻云："心宰事物。"①"事有万变，统乎心君。"②"心也者，万事之宗也。"③这些无疑是在强调心对万事万物具有统摄、主宰作用。而心之所以能主宰万事万物，乃是因为心统摄、赅贯万事万物之所以然之理。张栻在《敬斋记》中说：

> 天下之生也久矣，纷纭鏐轕，日动日植，变化万端。而人为天地之心，盖万事具万理，万理在万物，而其妙著于人心。一物不体则一理息，一理息则一事废。一理之息，万理之紊也；一事之废，万事之堕也。心也者，贯万事，统万理，而为万物之主宰者也。④

对张栻而言，天地之间的万事万物皆各有其理，理即是事事物物之所以然，即是万事万物存在及运化的根本原则，⑤万事万物都应当本于其所以然之理而去流行、运化。又在张栻看来，此具有客观性、规范性的事事物物之理并不超离于人心之外，而是内在于人之本心的。也就是说，人之本心统摄、赅贯万理，即内在具足万事万物之所以然之理。

其二，心主宰性。张栻云："理之自然，谓之天命，于人为性，主于性为心。"⑥又云："主宰处便是心，故有主于性、主于身之言。"⑦显然，对他而言，心具有主宰性的作用，并且也只有心才能够主宰性。

在张栻的理学中，"性"既具有宇宙本体的意义，同时又是指人与物所共同具有的纯粹至善之本性。在张栻看来，"人与物均本于天而具是性"⑧，并且"性无有不善"⑨。他所强调的心对性的主宰作用，主要可以

---

① 张栻：《敬简堂记》，《新刊南轩先生文集》卷一二，《张栻集》，第 947 页。
② 张栻：《敬斋铭》，《新刊南轩先生文集》卷三六，《张栻集》，第 1309 页。
③ 张栻：《静江府学记》，《新刊南轩先生文集》卷九，《张栻集》，第 881 页。
④ 张栻：《敬斋记》，《新刊南轩先生文集》卷一二，《张栻集》，第 938 页。
⑤ 张栻云："事事物物，皆有所以然。其所以然者，天之理也。"（《南轩先生孟子说》卷六，《张栻集》，第 558 页。）
⑥ 张栻：《南轩先生孟子说》卷六，《张栻集》，第 585 页。
⑦ 张栻：《答胡伯逢》，《新刊南轩先生文集》卷二九，《张栻集》，第 1211 页。
⑧ 张栻：《南轩先生孟子说》卷七，《张栻集》，第 588 页。
⑨ 同上书，第 596 页。

从以下三个方面来把握:首先,心主宰性旨在尽性、成性。对张栻而言,虽然人和万物都具有纯粹至善之本性,但只有人才能自知自觉其道德本性的存在,并能将其道德本性充分地实现出来。何以人能够如此而物不能呢?此中关键即在于人有"虚明知觉之心""以推之",从而"万善可备,以不失其天地之全"①,此中"虽然,所以成性而立命者何欤?一则不谓性,一则不谓命,而心之道行乎其中矣,非知仁者其孰能明之?"②也就是说,正因为人有虚明之心,所以能够尽其性、全其性,并且张栻认为只有通过其"心"之自觉能动作用,才能把客观潜存的善性充分地实现出来,亦即性体必须通过心体的能动作用来彰显、实现。因此,他力倡心主宰性的观念,首先即是从成性、尽性的意义上来把握的。其次,心主宰性意在表明本心能够统摄、兼赅性之体用两面。这一点主要体现在张栻"心主性情"的观念中,如他说:"此性情之所以为体用,而心之道则主乎性情者也。"③在此,性与情互为体用关系,即性为情之体,情为性之用,而心则是"主乎性情者也"。所谓心"主乎性情",也就是指心统贯、兼摄性体与情用两面。对于这一点,后文再详述。最后,心主宰性是指心对性体在与外物相交接过程中的流行发用加以引导、规约、调节和控制,使之能够发而中节。这主要是为了防止人性在感物而动的过程中被情欲所陷溺以致流于恶这种情况的发生。张栻云:

> 性不能不动,感于物则动矣,此亦未见其不善,故曰"性之欲",是性之不能不动者然也。然因其动也,于是而始有流为不善者。盖物之感人无穷,而人之好恶无节,则流为不善矣,至此则岂性之理哉,一己之私而已……譬诸水,泓然而澄者,其本然也,其水不能不流也,流亦其性也;至于因其流激,汩于泥沙,则其浊也,岂其性哉!④

---

① 参见张栻《南轩先生孟子说》卷六,《张栻集》,第539页。
② 张栻:《答吴德夫》,《新刊南轩先生文集》卷三一,《张栻集》,第1245—1246页。
③ 张栻:《仁说》,《新刊南轩先生文集》卷一八,《张栻集》,第1032页。
④ 张栻:《答吴晦叔》第八书,《新刊南轩先生文集》卷一九,《张栻集》,第1059—1060页。

在他看来,人之性不能不与外物相交感,在与外物相交感的过程中又必然会作用发动而产生情。若人性感物而动之时,人不能发挥其心之主宰作用加以范导、节制,则性之动(即情)必然泛滥而不可止息,以致良心善性被陷溺、遮蔽,恶便由此产生。所以,须于人性感物而动之际,以心主性来掌控性体之流动发用,从而令其发而中节,以防止恶的产生。

其三,心主宰气。张栻以"心"为形而上者,以"气"为形而下者,主张以形而上之"心"主宰形而下之"气",如此则心有主而不被气牵扰、移易。他说:"口、耳、目丽乎气,故有形者皆得其同,而心则宰之者也,形而上者也。"①又说:"心为之主,则耳目不能以移,有以宰之故也。"②张栻之所以主张以心宰气,亦因为在他看来,"心"乃人之所以为人之大且贵者,而"气"则为人身之小且贱者。张栻指出:

> 人有是身……欲考察善不善之分,则在吾身所取者何如耳。所取有二端焉,体有贵贱、有小大是也。以小害大,以贱害贵,则是养其小者,所谓不善也。不以小害大,不以贱害贵,则是养其大者,所谓善也。何以谓大且贵? 人心而已。小且贱则血气是已。血气亦禀于天,非可贱也,而心则为宰之者也。不得其宰,则倍天遁情,流为一物,斯为可贱矣。③

这就是说,人之一身,心、气俱存,心乃人身之贵且大者,而气乃人身之贱且小者,养其大且贵者为善,养其小且贱者为不善。人若能养其大者,以心主宰血气之流动,使其发而中节,则禀受于天之血气亦不可贱;若养其小者,以致血气无心加以主宰而妄动乱发,则血气即因其遁天悖情而流于一物,此时则可贱。所以,在张栻看来,人必须以心宰气,令情气之流动时时发而中节,才能守得住人之根本,成就人之所以为人之大且贵者。

---

① 张栻:《南轩先生孟子说》卷六,《张栻集》,第 548 页。
② 同上书,第 558 页。
③ 同上书,第 557 页。

二、"性"之义涵

张栻论"性",第一,他主张性本论,以性为天地万物存在及运化的本原根据。第二,他坚持彻底的性善论,认为人、物皆本具天命之性,人性、物性之本然都是纯粹至善的。

（一）"性"之"本体"义

张栻理学"性"范畴的第一层含义,即宇宙万有存在及运化之本原根据。这显然是对其师胡宏思想的继承。胡宏论"性","性"乃天下之大本,是宇宙万有之本原,他说:"天命之谓性。性,天下之大本也。"[1]张栻承继其师之说,亦以"性"为宇宙万有之本根,他称:"有是性,则具是形以生。"[2]"天命之谓性,万有根焉。率性之谓道,万化行焉。"[3]"天命之谓性者,大哉乾元,人与物所资始也。"[4]显然,在这些论述中,张栻都是将"性"视为天地万物产生的根源及其存在和运化的根据。另外,在天道论中,张栻以"性"解太极,主张太极即性,将太极与性互诠互释、融贯相通,也可以充分表明他所谓"性"具有宇宙本体的意义。

（二）"性"之"道德"义

张栻不仅以"性"为宇宙本体,而且主张性善论,认为人和万物皆具有善性,人性、物性都是纯然至善的。由此,"性"作为纯粹至善之道德本性便是张栻所谓"性"的另一层含义。

张栻尤为重视性善之义。他说:"善也者,根于天性者也。"[5]又说:"原性之理,无有不善,人物所同也。"[6]又说:"太极动而二气形,二气形而万物化生,人与物俱本乎此者也。原物之始,亦岂有不善者哉！其善者

---

[1] 黄宗羲原本,全祖望补定:《五峰学案》,《宋元学案》,第 1370 页。
[2] 张栻:《南轩先生孟子说》卷七,《张栻集》,第 614 页。
[3] 张栻:《南轩先生孟子说》卷四,《张栻集》,第 490 页。
[4] 张栻:《答胡伯逢》,《新刊南轩先生文集》卷二九,《张栻集》,第 1211 页。
[5] 张栻:《南轩先生孟子说》卷四,《张栻集》,第 458 页。
[6] 张栻:《南轩先生论语解》卷九,《张栻集》,第 275 页。

天地之性也。"①在他看来，天性本然纯粹至善，无论人还是万物，皆本具此纯然至善之性。既然如此，那么为何往往只言人性善而不言物性善呢？他指出：

> 原人之生，天命之性，纯粹至善，而无恶之可萌者也……何独人尔？物之始生，亦无有不善者，惟人得二气之精，五行之秀，其虚明知觉之心有以推之，而万善可备，以不失其天地之全，故性善之名独归于人，而为天地之心也。②

> 而孟子道性善，独归之人者何哉？盖人禀二气之正，而物则其繁气也。人之性善，非被命受生之后，而其性旋有是善也。性本善而人禀夫气之正，初不隔其全然者耳。若物则为气所昏，而不能以自通也。③

张栻认为，虽然人与万物之性皆本即纯粹至善，但是因为人所禀受的是精气、秀气、正气，有虚明知觉之心可以尽性，能得其纯然至善之天性全体，而物所禀受的是昏气、浊气，往往为气所障蔽而不能尽其本然至善之性，所以一般只言人性善而不言物性善。张栻虽然明确肯定了物性本善，但他的性善论显然主要是针对人而言的。

在张栻看来，不仅人与物之间所禀之气有不同，而且人与人之间禀气也有清浊、厚薄、刚柔等差异。他说："气之在人在物固有殊矣，而人之气禀亦有异乎。"④"论性之存乎气质，则人禀天地之精，五行之秀，固与禽兽草木异。然就人之中不无清浊厚薄之不同，而实亦未尝不相近也，不相近则不得为人之类矣。"⑤正因为人之禀气存在各种差异，所以才使得现实中人往往有智愚、贤不肖之别，有为善、为恶之差殊。由此张栻将现实中种种不善或恶存在的根源归结于人之气禀或形体，他

---

① ③ 张栻：《存斋记》，《新刊南轩先生文集》卷一一，《张栻集》，第 931 页。
② 张栻：《南轩先生孟子说》卷六，《张栻集》，第 538—539 页。
④ 张栻：《南轩先生孟子说》卷六，《张栻集》，第 541 页。
⑤ 张栻：《南轩先生论语解》卷九，《张栻集》，第 275 页。

说:"然人之有不善,何也? 盖有是身,则形得以拘之,气得以汨之,欲得以诱之,而情始乱,情乱则失其性之正,是以为不善也。"①人之所以有不善,是因为人皆本有其身,有身则有形、气、欲、情,这些虽为人所固有,但是人往往容易受到形体之拘束、气禀之汨没、私欲之诱惑、情感之迷乱,于是丧失其性之正、遮蔽其性之本然,所以才导致现实中恶或不善的发生。

张栻一方面把现实中之不善或恶的根源归结于气禀,同时他又一再强调性之本然是纯粹至善的,现实中的一切恶绝非性之本恶。他说:

> 性无有不善,其为善而欲善,犹水之就下然也。若所谓不善者,是其所不为也,所不欲。②

> 然人之有不善……岂性之罪哉? 告子以水可决而东西,譬性之可以为善,可以为不善,而不知水之可决而东西者,有以使之也。性之本然孰使之邪? 故水之就下,非有以使之也,水之所以为水,固有就下之理也。若有以使之,则非独可决而东西也,搏之使过颡,激之使在山,亦可也,此岂水之性哉? 搏激之势然也。然搏激之势尽,则水仍就下也,可见其性之本然而不可乱矣。故曰:人之可使为不善。然虽为不善,而其秉彝终不可殄灭,亦犹就下之理不泯于搏激之际也。③

在张栻看来,人有不善并不是因为人性之不善,性本即是纯粹至善之性,为善和欲善乃性之本然,而不善或恶是性之所不为、所不欲者。天命之性即性之本然,若依顺性之本然而为,即无所为而然,则可得其性情之正而为善;若悖逆性之本然而为,即有所为而然,则必然失其性情之正而为恶。张栻始终强调天命之性或性之本然是纯粹至善的,而且此善并非善恶相对之善,乃是超越于一切道德伦理价值之上的绝对至善,而善恶相

---

①③ 张栻:《南轩先生孟子说》卷六,《张栻集》,第539页。
② 同上书,第596页。

对只是就气禀之性来说。所谓"善固性也,恶亦不可不谓之性也"①"谓恶亦不可不谓之性者,言气禀之性也"②,即是在点明此意。可见,张栻实际上是把"性"区分为天命之性和气禀之性,认为天命之性纯然至善,而气禀之性则有善有恶。他说:"夫血气固出于性,然因血气之有偏而后有不善,不善一于其偏也。故就气禀言之,则谓善固性也,恶亦不可不谓之性也则可;即其本源而言之,则谓不善者性之所不为,乃所以明性之理也。"③可见,血气根源于性,其本身无所谓善恶。所谓不善,乃是因为血气之偏所致,若血气得正,则是为善。因此,相对之善恶是就气禀之性而言,恶只能就气禀之性上来说;若就性之本源即天命之性而言,则必然是纯粹至善而无恶之可萌,故不可于此言恶。

三、心与性之关系

心性关系在整个张栻的理学中大体可以从三个层面来把握:第一,就本体论的层面而言,张栻主张心即性,他说:"天也,性也,心也,所取则异,而体则同。"④第二,就工夫论的层面而言,张栻主张以心尽性、成性,注重通过"心"之自觉能动性的发挥来彰显、实现性体,他称"所以成性而立命者何欤?一则不谓性,一则不谓命,而心之道行乎其中矣"⑤。第三,就心性论的层面而言,张栻力倡心主性情之论,强调心对性(情即性之用)的统摄、主宰作用。这正是张栻心性论的核心主张。

"心主性情"乃是张栻心性论的基本观念,在这样一种观念结构中,"心"为一方,"性""情"为另一方,双方之间的关系直接来讲就是一种"主"与"被主"的关系。由于在这里,"性"与"情"是体用的关系,即性为情之体、情为性之用,所以心、性、情三者之间的关系,乃是心性关系的一

①② 张栻:《南轩先生孟子说》卷六,《张栻集》,第 539 页。
③ 张栻:《答胡伯逢》,《新刊南轩先生文集》卷二九,《张栻集》,第 1211 页。
④ 张栻:《南轩先生孟子说》卷六,《张栻集》,第 585 页。
⑤ 张栻:《答吴德夫》,《新刊南轩先生文集》卷三一,《张栻集》,第 1245—1246 页。

种深化和拓展,归根结底仍然为心与性之关系。既然如此,那么要把握心、性、情之具体结构以及领会"心主性情"之真实义涵,就必须首先从性情关系的分析入手,然后再阐明心性之间的关系。

宋儒论性情关系大体上有两种路线:一种是沿着孟子"恻隐之心,仁之端也;羞恶之心,义之端也;辞让之心,礼之端也;是非之心,智之端也"的说法,就仁义礼智之性与四端之心论性情;另一种则是沿着《中庸》"喜怒哀乐之未发谓之中,发而皆中节谓之和"的说法,就喜怒哀乐之未发和已发论性情。张栻"心主性情"论中的性情关系主要是就前一种方式而言。

就人之性而言,张栻指出:"其所性之实,谓仁义礼智也,四者具于性而根于心,犹木之著本,水之发源,由是而生生不息也。"①在他看来,仁、义、礼、智即是人性固有的实质内容,此四者乃是万德之本、万善之源。这就意味着仁、义、礼、智四德具有本源性的意义。张栻说:"人均有是性,仁义礼智之体,无不完具于一性之内,天道初亦无所亏欠也。"②此处称"仁义礼智之体",也就是从根本的意义上来看待仁、义、礼、智四德。就此而言,人之所以为人之性即是指仁义礼智之性,亦即人所固有的道德本性。这也就是从道德本体的意义上来论"性"。

"情"在张栻的理学中有时指七情六欲之情,有时亦指四端之心。张栻将后一意义的"情"视为人之道德本性,即仁义礼智之性的直接呈现。他说:"情即性之发见也,虽有发与未发之殊,而性则无内外耳。"③这就是认为,"情"即是性体之发用、显现,虽然有未发与已发之别,但性必然是贯通未发已发而一体无间的。张栻指出:"虽然,恻隐、羞恶、恭敬、是非,其发见者也,以此为仁义礼智之体则未可,然固仁义礼智之端也。"④他认为,恻隐、羞恶、恭敬、是非四端之情只是仁义礼智之性的具体呈现,而并

① 张栻:《南轩先生孟子说》卷七,《张栻集》,第 599—600 页。
② 同上书,第 637 页。
③ 张栻:《答朱元晦秘书》第九书,《新刊南轩先生文集》卷二〇,《张栻集》,第 1070 页。
④ 张栻:《南轩先生孟子说》卷六,《张栻集》,第 546 页。

不直接就等同于仁义礼智之性本身。也就是说,仁义礼智之性与四端之情仍存在未发、已发或体、用之别,不可完全混同。当然,张栻在肯定性、情存在分别的基础上,又颇为强调二者的辩证统一性。

根据张栻对"性""情"的以上界定,可知性情必然是相须相成、一体不离的关系:一方面,性是情的根源,情须依性而立;另一方面,情是性的呈现,性须待情而显。这其实就是以仁义礼智之性为体,以四端之情为用,主张性体与情用相依相待、互动互成。张栻云:

> 人之性,仁、义、礼、智四德具焉:其爱之理则仁也,宜之理则义也,让之理则礼也,知之理则智也。是四者虽未形见,而其理固根于此,则体实具于此矣。性之中只有是四者,万善皆管乎是焉……惟性之中有是四者,故其发见于情,则为恻隐、羞恶、是非、辞让之端,而所谓恻隐者亦未尝不贯通焉。此性情之所以为体用,而心之道则主乎性情者也。①

在他看来,人之性本即涵具仁、义、礼、智四德,其爱之理即是仁,宜之理即是义,让之理即是礼,知之理即是智。这也就是从理体的意义上来把握人性固有的仁、义、礼、智四德,亦即以仁、义、礼、智四德为体,其显发出来则必然表现为恻隐、羞恶、辞让、是非四端之情。由此,仁义礼智之性与四端之情也就必定是体用的关系。

在此基础上,张栻又进一步通过"体用互为相须"之论来推明性情之间的辩证统一关系。他说:

> 仁义理知具于性,而其端绪之著见,则为恻隐、羞恶、辞让、是非之心。人之良心具是四者,万善皆管焉,外此则非性之所有,妄而已矣。人之为人,孰不具是性? 若无是四端,则亦非人之道矣。然分而论之,其别有四,犹四体然,其位各置,不容相夺,而其体用互为相须;合而言之,则仁盖可兼包也。故原其未发,则仁之体立,而义、

---

① 张栻:《仁说》,《新刊南轩先生文集》卷一八,《张栻集》,第1031—1032页。

礼、知即是而存焉；循其既发，则恻隐之心形，而其羞恶、辞让、是非亦由是而著焉。①

张栻指出，人皆本有仁义礼智之性，此性之发见即为恻隐、羞恶、辞让、是非四端之心。这是人之所以为人的根本所在。其中仁义礼智之性是未发之体，四端之心乃已发之用，即仁义礼智之性具体而真实的显现。对于这四德之体与四端之用，若分而论之，则四德与四端中的任何一者都有其独立的意义和价值，不容混淆，不可替代。但是它们又并非可以相离，而是处于互为相须、一体无间的关系当中。所谓"互为相须"是指：四德之体是四端之用得以生发的根源，四端之用是四德之体的具体呈现。若合而言之，则仁可以兼包四德，恻隐可以统摄四端。性体未发之时，仁之体立，则义、礼、智之德皆由此而存；性体已发之际，恻隐之心呈现，则羞恶、辞让、是非之心亦随之而彰显。而仁之所以能兼包四德，恻隐之所以能统摄四端，主要是因为仁即天地生物之心（生生之体），乃是一切道德和价值产生的根源。由此张栻说："所谓爱之理者，是乃天地生物之心，而其所由生者也。故仁为四德之长，而又可以兼能焉……所谓恻隐者亦未尝不贯通焉。"②

既然四德皆统摄于仁，四端皆统摄于恻隐之心，而恻隐之心又即仁体之发用，那么四德与四端也就全然归结为仁之体用。张栻曰：

> 夫其所以与天地一体者，以夫天地之心之所存，是乃生生之蕴，人与所公共，所谓爱之理者也。故探其本则未发之前，爱之理存乎性，是乃仁之体者也；察其动则已发之际，爱之施被乎物，是乃仁之用者也。体用一源，内外一致，此仁之所以为妙也。③

他认为，人之所以与天地万物一体，乃是因为人本即具有天地之心，天地之心内在于人即为仁。此天地之心乃生生之体，是宇宙万有的存在根

---

① 张栻：《南轩先生孟子说》卷二，《张栻集》，第 373 页。
② 张栻：《仁说》，《新刊南轩先生文集》卷一八，《张栻集》，第 1031—1032 页。
③ 张栻：《答朱元晦秘书》第九书，《新刊南轩先生文集》卷二〇，《张栻集》，第 1069 页。

据,为人和物所共同具有,所谓爱之理者正是就此而言。若探究其本原,则未发之时爱之理存于性,此即为仁之体(本体);若体察其动用,则已发之际仁爱施与万物,此即为仁之用(显现、发用)。仁之体与仁之用相即不离、圆融不二,这就是仁之所以为仁的精妙所在。在这里,仁义礼智之性可归结为仁之体,四端之情可归结为仁之用,因体用相依不离、一体无间,故四德与四端也就圆融地统摄于仁之体用。又因张栻认为仁即是心①,所以仁之体用即是心之体用。这也就意味着,仁义礼智之性即心之体,四端之情即心之用,性与情皆圆融地统摄于一心。于是张栻说:"此性情之所以为体用,而心之道则主乎性情者也。"又说:"'自性之有动谓之情',而心则贯乎动静而主乎性情者也。"②心之体为性,心之用为情,一心贯通于未发之体与已发之用而无间。由此也就表明,张栻所谓"心主性情",即是指"心"统摄、融贯、兼赅性体与情用(即性之体与性之用)两面。这正是其"太极即性"的天道论思想在心性论中的体现与落实。

总之,张栻心性论的要点和特质如下:首先,就心论而言,张栻认为"心"即生生之体,乃太极之内在于人者,直接具有本体的意义;并且此"心"即人皆固有的道德本心,是人之所以为人而异于他物的根本所在。正因为如此,此"心"具有统摄、主宰性、理、气及万事万物之大用。其次,就性论而言,张栻既主张性本论,以"性"为宇宙万物存在及运化之本原根据;又坚持彻底的性善论,主张人性、物性都是本然纯粹至善的,且十分强调人性本善,指明恶的根源在气而不在性。最后,就心性关系而言,张栻力倡"心主性情"之说,认为人之本心统摄、兼赅性体与情用(或性之体与性之用)两面,是贯通于性之体用(或未发之静与已发之动)两面而一体无间的。

---

① 张栻曰:"仁,人心也。"(《南轩先生孟子说》卷四,《张栻集》,第 482 页。)"仁者心之所为妙也。"(《送曾裘父序》,《新刊南轩先生文集》卷一五,《张栻集》,第 989 页。)"仁者天地之心,天地之心而存乎人,所谓仁也。"(《洙泗言仁序》,《新刊南轩先生文集》卷一四,《张栻集》,第 970 页。)这就是认为仁即是心、心即是仁,将仁与心相互发明、相互诠释。
② 张栻:《答吴晦叔》,《新刊南轩先生文集》卷二九,《张栻集》,第 1206 页。

第三节　工夫论

张栻之工夫论的形成、演变与他对未发已发问题(即中和问题、心性问题)的探讨和认识是密不可分的,其心性论的立场即决定了其工夫论的立场。在心性问题上,他开始接受了胡宏"性体心用"或"未发为性,已发为心"之论,于是在工夫论上主张"先察识后涵养"说。张栻将此说介绍给朱熹,对其丙戌之悟产生了很大影响,促进了其"中和旧说"的形成。但不久朱熹便对旧说加以检讨,在进行多方面的反省之后,终于获得己丑之悟,从而形成了其"中和新说"。后来张栻受到朱熹"中和新说"一定的影响,对其早期心性论和工夫论加以反思、省察,晚期遂转变为主张"心性兼赅体用"之心性论和"存养体察并进"之工夫论。当然,这种转变主要是其理学自身逻辑推演、运化的结果。张栻的工夫论虽然经历了由"先察识后涵养"到"存养体察并进"说的转变,但居敬工夫始终贯穿其中,并且随着工夫论的转变,其敬论之地位和作用也逐渐得以提升,最终成为存养体察之根本工夫。可见,张栻的工夫论实有其一贯的内容和思路。[①]

一、察识涵养说

存养与体察(或涵养与察识)是宋明儒学工夫论中的重要观念,它源于宋明儒对《中庸》之中和问题(即未发已发问题)的思考,牵涉到对"中

[①] 对于张栻的工夫论,前贤时彦多有研究,见蔡方鹿:《一代学者宗师:张栻及其哲学》,第110—122、135—144页;陈谷嘉:《张栻与湖湘学派研究》,第32—43页,长沙,湖南教育出版社,1991;曾亦:《本体与工夫——湖湘学派研究》,第169—193页;苏铉盛:《张栻哲学思想研究》,第52—61、116—128页;王丽梅:《张栻哲学思想研究》,南京大学2004年博士学位论文,第47—76页;邢靖懿:《张栻理学研究》,河北大学2008年博士学位论文,第85—124页;陈瑛:《张栻与朱熹的"居敬"说》,《岳麓书院一千零一十周年纪念文集》1986年第1辑;王丽梅:《张栻早期工夫论考》,《社会科学家》2006年第1期;王丽梅:《"己丑之悟"新考:张栻晚期工夫论》,《求索》2006年第4期;王丽梅:《察识与涵养相须并进——张栻与朱熹交涉论辩管窥》,《孔子研究》2006年第4期;刘原池:《张栻修养工夫论的内涵及其意义》,蔡方鹿主编:《张栻与理学》,第344—361页,北京,人民出版社,2015。

和"的理解,同时也与《礼记·乐记》"人生而静"一章的内容密切相关,因而这一观念深切关系到宋明儒学颇为重要的心性论问题。张栻的"存养体察"说正是随着他对未发已发等心性问题的探讨而逐渐形成并演进的。随着他对未发已发问题探讨的深入,其工夫论经历了从倡导"先察识后涵养"说到力主"存养体察相须并进"说的变化历程。

（一）先察识后涵养

张栻的工夫论,就直接渊源上来说,其师胡宏的"先察识后涵养"观念对他的影响最大,这一观念即成为其早期工夫论的基本主张。胡宏主张"先察识后涵养"的工夫论,根本上乃是由其"未发只可言性,已发乃可言心"(即性体心用)的心性观所决定的。"未发""已发"出自《礼记·中庸》:"喜怒哀乐之未发,谓之中;发而皆中节,谓之和。"①胡宏不同意心兼未发已发的观点,而认为喜怒哀乐未发之时只能言性,已发之际方可言心,即主张性为未发、心为已发。这与他强调圣凡之别在"心"而不在"性"的看法是密切关联的。他说:

> 窃谓未发只可言性,已发乃可言心……未发之时,圣人与众生同一性;已发,则无思无为,寂然不动感而遂通天下之故,圣人之所独。夫圣人尽性,故感物而静,无有远近幽深,遂知来物;众生不能尽性,故感物而动,然后朋从尔思,而不得其正矣。若二先生以未发为寂然不动,是圣人感物亦动,与众人何异?尹先生乃以未发为真心,然则圣人立天下之大业,成绝世之至行,举非真心耶?②

显然,胡宏主张以性为未发,以心为已发。他不同意以未发为"寂然不动"的看法,认为"寂然不动感而遂通天下之故"只是在已发之心上来说。这是因为在他看来,圣、凡在未发之性(即本体)上一定是相同的,但在已发之心(即本体之作用和表现)上则存在不同。既然如此,众人成圣立本

---

① 郑玄注,孔颖达疏:《礼记正义》,阮元校刻:《十三经注疏》(三),清嘉庆刊本,第 1422 页,北京,中华书局,2009。
② 胡宏:《与曾吉甫书三首》,《胡宏集》,第 115 页。

之工夫就应当在已发之心上来做。胡宏的"先察识后涵养"论正是就此而发,它是指就现实生活中本心之发见处直下体证本心,并就此加以操存涵养,直至充分开显本心。因为只有先对本心之发见有所察识,然后存养工夫才有可施之地,所以察识工夫具有逻辑上的优先性,在其中发挥着根本性的作用。这样一种"先察识后涵养"的观念对张栻的工夫论产生了深刻影响。

张栻早期的工夫论即力倡其师之"先察识后涵养"说,尤为注重在已发之心上下工夫。这主要体现在他早年所作的《潭州重修岳麓书院记》及《艮斋铭》二文中。《潭州重修岳麓书院记》曰:

> 指乍见孺子匍匐将入井之时,则曰:"恻隐之心,仁之端也。"于此焉求之,则不差矣。尝试察吾事亲从兄、应物处事,是端也,其或发见,亦如其所以然乎?苟能默识而存之,扩充而达之,生生之妙,油然于中,则仁之大体岂不可得乎?及其至也,与天地合德,鬼神同用,悠久无疆,变化莫测,而其则初不远也。①

这即是说,恻隐之心乃本心仁体之发见,就此发见处下工夫以求其所以然之体,则功到自然成。本心仁体就作用表现于侍亲从兄、应物处事的日用常行之中,诚能在生活日用中觉察到本心仁体之发见,并就此发见处体证其所以然之体,再加以操存涵养扩充,用力之久,则可以明识本心仁体,从而达到天人一体的境界。此即是在推明先察识后涵养的工夫论。又,《艮斋铭》曰:

> 天心粹然,道义俱全。是曰至善,万化之源。人所固存,曷自违之。求之有道,夫何远而。四端之著,我则察之。岂惟虑思,躬以达之。工深力到,大体可明。匪由外铄,如春发生。②

这是认为,人皆本具天心,天心充塞道义,纯粹至善,乃是宇宙万有之根

---

① 张栻:《潭州重修岳麓书院记》,《新刊南轩先生文集》卷一〇,《张栻集》,第903页。
② 张栻:《艮斋铭》,《新刊南轩先生文集》卷三六,《张栻集》,第1308页。

源。此心生生不已,必有其萌发处,恻隐、羞恶、辞让、是非四端即是此心之萌发。若能察识此心之发见,并就其发见处下工夫,则"工深力到",即可以明识此心之体。这绝非外力强加所致,而是本心的自我开显。可见,"先察识后涵养"乃是一种返本体证、向内用力的工夫。所谓"先察识",是指在现实生活中体察、觉识本心仁体之发见(用),并就此发见处体证本心仁体(体);"后涵养"是指对本心仁体有所体认之后,再对之加以操存涵养,以使本心仁体常存不失。这样一种察识本体之发见并就其发见处体证本体的工夫,显然具有即用求体的特征。如此则必然重视在已发之心上下工夫,从而主张"先察识后涵养"的工夫论。

(二)存养体察并进

张栻后来反省旧学,对早期工夫论作了修正,提出了"存养体察并进"说,强调未发时之存养与已发时之体察兼修并进。这固然受到了朱子"中和新说"的影响,但主要是因为张栻思想的发展有其内在逻辑,所以才有此转变。

张栻工夫论发生转变的时间大概是在乾道八年(1172),而转变发生的原因主要在于他对未发已发问题有了新的认识。① 他在写给游诚之的信中说:"未发已发,体用自殊,不可溟涬无别,要须精析体用分明,方见贯通一源处。有生之后,皆是已发,是昧夫性之所存也。"②在他看来,未发为体,已发为用,二者之间存在体、用之别。唯有明辨此一分别,才能真正把握未发之体与已发之用的内在统一性。既然未发之体与已发之用内在贯通、一体无间,那么也就意味着未发之体必涵已发之用,已发之用必涵未发之体,二者相互涵摄、不可分割。这就决定心性必然贯通于未发、已发而无间,不再只是性为未发、心为已发。③ 张栻所云"有生之

---

① 王丽梅、邢靖懿等学者对此都有讨论。参见王丽梅:《察识与涵养相须并进——张栻与朱熹交涉论辩管窥》,《孔子研究》2006年第4期,第45—46页;邢靖懿:《张栻理学研究》,河北大学2008年博士学位论文,第99—102页。
② 张栻:《答游诚之》,《新刊南轩先生文集》卷二六,《张栻集》,第1163页。
③ 参见曾亦:《本体与工夫——湖湘学派研究》,第286—288页。

后，皆是已发，是昧夫性之所存也"，即表明性必是贯通于未发与已发的。同时，他又说："未发之前，心妙乎性；既发，则性行乎心之用矣。"①此是认为，未发之时性之体必涵心之用，已发之际心之用必涵性之体，性体与心用乃是相涵互摄、贯通未发已发而一体无间。这就充分彰显了心性之间相依相须的辩证统一性。既然心性贯通于未发和已发，那么挺立心性本体之工夫就不能只注重于已发之时体察本体之发见，还必须注重于未发之时操存涵养本体。也就是说，工夫修养必须于未发、已发或体、用两面兼用其力，如此才能将人所固有的道德心性充分地实现出来。由此，张栻即转变为主张存养与体察兼修并进的工夫论。

张栻晚期工夫论（即"存养体察并进"说）的形成，可明确体现在他与吴翌（即吴晦叔）的一场论辩当中：

> 吴晦叔曰："若不令省察苗裔，便令培壅根本，夫苗裔之萌且未能知，而遽将孰为根本而培壅哉？此亦何异闭目坐禅，未见良心之发，便敢自谓我已见性者。"
>
> 南轩云："不知苗裔，固未易培壅根本；然根本不培，则苗裔恐愈濯濯也。此话须兼看。大抵涵养之厚，则发见必多；体察之精，则本根益固。未知大体者，且据所见自持（自注：如知有整衣冠、一思虑，便整衣冠、一思虑，此虽未知大体，然涵养之意已在其中），而于发处加察，自然渐觉有功。不然，都不培壅，但欲省察，恐胶胶扰扰，而知见无由得发也。"②

在此，吴翌认为，若不先察识本心之发见，就欲开展操存涵养工夫，则无异于闭目坐禅。因为不明察本心之发见，存养工夫就根本无处可施、无从下手。这显然是在强调察识工夫的优先性和重要性。张栻也同样肯定察识本心发见对于开展存养工夫的重要性，但他又认为，如果不对本

---

① 引自朱熹：《与张敬夫》，《晦庵先生朱文公文集》卷三〇，朱杰人、严佐之、刘永翔主编：《朱子全书》第 21 册，第 1317 页。
② 张栻：《答吴晦叔》，《新刊南轩先生文集》卷二九，《张栻集》，第 1207 页。

心加以操存涵养,那么本心发见者就会被斲丧,从而察识工夫也就无从施展。也就是说,在他看来,察识与涵养工夫相互作用、相互影响,二者不可缺一:一方面,存养本心越深厚,则本心之发见必多,如此就更有利于对本心的体察;另一方面,体察本心越精微,则本心愈发澄明,从而也就更有助于对本心的存养。可见,对张栻而言,存养与体察乃是相资互发、相须并进的关系。所以他说:"存养体察,固当并进。"①同时,张栻又认为,在尽心知性、明心见性的工夫实践中,存养与体察并非完全平列、并重的关系,而是应当以存养为根本。他说:"存养是本,工夫固不越于敬……"②"如三省、四勿,皆持养、省察之功兼焉。大要持养是本,省察所以成其持养之功者也。"③在他看来,存养与体察固然应当兼重并修,但存养才是根本,体察工夫也是用来成就存养之功的。这就明确肯定了存养工夫的根本性地位。

对于晚期工夫论的转变,张栻曾反思和总结道:"某读书先庐,粗安晨夕。顾存养省察之功固当并进,然存养是本。觉向来工夫不进,盖为存养处不深厚(自注:存养处欠,故省察少力也),方于闲暇,不敢不勉。"④所谓"向来工夫",主要是就他早期所主张的"先察识后涵养"工夫而言。与早期工夫论相比,晚期工夫论不仅强调存养与体察兼修并进、相资互发,而且工夫的重心及作用时节也发生了变化。"先察识后涵养"说主张先于本心之发见处察识、体认本心,然后再加以操存涵养,此工夫只在已发时做,且更为注重对本心的察识;而"存养体察并进"说则主张未发时之存养与已发时之体察工夫兼重并修、相促互发,此工夫贯通于未发和已发,且更为注重未发时对本心的操存涵养。张栻的工夫论经历了从"先察识后涵养"说到"存养体察并进"说的转变,引发这样一种转变的主要原因在于其思想发展的内在逻辑,尤其是其"体用相须"的观念对此产

---

① ② 张栻:《答乔德瞻》第一书,《新刊南轩先生文集》卷二七,《张栻集》,第1180页。

③ 张栻:《与吴晦叔》第十一书,《新刊南轩先生文集》卷二八,《张栻集》,第1201页。

④ 张栻:《寄吕伯恭》第一书,《新刊南轩先生文集》卷二五,《张栻集》,第1133页。

生了重大影响。

二、敬论

张栻的工夫论虽然经历了从"先察识后涵养"到"存养体察并进"的转变，但"敬"始终贯穿于其工夫论，发挥着存养本心的重要作用，并且随着其工夫论的转变，"敬"的地位和作用日益凸显，最终成为道德心性修养的根本工夫。故"察识涵养"说经张栻的改造，终被归结为持敬工夫论。敬论乃张栻理学的核心内容，贯穿于其整个思想体系，与其心性论、工夫论、理欲论和义利之辨等都有着十分密切的关联，乃其理学体系之内在义理得以显明和落实的关键。张栻之敬论不仅在其自身的理学体系中具有重要的地位和作用，而且在整个宋明理学中都具有重要的价值和意义，其敬论凝结了理学家所持有的核心观念及内涵，充分反映了宋代理学家有关"敬"的思想，推动了宋明理学工夫论的发展和完善，对当时及后世理学家的心性修养论都产生了一定的影响。

（一）"敬"之义

张栻之学承续孔孟道统，始终以明善存心为根本宗旨。他主张学者为学即在变化气质以挺显人之所以为人之本，即彰明人皆本有之善心。①张栻之所以如此主张，是因在他看来，人之所以为人而异于他物的根本即在人皆本有之善心，而人在现实中往往被情欲所陷溺，常常放失其本心而不知求。他说："放其心而不知求，则人亦何以异于庶物？是可哀也……是以学问之道，以求放心为主。"②由此，他十分强调本心之操存涵养，以此来挺立人之所以为人之根本。而对于如何存养本心，他则主

---

① 如他说："人之性善，然自非上智生知之资，其气禀不容无所偏。学也者，所以化其偏而若其善也。"（《送方耕道序》，《新刊南轩先生文集》卷一五，《张栻集》，第 990 页。）又云："学所以明善也。"（《南轩先生论语解》卷九，《张栻集》，第 278 页。）又云："心也者，万事之宗也。惟人放其良心，故事失其统纪。学也者，所以收其放而存其良也。"（《静江府学记》，《新刊南轩先生文集》卷九，《张栻集》，第 881 页。）显然，南轩主张学者为学即在变化气质以挺显人之所以为人之本，即彰明人皆本有之善心。
② 张栻：《南轩先生孟子说》卷六，《张栻集》，第 554 页。

张以"敬"为本。所谓"夫敬者宅心之要,而圣学之渊源也"①,即指明了居敬工夫对于存养本心的重要价值和意义。

在张栻看来,"敬"即是一种直接作用于心性本体的操存涵养工夫。这一认识与其对孟子心性思想的深切服膺从而强调存心养性的重要性密不可分。他在《爱身堂记》中说:

> 夫人位天地之中,而为万物之灵,岂不至贵至重矣哉? 其惟心乎! 放其良心,自流于物而不知,反为失其身矣。人其可不自知爱,爱之则思所以养之矣。养之奈何……持敬以为本,穷理以为要,涵泳浸渍,致知力行,放心可求,而身得其养矣。②

张栻承继孟子的心性观,认为只有道德本心才是人之所以为人而异于他物的根本所在。人一旦放失其本心而不知求,则必将失却其为人之根本而沦为一物。因此他十分强调求放心的工夫,以此来挺立人之所以为人之本。对于如何求放心,张栻主张开展持敬与穷理的工夫。持敬工夫在于存养本心,穷理工夫在于明识本心,二者兼重并修,则放心可求,而人之根本即可得以挺立。由此可知,持敬工夫实质上也就是一种存养本心的工夫。张栻云:"敬者所以持是心而勿失也。"③这就明确指出,"持敬"即是操存涵养本心而不令其放失。

张栻十分重视持敬工夫对于本心的存养作用。他说:

> 敬便是养也,敬者心之道,所以生生也。④
> 非敬则是心不存,而万事乖析矣,可不畏钦!⑤
> 人皆有良心,能存而养之,则生生之体自尔不息。放而不知存,则日以斲丧矣。⑥

---

① 张栻:《敬斋铭》,《新刊南轩先生文集》卷三六,第 1309 页。
② 张栻:《爱身堂说》,《张栻集》,第 1488 页。
③ 张栻:《敬斋记》,《新刊南轩先生文集》卷一二,《张栻集》,第 938 页。
④ 张栻:《答李季修》第一书,《新刊南轩先生文集》卷二七,《张栻集》,第 1172 页。
⑤ 张栻:《敬简堂记》,《新刊南轩先生文集》卷一二,《张栻集》,第 947 页。
⑥ 张栻:《南轩先生孟子说》卷六,《张栻集》,第 549 页。

> 盖心生生而不穷者道也,敬则生矣,生则乌可已也;怠则放,放
> 则死矣。①

> 盖心宰事物,而敬者心之道所以生也。生则万理森然,而万事
> 之纲总摄于此。②

在他看来,人皆固有道德本心,此心乃生生之体,具有生生不已之功用。
人在现实生活中能否将此心主事宰物之大用实现出来,关键即在于是否
能力行持敬工夫,即能否对本心加以操存涵养。持敬则本心得到存养,
故心体发用流行、生生不已,此时心之主宰性即可得以充分显发,从而能
统摄、主宰万事万物;反之,不能持敬则本心放失,故心之生道止息,无以
发挥其主宰作用,以致万事万物将不得统御。可见,持敬工夫对于本心
之存养及切实显发心体之主宰大用具有关键性的影响。就此而言,持敬
即心之所以能生生不已之道,乃是操存涵养本心从而立体以致用的关键
所在。

显然,依张栻之见,"敬"对于本心的存养具有十分关键性的作用,甚
至可以说,"敬"与"心"相即不离,二者是俱存俱立的关系。张栻在《答李
季修》第一书中说:

> 以直养之说,要将直来养气,便是私意,有害于养,故孟子只说
> 养而无害,不是将一物养一物也,与涵养以敬自大不同。敬便是养
> 也,敬者心之道,所以生生也,与直字义异,须细味之。③

他在此指出,"敬"虽为对本心的操存涵养工夫,但这并不是说以"敬"为
一物,"心"为另一物,而以"敬"去存"心"。这是因为"敬"即心之敬,只
"敬"心便在。所以,张栻又说:"方其存时,则心之本体固在此,非又于此
外别寻本体也。子约又谓当其存时,未能察识而已迁动,是则存是一心,
察识又是一心,以此一心察彼一心,不亦胶扰支离乎? 但操之则存,操之

---

① 张栻:《敬斋记》,《新刊南轩先生文集》卷一二,《张栻集》,第 938 页。
② 张栻:《敬简堂记》,《新刊南轩先生文集》卷一二,《张栻集》,第 957 页。
③ 张栻:《答李季修》第一书,《新刊南轩先生文集》卷二七,《张栻集》,第 1172—1173 页。

之久且熟,则天理浸明,而心可得而尽矣。"①据此可知,"敬"(工夫)与"心"(本体)实则处于一种相即不离的关系当中。易言之,居敬工夫与心体是相涵互摄、一体不离的,居敬工夫所至,即是心体之所在。

"心"既为人皆固有的道德本心,具有绝对性、普遍性、超越性与恒常性,那就无所谓存亡出入可言,但是何以论"敬"时却屡屡言及本心之存亡呢?对此,张栻云:"心非有存亡出入,因操舍而言也。操则在此,舍则不存焉矣。盖操之者乃心之所存也。以其在此,是则谓之入可也;以其不存焉,则谓之出可也。"②又云:"心本无出入,然操之则在此,舍之则不在焉。方其操而存也,谓之入可也(本在内也),及其舍而亡也,谓之出可也(非心出在外,盖不见乎此也)。"③在他看来,"心"本无存亡出入可言,"心"之存亡出入,只是就人之操舍所造成的效验或结果来说的,操则本心存在于此,可谓之入,此时本心显明;舍则本心放失而不在于此,可谓之出,此时本心蒙蔽。故所谓存与亡、出与入,实则只是就人之或操或舍所造成的本心之或显或隐的情况来说的。

总之,张栻继承了孟子的心性思想,明确肯定道德修养贵在存心养性,而存心养性之道则在于"敬"。在他看来,"敬"即为一种存养本心的道德修养工夫,存心养心不可离于"敬","敬"即作为生生之体的"心"之所以能生生的根本之道,"敬"与"心"相即不离。因为"心"即道德本心、道德本体,故"敬"作为存心工夫乃是直接就本体而言,是以直指本体为大要的上达工夫。这一点与朱熹的敬论有别,因为朱熹主要是从实然之气的层面来论"心"。朱熹云:"人心是知觉。"④"心者,气之精爽。"⑤"人心者,气质之心也。"⑥"所觉者,心之理也。能觉者,气之灵也。"⑦"问:灵

① 张栻:《答朱元晦秘书》第一书,《新刊南轩先生文集》卷二〇,《张栻集》,第1063页。
② 张栻:《南轩先生孟子说》卷六,《张栻集》,第436页。
③ 张栻:《答朱元晦秘书》第一书,《新刊南轩先生文集》卷二〇,《张栻集》,第1062页。
④⑥ 黎靖德编:《尚书一》,《朱子语类》卷七八,第2013页。
⑤⑦ 黎靖德编:《性理二》,《朱子语类》卷五,第85页。

处是心,抑是性? 曰:灵处只是心,不是性,性只是理。"①"人物之生,莫不有是性,亦莫不有是气。然以气言之,则知觉运动,人与物若不异也,以理言之,则仁义礼智之禀,岂物之所得而全哉。"②显然,朱子是以"气"言"心",认为"心"即气之灵,人心即气质之心,具有认知、知觉的能力。此"心"不是"性"、不是"理",只是就"气"上而言的实然的、经验的认知、知觉之心,它与"性""理"对言,并非与"性""理"同质同层的本体性范畴,亦非人所固有的道德本心。然而在张栻的思想中,"心"即生生本体,乃人皆固有的道德本心。虽然朱、张二人都以"敬"为存心之工夫,但朱子的居敬工夫是从实然的经验之心上来说的,而张栻的居敬工夫则是就纯粹至善的道德本心而言,所以二者的"敬"论因其"心"论之差异而有所不同。

（二）"敬"之方

根据张栻对"敬"之如此这般的界定,便可知他十分重视"敬"在道德修养中的作用。而问题的关键在于如何持敬,从而落实此居敬工夫,并体达"敬"的境界,这就必然涉及居敬之方。对此,张栻主张内外兼修:既须把捉于中,又须检束于外。具体而言,则可从"克欲存理""穷理致知"以及"内外兼修"等方面来展开和落实居敬工夫。

第一,克欲存理。理欲关系是张栻理学着力探讨的问题,其理欲观十分明确地将天理与人欲区分开,认为二者有霄壤之别,绝不可有丝毫之混同。张栻所谓"天理只是天理,人欲只是人欲,都无夹杂念虑。毫厘之间,霄壤分焉"③,即是要泾渭分明地判别天理与人欲二者。当然,这里的"人欲"并非泛指人的一切欲望,而是特指人之私欲,即背离了天理之大公的各种欲求。正因为"天理、人欲不并立"④,所以张栻十分强调克人欲而存天理。所谓"己私克则天理存"⑤"己私既克,无所蔽隔,而天理睟

---

① 黎靖德编:《性理二》,《朱子语类》卷五,第 85 页。
② 朱熹:《孟子集注·告子章句上》,《四书章句集注》,第 326 页。
③ 张栻:《答胡季随》,《新刊南轩先生文集》卷三二,《张栻集》,第 1263 页。
④ 张栻:《勿斋说》,《新刊南轩先生文集》卷一八,《张栻集》,第 1034 页。
⑤ 张栻:《答吕季克》,《新刊南轩先生文集》卷二六,《张栻集》,第 1163—1164 页。

然"①等，无不都是在反复推明克私欲存天理之意。

张栻尤为强调天理、人欲之别，极力主张克人欲、存天理，而在他看来，克欲存理则敬立。他在《敬简堂记》中说：

> 若何而能敬？克其所以害敬者，则敬立矣。害敬者莫甚于人欲。自容貌颜色辞气之间而察之，天理人欲丝毫之分耳。遏止其欲而顺保其理，则敬在其中，引而达之，扩而充之，则将有常而日新，日新而无穷矣。②

张栻认为，克人欲而存天理则可以立敬，因为人欲乃"害敬"之最大因素，遏止"害敬"之人欲而存天理，则自可以居敬。而之所以如此，是因为去除人欲之蔽则天理昭著，天理明则意味着本心得以操存而未失，而"敬"与"心"相即不离，所以克欲存理则"敬"自在其中。

当然，在张栻的理学中，一方面，克欲存理则敬立，而另一方面，居敬也有助于克欲存理。他说："君子居敬以为本，造次克念，战兢自持，旧习浸消，则善端易著。及其至也，私欲尽而天理纯，舜之所以圣者，盖可得而几矣。"③因为"敬"即存养本心的工夫，"敬"则心存，而天理本就内在于人心，人心本即完具天理，心存则天理显明昭著，必无人欲之私存于其中，所以居敬则可以克欲存理。总之，克欲存理则敬立，而持敬又可以克欲存理，"敬"与"克欲存理"是统一的，二者相辅相成、互促互发。

第二，穷理致知。在张栻看来，穷理、致知对于居敬工夫的施行与落实也具有促发作用。他说："穷理持敬工夫，盖互相资耳。"④又说："盖居敬有力，则其所穷者益精；穷理浸明，则其所居者益有地。二者盖互相发也。"⑤穷理与居敬工夫相互促发、相须并进。又在张栻看来，致知亦即穷理，故穷理、致知皆有助于居敬工夫的施展与落实。

---

① 张栻：《南轩先生孟子说》卷七，《张栻集》，第 632 页。
② 张栻：《敬简堂记》，《新刊南轩先生文集》卷一二，《张栻集》，第 947 页。
③ 张栻：《南轩先生孟子说》卷七，《张栻集》，第 603—604 页。
④ 张栻：《与吴晦叔》第二书，《新刊南轩先生文集》卷二八，《张栻集》，第 1195—1196 页。
⑤ 张栻：《答陈平甫》，《新刊南轩先生文集》卷二六，《张栻集》，第 1157 页。

依张栻之见，"穷理"或"致知"是指穷究事物的所当然之则及其所以然之故，其实质乃在于返本体察以明识本心天理。他说："若何而为仁义礼智之道？若何而为喜怒哀惧爱恶之节？若何而为耳目鼻口手足四肢之则？若何而为君臣父子夫妇长幼朋友之常？探其所以然，求所当然，是之谓穷其理。"①在他看来，"穷理"就是"探其所以然，求所当然"。"所当然"是指仁、义、礼、智等具体的道德伦理规范，即天理在人伦日用中的具体表现（分殊之用）；"所以然"是指这些具体道德伦理规范的来源和根据，即天理本体（理一之体）。因而"穷理"就是指察识天理本体之发见，并就其发见处体认天理本体。可见，穷理工夫是从本体之发见处用功以体证本体，具有即用以明体的特征。

因为对张栻而言，天理本即内在于人之本心，所以穷理工夫归根结底就是反求诸己、察识本心的工夫。就心与理的关系，他说：

> 人心天理初无欠，正本端原万善生。②
>
> 心与理一，不待以己合彼……③
>
> 心之所为一者，天理之所存，而无意、必、固、我加乎其间……④

在他看来，人心本即涵具天理，天理本就内在于人心，人心与天理相互发明、本来为一。这也就是在推明本心即天理之义。既然心即是理，万事万物之理皆统摄于人之本心，⑤那么穷理在根本上就是返本向内以明识本心天理，而并非向外探求一事一物之理。张栻云："所谓穷理者，贵乎能有诸己者而已。在己习之偏、意之私亦不一矣，非反而自克，则无以会其理之归。"⑥他认为，穷理贵在"能有诸己"，也就是说，穷理的关键在于

---

① 张栻：《自修铭》，《张栻全集》，第 1190 页，长春，长春出版社，1999。
② 张栻：《律诗·元日》，《新刊南轩先生文集》卷七，《张栻集》，第 828 页。
③ 张栻：《南轩先生孟子说》卷七，《张栻集》，第 588 页。
④ 张栻：《南轩先生孟子说》卷四，《张栻集》，第 493 页。
⑤ 张栻说："万事具万理，万理在万物，而其妙著于人心……心也者，贯万事，统万理，而为万物之主宰者也。"（《敬斋记》，《新刊南轩先生文集》卷一二，《张栻集》，第 938 页。）
⑥ 张栻：《补〈约斋记〉》，《新刊南轩先生文集》卷一二，《张栻集》，第 943 页。

能返本向内体证本心,确信其真实存在于己身从而做到实有诸己。就此而言,穷理实质上就是一种体认本心的工夫。张栻说:"致知所以明是心也……"①"明尽心体之本然为尽其心,非善穷理者莫之能也。"②这就是将"穷理"归结为一种明识本心的工夫。此外,张栻还说:"盖乍见而怵惕恻隐形焉,此盖天理之所存……虽然,怵惕恻隐,盖其苗裔发见耳。由是而体认其所以然,则有以见大体,而万理可穷也。"③这即是说,人之怵惕恻隐之心乃是本心天理的呈现,若就此而体认其所以然,则可以明识本心而穷尽万理。在这里,穷理与察识完全被视为同一工夫来看待。总之,"穷理""致知"对张栻来说,即是指明察本心天理之发见,并就此发见处体认本心天理,这主要是一种返本体证的工夫。

既然穷理、致知是为了明识本心,而居敬是为了存养本心,都以体证道德本心为工夫所指向的目标,那么它们之间就应当是相须并进、相资互发的关系。因此,张栻主张"君子之学,持敬以为本,穷理以为要,涵养浸渍,致知力行,放心可求,而身得其养矣"④。总之,对他而言,致知、穷理是以明心见理为依归,与旨在存心的居敬工夫相互作用为力,必有助于推动居敬工夫的实行、开展。

第三,内外兼修。张栻认为,"敬"兼具内外工夫,既包括内在的心性修养,又包括外在的端庄整肃之功,只有内外兼修方可真正做到"敬"。这一点他吸收了程颐的居敬思想。程颐的居敬工夫是贯通内外的,他说:"所谓敬者,主一之谓敬;所谓一者,无适之谓一。且欲涵泳主一之义,一则无二三矣。"⑤"严威俨恪,非敬之道,但致敬自此入。"⑥又云:"动容貌,整思虑,则自然生敬。"⑦可见,程颐的主敬工夫强调内外兼修,要求

---

① 张栻:《敬斋记》,《新刊南轩先生文集》卷一二,《张栻集》,第 938 页。
② 张栻:《答彭子寿》,《新刊南轩先生文集》卷三一,《张栻集》,第 1242 页。
③ 张栻:《答直夫》,《南轩集》卷二七,《张栻集》,第 1177 页。
④ 张栻:《爱身堂说》,《张栻集》,第 1488 页。
⑤ 程颢、程颐:《入关语录》,《二程遗书》卷一五,《二程集》上册,第 169 页。
⑥ 同上书,第 170 页。
⑦ 同上书,第 149 页。

人在外在的容貌言行举止和内在的思虑情感方面约束自己,落实居敬工夫。张栻的持敬工夫论也强调内外兼修。如他在《敬铭》中说:"维人之心,易于放逸。操存舍亡,或入或出。敬之一字,其义精密。学者所当,服膺弗失……把捉于中,精神心术。检束于外,形骸肌骨。常令惺惺,又新日日。"①持敬则既须"把捉于中",又须"检束于外",只有内外兼修方可实现"敬"。

其一,把捉于中:主一无适、专心致志。

对张栻而言,"主一无适"既为"敬"的内涵,同时也体现了持敬工夫的内在要求,指明了持敬之方。他说:"欲从事于敬,惟当常存主一之意,此难以言语尽,实下工夫,涵泳勿舍,久久自觉深长而无穷也。"②又说:"主一、无适,敬之方也。无适则一矣,主一则敬矣。"③践行持敬工夫,则应当常存"主一"之意,使内心常处于一种"主一无适"的状态。"主一无适"乃居敬之方,强调内心的恭敬与专注。如何"主一"? 张栻在《答潘叔昌》第一书中云:

> 来书所谓思虑时扰之患,此最是合理会处。其要莫若主一。《遗书》中论此处甚多,须反复玩味。据目下看底意思,用工譬如汲井,渐汲渐清。如所谓未应事前,此事先在,既应之后,此事尚存,正缘主一工夫未到之故。须是思此事时只思此事,做此事时只做此事,莫教别底交互出来,久久自别。④

可见,要做到主一无适,则须于遇事接物之时,精神收敛集中,能专心一

---

① 《敬铭》之全文为:"维人之心,易于放逸。操存舍亡,或入或出。敬之一字,其义精密。学者所当,服膺弗失。收敛方寸,不容一物。如入灵祠,如奉军律。整齐严肃,端庄静一。戒慎恐惧,兢业战栗。如见大宾,罔敢轻率。如承大祭,罔敢慢忽。视听言动,非礼则勿。忠信传习,省身者悉。把捉于中,精神心术。检束于外,形骸肌骨。常令惺惺,又新日日。"(《敬铭》,《张栻全集》,第1188页。)
② 张栻:《答曾致虚》,《新刊南轩先生文集》卷二六,《张栻集》,第1158页。
③ 张栻:《存斋记》,《新刊南轩先生文集》卷一一,《张栻集》,第931页。
④ 张栻:《答潘叔昌》第一书,《新刊南轩先生文集》卷二七,《张栻集》,第1183页。

处而不为他事所干扰,这并非指专心执着于某一具体的事物,而是指心有主而不外纵、不放逸、不走作,能够随事专注。因而,张栻认为,"专心致志,学之大方,居敬之道也"①。

不仅如此,在他看来,居敬还要求人内心时时处于一种警觉、警醒的状态。张栻云:"戒慎恐惧,兢业战栗。如见大宾,罔敢轻率。如承大祭,罔敢慢忽。视听言动,非礼则勿。忠信传习,省身者悉。把捉于中,精神心术……常令惺惺,又新日日。"②又云:"所论居敬,虽收敛此心,乃觉昏昏不活,而懈意自生,夫敬则惺惺,而乃觉昏昏,是非敬也,惟深自警厉,以进主一之功,则幸甚。"③"戒慎恐惧""兢业战栗",不敢"轻率""慢忽",以及"常惺惺",这些都是居敬工夫内在方面的要求。持敬则要求人收敛精神而使其不放纵不散逸,令内心常常处于主一无适、警觉警醒、敬畏谨慎的状态。

其二,检束于外:动容貌、整衣冠。

在张栻看来,持敬虽当以内在修养为主,但外在工夫也十分重要,居敬不仅须"把捉于中,精神心术"④,还须"检束于外,形骸肌骨"⑤。如他在《敬铭》中所言"整齐严肃,端庄静一"⑥,便包含着"敬"之外在方面的要求,其中"整齐""端庄"即是就外在容貌而言。张栻在同朱子讨论居敬工夫时说:

> 盖动容貌、整思虑,则其心一,所以敬也。今但欲存心,而以此为外,既不如此用工,则心亦乌得而存? 其所谓存者,不过强制其思虑,非敬之理矣,此其未知内外之本一故也。今有人容貌不庄,而曰吾心则存,不知其所为不庄者,是果何所存乎? 推此可见矣。⑦

① 张栻:《南轩先生孟子说》卷六,《张栻集》,第552页。
②④⑤⑥ 张栻:《敬铭》,《张栻全集》,第1188页。
③ 张栻:《答戚德锐》,《新刊南轩先生文集》卷二七,《张栻集》,第1187页。
⑦ 张栻:《答朱元晦》,《新刊南轩先生文集》卷三〇,《张栻集》,第1223页。

他认为，人之动容貌、整思虑，则表明其心主一无适，所以为"敬"。因为内在与外在本来是统一的，所以存养本心的工夫应当从内外两个方面入手。若不注重于内外两面下功夫，则本心难以得到操存涵养。因为容貌不庄即意味着本心未存，而本心未存即是不"敬"。由此，持敬也需从外在修养方面下功夫，"敬"本身就是内外贯通一致的，既须内存恭敬之心，又须于外动容貌、整衣冠，内外工夫交相互养。

张栻十分重视"敬"之外在修养工夫。他在《寄吕伯恭》第二书中说："向来每见衣冠不整，举止或草草，此恐亦不可作小病看。古人衣冠容止之间，不是要作意矜持，只是循它天则合如是，为寻常因循怠弛，故须着勉强自持。外之不备，而谓能敬于内，可乎？此恐高明所自知，但不可以为小病耳。"①在他看来，衣冠容貌不齐整端庄以及言行举止草率都不是小病，因为外在的修养工夫不足，则无法存恭敬之心于内。动容貌、整衣冠等虽然只是一种是外在修养，但通过这种外在的修养，也能使人身心收敛，时时存持敬之心。这就是张栻所谓："如知有整衣冠、一思虑，便整衣冠、一思虑，此虽未知大体，然涵养之意已在其中。"②

总之，"敬"既包括人内在的修养，也包括人外在的修养，"敬"本身即是内外本末贯通一致的工夫。因此，持敬既须于内在修养方面下功夫，如"主一无适""专心致志""戒慎恐惧""常惺惺"等，以收敛内心而令其不放逸不走作，并使内心常常处于警觉警醒、敬畏谨慎的状态；又须于外在修养方面下功夫，如动容貌、整衣冠等，以保持外在的端庄、整齐、严肃。如此内外兼修，方能真正落实持敬工夫。

（三）"敬"之功

张栻认为，道德心性修养须从本源上下功夫："工夫须去本源上下沉潜培植之功。"③之所以须如此，是因为"本立则临事有力也"④"大本立而

---

① 张栻：《寄吕伯恭》第二书，《新刊南轩先生文集》卷二五，《张栻集》，第 1135—1136 页。

② 张栻：《答吴晦叔》，《新刊南轩先生文集》卷二九，《张栻集》，第 1207 页。

③ 张栻：《答萧仲秉》第二书，《新刊南轩先生文集》卷二六，《张栻集》，第 1160 页。

④ 张栻：《答乔德瞻》第三书，《新刊南轩先生文集》卷二七，《张栻集》，第 1182 页。

达道行"①。本体之挺立如此重要，而关键在于如何立本，在张栻看来，立本之道在于"敬"。他说："要须本源上用功，其道固莫如敬。若如敬字有进步，则弊当渐可减矣……惟主敬以立本，而事事必察焉，学之要也。"②可见，"主敬"乃达道至德、为学成圣之根本。这一点具体展现在"敬"之"宅心""达仁""至诚"等功用上。

其一，宅心。张栻云："夫敬者宅心之要，而圣学之渊源也。"③他以"敬"作为存养本心之根本工夫。在张栻看来，人皆本具纯粹至善之道德心，此心乃人之所以为人而异于物之根本所在。他说："仁，人心也。"④"仁者，人之道而善之长。"⑤"人受天地之中以生，有是心也。"⑥人虽本具善心，但在现实中往往有不善，这主要因为气禀之桎梏、意欲之牵累，导致道德本心被陷溺、蒙蔽。张栻云：

> 夫人之心，天地之心也，其周流而该遍者，本体也……而人之所以私伪万端，不胜其过者，梏于气，动于欲，乱于意，而其本体陷溺也。虽曰陷溺，然非可遂殄灭也……故其于是心也，治其乱，收其放，明其蔽，安其危，而其广大无疆之体可得而存矣。⑦

人之本心虽被气禀、意欲陷溺，但若能于日用常行中察识本心之发见，去除气禀之蔽、意欲之乱而收其放心，则人所固有的道德本心亦可重新得以显明。此中关键即在于如何求放心。对此，张栻指出：

> 人具天地之心，所谓元者也。由是而发见，莫非可欲之善也。其不由是而发，则为血气所动，而非其可矣……今欲用工，宜莫先于敬。用工之久，人欲浸除，则所谓可者亦可得而存矣。⑧

---

① 张栻：《南轩先生孟子说》卷七，《张栻集》，第 605 页。
② 张栻：《答吕子约》第三书，《新刊南轩先生文集》卷二五，《张栻集》，第 1142 页。
③ 张栻：《敬斋铭》，《新刊南轩先生文集》卷三六，《张栻集》，第 1309 页。
④ 张栻：《潭州重修岳麓书院记》，《新刊南轩先生文集》卷一〇，《张栻集》，第 900 页。
⑤ 张栻：《南轩先生论语解》卷二，《张栻集》，第 125 页。
⑥ 张栻：《送曾裘父序》，《新刊南轩先生文集》卷一五，《张栻集》，第 989 页。
⑦ 张栻：《桂阳军学记》，《新刊南轩先生文集》卷九，《张栻集》，第 888—889 页。
⑧ 张栻：《答宋伯潜》，《新刊南轩先生文集》卷三一，《张栻集》，第 1231—1232 页。

这就是说,人本具天地之心,若循顺天地之心而为,则皆为善;若不由天地之心而发,反为血气所动,则人皆本有之善心被私欲陷溺,遂流于不善。这就需要力行持敬工夫,以去除人欲之蔽从而彰明人之道德本心。因此,"敬"则可以去除私欲、操存本心,从而挺显人之所以为人之道。

其二,达仁。仁学是张栻理学的重要组成部分,其所探讨的核心问题即"仁"之义涵及求仁之方。张栻认为,"仁"即生生之德,乃宇宙万有生化之本,亦为一切道德和价值之根源,而察识、体认仁体以及达至天地万物一体之仁者境界的根本工夫即在于"敬"。

张栻论"仁",主要通过阐明仁与心、仁与爱、仁与义礼智等的关系以及万物一体的仁者境界来彰显"仁"的内涵。他说:"夫人之心,天地之心也,其周流而该遍者,本体也。在《乾》《坤》曰元,而在人所以为仁也。"①又云:"人之性,仁、义、礼、智四德具焉:其爱之理则仁也……而所谓爱之理者,是乃天地生物之心,而其所由生者也。"②又云:"仁者视万物犹一体。"③"仁者与亿兆同体,无不爱也。"④在他看来,"仁"即"心",亦即爱之理,乃宇宙万有生化之根本;同时"仁"也是一切道德和价值的创发之源,根本上高于义礼智等具体的德目;并且"仁"即生生之德、生生之理,人与万物皆由其所化生,都具此生德、生理,故仁者与天地万物为一体。

张栻吸收了二程的思想,主张以"敬"为求仁之根本工夫。他说:"伊川先生曰:'主一之谓敬。'……求仁之方,孰要乎此。"⑤又云:"盖居敬有力,则其所穷者益精;穷理浸明,则其所居者益有地。二者盖互相发也。为仁之要,孰尚于此。"⑥又云:"学者致为仁之功,则仁之体可得而见,识

① 张栻:《桂阳军学记》,《新刊南轩先生文集》卷九,《张栻集》,第 888 页。
② 张栻:《仁说》,《新刊南轩先生文集》卷一八,《张栻集》,第 1031—1032 页。
③ 张栻:《南轩先生论语解》卷六,《张栻集》,第 223 页。
④ 张栻:《南轩先生孟子说》卷五,《张栻集》,第 407 页。
⑤ 张栻:《主一箴》,《新刊南轩先生文集》卷三六,《张栻集》,第 1318 页。
⑥ 张栻:《答陈平甫》,《新刊南轩先生文集》卷二六,《张栻集》,第 1157 页。

其体矣,则其为益有所施而亡穷矣。然则答为仁之问,宜莫若敬而已。"①
可见,"敬"对于本心仁体的显明、挺立具有关键性的作用。这主要是因
为,"仁"即"心",而"敬"即对本心的操存涵养,故"敬"则心存,于是仁体
也就得以觉识、体证、昭显。此即张栻所云:"嗟尔君子,敬之敬之! 用力
之久,其惟自知……鱼跃鸢飞,仁在其中。"②

　　其三,至诚。张栻不仅以"敬"存心、达仁,且以"敬"作为达至"诚而
天"之最高修养境界的根本工夫。他说:"诚者天之道,敬者人事之本。
敬道之成,则诚而天矣。然则君子之学,始终乎敬者也。"③"诚"乃天之
道,而"敬"为人事之本,通过人道之努力以求合于天道,敬道之成,则可
达至诚而天的境界。因此"敬"在这里已上升到与天道、天理融为一体的
工夫,可谓亦工夫亦本体亦境界。张栻所谓"惟敬之功,协乎天德"④,即
可以充分体现此意。又因天德、天道即天之生德、生道,故"敬"则可以尽
己、尽人之性,乃至赞助天地化育万物:

　　　　修己之道,不越乎敬而已。敬道之尽,则所为修己者亦无不尽,
　　而所以安人、安百姓者皆在其中矣。盖一于笃敬,则其推之家以及
　　于国、以及于天下,皆是理也。极其至,天地位焉,万物育焉。⑤

张栻认为,修己之道当以居敬为本。若能尽此敬道,则修己之功效无穷,
可使家齐、国治、天下平,乃至于令天地安于其所、运行不息,万物各遂其
性、生生不已。所以敬道之尽,不仅可以尽内圣外王之道,修身、齐家、治
国、平天下;还可以尽天地万物之性,参赞天地之化育,以至于上达"诚而
天"之天地万物一体的圣境。由此可知,"敬"在张栻理学中具有十分重
要的地位和作用,乃上达宇宙人生之最高境界的切要工夫,而"敬"在与
天道、天德融为一体的过程中,其本身也就成为一种道德心性修养所需

① 胡宏:《宋朱熹胡子知言疑义》,《胡宏集》附录一,第334—335页。
② 张栻:《敬斋铭》,《新刊南轩先生文集》卷三六,《张栻集》,第1309页。
③ 张栻:《补〈敬斋记〉》,《新刊南轩先生文集》卷一二,《张栻集》,第939页。
④ 张栻:《敬斋铭》,《新刊南轩先生文集》卷三六,《张栻集》,第1309页。
⑤ 张栻:《南轩先生论语解》卷七,《张栻集》,第249—250页。

上达的境界。

综上所言，张栻的早期工夫论以"性体心用"或"性为未发，心未已发"的心性论为义理根据，力倡"先察识后涵养"说，即主张先于本心之发见处察识、体证本心，然后直下就其所体证者加以操存涵养。此工夫只在已发时做，且以对本心的察识为根本；其晚期工夫论则以"心性兼赅体用、融贯未发已发"的心性论为义理根据，转变为强调"存养体察并进"说，即主张未发时之涵养与已发时之察识工夫相须并进、相资互发。此工夫贯通未发和已发，且更为注重对本心的涵养。张栻的工夫论虽经历了从"先察识后涵养"说到"存养体察并进"说的转变，但居敬工夫始终贯穿于其中，发挥着存养本心的重要作用，并且随着其工夫论的演变，居敬工夫的地位和作用日益提升，逐渐成为道德心性修养的根本工夫。所以，敬论也是其工夫论的重要内容。张栻将"敬"与孟子的心性论加以融通，认为"敬"即对本心的操存涵养工夫，且以"敬"为"心"之生道，强调"敬"与"心"相即不离。张栻之所以大力阐扬敬论，是因为在他看来，"敬"在道德心性修养中具有宅心、达仁、至诚之大用，是"立本"乃至上达"诚而天"之道德至上境界的根本工夫。至于如何居敬，张栻主张内外兼修，强调既须"把捉于中"，以内在修养为本；又须"检束于外"，不可轻忽外在修养。

第四节　理欲论与义利之辨

义利之辨，系张栻理学所着力探讨的问题[1]，关涉其整个学问的宗旨和价值取向等重大问题。因张栻认为"义"即天理之公，"利"即人欲

---

[1] 张栻云："学者潜心孔、孟，必求其门而入，愚以为莫先于明义利之辨……嗟乎！义利之辨大矣。岂特学者治己之所当先，施之天下国家，一也。"（《南轩先生孟子说》"讲义发题"，《张栻集》，第311—312页。）可见，在张栻看来，义利之辨既是学者为学明道、修身治己的首要任务，也是治国者为国行政的头等大事。不明乎此，则无以为人、为学、为政。

之私①,所以其义理之辨的实质也就是理欲之辨。张栻从"意之所向"即行为的动机处,以顺性之"无所为而然"与逆性之"有所为而然"十分精微地辨析义利之分、理欲之别,并且在存天理、遏人欲的工夫论上,力主以"反躬"为本,提出了自己独到的见解,备受朱子、真德秀、杨万里等学者的称颂与推崇②,对宋代理欲思想的丰富和发展产生了颇为重要的影响。本节从理欲之义涵、理欲之关系、存理遏欲之工夫及其目的四个方面来展示张栻的理欲思想。③

一、"天理""人欲"之义涵

在对理欲问题的处理中,张栻所谓"天理""人欲"主要就道德和价值

① 张栻曰:"无所为者天理,义之公也。"(《汉家杂伯》,《新刊南轩先生文集》卷一六,《张栻集》,第1007页。)又曰:"至于利,则一己之私而已。"(《南轩先生孟子说》卷七,《张栻集》,第603页。)"有所为者人欲,利之私也。"(《汉家杂伯》,《新刊南轩先生文集》卷一六,《张栻集》,第1007—1008页。)又曰:"凡有所为而然者,皆人欲之私,而非天理之所存,此义利之分也。"(《南轩先生孟子说》"讲义发题",《张栻集》,第311页。)

② 朱子云:"公(张栻)之教人,必使之先有以察乎义利之间,而后明理居敬,以造其极。盖其常言曰:'学者莫先于义利之辨,而义也者,本心之当为而不能自己,非有所为而为之者也。一有所为而后为之,则皆人欲之私,而非天理之所存矣。'呜呼,至哉言也!其亦可谓扩前圣人之所未发,而同于性善养气之功者欤!"(朱熹:《右文殿修撰张公神道碑》,《朱子全书》第42册,第4131—4132。)真西山云:"《大学》所谓利,专指财利而言。伊川先生云:'利不独财利之利,凡有一毫自便之心即是利。'此论尤有补于心术之微。南轩先生又谓:'无所为而为皆义也,有所为而为即利也,其言愈精且微,学者不可不知也。'"(真德秀:《问治国平天下章》,《西山先生真文忠公文集》(十五)卷三〇,第17页,上海,商务印书馆,四部丛刊初编本。)杨诚斋云:"栻之言曰:'学莫先于义利之辨。义者,本心之所当为也。有为而为之,则皆人欲,非天理。'此栻讲学所得之要也。"(杨万里:《张左司传》,《诚斋集》卷一一六,第479页,《文渊阁四库全书》第1161册。)

③ 目前学界对张栻理欲思想的研究主要是从其义利之辨入手,着重涉及天理、人欲的内涵及其关系这两个问题。参见侯外庐、邱汉生、张岂之主编:《宋明理学史》(上卷),第324—328页;蔡方鹿:《一代学者宗师:张栻及其哲学》,第100—109页;卢钟锋:《张栻与南宋理学》,《天府新论》1992年第2期,第7—9页;刘蕴梅:《张栻"义利之辨"探析》,《天府新论》1992年第2期,第38—41页;苏铉盛:《张栻哲学思想研究》,北京大学2002年博士学位论文,第129—138页;王丽梅:《张栻哲学思想研究》,南京大学2004年博士学位论文,第93—108页;苏铉盛:《理学家的义利观——以张栻为中心》,李诚主编:《巴蜀文化研究》第1期(2004年5月),第185—193页。邢靖懿:《张栻理学研究》,河北大学2008年博士学位论文,第124—144页;何英旋:《张栻伦理思想研究》,中南大学2008年硕士学位论文,第20—24页。

的意义层面立论,乃是对纯粹至善的性体之表现层上的事(或说人之表现其道德本性的实践行为)所作的价值判断,而性体自身则是判断的绝对标准。因此在这里,"天理"并非一个纯从本体宇宙论意义上空言或泛言的概念,而是道德律令、道德法则、道德性的天理,为善、为公、为正。"人欲"也并非一个抽象地一般地所言之中性概念,乃是相对"天理"而言,专指逆性悖理的人之私欲,为恶、为私、为邪。而张栻对"天理""人欲"的理解颇具特色之处在于,他紧扣人皆固有道德本性这点,从人的实践工夫上,以顺性之"无所为而然"与逆性之"有所为而然"来界分"天理"和"人欲",并从"意之所向"即行为的动机处来判定"无所为"与"有所为"。

(一)顺性之"无所为者"即"天理",逆性之"有所为者"即"人欲"

张栻所谓"天理""人欲"紧扣着人的"道德本性"来说,并且是就"性"之表现或发用而言。[1] 他说:"人之良能良知,如饥而食、渴而饮,手持足履之类,固莫非性之自然形乎气体者也。形乎气体,则有天理,有人欲,循其自然,则固莫非天理也。然毫厘之差,则为人欲乱之矣。"[2]在他看来,人的良知良能如同饥食渴饮、手持足履之类,都是"性之自然形乎气体者"。此处"性"当然是指人的道德本性,而"性之自然形乎气体"则是指性体通过气体真实具体地表现出来。"性无不善也"[3],性体自身是纯粹至善的,然而一旦表现出来,则会有天理、人欲之别。而之所以有这种差异,主要是因为人所禀受的气有清浊、厚薄等不同,张栻云:"论性之存乎气质,则人禀天地之精,五行之秀,固与禽兽草木异。然就人之中不无清浊厚薄之不同。"[4]虽然人人都具有道德本性,但是人的气禀有种

---

[1] 注意侯外庐等主编的《宋明理学史》和卢钟锋在《张栻与南宋理学》中的意见,他们认为"无所为而然"是指性的未发状态,而"有所为而然"指性的已发状态。这种观点有待商榷,笔者以为张栻所谓"天理""人欲"之分辨都是就性的表现或发用上来说的。

[2] 张栻:《南轩先生孟子说》卷七,《张栻集》,第595页。

[3] 张栻:《洁白堂记》,《新刊南轩先生文集》卷一三,《张栻集》,第954页。

[4] 张栻:《南轩先生论语解》卷九,《张栻集》,第275页。

种差异,而此性又须通过人的气禀发用呈露,所以当人所固有的善性混杂在气禀中表现出来的时候就会产生天理、人欲的不同。而其中性之表现合顺其自然者为天理,悖逆其自然者则为人欲。因为性之自然是纯粹至善的,故"天理"代表着"善"的价值,为人的道德本性所固有;而人欲则代表着"恶"的价值,根源于人的气禀之偏邪。① 就此而言,张栻所谓"天理""人欲"乃是就性体表现上的事所做的价值判断,而并非直就性体本身而言,性本身乃是纯粹至善的,恰恰是价值评判的绝对标准。张栻云:

> 《乐记》"人生而静"一章曰"静",曰"性之欲",又曰"人欲"。静者,性之本然也。然性不能不动,感于物则动矣,此亦未见其不善,故曰"性之欲",是性之不能不动者然也。然因其动也,于是而始有流为不善者。盖物之感人无穷,而人之好恶无节,则流为不善矣,至此则岂性之理哉,一己之私而已。于是而有人欲之称,对天理而言,则可见公私之分矣。②

可见,性之本然是纯粹至善的,并且性不能不动,即必然能够流行发用从而有所表现,但是性体在实际表现出来的时候,因为人的好恶没有节制,常常不能顺性称体而发,于是便流为不善,"不善"并非性之自然、性之本然,而只是人的一己私欲。因而便有"人欲"之称,乃相对大公至正的天理而言。故张栻所谓"人欲"专指人的私欲,它往往遮蔽、陷溺了人所固

① 张栻云:"有是性则具是理。"(《南轩先生孟子说》卷六,《张栻集》,第 542 页。)又云:"人皆有是性,则其理未尝不具也。"(《南轩先生孟子说》卷四,《张栻集》,第 490 页。)又云:"失其大者则役于血气而为人欲,先立乎其大者则本诸天命而皆是理。"(《南轩先生孟子说》卷六,《张栻集》,第 557 页。)又云:"夫血气固出于性,然因血气之有偏而后有不善,不善一于其偏也……即其本源而言之,则谓不善者性之所不为,乃所以明性之理也。"(《答胡伯逢》,《新刊南轩先生文集》卷二九,《张栻集》,第 1211 页。)又云:"人之有不善,皆其血气之所为,非性故也。"(《南轩先生孟子说》卷三,《张栻集》,第 398 页。)这些都可以用来补充说明此意:"天理"本具于人性,而"人欲"则根于血气之偏,绝非人之道德本性所固有。

② 张栻:《答吴晦叔》第八书,《新刊南轩先生文集》卷一九,《张栻集》,第 1059—1060 页。

有的道德本性,是人在道德实践当中必须克制的对象。① 而他又说:"人性本善,由是而发,无人欲之私焉,莫非善也,此所谓顺也。情有不善者,非若其情故也。无不足者,天理之安也,本心也。若有不足,则是有所为而然,杜撰出来,此人欲也,有外之心也。"②人性之自然、本然是纯粹至善的,若顺性称体而发,则必无人欲之私,而皆为天理之流行;否则,若违逆性之自然、本然而有所为,则是人欲之私,而为有外之心。所以在张栻看来,就道德和价值意义上所言天理、人欲之分判的产生,关键在于人在具体生活实践当中表现其固有的善性时是否能够顺性称体而发:顺之则为天理;逆之则为人欲。据此,张栻便从实践工夫的角度,以顺性之"无所为而然"与逆性之"有所为而然"来界分天理和人欲。他说:"无所为而然者,命之所以不已,性之所以不偏,而教之所以无穷也。凡有所为而然者,皆人欲之私,而非天理之所存,此义利之分也。"③又说:"无所为者天理,义之公也;有所为者人欲,利之私也。"④这就直接点明:无所为而然者即天理,有所为而然者即人欲。也就是说,人在道德修养实践中,循顺其本性之自然而为,则是合乎天理的,一切行为和表现皆天理之所存;而违逆其本性之自然而为,则是不合于天理的,一切行为和表现皆为人的私欲。

---

① 张栻云:"所谓善者,盖以其仁义礼知之所存,由是而发,无人欲之私乱之,则无非恻隐、羞恶、辞让、是非之心矣。"(《南轩先生孟子说》卷三,《张栻集》,第398页。)又云:"君子不谓性,所以遏人欲之流,而保其天性者也。"(《南轩先生孟子说》卷七,《张栻集》,第637页。)由此可见,人欲是悖逆于人之纯粹至善、大公至正的道德本性的,为恶、为私、为非、为邪。而在张栻的理学中,"人欲"往往又被称为"私欲"或"物欲"。他说:"惟夫局于气禀,迁于物欲,而天理不明……"(《郴州学记》,《新刊南轩先生文集》卷九,《张栻集》,第887页。)又说:"众人迷于物欲,而君子存其良心故也。"(《南轩先生孟子说》卷五,《张栻集》,第534页。)又说:"物欲蔽之,而不知善之所以为善故耳。"(《雷州学记》,《新刊南轩先生文集》卷九,《张栻集》,第893页。)又说:"及其至也,私欲尽而天理纯……"(《南轩先生孟子说》卷七,《张栻集》,第604页。)又说:"人皆有是心,然为私欲所蔽,则不能推而达之,而失其性之所有者。"(《南轩先生孟子说》卷二,《张栻集》,第372页。)又说:"惟夫动于私欲,则有所忿懥,有所恐惧,有所好乐,有所忧患,而其正理始昧矣。"(《南轩先生孟子说》卷七,《张栻集》,第605页。)这里的"物欲""私欲"显然都是指人的私欲,也就是张栻所谓"人欲"。总之,在张栻看来,"人欲"是与纯粹至善、大公至正的"本性"亦即"天理"相违逆的,特指人的私欲。
② 张栻:《答吴晦叔》,《新刊南轩先生文集》卷二九,《张栻集》,第1206页。
③ 张栻:《南轩先生孟子说》"讲义发题",《张栻集》,第311页。
④ 张栻:《汉家杂伯》,《新刊南轩先生文集》卷一六,《张栻集》,第1007—1008页。

那么，又何谓"顺性""逆性"？何谓"无所为""有所为"呢？张栻云："性无有不善，其为善而欲善，犹水之就下然也。若所谓不善者，是其所不为也，所不欲也……虽然，其所不为而人为之，其所不欲而人欲之，则为私欲所动，而逆其性故耳。善学者何为哉？无为其所不为，无欲其所不欲，顺其性而已矣。"①既然性之自然、本然是纯粹至善的，那么为善、欲善则是性分之所固有，而不善则是性之所不为、所不欲者。所以善学者应当无为性之所不为、无欲性之所不欲，这就是所谓"顺性"，所谓"无所为"。但人在现实中往往拘限于一己私欲而违逆其本有的善性，故对于性之所不为、所不欲者而却为之、欲之，这就是所谓"逆性"，所谓"有所为"。据此可知，"顺性"即是指为其所为而不为其所不为，此即"无所为"，也就是指为善去恶；而"逆性"则是指为其所不为而不为其所为，"为其所不为"即"有所为"，也就是指为恶去善。因此，张栻对于"天理""人欲"的界定和分判是紧扣着"道德本性"来进行的，在他看来，这是儒学之所以为儒学的根本所在，不明乎此，则无法真正界分"天理"和"人欲"，以致陷入异端之教当中。故张栻批评异端举物而遗则，不能认识到天理、人欲分判的根据，以致混淆了这两者②，并进而指出，有些学者正因为不明儒学的宗旨所在，所以往往自陷于异端而不自知，只是知晓有天理、人欲二端，却不知天理、人欲究竟为何物，自然也就无法真正去存天理、遏人欲了。③

（二）"无所为"与"有所为"于"意之所向"处分判

张栻对"天理""人欲"的界分无疑是就人之表现其道德本性的实践行为来说的，但必须指出的是，顺性之"无所为"与逆性之"有所为"并非从行为的结果上去分判，而是以行为的动机即张栻所谓"意之所向"是否

---

① 张栻：《南轩先生孟子说》卷七，《张栻集》，第596页。
② 张栻云："若异端举物而遗则，则天理人欲混淆而莫识其源，为弊有不可胜言者矣。"（《南轩先生孟子说》卷七，《张栻集》，第595页。）
③ 张栻云："世固有不取异端之说者，然不知其说乃自陷于异端之中而不自知，此则学之不讲之过也。试举天理、人欲二端言之。学者皆能言有是二端也，然不知以何为天理而存之，以何为人欲而克之，此未易言也。"（《答直夫》，《新刊南轩先生文集》卷二七，《张栻集》，第1177页。）

顺性称体作为评判根据的。他说：

> 人受天地之中以生，仁义礼知皆具于其性，而其所谓仁者，乃爱
> 之理之所存也。惟其有是理，故其发见为不忍人之心。人皆有是
> 心，然为私欲所蔽，则不能推而达之，而失其性之所有者……虽然，
> 何以知人皆有是心？以其乍见孺子而知之也。必曰"乍见"者，方是
> 时，非安排作为之所可及，而其端发见也，怵惕恻隐者悚动于中，恻
> 然有隐也。方是时，非以内交，非以要誉，非以恶其声而怵惕恻隐形
> 焉，是其中心不忍之实也。此非其所素有者邪？若内交、要誉、恶其
> 声之类一毫萌焉，则为私欲蔽其本心矣。①

在张栻看来，人皆本具仁义礼智之性，而仁即爱之理，其发见则为不忍人
之心。人皆本有此仁心，由乍见孺子入井之事便可知：一见孺子匍匐将
掉落于井中，人的怵惕恻隐之心即刻萌生，于是便去救助，此乃人皆固有
的道德本性的当下自然呈现，无丝毫人为造作、私欲夹杂在其中，这便是
人性之所固有而天理之所存。若见孺子匍匐将入于井，因考虑到内交或
者为了要誉或者因为恶其声才去救助，而并非根据其道德本性的必然律
令和当然法则去施为，此即是人欲之私。乍见孺子入井一事，从救助行
为的结果来看，并无二致，但就行为的动机而言，则迥然相异。所以张栻
云："孟子析天理人欲之分，深切著明。如云人乍见孺子匍匐将入于井，
皆有怵惕恻隐之心，非所以内交于孺子之父母也，非所以要誉于乡党朋
友也，非恶其声而然也。盖乍见而怵惕恻隐形焉，此盖天理之所存。若
内交，若要誉，若恶其声，一萌乎其间，是乃人欲矣。"②可见，张栻正是从
行为的动机而非行为的结果来分判天理和人欲的：一念发动处为道德本
性的当下自然呈现，则是天理；而一念发动处若有丝毫人为造作、私心杂
念，便是人欲。所以天理、人欲之分别关键在于人心最初一念发动处是
否合于、顺于道德本性之自然。而"人心一念发动处"即是张栻所谓"意

---

① 张栻：《南轩先生孟子说》卷二，《张栻集》，第 372—373 页。
② 张栻：《答直夫》，《新刊南轩先生文集》卷二七，《张栻集》，第 1177 页。

之所向"①,他说:

> 斯须之顷,意之所向,一涉于有所为,虽有浅深之不同,而其徇
> 己自私则一而已。②

> 凡一日夕之间,起居饮食,遇事接物,苟私己自便之事,意之所
> 向,无不趋之,则天理灭而人道或几乎息矣。③

在他看来,若人心一念发动处即意之所向逆性悖理而涉于有所为,虽然
程度有浅深的不同,但无疑都是徇己自私的行为。此即张栻所云:"即其
所为者而视之,其事善矣,则当观其所从由之道果为善乎? 为利乎? 人
固有同为一事,而所发有善利之分者矣。其所由者是,则又当察其所安
者焉。所安,谓心之所主。"④这就是说,从道德和价值的意义上对一个行
为加以评定,不能依据行为本身或行为的结果,而必须根据行为动机或
出发点来进行。只有这样,对行为的评判才是真正合理的。

二、"天理""人欲"之关系

在"天理""人欲"的关系问题上,张栻显然主张二者之间是截然对立
的,这由其以人的"意之所向"是顺性之"无所为而然"还是逆性之"有所
为而然"来界分"天理"和"人欲"这点便可以推知。虽然张栻根据人的行
为动机顺性与否明确肯定了天理、人欲的分别与对立,但是他并没有否
定人的一切欲求。他所谓"人欲"专指人的私欲,而对于维持人的生存与
发展的基本欲求和人之发于公心的公欲等顺性合理之欲,他恰恰是积极
肯定的。在他看来,这些欲求本身就是天理的体现,故当直接以"天理"
称之,而不可以"人欲"甚至不可以"欲"去言说。所以他是在肯定合理之

---

① 在张栻看来,心之所发便是意,此可从其所云"圣人岂独无意哉? 盖发于心者莫非实理,无一
　毫私意也,若有所作为,皆私意耳"(《南轩先生论语解》卷五,《张栻集》,第 180 页)推知。于
　是人心一念发动即其所谓"意之所向"。
② 张栻:《南轩先生孟子说》"讲义发题",《张栻集》,第 311 页。
③ 张栻:《送刘圭父序》,《新刊南轩先生文集》卷一五,《张栻集》,第 991—992 页。
④ 张栻:《南轩先生论语解》卷一,《张栻集》,第 106 页。

欲的前提下来推明"天理"与"人欲"之间的对立性的。

（一）"天理""人欲"不可两立并存

根据上文的分析便可知，张栻所谓"天理"与"人欲"是决然对立的，二者不可两立并存，毫无相融统一性可言。对于天理与人欲之间的这种对立关系，张栻极力凸显、反复推明之，他说："天理、人欲不两立也"①；"天理、人欲不并立也"②；"苟非天理，即人欲已"③。显然，"天理"与"人欲"是绝对对立的。而二者实处于一种此消彼长、此生彼灭的关系状态当中。张栻云："天理存则人欲消，固不两立也，故以水胜火喻之……天理寖明，则人欲寖消矣。及其至也，人欲消尽，纯是天理，以水胜火，不其然乎"④；"人欲愈肆，而天理愈灭欤"⑤；"私欲寖消，天理益明"⑥。可见，天理、人欲之间势同水火，正因为天理与人欲的消长是完全相反的，所以二者无法并立共存。

"天理""人欲"不可两立并存，这是张栻一以贯之的主张。然而张栻的"天理人欲，同行异情"⑦之论，却容易让人误以为这是在肯定"天理""人欲"之间可以相互融合，二者具有统一性。⑧ 究其原因，主要有二：其一，对于

---

① 张栻：《南轩先生论语解》卷七，《张栻集》，第 233 页。
② 张栻：《南轩先生论语解》卷一，《张栻集》，第 108 页。
③ 张栻：《勿斋说》，《新刊南轩先生文集》卷一八，《张栻集》，第 1034 页。
④ 张栻：《南轩先生孟子说》卷六，《张栻集》，第 561 页。
⑤ 张栻：《答喻郎中》，《新刊南轩先生文集》卷二六，《张栻集》，第 1152 页。
⑥ 张栻：《洙泗言仁序》，《新刊南轩先生文集》卷一四，《张栻集》，第 971 页。
⑦ 张栻：《潭州重修岳麓书院记》，《新刊南轩先生文集》卷一〇，《张栻集》，第 900 页。
⑧ 苏铉盛："在早期的作品中，张栻采取天理人欲同行异情说。日后他更积极地主张天理之优越性……在早期天理人欲说中，他仍然保留天理和人欲之间的融合余地，但在尔后的探讨中，他扬弃这个观点，而强调两者之间的严格区别，并越来越重视道德原理的价值和意义。"（苏铉盛：《张栻哲学思想研究》，北京大学 2002 年博士学位论文，第 132—133 页；苏铉盛：《理学家的义利观——以张栻为中心》，李诚主编：《巴蜀文化研究》2004 年第 1 期，第 187 页。）王丽梅："张栻将天理与人欲之关系规定为'同行异情'，一方面强调天理与人欲的区别，一方面注意强调二者之间的联系，即一方面保证道德世界的先验性与纯粹性，一方面又在道德世界中开显现实世界，在现实世界中奋争道德世界。"（王丽梅：《张栻哲学思想研究》，南京大学 2004 年博士学位论文，第 108 页。）邢靖懿："就在宋代理学家大倡'存天理去人欲'，天理人欲相对立的过程中，张栻秉承、修正了胡宏'同体异用，同行异情'说，从天理人欲互相包容、统一的角度出发，提出天理人欲'同行异情'的独特的理欲观。"（邢靖懿：《张栻理学研究》，河北大学 2008 年博士学位论文，第 126 页。）

张栻理欲论中的"人欲"概念缺乏全面、精准的了解，往往将其与一般所谓"人欲"概念等同看待。张栻所谓"人欲"并不是指人的一切欲求，更不是指那些顺性合理之欲，而是特指人的私欲。在这个地方必须加以区分和辨析，才能准确把握张栻所谓"天理""人欲"之间的关系。其二，对于"天理人欲，同行异情"这个命题的意义理解不够确当。该命题的义涵必须联系张栻之师胡宏的相关思想，并将其置于张栻理学的整个脉络才能恰切理解。

张栻在《潭州重修岳麓书院记》中云："虽然，天理人欲，同行异情，毫厘之差，霄壤之缪，此所以求仁之难，必贵于学以明之与？"[1]"天理人欲，同行异情"本为张栻师胡宏的主张，后为张栻所吸收、继承。胡宏云："天理人欲，同体而异用，同行而异情，进修君子宜深别焉。"[2]目前学界对这段话有不同解释。[3]在牟宗三先生看来，"'同体'者'同一事体'之谓，非

---

[1] 张栻：《潭州重修岳麓书院记》，《新刊南轩先生文集》卷一〇，《张栻集》，第900页。
[2] 胡宏：《胡宏集》附录一《宋朱熹胡子知言疑义》，第329页。
[3] 陈来："天理人欲虽属同一事体，而表现上却显示其不同之用；虽属同一事行，而其情实确有溺与不溺之异。例如，夫妇之道，圣人行之，有道而安，便是天理；庸人溺之无节，便是人欲，这就是'同体异用，同行异情'。胡宏要人在生命欲望的活动中注意循其当然之则，即是说，欲的正当展开就是'天理'，'欲'的不合准则的放荡才是'人欲'。因而天理、人欲的分别并不意味着要排斥或禁绝人的正常的自然欲望，而是如何按照社会通行的准则合理地加以展开。胡宏坚持人的生命活动是不能否认的，不仅两性关系，人生的衣食住行与其他的活动莫不有其所当遵行的准则与规范。"（陈来：《宋明理学》，第153页，沈阳，辽宁教育出版社，1995。）向世陵："胡宏把'同体而异用'与'同行而异情'前后意思相关，'同体''同行'是说理欲双方共存于同一人体及其事物活动之中，'异用''异情'则表明了天理人欲的作用和表现情形不同，即天理立足于道义的要求，人欲服务于生存的需要。何为天理，何为人欲，取决于人们评价的出发点和动机。所以，胡宏强调君子的修身养性，需要在同体、同行中去认真地分辨异用和异情……从'同体''同行'中去辨别'异用''异情'，实际上只能从价值观念上来进行，从客观事实上是区分不开的。正因为如此，这种分辨才十分地不易，所以他要求'进修君子，亦深别焉。'"（向世陵：《善恶之上——胡宏·性学·理学》，第183、219页。）曾亦："牟宗三先生说得是。然而'同体'之体本本体解亦可通，所谓'同体而异用'，即天理、人欲这种伦理上的价值都是由那无善无恶之性派生出来，是同一个本体的不同发用而已。明道'恶亦不可不谓之性'之说，正是说明这个道理。"（曾亦：《本体与工夫——湖湘学派研究》，第111页。）邓辉、周大欢："天理人欲是同一本体的不同显用，是本体流行的不同表现，未发之时用在体中，已发之后体在用中，体用本是一源。根据胡宏'性不能不动，动则心矣'和道物不两离的思想，本体之流行必见之于人，行之于事，因此不同的人行同一事务或同是一人行不同的事务，因心各异必然会异其情实而表现出天理或人欲之别，天理人欲既不相同也不并立，进修德业的君子实应深自辨别反省。"（邓辉、周大欢：《胡宏理欲观辨正》，《哲学研究》2011年第4期，第38页。）

同一本体也。'异用'是异其表现之用，非体用之用。'同行而异情'与上句同意语。'同行'者，同一事行也。'异情'者，异其情实也。正因同体异用，同行异情，故'进修君子，宜深别焉'"①。故"同体而异用"与"同行而异情"的义涵相同，都是指在同一事体或事行上其表现有天理与人欲的差异。既然在同一事体、同一事行中都有天理、人欲之不同表现，所以胡宏希望"进修君子宜深别焉"。因此，"天理人欲，同体而异用，同行而异情"并不能说明"天理""人欲"具有相容性，而恰恰在于强调必须区别二者的不同。张栻在"天理人欲，同行异情"后紧接着说"毫厘之差，霄壤之缪，此所以求仁之难，必贵于学以明之与"，即是在点明此意。而他所谓"天理只是天理，人欲只是人欲，都无夹杂念虑。毫厘之间，霄壤分焉，此昔人所以战兢自持不敢少弛也"②，则更明确地指出了天理与人欲之间的对立性，也可以说是对这段话的最好注脚。

纵观张栻的相关著述，与此处大意相同的内容屡见不鲜、比比皆是，完全可以互诠互释、对照理解，如其云："自容貌、颜色、辞气之间而察之，天理人欲丝毫之分耳。"③又云："盖出义则入利，去利则为善也，此不过毫厘之间，而有白黑之异、霄壤之隔焉……夫善者，天理之公……至于利，则一己之私而已……夫义、利二者相去之微，不可以不深察也。"④"盖事一也，而情有异"等正是表达"同行异情"的意思，而张栻又常用"丝毫之分""毫厘之间霄壤之分""此不过毫厘之间，而有白黑之异、霄壤之隔"等来描述天理与人欲的分别，这充分体现出其所谓"天理""人欲"是截然对反、势不两立的，二者之间绝无任何包容性、融合性可言。其所谓"天理人欲，同行异情，毫厘之差，霄壤之缪"，无疑也指明了此意。但如果孤立地单提此一句，而不能贯通张栻理欲论的整个思路，那么就会据此认

---

① 牟宗三：《心体与性体》第 2 册，第 454 页，台北，正中书局，1968。
② 张栻：《答胡季随》，《新刊南轩先生文集》卷三二，《张栻集》，第 1263 页。
③ 张栻：《敬简堂记》，《新刊南轩先生文集》卷一二，《张栻集》，第 947 页。
④ 张栻：《南轩先生孟子说》卷七，《张栻集》，第 603 页。

为张栻主张"天理""人欲"之间具有融合性或包容性，这显然是误解了张栻的意思。

（二）顺性合理之欲亦即天理

张栻虽然从道德和价值的意义上截然分判天理和人欲，但是他并没有否定人的一切欲求，他所否定的只是与道德本性相违逆而不合于天理的人之私欲，其所谓"人欲"特指人的私欲而言。对于维持人的生存与发展的基本欲求和人之发于公心的公欲等顺性合理之欲，张栻是积极肯定的。他说："人饥渴而饮食，是亦理也"①，"饮食有正味，天下之公也"②，"夏葛而冬裘，饥食而渴饮，理之所固存，而事之所当然者"③。在这里，张栻指出人的饥食渴饮等正常欲求是合乎天理的，乃天理之所当然。④ 这就明确肯定了人的基本欲求的合理性。并且在他看来，人人都有饥食渴饮等基本欲求，即便君子、圣人也不能例外。他说："众人有喜怒哀乐，圣人亦未尝无也；众人夏葛冬裘，饥食渴饮，圣人亦不能违也。"⑤既然圣人都不能没有正常欲求，那么这些欲求的存在必是不可否认而合情合理的。不仅如此，张栻还积极肯定了那种发于公心、合于天理的公共欲求。他说：

> 夫好货与好色，人欲之流，不可为也。今王自谓疾在于好货，而告之以公刘好货；王自谓疾在于好色，而告之以大王好色，是则有深意矣。夫公刘果好货乎哉？公刘将迁国于豳，使居者有积仓，行者

① 张栻：《南轩先生孟子说》卷六，《张栻集》，第 557 页。
② 张栻：《南轩先生孟子说》卷七，《张栻集》，第 605 页。
③ 张栻：《静江府学记》，《新刊南轩先生文集》卷九，《张栻集》，第 881 页。
④ 王丽梅、刑靖懿等学者皆引"饥而食，渴而饮，天理也；昼而作，夜而息，天理也。自是而上，秋毫加焉，即为人欲矣"这段文本来证明张栻亦主张理、欲之间具有统一性和包容性，而实则此乃陈平甫所言，并非张栻之语。原著为：(陈平甫云)"吾心纯乎天理，则身在六经中矣。或曰何谓天理？曰饥而食，渴而饮，天理也；昼而作，夜而息，天理也。自是而上，秋毫加焉，即为人欲矣。人欲萌而六经万古矣。"(张栻针对其说云)"此意虽好，然饥食渴饮，昼作夜息，异教中亦有拈出此意者，而其与吾儒异者何哉？此又不可不深察也。孟子只常拈出爱亲敬长之意，最为亲切，于此体认即不差也。"(《答陈平甫》，《新刊南轩先生文集》卷三〇，《张栻集》，第 1227 页。)
⑤ 张栻：《南轩先生孟子说》卷四，《张栻集》，第 498 页。

有裹粮,弓矢斧钺备而后启行,是其所谓好货者,欲己与百姓俱无不足之患而已。大王果好色乎哉?大王与其妃来相宇于岐下,方是时也,内外无有怨旷焉,是其所谓好色者,欲己与百姓皆安于室家之常而已。夫其为货与色者如此,盖天理之公且常者也,故再言"与百姓同之,于王何有"。夫与百姓同之,则何有于己哉?人之于货与色也,惟其有于己也,是故崇欲而莫知纪极。夫其所自为者,不过于六尺之躯而已,岂不殆哉?苟惟推与百姓同之之心,则扩然大公,循夫故常,天理著而人欲灭矣。①

于此,张栻辩证地分析了人对于货、色的欲求。在他看来,为了满足一己私意的好货与好色行为乃人之私欲的流行,这是不可为的;而为了满足广大百姓需求的好货与好色行为则是天理之公且常,这是值得积极肯定并大力推举的。因此,那种基于人的公心所发的公益性欲求也是合乎天理的。显然,张栻是从行为的动机判断行为是否符合天理的,欲求什么并不重要,关键在于为何而欲求,其动机是立足于大公之天理还是一己之私欲:基于大公之天理所发的欲求,则是合于天理的,乃是"天理"之发用;否则,便是"人欲"即人的私欲之流行。②

三、存理遏欲之工夫

至于如何存天理而遏人欲,张栻主张反躬即反求诸己。这是其理欲论颇有特色的地方。张栻云:"反躬则天理明,不能反躬则人欲肆,可不

---

① 张栻:《南轩先生孟子说》卷一,《张栻集》,第339—340页。
② 同样的观念亦体现在"梁惠王顾鸿雁麋鹿而谓孟子,孟子若告之曰,贤者何乐乎此? 则非惟告人之道不当尔,而于理亦有未完也。对曰'贤者而后乐此,不贤者虽有此不乐也',辞气不迫,而理则完矣。盖王之所谓乐者,人欲之私,期以自逸者也。孟子之所谓'贤者而后乐此'者,天理之公,与民偕乐者也……嗟乎! 民一也,得其心则子来而乐君之乐,失其心则害丧而亡君之亡。究其本,则由夫顺理与徇欲之分而已。人君若常怀不敢自乐之心,则足以遏人欲矣;常怀与民皆乐之心,则足以扩天理矣,可不念哉"(《南轩先生孟子说》卷一,《张栻集》,第314—315页)。此文本当中,这也表明张栻实质上是以公、私来辨明天理、人欲之别的,只不过他主张根据行为的动机或出发点是否合于道德来分判二者。

念哉！"①又云："绅绎其性之端以之，使之晓然知反躬之要，则天理可明，而人欲可遏矣。"②又云："人为物诱，欲动乎中。不能反躬，殆灭天理。"③又云："反躬而去其蔽，则斯见其大同者矣。其所同然者，理也。"④可见，反躬则天理可明而人欲可遏，不能反躬则天理殆灭而人欲肆行。所以存天理而遏人欲当以"反躬"为要。

在张栻看来，所谓"反躬"也就是指反求本心、向内用力做工夫，即操存涵养人所固有的道德本心。他说："天理人欲不并立也，操舍存亡之机，其间不能以毫发。"⑤又说："仁与不仁，特系乎操舍之间，而天理人欲分焉。"⑥天理、人欲之分立即在对本心的操存舍亡之间：操则存，即是天理，因为天理本具于人心，心存则天理明；舍则亡，便是人欲，因为本心放失，天理被人欲障蔽而无法得以显明。因此，遏欲存理的关键便在于存养本心。张栻云：

> 虽然，人饥渴而饮食，是亦理也，初何罪焉？然饮食之人人所为贱之者，为其但知有口腹之养，而失其大者耳。如使饮食之人而不失其大者，则口腹岂但为养其尺寸之肤哉？固亦理义之所存也。故失其大者则役于血气而为人欲，先立乎其大者则本诸天命而皆至理。人欲流，则口腹之需何有穷极？此人之所以为禽兽不远者也。天理明，则一饮一食之间，亦莫不有则焉，此人之所以成身而通乎天地者也。然则可不谨其源哉。⑦

张栻认为，人饥而食、渴而饮，这也是天理之所当然。只是饮食之人若只知满足口腹之欲，而不能先立定人之所以为人之大者即道德本心，以致

---

① 张栻：《南轩先生孟子说》卷四，《张栻集》，第 445 页。
② 张栻：《南轩先生孟子说》卷一，《张栻集》，第 329 页。
③ 张栻：《艮斋铭》，《新刊南轩先生文集》卷三六，《张栻集》，第 1308 页。
④ 张栻：《跋西铭示宋伯潜》，《新刊南轩先生文集》卷三三，《张栻集》，第 1274 页。
⑤ 张栻：《勿斋说》，《新刊南轩先生文集》卷一八，《张栻集》，第 1034 页。
⑥ 张栻：《南轩先生孟子说》卷六，《张栻集》，第 561 页。
⑦ 同上书，第 557—558 页。

为血气所主宰,则口腹之养遂沦为人的私欲。若能先立乎其大者,本心得以存养而天理昭然呈露,则口腹之欲的满足必循天理之所当然而为,而此时口腹之欲亦即天理的流行发见,绝非人之私欲。故当先立定人之所以为人之大者,以心主宰血气,克制人的欲望,则人欲消而天理可存。对于张栻而言,存天理遏人欲须以"反躬"为本,而至于如何具体地展开和落实此工夫,他则主张格物致知与持敬。要言之,"反躬"乃是存天理遏人欲的工夫要领所在,而格物致知与持敬则是对此工夫的具体展开与落实,其最终目的即在于彰明人之道德本心而尽显人之道德本性,从而挺立人之所以为人之道。

四、存理遏欲之目的

张栻之所以明分天理与人欲并竭力主张反躬以存理遏欲,其宗旨即在于实现内圣成德,彰明人皆固有的道德本心,从而挺立人之所以为人之根本、昭显人之所以为人之道;并进而因此立定王道之本,由内圣至于外王,达到国治而天下平的理想境地。

(一) 立人道

张栻认为,人之所以为人而异于他物者,即在于人皆固有本心以尽其性、全其性。他说:"原人之生,天命之性,纯粹至善,而无恶之可萌者也……何独人尔? 物之始生,亦无有不善者,惟人得二气之精,五行之秀,其虚明知觉之心有以推之,而万善可备,以不失其天地之全,故性善之名独归于人,而为天地之心也。"①人与物虽然都具有道德本性,但人得二气之精、五行之秀,有虚明知觉之心以推之而能够尽性全性。也就是说,人可以通过"心"的能动作用,把客观潜存的善性具体真实地实现出来,所以"性善之名独归于人,而为天地之心也"。可见,张栻实际上是从"心"上来区分人与物的,就"性"上而言,人与物并无不同,人之所以为人

---

① 张栻:《南轩先生孟子说》卷六,《张栻集》,第 538—539 页。

而异于物的根本在"心"而不在"性"。① 因此他说："惟人禀得其秀，故其心为最灵而能推之，此所以为人之性，而异乎庶物者也。"②

在张栻看来，虽然人人都本有此心，但此心常被人的一己私欲陷溺、障蔽而无法得以彰明、呈露，以致失却人之为人之道。他说："人皆有是心，然为私欲所蔽，则不能推而达之，而失其性之所有者。"③人虽皆有道德本心，但为私欲所蔽隔，故无法推而达之以尽其性之所有。因而张栻主张遏人欲而存天理，以去除本心的障蔽，从而令其得以显明昭著。他说：

> 盖人之生，其爱之理具其性，是乃所以为人之道者。惟其私意日以蔽隔，故其理虽存，而人不能合之，则人道亦几乎息矣。惟君子以克己为务，己私既克，无所蔽隔，而天理睟然，则人与仁合而为人之道矣。④

> 盖欲有以蔽之，而羞恶之端陷溺而莫之萌也。故曰：此之谓失其本心。嗟乎！举世憧憧，以欲为事。于得失之际，盖不能以自择也，而况于死生乎？是故君子遏人欲而存天理……而人道立矣。⑤

张栻认为，人之所以失却其为人之道，是因为现实中人往往有私欲，障蔽

---

① 张栻云："惟人全夫天地之性，故有所主宰，而为人之心所以异乎庶物者独在于此也。"（《存斋记》，《新刊南轩先生文集》卷一一，《张栻集》，第 931 页。）由此亦可知，张栻以心能尽心全性这点从根本上区分人与物，即以心规定人的本性。而张栻又云："人与万物同乎天，其体一也，禀气赋形则有分焉。至若禽兽，亦为有情之类，然而隔于形气，而不能推也。人则能推矣。其所以能推者，乃人之道，而异乎物者也，故曰几希，言其分之不远也。人虽有是心，而必贵于能存；能存而后人道立。不然，放而不知求，则几庶物亦奚以异哉？故庶民之所以为庶民者，以其去之；君子之所以为君子者，则以其能存之耳。曰'去之'者，为其去而不反也；曰'存之'者，为其存而不舍也。去而不返，则无以自别于禽兽。存之之极，虽圣亦可几也。去与存，其几本于毫厘之间，可不谨哉？……嗟乎！人皆可以为舜，其本在乎存之而已矣。"（《南轩先生孟子说》卷四，《张栻集》，第 483 页。）可见，他十分重视对本心的操存涵养，以此来尽性全性，从而成就人之所以为人者。

② 张栻：《答胡伯逢》，《新刊南轩先生文集》卷二九，《张栻集》，第 1211 页。

③ 张栻：《南轩先生孟子说》卷二，《张栻集》，第 372 页。

④ 张栻：《南轩先生孟子说》卷七，《张栻集》，第 632 页。

⑤ 张栻：《南轩先生孟子说》卷六，《张栻集》，第 554 页。

了其固有的道德本心，从而无法以心尽性，具体真实地体现出人之所以为人之道。故须克尽一己私欲而存大公之天理，以去除本心的障蔽，从而彰明人所固有的道德本心、挺立人之所以为人之道。因此，遏人欲而存天理，则本心可明，本性可尽，而人道可立。当然，换一个角度也可说，明心尽性则可使天理得存而人欲得遏，从而人之所以为人之道亦可得以挺立、昭显。因为心即理，心能主宰性、气，故这两个方面实际上是互涵互摄的，也就是说，存天理遏人欲的过程亦即一个存养本心的过程。总之，明心尽性以立人道乃张栻理欲论的宗旨，也是其主张反躬以存理遏欲的根本原因所在。

（二）行王政

张栻极力主张存天理而遏人欲，在内圣方面乃是为了彰明人之所以为人之道、挺立人之所以为人之本，而在外王方面则是为了实行王道政治以治国平天下。

张栻以天理、人欲之分明王、霸之辨，竭力推行王道而贬抑霸道，充分体现出其理欲论在外王方面乃是为施行王道政治服务的。

在张栻看来，立人道乃施行王道政治之本，而人之为人之道即在于人皆固有其道德本心，故王道政治的施行必有赖于道德本心的存养。他说："尧舜之道固大矣，而其平治天下，必以仁政……惟夫行仁政，是所以为尧舜之道也……先王有不忍人之心，斯有不忍人之政。所谓不忍人之政者，即其仁心所推，尽其用于事事物物之间者也……盖仁心之存，乃王政之本；而王政之行，即是心之用也。"①张栻认为，为国者平治天下，必须施行仁政，而仁政的施行必须端赖于仁心的存养，治国者有仁心方能行仁政，所以存养仁心乃王道政治之本，而王政的实行也即是仁心本体的流行发用。又在张栻看来，仁心为人人所固有，贵在能够存养之。而反躬以存理遏欲的过程也就是一个操存涵养本心的过程，故存天理而遏人欲则可以立定王政之本，从而推动仁政之施、王道之行，最终实现王道政

---

① 张栻：《南轩先生孟子说》卷四，《张栻集》，第 441 页。

治的理想。所以张栻在外王经世的层面也十分重视天理、人欲之辨,他说:"嗟乎! 义利之辨大矣。岂特学者治己之所当先,施之天下国家,一也。王者所以建立邦本,垂裕无疆,以义故也;而霸者所以陷溺人心,贻毒后世,以利故也。孟子当战国横流之时,发挥天理,遏止人欲,深切著明,拨乱反正之大纲也。"①可见,天理人欲之辨不仅为学者修身治己的首要任务,并且也是治国者为国行政的头等大事:王者循顺天理而行,所以能建立邦本、垂域无疆;而霸者拘限于一己私欲,所以才陷溺人心、贻害后世。因此,治国者必须存天理而遏人欲,以为王道政治的实现立定根基。

张栻将其理欲论运用于王、霸之辨,以天理、人欲判别二者,并极力推举王道而贬抑霸道,亦可反映出其理欲论落在外王方面是以实现王道政治为最终目的的。他说:"大抵王者之政,皆无所为而为之,伯者则莫非有为而然也。无所为者天理,义之公也;有所为者人欲,利之私也。"②在张栻看来,王道之所以为王道,即在于王者能本于大公至正之天理为政治国;而霸道之所以为霸道,即在于霸者常基于一己私欲为国行政。故王、霸之别即在顺理与徇欲之间,甚至可以说王道即天理,而霸道即人欲。因此,张栻以天理、人欲分判王道、霸道,其目的便在于希望统治者能去除利欲之心,全然本于大公之天理为政治国,从而实现国治而天下平的王道政治理想。

由上可知,张栻的理欲论强调"天理""人欲"之分并力主存天理遏人欲,此乃为宋儒所共许,与宋儒的基本立场是一致的,也与先秦儒学是一脉相承的。而张栻理欲论的特质主要体现在如下两个方面:

其一,根据顺性之"无所为而然"与逆性之"有所为而然",从"意之所向"即行为动机上十分精微地界定和分判天理与人欲,认为"天理"即顺性之"无所为而然者",而"人欲"即逆性之"有所为而然者"。并以"人欲"

---

① 张栻:《南轩先生孟子说》"讲义发题",《张栻集》,第 312 页。
② 张栻:《汉家杂伯》,《新刊南轩先生文集》卷一六,《张栻集》,第 1007—1008 页。

特指人的私欲而对之加以彻底的否定和贬抑;以顺性合理之欲即为"天理"而对之加以极大的肯定和褒扬。

其二,竭力主张反躬以存天理遏人欲,即强调反求本心、向内用力以作存理遏欲的工夫。因为在张栻看来,心即是理,而心对理、性、气乃至万物万事都具有统摄、主宰作用,此即人之所以为人而异于他物之根本,亦即人道之所在,故存天理遏人欲必须反本向内用功,对本心加以操存涵养方可。而实际上对张栻来说,存理遏欲的过程也就是一个存养本心的过程。

总而言之,张栻的理欲论在继承先贤思想的基础上,对一些关键性的问题提出了自己颇为独到而又深刻的见解,显然有助于推动宋代理欲思想的发展和完善,对当时及后世的学者都产生了一定的影响。朱子、真德秀、杨万里等学者对其义利之辨大加赞颂和推举,而义利之辨的实质即理欲之辨,这无疑体现出张栻的理欲论和义利之辨在宋代理学中的重要价值和影响。

第五节 张栻理学的影响

张栻作为南宋著名的理学家,其儒学直承孔孟之道统,延续周(敦颐)、张(载)、二程、胡子(宏)之学,融会理学与心学,既注重本体论之建构,又强调实行践履之工夫,并且兼重内圣成德之教与外王经世之治,因而颇具圆融、开放、包容、务实的性格与特征。这不仅极大地丰富和深化了湖湘学派的理学思想,而且对蜀学和闽学的发展亦产生了重要影响。因此,张栻的理学在整个宋明理学发展史中实具有其重要的地位和作用。

张栻总体上继承了从程颢、谢良佐至胡宏这一系的学问路向,他在努力吸收和融会北宋诸儒以及胡氏父子之理学的基础上,又积极与湖湘学派内部的学者以及朱熹、吕祖谦等理学家反复论辩切磋,从而创发出既深厚且又颇具特质的理学思想。如在天道论中,张栻主张太极即性,将太极与性互诠互释、直通为一，并尤为强调太极不离于二气五行万物或性不离于气；在心性论中，他既着力显明"心""性"之本体义和道德义，肯定"心"即是"性"，同时又大力阐扬心体的主宰性，倡导"心主性情"之论，而"心主性情"之实义乃在于表明心体统摄、兼赅、融贯性体与情用两面，其中性即仁义礼智之性，情即四端之情，二者互为体用关系；在工夫论中，他则力主察识涵养并进、持敬穷理相资以及致知力行互发，既注重返本体证，又强调践履务实；在外王论中，他既坚持以内圣成德为本，又颇为强调儒学"真可以经世而济用"①。以上这些都能体现出张栻理学的创发与特点，此不仅推动了湖湘哲学、湖湘文化的发展，而且对于整个宋代理学的丰富与完善亦具有颇为重要的作用。南宋周密云："伊洛之学行于世，至乾道、淳熙间盛矣。其能发明先贤旨意，遡流徂源，论著讲解卓然自为一家者，惟广汉张氏敬夫、东莱吕氏伯恭、新安朱氏元晦而已……盖孔孟之道，至伊洛而始得其传，而伊洛之学，至诸公而始无余蕴。必若是，然后可以言道学而已。"②杜杲亦云："中兴以来，文公朱先生以身任道，开明人心，南轩先生张氏，文公所敬。二先生相与发明，以绪周、程之学，于是道学之升，如日之升，如江汉之沛。"③由此可见张栻对理学的传承与发展具有重要的意义和影响。具体而言，体现为以下几个方面：

首先，张栻的理学促进了湖湘学派的发展，提升了湖湘学派在宋代理学中的地位和影响。湖湘学派自胡安国开创并奠定初步的基础，经由胡寅、胡宏兄弟而获得了较为充分、深入的发展，至于张栻则达到了繁荣兴盛的地步。胡宏去世后，张栻成为湖湘学派的宗师。乾道初年，张栻受湖南安抚使刘珙之邀主教岳麓书院，在此研究和传播理学，吸引了一大批学子。从此，湖湘学派的重心即从湘潭、衡山一带转移到长沙。乾

---

① 张栻：《严州召还上殿札子》，《张栻集》，第 1458 页。

② 周密：《齐东野语》卷一一，第 202 页，北京，中华书局，1983。

③ 杜杲：《重修张南轩先生祠堂记》，《张南轩先生文集》卷七，丛书集成本，上海，商务印书馆，1936。

道、淳熙之际,张栻充分利用岳麓、城南两大书院开展理学的研究和讲习活动,并与朱熹、吕祖谦等学者广泛地交流互动,使得湖湘学派无论在理论建构上,还是在人才规模和社会影响上都盛极一时。黄宗羲云:"南轩之学,得之五峰。论其所造,大要比五峰更纯粹,盖由其见处高,践履又实也。"①在他看来,张栻之学既直契大本大源,又注重实行践履、经世致用,彻上彻下、圆融赅贯,这无疑丰富和推进了胡宏的学说。黄宗羲又云:"湖南一派,当时为最盛,然大端发露,无从容不迫气象。自南轩出,而与考亭相讲究,去短集长,其言语过之者裁之归于平正。"②可见,张栻对于湖湘学派理学的发展确实具有颇为重要的影响。

第二,张栻的理学对当时以朱熹为代表的闽学、以吕祖谦为代表的金华学派、以陈亮为代表的永康学派以及诗人杨万里等的思想发展都产生了一定的影响,而其中尤以对朱子理学的推进作用最大。南宋乾道、淳熙年间,张栻与朱熹、吕祖谦就理学中的诸多重大问题相互切磋论辩,推动了各自理学的发展与完善,从而开拓出宏大、精密且又各具特质的理学体系,由此被后世誉为"东南三贤"。其中尤以张栻与朱熹之间的学术交往最为频繁和密切,并且效力最大。从隆兴二年(1164)至淳熙七年(1180),朱、张二人进行了长达十余年的学术交往,在此期间,两人就太极、中和(未发已发)、察识涵养、知行关系、义利之辨、仁说等重要的理学问题展开了诸多讨论,这对朱熹理学的发展与成熟产生了很大的推动作用。

根据《南轩先生文集》所载,张栻写给朱熹的书信多达七十三封,另有答问四篇,其中关于理学问题辩难的最多。③ 在《朱文公文集》当中,朱

---

① 黄宗羲原本,全祖望修定:《南轩学案》,《宋元学案》第 2 册,第 1635 页。
② 同上书,第 1611 页。
③《四库全书总目提要》云:"栻与朱子交最善,集中《与朱子书》凡七十有三首,又有《答问》四篇。其间论辨斳斳,不少假借。如第二札则致疑于辞受之间;第三札辨墓祭、中元祭;第四札辨《太极图说注》;第五、六、七札辨《中庸注》;第八札辨《游酢祠记》;第十札规朱子言语少和平;第十一札论社仓之弊,责以偏祖王安石;第十五札辨胡氏所传《二程集》不必追改,戒以平心易气;第二十一札辨论仁之说有流弊;第四十四札论山中诸诗,语未和平;第四十九札论《易说》未安,是从来许多意思未能放下;第五十四札规以信阴阳家言,择葬地;与胡季随第五札又论朱子所编《名臣言行录》未精细。朱子并录之集中,不以为忤。"

熹寄给张栻的书信答问,也有五十四篇之多,其中包含大量有关理学问题的讨论。这可以充分体现出张、朱二人的学术交往之频仍、道友关系之密切。然而颇为遗憾的是,张栻不幸于淳熙七年(1180)四十八岁时即英年早逝。这无疑给朱熹带来了巨大的损失和哀痛,他在《答吕伯恭》一书中说道:"钦夫之逝,忽忽半载,每一念之,未尝不酸噎。同志书来,亦无不相吊者,益使人慨叹。盖不惟吾道之衰,于当世亦大有利害也。盖钦夫向尝有书来,云见熹诸经说,乃知闲中得就此业,殆天意也。因此略述向来讲学与所以相期之意,而叹吾道之孤且穷,于钦夫则不能有所发明也。"①在此,朱子深切地表达了他对张栻的沉痛哀思,并直接指明了张栻对他以及当时南宋理学的重大影响。另外,朱子在《祭张敬夫殿撰文》之中,更是精详地记叙了张栻与他之间的互动来往关系及其对他的学思演进所产生的重要影响。如他云:"我昔求道,未获其友。蔽莫予开,吝莫予剖。盖自从公,而观于大业之规模,察彼群言之纷纠,于是相与切磋以究之,而又相厉以死守也。"②由此足见张栻对他的学问影响之深。他又云:"嗟惟我之与兄,吻志同而心契。面讲而未穷,又书传而不置。盖有我之所是,而兄以为非;亦有兄之所然,而我所议。又有始所共乡,而终悟其偏;亦有蚤所同挤,而晚得其味。盖缤纷往返者十余年,末乃同归而一致。由是上而天道之微,远而圣言之秘,近则进修之方,大则行藏之义,以兄之明固已洞照而无遗,若我之愚,亦幸窃窥其一二……盖虽显之或殊,实则交须而共济。"③在他看来,他与张栻志同道合,曾就理学中的诸多问题进行了长达十余年的切磋、论辩,虽然起初有不少意见分歧,但是最终则达成一致。朱子还进一步指出,他同张栻在学问上乃是"交须而共济"即相资互发、相须并进的关系,其理学思想的推进与成熟离不开张栻的问难、指引和启发。这显然可见张栻对朱熹理学之演进具有十分深刻的影响。

---

① 朱熹:《答吕伯恭》,《朱子全书》第 12 册,第 1503 页。
② 朱熹:《祭张敬夫殿撰文》,《朱子全书》第 42 册,第 4074 页。
③ 同上书,第 4075—4076 页。

第三,张栻的理学推动了蜀学(即四川理学)的发展。《宋元学案·二江诸儒学案》载:"宣公居长沙之二水,而蜀中反疏。然自宇文挺臣、范文叔、陈平甫传之入蜀,二江之讲舍不下长沙。黄兼山、杨浩斋、程沧州抵柱岷、峨,蜀学之盛,终出于宣公之绪。"①当时张栻在湖湘之地讲学论道,不少蜀人多信从之,从而成为其弟子。这些蜀中弟子有及门的宇文绍节、陈概、杨知章、李修己、张仕伭、范仲黼等人,当然也包括魏了翁、虞刚简等私淑张栻的四川学者,他们从学张栻之后,又回到四川去讲学布道,从而形成了四川学派,以传播和发展张栻的理学为己任,这就使得张栻的理学大盛于巴蜀之地。显然,张栻的理学作为蜀学的重要来源,对于蜀学的发展无疑具有开启和振兴之功。

第四,张栻的理学不仅在当时影响甚大,而且对后世儒学的发展也产生了一定影响。如宋末的魏了翁与真德秀、元代的吴澄和方回、明清之际的王船山,以至于近代的曾国藩、左宗棠、胡林翼、谭嗣同等人的思想都在一定程度上受到了张栻的影响。

在南宋理学发展史上,魏了翁(鹤山先生)和真德秀(西山先生)无疑是继张栻、朱熹之后颇为重要的两位理学家。黄百家云:"从来西山、鹤山并称,如鸟之双翼,车之双轮,不独举也。"②魏了翁与真德秀并称于世,皆为南宋中后期具有一定影响力的儒家学者。其中魏鹤山是张栻理学的私淑者,深受张栻之学行的影响。全祖望云:"嘉定而后,私淑朱张之学者曰鹤山魏文靖公,兼有永嘉经制之粹而去其驳。"③据此可知,魏了翁之学乃是本于朱熹和张栻。与鹤山先生齐名的理学家真德秀对张栻其人其学也十分推崇,其思想亦深受湖湘学的影响。据《宋史》所载,西山先生自嘉定末年至绍定初年任潭州知州兼湖南安抚使之时,即是"以周敦颐、胡安国、朱熹、张栻学术源流勉其士"④,大力宣扬湖湘之学,其时影

---

① 全祖望:《二江诸儒学案》,《宋元学案》第 3 册,第 2407 页。
② 黄宗羲原本,全祖望修定:《西山真氏学案》,《宋元学案》第 4 册,第 2696 页。
③ 黄宗羲原本,全祖望修定:《鹤山学案》,《宋元学案》第 4 册,第 2650 页。
④ 《宋史·真德秀传》卷四三七,第 12960 页。

响甚大。他认为："窃惟方今学术源流之盛,未有出湖湘之右者。盖前则有濂溪先生周元公……昭示来世……中则有胡文定公,以所闻于程氏者设教衡岳之下……熙宁以后……其子致堂、五峰二先生,又以得于家庭者,进则施诸用,退则淑其徒……近则有南轩先生张宣公寓于兹土,晦庵先生朱文公又尝临镇焉。二先生之学源流实出于一,而其所以发明究极者,又皆集诸老之大成,理义之秘,至是无复余蕴。此邦之士,登墙承謦者甚众,故人才辈出,有非他郡国所可及。今二先生虽远,所著之书具存,皆学者所当加意。"①在此,真德秀明晰、精详地阐述了湖湘学的统绪和发展脉络,并对其学术地位和影响给予了很高的评价,尤其是显扬了朱熹、张栻二人集大成的理学思想。由此足以显示出整个湖湘学派对他所产生的深刻影响。

张栻理学的影响虽于宋时最盛,但并非止于宋时,其后仍余响不绝,直至此时今日。如元延祐元年(1314),郡别驾刘安仁和主簿潘必大重修岳麓书院,当时元代著名理学家吴澄与刘安仁交好,于是为之作记。吴澄在《重修岳麓书院记》中云:"张子之记,尝言当时郡侯所愿望矣,欲成就人才,以传道济民也,而其要曰仁……呜呼! 仁,人心也,失此则无以为人。曾是熟于记诵、工于辞章、优于进取而足以为人乎? 学于书院者,其尚审问于人,慎思乎己,明辨而笃行之哉!"②可见,吴澄对张栻以求仁为本,强调实行践履、经世致用的为学旨趣和为治理念尤为赞许。另,元代方回在《南轩集钞序》中指出:"孟轲氏没,由秦汉以来,士未有知道之为何物,而学之为何事者也……至本朝诸大儒出,而后道与学之要大明于天下。衣冠南渡,得其传而尤亲切者,吾晦庵与南轩尔。"③在这里,方回充分肯定了朱熹和张栻在道学南传过程中所发挥的重要作用。此外,在元代脱脱等主持编纂的《宋史》当中,张栻与朱熹共举并称,一同被列入《道学传》,这也可以体现出张栻的重要地位和影响。

---

① 真德秀:《劝学文》,《西山先生真文忠公文集》(十九)卷四〇,第2—3页。
② 吴澄:《重修岳麓书院记》,《吴文正集》卷三七,《文渊阁四库全书》第1197册,第392页。
③ 方回:《南轩集钞序》,《张栻集》,第1236页。

作为明清之际湖湘学的集大成者的王船山,其思想在一定程度上也受到了张栻理学的影响。如王船山在其知行观、体用观等方面,就与张栻的相关思想具有一致性。就知行观而言,王船山主张以力行为重,并强调致知与力行乃是相资互发的关系。如他说:"知行相资以为用,唯其各有致功,而亦各有其效,故相资以互用。"①又说:"学者之于道,知之非艰,行之维艰。知而不行,犹无知也,况乎因知而有言,而徒求之言,则有非真知而可以言者。故学者切于力行,而言为不足贵。"②对于知行问题,张栻亦同样强调实行践履的重要性,并主张致知与力行相须并进。如所云"学固是贵力行"③"致知力行,盖互相发也"④,即是如此。另外,在体用观上,王船山与张栻也有一致的主张。船山体用思想的最大特点即在于强调体用之间的辩证互动性及体用二者的平衡统一。所谓"体用相函"⑤"体用相因"⑥"体以致用,用以备体"⑦"体者所以用,用者即用其体"⑧等论述,即充分表明船山尤重体用二者之间相涵互摄、相因互济、相依互成的辩证统一关系。这与张栻的"体用相须"⑨观念显然具有共同的特点。由此可见,作为湖湘学的集大成者,船山的思想无疑受到了张栻等湖湘学派先贤的影响。

张栻的理学影响十分深远,其注重实行践履和经世致用的务实精神和性格,对于近代以来曾国藩、左宗棠、胡林翼、谭嗣同等湖湘大地的诸

---

① 王夫之:《礼记章句》卷三一,《船山全书》第4册,第1256页,长沙,岳麓书社,2011。

② 王夫之:《四书训义》(上)卷九,《船山全书》第7册,第408页。

③ 张栻:《答周颖叔》第二书,《新刊南轩先生文集》卷二七,《张栻集》,第1187页。

④ 张栻:《南轩先生孟子说》卷五,《张栻集》,第521页。

⑤⑦ 王夫之:《周易外传》卷五,《船山全书》第1册,第1023页。

⑥ 王夫之:《礼记章句》卷一九,《船山全书》第4册,第914页;《周易内传》卷五下,《船山全书》第1册,第556页;等等。

⑧ 王夫之:《张子正蒙注》卷二,《船山全书》第12册,第76页。

⑨ "体用相须"是张栻体用论思想的基本观念,此观念直接见于张栻的以下论说:"盖仁义,体用相须者也"(《南轩先生孟子说》卷七,《张栻集》,第644页);"礼乐分而言之,则为体为用,相须而成"(《南轩先生论语解》卷一,《张栻集》,第101页);"人之为人,孰不具是性? 若无是四端,则亦非人之道矣。然分而论之,其别有四,犹四体然,其位各置,不容相夺,而其体用互为相须"(《南轩先生孟子说》卷二,《张栻集》,第373页)。

多仁人志士都产生了较大的影响。此正如梁启超所云："湖湘学派，在北宋为周濂溪，在南宋为张南轩，中间消沉，至王船山而复盛……近世的曾文正、胡文忠都受他的熏陶，最近的谭嗣同、黄兴亦受他的影响。"①

　　总而言之，张栻的理学承前启后、继往开来，不仅大大推动了湖湘学、湖湘文化的进步和完善，而且对蜀学、闽学的发展与成熟亦产生了重要的促进作用。张栻的思想学说既博大而又深邃，颇具开放性、包容性、辩证性、务实性和生命力，影响了一代又一代的学人，对丰富和发展宋明理学乃至整个中国儒学都具有重要的意义。张栻作为湖湘学派的宗师、南宋时期与朱熹齐名的理学家，无疑在宋明理学史以至于整个中国儒学发展史上都有其重要的价值和地位。

---

① 梁启超：《饮冰室文萃·儒家哲学》，第169—170页，天津，天津古籍出版社，2003。

第二十章 吕祖谦的理学

吕祖谦(1137—1181),字伯恭,号东莱,浙江婺州(今金华)人。吕祖谦出生于宋代的书香门第、世宦之家,家学渊源深厚,号称"中原文献之传"。一门之中,被全祖望选入《宋元学案》者,计七世十七人,其家学积淀之深厚,于此可见。

吕祖谦的思想除了深受家学的浸润濡染,还受到师友的相与和勉励之影响。吕祖谦年少时曾先后师从知名学者林之奇、汪应辰、胡宪。其中,林之奇系吕祖谦的叔祖吕本中的高弟,崇尚笃实,尝建议宋高宗"损思以益德,损用以益本,损华以益实";汪应辰则"博综诸家,粹然为醇儒",尝师事吕本中,以至诚为本治学,强调尽其在我,视学问之道为"揆于心而安,稽于古而合,措于事而宜",把学问当成是使心安、与古合而处事合宜的事业;至于胡宪(号绩溪),作为胡安国的从子,把为学视为以克己工夫成就为己之学,朱熹亦曾问学于胡绩溪。胡宪为人宽厚平和,这一点深深影响了吕祖谦,是吕祖谦能够从容交游于朱熹、陆九渊和陈亮之间的重要原因。

吕祖谦宽容平和,同时与朱熹、陆九渊、陈亮等思想立场非常不同的学者从容交游,并深受朋友的推重。

吕祖谦与朱熹先后游学于胡宪之门,由意气相投,故而能求同存异,保持着密切的学术交往。朱熹的许多著作,初成之后,都会与吕祖谦商讨,听取意见,而吕祖谦亦经常与朱熹相与往来问学,《近思录》虽署名朱熹,实际上是他们二人合作、编辑而成。对于陆九渊的思想、文章,吕祖谦颇为欣赏。他熟悉陆氏文风,曾于乾道八年(1172)主持礼部考试时得一文,读后曰"此必江西小陆之文也",后来试卷拆封,果然是陆九渊的文章。朱熹、陆九渊虽然在学术上有较大分歧,但其于"本体"上毕竟没有显著的体现,而只是在"工夫论"有明显的争论,吕祖谦与同属"道学"阵营的朱、陆二人交好,似乎还不能表现出其为人之宽容、平和。但是,吕祖谦能与倡言事功之学的陈亮成为至交,以致吕祖谦去世之后陈亮还慨叹说:

> 亮平生不曾会与人讲论,独伯恭于空闲时,喜相往复,亮亦感其相知,不知其言语之尽。伯恭既死,此事尽废。①

此足见其心胸之阔、交游之广、性格之平。

全祖望在《同谷三先生书院记》中说:

> 宋乾淳以后,学派分而为三:朱学也,吕学也,陆学也。三家同时,皆不甚合。朱学以格物致知,陆学以明心,吕学则兼取其长,而复以中原文献之统润色之。门庭径路虽别,要其归宿于圣人则一也。②

吕祖谦之"兼取其长"不仅包括他兼收并蓄朱、陆之学,甚至也指他收蓄了永康学派陈亮的事功之学,其学说带有非常浓厚的"经世致用"的务实色彩。"他将儒分为真儒和愚儒:'徒诵训诂,迂缓拘挛,自取厌薄,不知内省'者是愚儒,而真儒是'不为俗学所汩者',唯'实学'是求。'实学'者,乃济世之学、功利之学也。"③这些说法概括了吕祖谦哲学思想的主要

---

① 陈亮:《复朱元晦秘书书》,《陈亮集》,第354页,北京,中华书局,1987。
② 黄宗羲原本,全祖望修定:《东莱学案》,《宋元学案》第3册,第1653页。
③ 吕祖谦著,黄灵庚、吴战垒主编:《吕祖谦全集·前言》,《吕祖谦全集》第1册,第4—5页,杭州,浙江古籍出版社,2008。

内容和特点。下面将分别简述之。

第一节　吕祖谦的本体论——"理"与"心"

吕祖谦的哲学思想深受其家学的影响,而其家学之渊源深植于二程之学。例如,吕希哲曾拜程颐为师,而吕好问、吕切问受业于程氏门人尹焞,吕本中则求教于杨时、游酢和尹焞。吕祖谦本人的老师中也有不少深深浸润于理学的学者。因此,在吕祖谦的思想中,理学思想是首先要重点予以介绍的。

一、理

吕祖谦接续二程,尤其是程颐(伊川)的"天理"论,亦以"天理"或"理"为其最高的"本体"①范畴。概括起来,吕祖谦思想中的"天理"或"理"有以下几层含义:

首先,"理"是天地万物的总根源、世间万事的至上法则。作为天地万物的总根源,"实然之理"是"天地万物所同得","圣人与天地万物同由之也"②。他说:

> 理之在天下,犹元气之在万物也。一气之春,播于品物,其根其茎,其枝其叶,其华其色,其芬其臭,虽有万不同,然曷尝有二气哉!理之在天下,遇亲则为孝,遇君则为忠,遇兄弟则为友,遇宗庙则为敬,遇军旅则为肃。随一事而得一名,名虽至于千万,而理未尝不一也。③

---

① 此处所说的"本体",不是西方哲学意义上的"on"或"be(being)",而是中国思想世界中与"工夫"相对的"事物的本身"。如黄宗羲、全祖望《明儒学案序》所说的"盈天地皆心也。变化不测,故不能不万殊,心无本体,工夫所至,即其本体"的"本体"。今人一见到"本体"或"本体论",便说这是西方哲学的名词,一见到中国哲学中使用"本体论",便说是用西方哲学来裁割中国哲学,此甚无谓也。须知"本体""上帝"等都是中国思想世界中固有的名词。
② 吕祖谦:《增修东莱书说》卷八,《吕祖谦全集》第3册,第126页。
③ 吕祖谦:《左氏博议》卷三,《吕祖谦全集》第6册,第58页。

这就是说,理像元气造成万物的各种表现(根茎、枝叶、花色、芬臭)一样,创造天下各种各样的事物,成为世间各种事情——孝、忠、友、敬、肃,以及其他种种实践的根据或行动的指南。

其次,理完满自足、周流不息、万世不易、永恒长存,并存在于天下万有之中。吕祖谦说,"极正之理,增分毫则为赘,过分毫则为过","至理之极,不可加一毫人伪于此,而犹有行焉,则乃妄而有眚矣。天理所在,损一毫则亏,增一毫则赘。无妄之极,天理纯全,虽加一毫不可矣"①。意思是说,天理是自足、完满的,对于"极正"的天理,任何的人为增损都是不合适的,"天理上不可添一件,添一件则是安排,其入人必有限量"②。不仅如此,天理还"与乾坤周流而不息"③,任凭血气赫然勃然,也不能使天理有一毫之损。它不因天下之有道或无道而或存或废。"道初不分有无时,自有污隆。天下有道时,不说道方才有。盖元初自有道,天下治时,道便在天下;天下无道时,不说道真可绝。盖道元初不曾无,天下不治,道不见于天下尔。"④这里,吕祖谦说,"天下无道"并不是真的"无道",而只是"道"没有表现出来而已。不过,由此也可以见得,"天理"是可以被遮蔽而不能表现出来的,当"忿戾之时,天理初无一毫之损也。特暂为血气所蔽耳",也就是说,"天理"是可以被血气障蔽的,但即使这样,天理也仍然"在"而不绝。吕祖谦说,"庄公自绝天理,天理不绝庄公"⑤。"道"或"理"不仅永恒存在,而且"遍在"于"天地万物"之中,"大抵天下之至理,浑浑乎在天地万物之间,人自以私意小知阻隔障蔽。舜……则无工夫,洋洋在天地间,与天地同体"⑥。总之,"天理之自然本不会失"⑦,其无始无终、不生不灭,大行不加、穷居不损,是常在与遍在。

---

① 吕祖谦:《丽泽论说集录》卷一,《吕祖谦全集》第 2 册,第 47 页。

② 吕祖谦:《丽泽论说集录》卷七,《吕祖谦全集》第 2 册,第 208 页。

③ 吕祖谦:《左氏博议》卷一,《吕祖谦全集》第 6 册,第 5 页。

④ 吕祖谦:《丽泽论说集录·孟子说》卷七,《吕祖谦全集》第 2 册,第 210—211 页。

⑤ 吕祖谦:《左氏博议》卷一,《吕祖谦全集》第 6 册,第 5 页。

⑥ 吕祖谦:《丽泽论说集录·孟子说》卷七,《吕祖谦全集》第 2 册,第 179—180 页。

⑦ 同上书,第 201 页。

第三，"理"只有一个，却有万千不同的表现。这也就是说，在"理"与万物的关系上，吕祖谦也坚持"理一分殊"的立场。他说：

> 天下事有万不同，然以理观之则未尝异。君子须当于异中而求同，则见天下之事本未尝异。①

意思是说，天下万物、世间万事，虽然千差万别，但若从"理"的角度看，其实质并无不同，而终归本于"理"。"理"是万事万物的本质。

当然，吕祖谦谈"理"，对宇宙论或生成论的兴趣不大，要之，还是要落脚于人生的修养和社会国家的治理。因此，吕祖谦把社会和人生的法则，即"典"提升到"理"的高度，并说"典即万世常行之理，能如此（即率厥典—引者注）则能奉顺天命矣"②。"典"就是"万世常行之理"，遵循典与理，就是奉顺或遵循天命。"命者，正理也，禀于天。而正理不可易者，所谓命也。使太甲循正理而行，安有覆亡之患哉。"③也就是说，遵循天命、正理，王权可以得到稳固，个人可免于祸患。

如何能知道天命、正理呢？吕祖谦认为，这要落在圣人之身或圣贤之心与万民之心之"如一"上。因为对吕祖谦来说，"圣人身便是天命"（《严修能手写宋本东莱书说·汤誓》），而"圣贤之心，与万民之心如一，则公心也。公者，天之心也"（《增修东莱书说·汤诰》）。因此，吕祖谦坚持一种"天人无间"的观念。在这里，他所说的"天"，并非指"覆物之天"，而是"无外"的、至大而无所不包的"义理之天"。他认为，人无论处于何种境地，或顺或逆、或向或背，均是由这种"义理之天"约束和支配的。他说：

> 抑不知天大无外，人或顺或违，或向或背，或取或舍，徒为纷纷，实未尝有出天之外者也。顺中有天，违中有天，向中有天，背中有天，取中有天，舍中有天，果何适而非天耶？……人言之发，即天理

---

① 吕祖谦：《丽泽论说集录·易说·睽》卷二，《吕祖谦全集》第 2 册，第 92 页。
② 吕祖谦：《严修能手写宋本东莱书说》卷七，《吕祖谦全集》第 3 册，第 578 页。
③ 吕祖谦：《增修东莱书说》卷八，《吕祖谦全集》第 3 册，第 134 页。

之发也,人心之悔,即天意之悔也,人事之修,即天道之修也。无动非天,而反谓无预于天,可不为大哀耶!①

在这笼罩一切的"天"之下,人的"能动性"也被收摄于其中。然而,此处的问题是,吕祖谦究竟是抬高了人,以人来规定天,还是贬低了人,埋没了人的能动性?抑或是发挥能动性便是"人之天"?正如吕祖谦自己所说:

> 凡出于自然,而莫知其所以然者,天也……止者,土之天也。②

这意思是说,可以有各种各样的"天",土之天是止,水之天是动,人之天或许也就是以其"仁心"发挥能动性而与"天理"同一。

人因何能发挥其能动性而与"天理"同一?吕祖谦一方面认为"圣人身便是天命",另一方面又认为,凡人"求(学)舜",当于"目之所见,身之所履"求之。他说,"大抵惟是识圣人者,方始说得圣人分明,若不识圣人者,皆不敢于平常处看圣人。惟孟子识圣人破,故敢指日用平常事言圣人"。而像那些"不见圣人"的人,只好用"聪明渊懿,冠乎群伦"这样的大言语(大词)来包装。③至于圣人之所以为圣人,吕祖谦说,其根据就在《尚书·大禹谟》中的"汝惟不怠",他进一步解释说,"'天行健',天之不怠也。圣道运而无积,圣人之不怠也"。具体而言,"尧之所以为尧,允恭克逊尔。舜之所以为舜,温恭允塞尔"④,这就意味着圣人也在凡人之中,圣之有别于凡不在其"聪明渊懿,冠乎群伦",而在其"允恭逊塞"且"不怠"。

而不懈怠地"允恭逊塞",其关键在于"心"。

---

① 吕祖谦:《左氏博议·鲁饥而不害》卷一二,《吕祖谦全集》第 6 册,第 299—300 页。
② 吕祖谦:《颍考叔还武姜》卷一,《吕祖谦全集》第 6 册,第 5 页。
③ 吕祖谦:《丽泽论说集录·孟子说》卷七,《吕祖谦全集》第 2 册,第 195 页。
④ 吕祖谦:《增修东莱书说·大禹谟》卷三,《吕祖谦全集》第 3 册,第 57、66 页。

二、心

吕祖谦不仅受到二程"天理"说和朱熹"心即性、性即理"的影响,同时也(更)认可陆九渊的"心即理"的观点。一般可能会认为,"心即性、性即理"与"心即理"从根本上说没有差别,都同属道学;他们的差别只在于"工夫论"方面。对于这个观点,我们要需要辩证地看:朱、陆虽同属道学,但他们在本体与工夫方面,都存在着较大差别。对于陆九渊来说,心就是理,是本体;但对于朱熹而言,心并不即是性(理),而是凑泊地与理合一。

但在吕祖谦这里,"心"也是本体,而且,"心"作为本体,与"理"本一,而非凑泊式的合一①。然而,问题是,"理"与"心"毕竟是两个范畴,虽然从其内容意义上可以说二者"本一",但是,它们终究还是应该有所区分,所以,探讨"心"的含义及其与"理"的关系,便成为一个重要的论题。

首先,吕祖谦的"心",不仅是"我固有"的仁、义、礼、智之心,而且是天、是神、是道。他说:

> 心即天也,未尝有心外之天;心即神也,未尝有心外之神:乌可舍此而他求哉。②

既没有心外之天,也没有心外之神,因此,不能舍心而外求"天"与"神",同样,"心"与"道"之间的同一是"无待"的。吕祖谦说:

> 举天下之物,我所独专而无待于外者,其心之于道乎! 心外有道,非心也;道外有心,非道也。心苟待道,及已离于道矣。待道且不可,况欲待于外哉!③

当然,这确实只是一种"理想的应然状况"。历史和现实中多有让"心"待

---

① 这显然与陆九渊同调。也正因此,朱熹在吕祖谦身后评论吕学为"博杂"。关于朱熹对吕学如此评价之不公允处,下文将会有所辨析。
② 吕祖谦:《左氏博议·楚武王心荡》卷五,《吕祖谦全集》第6册,第107页。
③ 吕祖谦:《左氏博议·齐桓公辞郑太子华》卷一〇,《吕祖谦全集》第6册,第239—240页。

于道、待于血气甚至待于外而不出于我者，则其"有所慕而作""有所畏而止"之"为善""既无本矣"。"无本之善，朝锐夕堕，是乌可恃耶！"吕祖谦此处所说实际上是反映了"圣贤"与众人的差别：

> 气听命于心者，圣贤也；心听命于气者，众人也。凡气之在人，逸则肆，劳则怠，乐则骄，忧则慑，生则盈，死则涸，气变则心为之变，有不能自觉焉。①

无论圣人还是"众人"，"心"都与天、神、道同一。但圣贤与众人的差别，就在于圣贤能"以心御气"、其志为"气之帅"而气为心之役。所以，吕祖谦说，"圣贤君子以心御气，而不为气所御，以心移气，而不为气所移"②，使其心自若而与天理神复归于一。

其次，吕祖谦的"心"，是"神明之舍"，备万物而映照万物。他继承了孟子"万物皆备于我"的观点，并进一步发挥说："圣人备万物于我，上下四方之宇，古往今来之宙，聚散惨舒，吉凶哀乐，犹疾痛痼痒之于吾身，触之即觉，干之即知。清明在躬，志气如神；嗜欲将至，有开必先。"因我心兼备万物，因而亦能映照万物，甚至万物"皆吾心之发见"。他接着说：

> 仰而观之，荣光德星，欃枪枉矢，皆吾心之发见；俯而视之，醴泉瑞石，川沸木鸣，亦吾心之发见也；玩而占之，方功义弓，老少奇耦，亦吾心之发见也。③

在这里，他提出像"荧惑"这样的不祥之星与"景星""岁星"等德星或像彗星（欃枪）与流星（枉矢）的交替出现④、醴泉瑞石与川水沸腾、树木鸣叫等

---

① ② 吕祖谦：《左氏博议·楚武王心荡》卷五，《吕祖谦全集》第 6 册，第 107 页。

③ 吕祖谦：《左氏博议·巴人伐楚卜师》卷八，《吕祖谦全集》第 6 册，第 180 页。此段的引文，与潘富恩、徐余庆《吕祖谦评传》下册（南京，南京大学出版社，2011）第 234 页的引文有所不同。此处的"荣光德星"，潘富恩等引作"荧惑德星"，据文意判断，潘引确当。荧惑，即火星，在古代中国被认为是"不祥"的象征。

④ 欃枪，即彗星，见《尔雅·释天》；枉矢，即流星，《史记·天官书》有"枉矢，类大流星，蛇行而仓黑，望之如有毛羽然"，亦可见荀悦《汉纪·高祖纪一》"是时，枉矢西流，如火流星"。

自然或不自然的现象,都是"吾心之发见",而龟卜蓍筮,也不过是验证"心"的先断。因此,吕祖谦接着说:"未灼之前,三兆已具,未揲之前,三易已彰。龟既灼矣,蓍既揲矣,是兆之吉,乃吾心之吉;是易之变,乃吾心之变。心叩心酬,名为龟卜,实为心卜;名为蓍筮,实为心筮……蓍龟之心,即圣人之心也。"这实际上是说,天地间万事万物都是相互感应的,"我(心)"不仅兼备万物,而且万物的变化运行也备于我(心),上下四方、古往今来、聚散惨舒、吉凶哀乐等之于我(心),就像疾痛痾痒之于我(身),一旦触及便能觉察、一旦干犯便能知晓。由此可知,"心"就是万事万物(因此当然也包括"吾身")的主宰。

最后,由前文对"心"的陈述可知,"心"不仅主宰和支配"气",而且囊括了整个宇宙,故有"圣人之心,万物皆备,尚不见有内,又安得有外耶!史,心史也;记,心记也"①之说。当然,此处所说的"心"其实很难直接就说是"人的主观意志",毋宁说,它是世界上能动的力量,是能动的道德之力、道德之理。因此,吕祖谦强调,唯有本之善才是可以依赖的,那种因为畏惧"简册之毁誉"而造成的"善",是"以物制心""以外而制内"的结果,是"果待于外"的,它将使"善行"依赖于"幸而"发生的"好名之心易好利之心";否则,纵有左右之史以记言动,亦不过残编腐竹耳。也正是在这个意义上,吕祖谦才说,史是心史,记是心记:史、记只对具善心、善意的人才具有史、记的意义,并真正成为史、记。

从这个意义上讲,吕祖谦其实是把"心"当作是具现"理""天理""天命"的能动力量,尤其是能动的道德之力,因而,其内在又包含着道德之理。人的所言所动、所思所想、修养教化,都是为了存守自己的"本心",使其能真正具现天理、天道。

第二节 吕祖谦的工夫论

吕祖谦以"理"与"心"为其本体,认同陆九渊的"心即理"之说,并努

---

① 吕祖谦:《左氏博议·齐桓公辞郑太子华》卷一〇,《吕祖谦全集》第6册,第241页。

力使"理"与"心"综合统一。吕祖谦的这一努力,体现在其"工夫论"中。在"工夫论"方面,吕祖谦却又赞同朱熹,非常看重修养的工夫,而以陆九渊仅强调"先立其大"和"发明本心"为过简。吕祖谦在"工夫论"上的努力是非常值得认真梳理的。

一、明心穷理

由于"心即理",但众人之"心听命于气",因此,要使"心"能够真正具现"天理"或"天道",就要发挥人"自昭明德"的能动性,做"守本心"且"扩而充之"的工夫。吕祖谦说:

> 且如日出乎地,烜赫光明,凡舟车所至,无不照临,人之一心,其光明若是,若能扩而充之,则光辉灿烂,亦日之明也。然人有是明而不能昭著,非人昏之,是自昏之也,故曰'自昭明德'。盖昭之于外,亦是自昭,非人昭之也。[1]

这意思是说,人心之于万事万物,尤其是自身德业的意义,就像太阳之于"舟车所至"之物一样,其明"无所不照"。但总有"有是明而不能昭著"者,其不能昭著,并非他人使之"昏",而是"自昏之"。为了真能对自身的德业乃至万事万物的本真意义"无所不照",就需要"自昭明德",并"扩而充之"。

人若能"自昭明德"并"扩而充之",具备"仁者之心",就能"既公且一",从而"所见至明而此心不变。譬如镜之照物,唯其无私,而物之妍丑自不能逃,虽千百遍照之,其妍丑固自若也。惟仁者能好恶人,亦如是而

---

[1] 吕祖谦:《丽泽论说集录·易说·晋》卷二,《吕祖谦全集》第2册,第80页。潘富恩等在《吕祖谦评传》下册(第271页)引此段文字,然后评论说"'人之一心'像太阳一样'烜赫光明',只要不断扩充内心固有的'光辉灿烂',即能准确地认识客观世界的一切"。这其实是把工夫论误置为"认识论"的结果。吕祖谦在此谈的"昭明",并不是知识论上的认识,而是在工夫论、价值论上去了解事物对人的意义。因此,人心之"昭明",并不是"准确地认识客观世界的一切",而是认识"客观世界对人的意义"。

已"。① 总之，须是自家镜明，然后才能见得美恶；秤平，然后才能等得轻重。

但是，"欲得称平、镜明，又须是致知格物"②，这就回到朱熹的立场上来了。吕祖谦在工夫论的总原则上是与陆九渊一致的，但是，在具体的修养上，又不同意陆九渊视"存心""养心""求放心"为"易简""直接"的做法，而认为"明心"是一个"依次""涵蓄"的过程，需要具体地做"致知格物"的工夫，而不能"躐等陵节"，否则就会"流于空疏"。因此，在工夫论上，吕祖谦强调要把"明心"与"穷理"综合起来。

"明心"，即是"明理"。吕祖谦强调，要通过自存本心、反求诸己或反视内省以"明心"。实在说来，吕祖谦关于"明心"的这些修养工夫都其源有自，而非其首创。远在先秦时期，儒家就非常重视"存心养性""反求诸己"。吕祖谦继承并发扬了先秦儒家的这一修养工夫。他说：

> 心犹帝，性犹天，本然者谓之性，主宰者谓之心。工夫须从心上做，故曰"尽其心者知其性"③。

> 凡人未尝无良知良能也。若能知所以养之，则此理自存至于生生不穷矣。④

尽管心、性、天、帝异名同谓，但要真正使个人的心、性与天、帝同一，工夫还得从"心"上做，这就是"尽心知性知天"。这是问题的一方面。由于"天下之事不外于心"，若"人于善心发处便充长之，自可欲之善，信以至于圣而不可知之之神，亦自性中所固有者"。⑤ 但另一方面，"人善心悔处，日用甚多"，就像"复"之初九，一阳潜伏于五阴之下，要"尽心知性知天"，还必须要"存心养性"、知所以养之，因为"无养则不能存息"⑥。若

① 吕祖谦：《丽泽论说集录·论语说》卷六，《吕祖谦全集》第 2 册，第 155 页。
② 吕祖谦：《丽泽论说集录·杂说二》卷一〇，《吕祖谦全集》第 2 册，第 259 页。
③ 吕祖谦：《丽泽论说集录·杂说一》卷九，《吕祖谦全集》第 2 册，第 244 页。
④⑥ 吕祖谦：《丽泽论说集录·易说·颐》卷一，《吕祖谦全集》第 2 册，第 51 页。
⑤ 吕祖谦：《丽泽论说集录·易说·复》卷一，《吕祖谦全集》第 2 册，第 43 页。

能存养固有的"良知良能"，则"此理"便可存有，并至于生生不穷。吕祖谦说，"或听言而于心有悔，或因观书而于心有动，或于应接事物而有警悟于心"，至于"日用间复处甚多"，则"虽大奸大恶之人"，其能"利有攸往"者，亦能"复"而"明其心"。① 吕祖谦说，"才复便有亨通之理"。

"自存本心"需要"集义""致知"。吕祖谦说：

> 致知与求见不同。人能朝于斯，夕于斯，一旦豁然有见，却不是端的易得消散。须是下集义工夫，涵养体察，平稳妥帖，释然心解乃是。②

其之所以强调要"致知"和"集义"，乃是因为，尽管"人身本与天地无间"，但是"有私意间之，故与天地相远。苟见善明，用心刚，去私意之间，则自与天地合"。类似地，上文所说"听言""观书""应接事物"等"日用间复处"，皆所以"去私意之间"。这是个"涵泳渐渍"的过程：

> 为学工夫，涵泳渐渍，玩养之久，释然心解，平帖的确，乃为有得。③

这是启发内在固有的觉悟，反求诸己。他说：

> 圣门之学，皆从自反中来。后世学者，见人不亲、不治、不答，只说枉做了许多工夫，或说好人难做，此所以工夫日退一日。圣门之学，见人不亲、不治、不答，反去根源上做工夫，所以日进一日。盖仁者爱之原，敬者礼之原……凡事有龃龉，行有不得处，尽反求诸己，使表里相应而后可。④

这"反求诸己"就是在"根源上做工夫"。总之，凡是事有龃龉、行有不得处，都应当要反求诸己；因为外有龃龉，必因内有窒碍；此时，反视内省，

① 吕祖谦：《丽泽论说集录·易说·复》卷一，《吕祖谦全集》第 2 册，第 42、43 页。
② 吕祖谦：《丽泽论说集录·杂说一》卷九，《吕祖谦全集》第 2 册，第 243 页。
③ 吕祖谦：《东莱吕太史别集·与潘叔昌》卷一○，《吕祖谦全集》第 1 册，第 498 页。
④ 吕祖谦：《丽泽论说集录·孟子说》卷七，《吕祖谦全集》第 2 册，第 190 页。

皆是进步处,不敢拿时异事殊之说来做"自恕"的借口。

除了"明心",还有"穷理"。"明心"是正面的工夫,或说是接"利根之人"的工夫;而"穷理"则是常人、任私心(或私意)而行者或气质有偏者应该要做的辅助性工夫。因为这样的人,"私心所喜则感,不喜则不感,所见者感,所不见者不感:如此则所感浅狭","至诚方能感人"①,要具备"至诚"之德,就需要"致知格物"而"穷理",需要"去私意小智",以便"见天地正大之情"。吕祖谦主张,要通过"应物涉事"的体验、存养体察的工夫,甚至法语格言的暂时排遣等来"穷理",他说:

> 今既应物涉事,步步皆是体验处。若知其难,而悉力反求,则日益精明。若畏其难,而日益偷惰,则向来意思悉冰消瓦解矣。习俗中易得泊没,须常以法语格言时时洗涤。然此犹是暂时排遣,要须实下存养体察工夫,真知所止,乃有可据依,自进进不能已也。②

当然,归根结底,还是要"实下存养体察工夫"并"真知所止"有所依据,才能真正使"心"能够真正具现"天理"或"天道"。"持养之久则气渐和,气和则温裕婉顺,望之者意消忿解,而无招咈取怒之患矣。体察之久,则理渐明,理明则讽导详款。听之者心谕虑移,而无起争见却之患矣。"③

对吕祖谦来说,工夫论并不止于使"心"能具现"天理"或"天道",还在于把"致知"综合于"力行"之中。

二、致知力行

吕祖谦学术的特色,非常重要的一点是"讲实理、育实才而求实用",这就意味着其修养工夫不会仅止于让"心"具现"理",而是要进一步把这至极的"理"实现出来。因此,把"致知"综合于"力行",也是吕祖谦为学工夫的重要内容。

---

① 吕祖谦:《丽泽论说集录·易说·咸》卷二,《吕祖谦全集》第2册,第66—167页。
② 吕祖谦:《东莱吕太史外集·与郭养正》卷五,《吕祖谦全集》第1册,第710—711页。
③ 吕祖谦:《东莱吕太史别集·与学者及诸弟》卷一〇,《吕祖谦全集》第1册,第506—507页。

吕祖谦认为，研读圣贤经书，获取各种知识，尤其是道德性命之"理"，须以致用为目的。他说：

> 学者须当为有用之学。①

> 百工治器，必贵于有用。器而不可用，工弗为也。学而无所用，学将何为也邪？②

由此可知，吕祖谦非常重视"实用"之学；同时，还强调要身体力行"就实"的切要工夫：

> 切要工夫莫如"就实"，身体力行。乃知此两字甚难而有味也。③

由此观之，关于"知"与"行"的关系，吕祖谦是把"实行"当作"致知"的出发点和目的。他用知路和行路来比喻知与行——"知犹识路，行犹进步。若谓但知便可，则释氏'一超直入如来地'之语也"④。"致知"与"力行"应当相辅相成、不可偏废，吕祖谦在给邢邦用的书信中说：

> 大抵论致知则不可偏，论力行则进当有序。并味此两言，则无笼统零碎之病矣。⑤

也就是说，致知要综合平衡、剔除私意，力行则应循序渐进，如此才能避免笼统零碎的问题。而且，吕祖谦认为：

> 徒事威仪而不察其所以然，则非礼之本。若致其知，则所以正、所以谨者，乃礼之本也。⑥

"致知"，了解礼仪威仪的"所以然"，知"所以正、所以谨"，才能知"礼之本"，如此，才能使行为真正、必然合宜。但是，由于"所闻不敢不尊，而恐

---

① 吕祖谦：《左氏传说·令尹蒍艾猎城沂使封人虑事》卷五，《吕祖谦全集》第7册，第68页。
② 吕祖谦：《丽泽论说集录·杂说二》卷一〇，《吕祖谦全集》第2册，第263页。
③ 吕祖谦：《东莱吕太史别集·与乔德瞻》卷一〇，《吕祖谦全集》第1册，第499页。
④ 吕祖谦：《东莱吕太史别集·与学者及诸弟》卷一〇，《吕祖谦全集》第1册，第507页。
⑤ 吕祖谦：《东莱吕太史别集·与邢邦用》卷一〇，《吕祖谦全集》第1册，第501页。"全集本"此处作"大抵论'致知则不可偏，论力行则进当有序'"，似误。引者径改。
⑥ 吕祖谦：《东莱吕太史别集·与朱侍讲元晦》卷七，《吕祖谦全集》第1册，第399页。

未必的;所知不敢不行,而恐知未必真"①,所以,于学问当"以致知为本,知不至,则行必不力也"②。尽管平居时所思似皆近理,但仍需下得力工夫,"平居数日,凡所思量多近于理,只为此念不续处多,而临境忘了。今若要下工夫,莫若且据所闻,亦须得力"③。所以,吕祖谦主张:

> 致知、力行不是两事,力行亦所以致其知,磨镜所以镜明。④

但上述关于"致知"与"力行"关系的论述只是问题的一方面,问题的另一方面是:"致知"是当否"力行"的根据。也就是说,在具体的事务是否应当被执行的问题上,不应该盲目地依照个人见闻或共见共闻,而应该以是否合"理"为依据。吕祖谦在解说《易·大过》时,曾如此说过:

> 《象》:"君子以独立不惧,遁世无闷。"盖大过虽本于理不过,然其事皆常人数百年所不曾见,必大惊骇,无一人以我为是,非有大力量何以当之? 若见理不明者,见众人纷纷,安得不惧? 见理明者,见理而不见人,何惧之有! 我所行者,左右前后,纵横颠倒,无非此理,又何尝独立乎? 彼众人纷纷之论,人数虽众,然其说皆无根蒂,乃独立也。至此则我反为众,众反为独矣。⑤

在这里,"为大过人之事者",其所谋之事乃常人数百年不曾见者,要坚持做这样的事情,若非有大力量、见理明者⑥,不能办此。因为,见理明者,见理而不见人,故能不惧众人纷纷无根之议,以巽顺和悦、不大声以色,办此大过人之事。由此观之,"理"才是支撑君子"力行"的依据,而"称理力行"则是真正"实现"此理的"工夫"。

"称理力行",见理而不见人,非去除私意、无私无我者,谁能如是? 但去除私意、无私无我,也并非毫无主见、一味附和他人。在"致知力行"

---

① 吕祖谦:《东莱吕太史别集·与朱侍讲元晦》卷七,《吕祖谦全集》第 1 册,第 398 页。
② 吕祖谦:《东莱吕太史别集·与学者及诸弟》卷一○,《吕祖谦全集》第 1 册,第 504 页。
③ 吕祖谦:《丽泽论说集录·杂说二》卷一○,《吕祖谦全集》第 2 册,第 264 页。
④ 同上书,第 260 页。
⑤ 吕祖谦:《丽泽论说集录·易说·大过》卷一,《吕祖谦全集》第 2 册,第 53 页。
⑥ 有大力量者,见理明是因,有大力量是果。

的过程中,或有"变以随人",但这并非内无主宰的"一向随人"。他说:

> 大率随人必胸中先有所主宰,若无主宰,一向随人,必入于邪。
> 至于变所守以随人,尤非小事,若所随不得其正,则悔吝而不得其吉
> 矣。此随人之初,尤不可忽。故圣人教人以随之本,言人先内有所
> 主,然后可以随人,或变而随人,惟正而后吉也。①

圣人以"随"教人的根本在于个人内有所主——且其所主正大如理,如此
方能(变而)随人而无悔吝之吉。

第三节　吕祖谦的实践哲学

前文只是从"工夫论"的角度,叙述了吕祖谦如何通过"明心穷理"
"致知力行"解决其"心"具现"理"的问题。但是,"心"具现"理"其实有不
同的含义和层次:一个是知的层次,即心与理相契;一个是行的层次即如
何修己安人,在道德和政治的层面上把"理"实现出来。吕祖谦的实践哲
学所欲讨论的就是在道德和政治的层面把"理"实现出来的问题。

一、矫揉气质

在道德的层面把"理"实现出来,实际上就是要通过个人的"力行"修
养,矫揉气质,造就理想的人格。吕祖谦认为人性虽然在根本上是善的,
但是由于气质有偏,所以,现实的人也不免有偏,"性本善,但气质有偏,
故才与情亦流而偏耳"②。为了矫正现实的人在"才"与"情"上的"流而
偏",吕祖谦说,"大凡人之为学,最当于矫揉气质上做工夫。如懦者当
强,急者当缓,视其偏而用力焉。以吾丈(朱熹)英伟明峻之资,恐当以颜
子工夫为样辙。回禽纵低昂之用,为持养敛藏之功,斯文之幸也"③。这

---

① 吕祖谦:《丽泽论说集录·易说·随》卷一,《吕祖谦全集》第 2 册,第 24 页。
② 吕祖谦:《丽泽论说集录·杂说一》卷九,《吕祖谦全集》第 2 册,第 248 页。
③ 吕祖谦:《东莱吕太史别集·与朱侍讲元晦》卷七,《吕祖谦全集》第 1 册,第 399 页。

就是说，要根据个人的气质上的偏狭处，朝相反的方向做"矫揉气质"的工夫，如怯懦者使之强，急迫者使之缓，等等。

但是，矫揉气质并不止此一端。实在说来，矫揉气质更加强调要"求其放心"、诚敬求仁和做"集义工夫"。

"求其放心"本是孟子提出的，其后宋明儒都明确地把"求放心"当作自己工夫论中重要的修养践履方法，吕祖谦也不例外。他说：

> 如《孟子》所谓"学问之道无他，求其放心而已矣"。此所谓内心，学者不可不关防也。①

吕祖谦认为，孟子所求的"放心"，乃是被人遗失掉了的"道心"，如父子之间的"天属之爱"、天性等。此类"内心"可能被人、物引诱向外，以至泯灭殆尽，所以，为学者对于这"内心"或道心，不可不严加提防，一旦外心（如追求开拓疆土之心等）萌蘖，内心日销，便须做"求其放心"的工夫。而"求其放心"无须向外，而应反求诸己，因为"圣门之学，皆从自反中来……凡事有龃龉，行有不得处，尽反求诸己，使表里相应而后可"。以上所说，均是就"道心"或"内心"放失、事有龃龉行有不得处而为言；如果从更为整全的角度角度看，"求其放心"应该要包含着一个守护"本心"的维度。吕祖谦说：

> 盖天地发生之初，最是于萌蘖始生之时，要人营护保养。且如草木萌动，根芽初露，易被摧残，惟能于将生之际遮覆盖护，则枝枝叶叶渐渐条达。人之善端初发，亦多为众恶陵铄。惟是于出入将发之时养而无害，然后自然"朋来"。朋，谓助也……凡善类皆朋也。②

这就是说，人应该要在"善端初发"的时候营护保养它，一方面"养之"而"无害"，另一方面使它免受各种可能的"恶"所摧残。这样才有可能有善类朋襄助，使此善端最终能"枝枝叶叶渐渐条达"，从而让"善""理"真正

① 吕祖谦：《左氏传说·费无极言于楚子》卷一四，《吕祖谦全集》第 7 册，第 153 页。
② 吕祖谦：《丽泽论说集录·易说·复》卷一，《吕祖谦全集》第 2 册，第 43 页。

实现。

关于"诚敬求仁"。对于吕祖谦来说，"仁"是目的，是与天、理、道、心等同一的范畴，求仁，也就是求"理"与"道"的实现，而"诚"与"敬"则是具体的方法。吕祖谦说：

> 仁者，天下之正理也，是理在我，则习矣而著，行矣而察。否则，礼乐虽未尝废于天下，而我无是理，则与礼乐判然二物耳。①

仁是天下之正理，"是人之本心，浑然一体②；而"仁者之心，既公且一，故所见至明，而此心不变"，它是仁者之为仁者、实现心与理一的根据。不仅如此，"仁"还是"识见明"的关键，"要识见明如何？且看'仁'字。以'博爱之谓仁'，与'樊迟问仁'，子曰：'居处恭，执事敬，与人忠，虽之夷狄不可弃也。'一段同看，看得仁则识见自明矣"③。"仁"既如此关键，求仁亦为必然之选。然而，如何能做到"仁"的境界呢？吕祖谦认为，其关键在"诚"与"敬"。在回答或人问"五峰何以为学"时，吕祖谦回答说是"求仁"，然而，"何以求仁"？"曰：'居敬。''何以居敬？'曰：'心不在焉，便是不敬。'"④在这里，吕祖谦并没有直接回答"何以居敬"，而是讲"不敬"，但他同意张南轩"心在焉，则谓之敬"的说法。同时，由于诚、敬两字，只是一般，"所谓'存诚'，'存'便是敬"⑤。所以，诚敬是求仁的关键。

在为学求仁的过程中，个人主观上的"诚""敬"的态度，对于"成德"非常必要。吕祖谦认为，不诚之人，"讳过而自足"，此最"学者之患"，"使其不讳过、不自足，则其成德夫岂易量！譬诸人之成室……或失其道，唯恐旁观者之不言，随言随改，随改随正，略无所惮。其心以谓吾知良吾室而已，凡所以就其良而去其不良者，无所不至，此善学而逊志之说也"⑥，

---

① 吕祖谦：《丽泽论说集录·论语说》卷六，《吕祖谦全集》第2册，第155页。
② 吕祖谦：《丽泽论说集录·孟子说》卷七，《吕祖谦全集》第2册，第193页。
③ 吕祖谦：《丽泽论说集录·杂说二》卷一〇，《吕祖谦全集》第2册，第253页。
④ 同上书，第266页。
⑤ 同上书，第260页。
⑥ 同上书，第255页。

善学逊志、诚以向学而求仁,其成德不可限量。而同时,"'敬'之一字,乃学者入道之门。敬也者,纯一不杂之谓也。事在此而心在彼,安能体得敬字"①,强调"纯一不杂"之"敬"是学者入道(求仁)之门,但入得门后,也要坚持而不懈,故"'敬而无失',此言甚好。但体此理,便见得中,便见得《易》,'鸢飞''鱼跃'皆在"②。吕祖谦强调,这种"诚"与"敬"要体现为"信得及","信之及者,虽识见卑,过失多,习气深,日损一日,无不变也。信之不及,虽聪明才智,徒以为贼身之具,无术以救之"。③ 要"存不已之心",因为"持养之功甚妙:常常提起,自有精神;持养之久,自有不可撴者。当以居敬为本"。

总之,"矫揉气质"需要"求仁"之功,而"求仁"则在于"诚""敬"。

最后,矫揉气质,还需要"集义工夫"。在给叶适(字正则)的信中,吕祖谦说:

> 静多于动,践履多于发用,涵养多于讲说,读经多于读史。工夫如此,然后能可久可大。④

结合吕祖谦在《丽泽论说集录卷九·杂说一》的说法,使事业可久可大的集义工夫,应该是静中涵养、动中体察,兼重经史而更重视读经,践履与发用同时,但以践履为本。具体而言,有以下几个方面。

1. 克己

所谓"克己",就是惩忿窒欲,胜己之私。吕祖谦要人"寻病源起处克将去,若强要胜他,克得一件,一件来。要紧是观过。人各有偏处,就自己偏处,寻源流下工夫。克只是消磨令尽,所谓'见睍曰消'。如扬子云'胜己之私之谓克',恐未尽。又云:要知病处,须是日用间常体察"⑤。克

---

① 吕祖谦:《丽泽论说集录·杂说二》卷一〇,《吕祖谦全集》第 2 册,第 256 页。
② 吕祖谦:《丽泽论说集录·杂说一》卷九,《吕祖谦全集》第 2 册,第 239 页。
③ 同上书,第 256 页。
④ 吕祖谦:《东莱吕太史外集·与叶侍郎正则》卷五,《吕祖谦全集》第 1 册,第 710 页。
⑤ 吕祖谦:《丽泽论说集录·杂说二》卷一〇,《吕祖谦全集》第 2 册,第 259 页。句读、标点与原文有所出入和调整。

己就是由观过、找到个人偏私之病源处,然后胜己之私,消磨令尽,而不是勉强"胜他"。若未找到病源处便求"胜他",则克得一件,一件又来,如何能彻底? 因此,惩忿窒欲只是暂时的权宜之计,从根本上讲,克己工夫还是要"拔本塞源,然后为善",就好像人纠正自己的过错,"断得九分,留一分未改,此一分恶终久必发见。不特是发见,又且是支离蔓延,未必不连此九分坏了"①。就具体的践履而言,克己工夫又不可太急迫,而应该"宽而不迫":窒欲之道当宽而不迫。譬如治水,若骤遏而急绝之,则横流而不可制矣。故诗人不禁欲之起,而速礼之复……心一复则欲一衰,至于再,至于三,则人欲都忘而纯乎天理矣。②

2. 日用

吕祖谦非常重视在日用常行中做工夫。他曾说:"为学要须日用间实下工夫乃得力。"③吕祖谦对日用常行的重视,体现在他甚至强调要从日用常行中来理解圣人,体现在他往往从居处、治家等处来谈为学。他说:

> 只是一个"敬"字,随大小都用得。正容色,整衣冠,就此推而上之,即易行乎其中矣。④

又说:

> 今人须是就治家上理会,这里不治,如何是为学? 尧称舜,让以天下,如何止说"刑于二女"? 四岳举舜,不及其他,止言"克谐以孝"。若是今人,须说舜有经纶大业,济世安民之事。"钦哉"两字最要看,看得这个,便见得"天命"二字不易。⑤

这是强调"治家"即是为学,尧称舜、四岳荐舜,均以其治家而为言。吕祖

---

① 吕祖谦:《丽泽论说集录·孟子说》卷七,《吕祖谦全集》第 2 册,第 210 页。
② 吕祖谦:《丽泽论说集录·诗说拾遗》卷三,《吕祖谦全集》第 2 册,第 114—115 页。
③ 吕祖谦:《东莱吕太史别集·与学者及诸弟》卷一〇,《吕祖谦全集》第 1 册,第 504 页。
④ 吕祖谦:《丽泽论说集录·杂说一》卷九,《吕祖谦全集》第 2 册,第 241 页。
⑤ 吕祖谦:《丽泽论说集录·杂说二》卷一〇,《吕祖谦全集》第 2 册,第 260 页。

谦在与朱熹的书信中曾说，"向来所论智、仁、勇，终恐难分轻重。盖三者，天下之达德，通圣贤常人而言之也"①，像智、仁、勇此三达德，非圣贤所专有，而是通圣贤常人而言的。

这些都可以见得吕祖谦强调在日用常行中做"集义工夫"。此无他，乃因"登高自下，发足政在下学处"②。

3. 就实切要

"集义工夫"，不仅是在日用常行中"克己"，更要求要"就实切要"。吕祖谦说：

> 切要工夫莫如"就实"，身体力行。乃知此两字甚难而有味也。③

他认为，做事须着实去做，"主一无适，诚要切工夫。但整顿收敛，则易入于著力；从容涵泳，又多堕于悠悠。勿忘、勿助长，信乎其难也"④，要切工夫，主一无适，要着实去做，信乎其难也，但若"讲实学者多，则在下移俗，在上美政，随穷达皆有益"⑤。

4. 坚定持久

但是，无论做什么工夫，都要坚定、持久和彻底。吕祖谦在写给朱熹的信中说：大抵而言，人的禀赋若有偏处，即使他能消磨其九分，这剩下的一分（气禀之偏）在触事遇物时，仍然会使他像以前一样张皇失措。因此，矫揉气质的关键是要把这些气质之偏"融化得尽，方可尔"。

二、理政治国

对于吕祖谦来说，为学做工夫的目的并不仅仅是修养自己、成就自

---

① 吕祖谦：《东莱吕太史别集·与朱元晦》卷七，《吕祖谦全集》第 1 册，第 401 页。原文做"通圣贤，常人而言之"，非，当如所引。

② 吕祖谦：《东莱吕太史别集·与陈同甫》卷一〇，《吕祖谦全集》第 1 册，第 470 页。"政"同"正"，吕祖谦的书信中，表示恰好、正好等意思的"正"字，都写作"政"。

③ 吕祖谦：《东莱吕太史别集·与乔德瞻》卷一〇，《吕祖谦全集》第 1 册，第 499 页。

④ 吕祖谦：《东莱吕太史别集·与朱元晦》卷七，《吕祖谦全集》第 1 册，第 409 页。

⑤ 吕祖谦：《东莱吕太史别集·与学者及诸弟》卷一〇，《吕祖谦全集》第 1 册，第 505 页。

己,同时还要通过理政治国,建构良好的政治秩序来养护人民、成就他人,甚至"尽物之性"。使物得以完成。从这个意义上讲,"理政治国"也应该成为吕祖谦哲学思想的重要构成。吕祖谦的理政治国思想,主要有以下几个方面的内容。

（一）政在养民,民资于政

吕祖谦认为,"理政治国"的目的在于养民,而民得其养,也有赖于"政"的资藉。在其《书说·大禹谟》中,吕祖谦说:

> 发号施令,莫非政也,惟有德行乎其中,则为善政。政之所在,主乎养民。"德惟善政",政本于德也;"政在养民",民资于政也。后世富国强兵,非养民之政也。①

凡发号施令,都是"为政",但唯有这些"号令"中包含有德行,才能成就善政。"政"的目的所在,以"养民"为其宗主。"德惟善政",意思是理想的"政"要以（君主之）"德"为根据和根本;"政在养民",其意思是民生的安乐,有赖于良治善政。后世的那些追求富国强兵的政治政令,并不是养民生之安乐的"善政"。

当然,"政在养民"并非吕祖谦首创的新解,这一传统可以远溯至《尚书·大禹谟》出现的年代。在此,吕祖谦根据"政在养民"这一观念对后世"富国强兵"的政治追求予以评价,认为其并非善政。这是大有启发意义的。至于民之得其养,固然有赖于"百亩之田、数口之家和鸡豚狗彘之微",但由于"民政出于人君之心",因而,更需君之返本、格君心之非;君心既正,则民政无有不善。由此观之,吕祖谦理想中的"养民之政"既要"养民之生",更要"正民之心","所谓'日用饮食','遍为尔德'也"②。这就是说,"养民之政"除了养民之生,还要在德性上塑造有德之民。这其实也是儒学自孔孟以来"庶—富—教"和"制民之产、谨庠序之教"等传统的继承和发挥。

---

① ② 吕祖谦:《增修东莱书说·大禹谟》卷三,《吕祖谦全集》第 3 册,第 55 页。

（二）君臣相与，养君之德

要行"养民"的"善政"，须要正君之心。然而，如何正君之心？吕祖谦认为，"养君之德"与"规君之过"，不可偏废。他说：

> 伊川先生曰："后世事君，知规过而不知养德。"师氏以媺诏王者，专以从容和缓养君之德，不幸而君有过，则有保氏之官。盖二官朝夕与王处，一则优游容与，以养君之德，不使有一毫矫拂；一则秉义守正，以止君之邪，不肯有一事放过。故人君既有所养，又有所畏，所谓礼乐不可斯须去身。若一于从容，则是有乐而无礼；一于矫拂，则是有礼而无乐。所以不可偏废。①

这是主张用礼"规君之过"，用乐"养君之德"，使人君既有所养，又有所畏，从而君心得正。

同时，人臣在同人君的交往中，也应有其恰当的方式。吕祖谦认为，屈原爱君之心固善，然而却用愤怨激切的方式来表达，不像孟子，孟子周游列国时，与各国国君相处，则始终和缓，皆出于正。但即使是孟子，其与齐王说"草芥""寇仇"时，似觉峻厉无温厚和缓之气。但孟子如此说法，有其不得已处，孟子之专求于王，盖因齐王专求于臣，所以孟子以猛药治深病，"使孟子不苦其言，则其（齐王）病不瘳"。即使如此，吕祖谦仍然认为"君臣本非论施报之地，君虽不仁，臣不可以不忠；父虽不慈，子不可以不孝：此天下之常理"②。因此，吕祖谦强调"君当求臣，臣不可先求君"，这里的"求"，意思是"索求"，说的是在君臣之间，主动索求者应该是君而非臣，"若不待五（咸之九五一爻）求而先自动"，那就是不安分，是谄谀冒进。③ 所以，在君臣之间，"君当量力，臣当尽力；君当畏难，臣当徇难。君之患常在于太自任，臣之患常在于不自任"④。这意思就是说，君

---

① 黄宗羲原本，全祖望修定：《东莱学案》，《宋元学案》第 3 册，第 1656 页。
② 吕祖谦：《丽泽论说集录·孟子说》卷七，《吕祖谦全集》第 2 册，第 193—194 页。
③ 吕祖谦：《丽泽论说集录·易说·咸》卷二，《吕祖谦全集》第 2 册，第 65 页。
④ 黄宗羲原本，全祖望修定：《东莱学案》，《宋元学案》第 3 册，第 1654 页。

宜尊而臣当劳,因为君是"为天守名分者",君臣不可并称而乱其分;君臣之分,在于君"既得尊位,又为离之主,明之盛者",却能不"用明太过,虑事太详,恤其失得而凡事迟疑",反而以其"所见,一无所悔,不须更顾虑得失,但据所见而往,则'吉,无不利也'"①;而臣则"巽顺而从"、勇于自任;因此,君得其尊,臣以其巽顺且忠而得其信②、任其事,这才是君臣相与之道。

(三)臣任其事,思不出位

吕祖谦认为,"使天下皆为君子,是人君本分职事"③,而人臣便是要尽力辅助人君完成其本分职事。那么,臣要如何才能既辅助人君完成其本分职事,而又不引起人君的忌惮呢? 吕祖谦的答案是,像伊尹、周公和孔明那样"明哲而诚,故可处危疑之地"。他说:

> 居人臣之位、处多惧之地,若有心于得民之说,此固奸臣所为,不可论。至如中正之大臣,为民心所随,虽贞犹凶,要必有处之之道,"有孚在道以明,何咎"是也。"有孚在道"……盖有孚诚于中,即所谓合道,见善又明,则何咎之有。④

这就是说,为民心所随的大臣,其有孚诚于中、合于尊君之道,并且又能彰明自己之尊君,那也就能处危疑之地而无咎了。

对于大臣来说,其除了"明哲而诚"、巽顺尊君之外,最重要的是要能自任其事,也就是要做好个人的职分,对于"职分之内,不可惰媮"。吕祖谦坚持,如果不能做好自己的本分职事,那就是"旷职","当官者不可徇其私意,忽而不治"。但这只是问题的一方面。另一方面,作为辅佐君主尽其"使天下为君子"的大臣,又必须要"敬事尊长,思不出位"。这也就

---

① 吕祖谦:《丽泽论说集录·易说·晋》卷二,《吕祖谦全集》第2册,第82页。
② 臣得其信,意思是君信任大臣。正所谓君"俨然在上,总其大纲,委任大臣而失得勿问,使在下者得尽力为之",如此,则能无往而不利。见吕祖谦《丽泽论说集录·易说·晋》卷二,《吕祖谦全集》第2册,第82页。
③ 吕祖谦:《丽泽论说集录·易说·观》卷二,《吕祖谦全集》第2册,第34页。
④ 同上书,第25—26页。

是说,他不能随便去要求高于其职位的礼遇与待遇,也不能做超越其职分的事情。他说:"大抵在上之人,有势有位,犹可以有为,既处卑下、居贫贱,而恃其强壮,躁于求进,信乎其凶也。"①所以,"君子思不出其位,此位随在随有"②,哪怕只是暂时领有"一时职权",也"不宜引嫌,便当以正官自处……但不可妄有支用尔"。

(四)莅民之道,宽简为本

吕祖谦认为,大臣所自任之事,便是依照法度"治民",使天下皆为君子。"(法度)不独政事纪纲之谓也,凡一身之间,一动一作,饮食起居之际,莫不有法度,动容周旋,皆中礼而已……既随事随物而尽其理矣,则凡心有所之,皆广而明。"③他告诫人们,不要把"法度"看得太狭隘了,所谓"法度",下至一身之间、一动一作、饮食起居之"中礼",上至政事纪纲之"尽其理"。大臣依此"尽理"的法度治民,宜以"简""宽"为本。他说:

> 好多事者必不能好生,好苛刻者必不能好生。惟以"简""宽"为本,故罚弗及嗣,罪止其身,犹不得已,况其后乎!赏延于世,报功之意宁过于厚。人之或丽于罪,本于过者虽大必宥,本于故者虽小必刑。罪之疑则惟轻,功之疑则惟重。好生之德,随寓而著,而于刑故无小,足以深见圣人好生之心。何者?过慈则近于姑息,反所以害仁。④

无论君主还是大臣,都应该以"好生之心",避免多事、苛刻,努力做到"罚弗及嗣,赏延于世",从而体现其重功轻罪的好生之心。但是,大臣在审判案件的时候,也应有一些需要注意的问题:首先,要区分"本于过"与"本于故",也就是区分无心之罪、过与有意为之,对于前者,"过虽大必宥",对于后者,"故虽小必刑";其次,不可先有所主,若心先有所主,"以

---

① 吕祖谦:《丽泽论说集录·易说·大壮》卷二,《吕祖谦全集》第 2 册,第 77 页。
② 吕祖谦:《丽泽论说集录·杂说二》卷一〇,《吕祖谦全集》第 2 册,第 266 页。
③ 吕祖谦:《增修东莱书说·大禹谟》卷三,《吕祖谦全集》第 3 册,第 54 页。
④ 同上书,第 59 页。

此心而听讼,必有所蔽。若平心去看,便不偏于一,曲直自见"①。

除此而外,吕祖谦还主张通过"均田""取民有制"和"富恤贫"等措施,养民之生,加上此处以"宽简之道"莅民,以育民德,庶几能"尽人之性""尽物之性",使"理"真正实现。

吕祖谦的哲学思想当然还有更丰富的内容,例如其经世致用之学、辩证法、历史哲学、伦理思想、教育哲学等,本章挂一漏万,并未将其全部展现出来。这确实是件有点遗憾的事情。不过,目前学术界对于吕祖谦哲学思想的研究也有不少颇有分量的成果,如潘富恩和徐余庆合作的《吕祖谦评传》和《吕祖谦的实学思想述评》、潘富恩的《大家精要·吕祖谦》、蔡方鹿的《论吕祖谦的经世致用思想》和《吕祖谦的易学思想》、任锋的《秩序、历史与实践:吕祖谦的政治哲学》以及其他的博硕士论文等,有兴趣的读者可以进一步阅读和研究。当然,浙江古籍出版社 2008 年出版了《吕祖谦全集》,这是学习和研究吕祖谦哲学思想最为权威的资料。

最后,我们必须看到,吕祖谦的哲学思想毕竟打上了深刻时代烙印,因而必定有其局限性的。我们在学习其哲学思想,尤其是"理政治国"方面的思想时,要注意分辨其中一些思想、做法,如维护等级名分制度等,其所包含的复杂多样的意义,对于增强我们自身的辨析能力不无裨益。不过,有一点必须要说明的是,后世学者在评论吕祖谦思想的特色时,深受朱熹的影响,而总以"博杂"明之,意谓其学经、史、子、集无所不包,既广博又杂而无统。但这其实恐怕是出于朱熹不公允的偏见。关于吕祖谦思想有根柢、有心解、有体系的具体论述,请参见黄灵庚先生为《吕祖谦全集》所写的"前言"。

---

① 吕祖谦:《丽泽论说集录·杂说二》卷一〇,《吕祖谦全集》第 2 册,第 261 页。

第二十一章　陆九渊的心学

　　陆九渊(1139—1193),字子静,号存斋,抚州金溪(今江西临川)人。因常讲学于贵溪应天山(象山),学者称其为象山先生。陆九渊从小颖悟,三四岁思天地何所穷际,至忘寝食;十余岁,又因"宇宙"二字笃志圣学。他后来所创立的心学,是他自己通过"读《孟子》而自得之"[①]。其"于北宋诸家学问则不甚用心"(牟宗三语),又谓:"韩退之言:'轲死不得其传。'固不敢诬后世无贤者,然直是至伊洛诸公,得千载不传之学。但草创未为光明,到今日若不大段光明,更干甚事?"[②]其承当可知。陆九渊与朱熹并世而稍小,二人相遇前,各自学术基调已定。淳熙二年(1175),陆九渊应吕祖谦的邀请与朱熹论学于鹅湖寺。当时朱学已初具规模,而陆九渊的心学尚在草创阶段,但他以"发明本心"与"泛观博览"的为学工夫先后问题以及"尊德性"与"道问学"的不同趋向与朱熹发生了论争。自此之后,朱陆之争便成为宋明理学中一大公案,而陆九渊的心学也在与朱熹的往复辩难中日益明确,成为南宋理学中与朱学并立的学派。

[①] 陆九渊:《语录下》,《陆九渊集》卷三五,第471页。
[②] 同上书,第436页。

第一节 "本心"与"心即理"

一、"本心"的内涵

"本心"是象山之学的核心观念,其学即围绕此"本心"观念而展开。那么,"如何是本心"? 不仅我们现代人,就是象山高弟杨简当时也在这样追问:

> 四明杨敬仲时主富阳簿,摄事临安府中,始承教于先生。及反富阳,三月二十一日,先生过之,问:"如何是本心?"先生曰:"恻隐,仁之端也;羞恶,义之端也;辞让,礼之端也;是非,智之端也。此即本心。"对曰:"简儿时已晓得,毕竟如何是本心?"凡数问,先生终不易其说,敬仲亦未省。偶有鬻扇者讼至于庭,敬仲断其曲直讫,又问如初。先生曰:"闻适来断扇讼,是者知其为是,非者知其为非,此即敬仲本心。"敬仲忽大觉,始北面纳弟子礼。故敬仲每云:"简发本心之问,先生举是日扇讼是非答,简忽省此心之无始末,忽省此心之无所不通。"先生尝语人曰:"敬仲可谓一日千里。"①

象山开始之所以"终不易其说",是因为面对"如何是本心"的追问,他的这种回答已实在是一种最直截了当的正面回答了。之所以说象山以四端之心来说明"本心"是对"本心"的一种最直截了当的正面说明,这是因为人一旦对自身所本有的道德意识有一种真切的感受和体会时,就有可能觉悟到此"本心"即"四端之心","四端之心"即"本心"。当杨简屡屡追问"毕竟如何是本心"而不得其解时,象山指出在断扇讼中他"是者知其为是,非者知其为非"之心即他的"本心",杨简即"大觉":原来自己的是非之心就是"本心",此心无所不通。象山可谓善教,而杨简亦善悟。象山就"本心"发用处或具体呈现处来指示"本心",这与孟子以"怵惕恻隐

---

① 陆九渊:《年谱》,《陆九渊集》卷三六,第 487 页。

之心"来指出"不忍人之心"是一个路头。

这里需要讲明的是，"本心"是根源义之心，而"四端"则是"本心"之应事而发用或道德意识的自觉，但这并不是说"本心"就只这"四端"而已。这一点在当时学者就有不能相应地把握，所以象山云：

> 孟子就四端上指示人，岂是人心只有这四端而已？又就乍见孺子入井皆有怵惕恻隐之心一端指示人，又得此心昭然，但能充此心足矣。①

更云：

> 近来论学者言："扩而充之，须于四端上逐一充。"焉有此理？孟子当来只是发出人有是四端，以明人性之善，不可自暴自弃。苟此心之存，则此理自明，当恻隐处自恻隐，当羞恶当辞逊，是非在前，自能辨之。又云：当宽裕温柔，自宽裕温柔；当发强刚毅，自发强刚毅。所谓"溥博源泉，而时出之"。②

最后一句非常形象地说明了"本心"与"四端"的关系，"四端"是"本心"的内容，以"四端"来指示"本心"，其旨在明示"本心"才是发出"四端"的根源，"本心"与"四端"的关系是一对典型的体用逻辑。

若"本心"只是应事而发，限于眼前，则"本心"只成为仁术，而非仁道，故象山又云：

> 济溱洧之车，移河东之粟，可以谓之仁术，不可以谓之仁道，以是而同乎民，交乎物，吾见其浅焉而胶矣。③

这当然是梁惠王不能将此不忍人之心扩而充之之故，然而用象山的话说则是，为私心私感所害，所以又说"盖未为私感所害，则心之本然，无适而

---

① 陆九渊：《语录上》，《陆九渊集》卷三四，第 423 页。
② 同上书，第 396 页。
③ 陆九渊：《圣人以此心退藏于密吉凶与民同患神以知来知以藏往》省试，《陆九渊集》卷二九，第 341 页。

不正,无感而不通"①;或者说是此心不能无蔽,因为在象山看来"诚者,非自成己而已也,所以成物也。此心之灵,苟无壅蔽昧没,则痛痒无不知者"②。由此可见,"本心"之应物发见或感通在理想情况下是无限的,这才是仁道。

上述是就寻常人所能见到的道德意识的自觉的一面谈"本心",过此以往,"本心"尚有"密微之地"的一面或境界,而这才是"本心"的本来面目。象山云:

> 涤人之妄,则复乎天者自尔微;尽己之心,则交乎物者无或累。著卦之德,六爻之义,圣人所以复乎天交乎物者,何其至耶。以此洗心,则人为之妄涤之而无余。人妄既涤,天理自全,退藏于密微之地,复乎天而已。由是而吉凶之患与民同之,而己之心无不尽。心既尽,则事物之交,来以神知,往以知藏,复何累之有哉? 妄涤而复乎天者自尔微,心尽而交乎物者无或累,则夫著卦六爻之用,又其岂可以形迹滞? 而神知之说,又岂可以荒唐窥也哉?
>
> ……内外合、体用备,非人之所可毫末加而斯须去也。圣人洗心于著卦六爻之间,退藏于隐密精微之地,而同乎民,交乎物者,虽吉凶往来之纷纷,而吾之心未尝不退藏于密。
>
> ……至诚如神,受命如响,事物之来,神以知之,无以异于著之圆也;物各付物,所过者化,事物之往,知以藏之,无以异于卦之方也。③

上文讲到心之本然无感不通,这其实就是人妄既涤之后的密微之地。密微之地天理自全、自见、自明,到此地步,"本心"已无物欲之累,而其神知之用亦彻底敞开,全幅呈现,所谓"本心"之大用流行。此神知即"本心"

---

① 陆九渊:《圣人以此心退藏于密吉凶与民同患神以知来知以藏往》省试,《陆九渊集》卷二九,第342页。
② 陆九渊:《与郑溥之》,《陆九渊集》卷一三,第178页。
③ 陆九渊:《圣人以此心退藏于密吉凶与民同患神以知来知以藏往》省试,《陆九渊集》卷二九,第340—342页。

之化育万物、妙万物、生生不已；此神知是静而无静、动而无动，所谓"虽吉凶往来之纷纷，而吾之心未尝不退藏于密"也。此时的"本心"无内外之分，即体即用。"本心"的这种神知、密微之地，也就是天，只有涤除了人妄才能见得到。象山云：

> 某闻诸父兄师友，道未有外乎其心者，自可欲之善至于大而化之之圣，圣而不可知之神，皆吾心也。①

此不只是听说了，而且是印证了。

关于这一密微之地的其他方面的内涵，象山尚有许多其他的阐释。象山常用"宇宙"二字来发挥"本心"，《年谱》十三岁下记载：

> 后十余岁，因读古书至宇宙二字，解者曰："四方上下曰宇，往古来今曰宙。"忽大省曰："元来无穷，人与天地万物，皆在无穷之中者也。"乃援笔书曰："宇宙内事乃己分内事，己分内事乃宇宙内事。"又曰："宇宙便是吾心，吾心即是宇宙……"故其启悟学者，多及宇宙二字。②

谓宇宙内事即己分内事，两者不异，这是一种大承当，也是"本心"的万物一体之感。至于谓吾心即是宇宙，此稍有不同，俟下文再讲。关于"本心"的这种一体之感，象山发挥之处颇多，如：

> 人共生乎天地之间，无非同气……安得有彼我之意？又安得有自为之意？③

> 宇宙不曾限隔人，人自限隔宇宙。④

又谓：

> 宇宙之间，如此广阔，吾身立于其中，须大做一个人……且如

---

① 陆九渊：《敬斋记》，《陆九渊集》卷一九，第 228 页。
② 陆九渊：《年谱》，《陆九渊集》卷三六，第 482—483 页。
③④ 陆九渊：《语录上》，《陆九渊集》卷三四，第 401 页。

"天命之谓性"，天之所以命我者，不殊乎天，须是放教规模广大。①

这种"弥宇宙身"②的说法，宋儒发自张横渠（《西铭》），而明道言之尤详，象山虽非承此传统而来，然其所见却与之遥契，真所谓先圣后圣一揆。故象山又云：

> 心之体甚大，若能尽我之心，便与天同。③

又云：

> 孟子言"知天"，必曰"知其性，则知天矣"；言"事天"，必曰"养其性，所以事天也"。《中庸》言"赞天地之化育"，而必本之"能尽其性"……诚以吾一性之外无余理，能尽其性者，虽欲自异于天地，有不可得也。④

在象山，心性是一非二，而心性与天不异，此所以能万物一体。

以上所述，无论是就道德意识一面，还是就密微之地一面谈"本心"，都主要是对"本心"的内容的正面了解、全幅揭露，除此之外，象山对"本心"的形式特征也有说明。像其他地方通过征引《孟子》来对"本心"的内容作说明一样，象山也喜欢引用《孟子》来说明"本心"的形式特征以侧面了解之，他说：

> 孟子曰：所不虑而知者，其良知也；所不学而能者，其良能也。此天之所与我者，我固有之，非由外铄我也。故曰"万物皆备于我矣，反身而诚，乐莫大焉"。此吾之本心也。⑤

谓"万物我备"自然是谈"本心"之内容一面，然而依象山之见，所谓"本心"是"天之所与我者"之心，是人之不虑而知、不学而能之心。"天之所

---

① 陆九渊：《语录下》，《陆九渊集》卷三五，第439页。
② 陆九渊：《盱坛直诠》，罗汝芳：《罗汝芳集》，第397页，南京，凤凰出版社，2007。
③ 陆九渊：《语录下》，《陆九渊集》卷三五，第444页。
④ 陆九渊：《天地之性人为贵论》，《陆九渊集》卷三〇，第347页。
⑤ 陆九渊：《与曾宅之》，《陆九渊集》卷一，第5页。

与我者"指"本心"为天所赋与我者亦即其为人先天所具有，是一个先验之心；不虑而知、不学而能指"本心"具一种无须后天反省的辨别能力与行为能力，当然这并不是说不需要后天反省的工夫。显然，无论是"天之所与我者"还是"所不虑而知者，其良知也；所不学而能者，其良能"都只不过是对"本心"的一种间接或侧面的说明而已，而未涉及"本心"之"内容"。又如象山说：

> 孟子曰："存乎人者，岂无仁义之心哉？"又曰："我固有之，非由外铄我也。"愚不肖者不及焉，则蔽于物欲而失其本心；贤者智者过之，则蔽于意见而失其本心。①

仁义固然是本心之内容，而人若蔽于物欲或意见则将失其"本心"，这却不是对"本心"的一种直接而明确的说明。又象山说：

> 理乃天下之公理，心乃天下之同心，圣贤之所以为圣贤者，不容私而已。②

> 心，只是一个心。某之心，吾友之心，上而千百载圣贤之心，下而千百载复有一圣贤，其心亦只如此。心之体甚大，若能尽我之心，便与天同。③

> 东海有圣人出焉，此心同也，此理同也。西海有圣人出焉，此心同也，此理同也。南海、北海有圣人出焉，此心同也，此理同也。千百世之上至千百世之下，有圣人出焉，此心此理亦莫不同也。④

对于象山而言，"本心"并非人的一种生理意义、心理意义以及社会学意义的心，而是为每个人所本有、具普遍性与恒久性的"同心"或"大心"，同于天之心，不同于私欲的心。"某之心，吾友之心，上而千百载圣贤之心，下而千百载复有一圣贤，其心亦如此"，意味着此"本心"为人人所本有；

---

① 陆九渊：《与赵监》，《陆九渊集》卷一，第9页。
② 陆九渊：《与唐司法》，《陆九渊集》卷一五，第196页。
③ 陆九渊：《语录下》，《陆九渊集》卷三五，第444页。
④ 陆九渊：《年谱》，《陆九渊集》卷三六，第483页。

"东海有圣人出焉,此心同也,此理同也。西海有圣人出焉,此心同也,此理同也。南海、北海有圣人出焉,此心同也,此理同也",表明此"本心"不受空间限制;"千百世之上至千百世之下,有圣人出焉,此心此理亦莫不同也",表明此"本心"不受时间限制。正是基于此"本心"不受时空限制而具普遍性、恒久性这一特点,象山宣称:此"本心"乃"天之所与我者","心之体甚大,若能尽我之心,便与天同","本心"乃天人不异的根本所在,此可因推类而知。又象山在《鹅湖和教授兄韵》中云:

> 墟墓兴哀宗庙钦,斯人千古不磨心。①

此是内容与形式兼有。

由于象山对文字概念的使用比较松散,他在论说过程中对"心"与"本心"的内涵并未作出严格的界定和区分,以至于在其论说中出现"心"与"本心"混用的文字现象,当然象山自身对这两概念的不同内涵有着清楚明白的意识。"心"通常指经验意识之心和思虑知觉之心,象山也常在这两层面上使用"心"这一概念,如:

> 人生天地间,气有清浊,心有智愚,行有贤不肖。②
> 有所蒙蔽,有所移夺,有所陷溺,则此心为之不灵。③
> 故心当论邪正,不可无也,以为吾无心,此即邪说矣。④

此心有智有愚,有灵与不灵,有邪有正之分,此心即是个体经验意识之心,象山承认此心之所发有不即是理者,并且认为需要"洗心",他说:

> 以此洗心,则人为之妄涤之而无余。⑤

"洗心"即涤除人为之妄,也即是要去除心之所发中不即是理者。

---

① 陆九渊:《鹅湖和教授兄韵》,《陆九渊集》卷二五,第301页。
② 陆九渊:《与包详道》,《陆九渊集》卷六,第80页。
③④ 陆九渊:《与李宰》,《陆九渊集》卷一一,第149页。
⑤ 陆九渊:《圣人以此心退藏于密吉凶与民同患神以知来知以藏往》省试,《陆九渊集》卷二九,第340页。

> 人非木石，安得无心？心于五官最尊大。《洪范》曰："思曰睿，睿作圣。"《孟子》曰："心之官则思，思则得之，不思则不得也。"①

此心即是思虑知觉之心，其功能为思，是人区别于木石之所在。此外，象山还经常不加任何说明地用"心"来指代"本心"，如：

> 盖心，一心也，理，一理也，至当归一，精一无二，此心此理，实不容有二。②

> 人心至灵，此理至明，人皆有是心，心皆具是理。③

此心即指"本心""心即理"之心，此心之所发未尝不即是理。这是我们在理解象山"心"与"本心"概念时需要特别注意和谨慎之处。

二、心即理

毫无疑问，象山的"本心"观念承自孟子，但同时他又接着孟子往下讲，提出了"心即理"的思想。这一命题的正式提出是在其《与李宰》书中：

> "吾何容心"之说，即无心之说也，故"无心"二字亦不经见。人非木石，安得无心？心于五官最尊大。《洪范》曰："思曰睿，睿作圣。"《孟子》曰："心之官则思，思则得之，不思则不得也。"又曰："存乎人者，岂无仁义之心哉？"又曰："至于心，独无所同然乎？"又曰："君子所以异于人者，以其存心也。"又曰："非独贤者有是心也，人皆有之，贤者能勿丧耳。"又曰："人之所以异于禽兽者几希，庶民去之，君子存之。"去之者，去此心也，故曰"此之谓失其本心"。存之者，存此心也，故曰"大人者，不失其赤子之心"。四端者，即此心也；天之所以与我者，即此心也。人皆有是心，心皆具是理，心即理也，故曰

---

① 陆九渊：《与李宰》，《陆九渊集》卷一一，第149页。
② 陆九渊：《与曾宅之》，《陆九渊集》卷一，第4—5页。
③ 陆九渊：《杂说》，《陆九渊集》卷二二，第273页。

"理义之悦我心，犹刍豢之悦我口"。①

从《孟子》中的"思则得之"之心、"仁义之心"、理义同然之心到君子所存之心、人皆有之而别于禽兽之心、"赤子之心"、"四端"、"天之所以与我者"，象山皆以"此心"即"本心"称之。牟宗三先生谓象山"其读《孟子》之熟，可谓已到深造自得，左右逢源之境"②，观此处象山之征引《孟子》，非虚言也，可谓于提出"心即理"一命题外，补出一段《孟子》心之诸说，便于学者类聚而观之。关于象山"心即理"这一命题之提出，牟宗三先生以为，这是"本于孟子之言'仁义内在'以及'心之所同然'乃至'理义悦心'等"③。然而本章以为，就直接的文本证据来说，并不能说象山"心即理"说有取于"仁义内在"说，尽管前者可以必然推出后者。这是因为，以象山此处所言之"理"为与"四端"同一意义上的道德规范，毋宁以之作为根源意义上的理。尽管我们也不能否认象山曾从道德实践、价值自觉的意义上来谈此理之应物发见，但我们也知道象山不怎么强调理之殊相性这一层含义，而是认为有本自然有末，"根本既壮"不怕不枝叶扶疏。所以，我们认为，象山此处所言之理亦不是本心应物而发的一殊相之道德规范，如孝，而是总持义的、根源义的理，亦即兼为道德法则与宇宙秩序的超越原理。象山常云"此心本灵，此理本明"④，只一"明"即点出"此理"绝不只是一殊相之道德规范，若不然，吾不知其自身如何能"明"。又象山云"学苟知本，六经皆我注脚"⑤，这也与他要求学者先发明本心、后泛观博览的工夫论是相应的——发明本心的工夫相应于根源义的理，泛观博览的工夫相应于此理之应物发见、道德自觉之道德规范。象山的另一段话可以证明此处之理为根源义之理非虚。

> 古圣贤之言，大抵若合符节。盖心，一心也；理，一理也。至当

---

① 陆九渊：《与李宰》，《陆九渊集》卷一一，第 149 页。
② 牟宗三：《从陆象山到刘蕺山》，第 58 页，上海，上海古籍出版社，2001。
③ 同上书，第 2 页。
④ 陆九渊：《与刘志甫》，《陆九渊集》卷一〇，第 137 页。
⑤ 陆九渊：《语录上》，《陆九渊集》卷三四，第 395 页。

归一，精义无二，此心此理实不容有二。故夫子曰："吾道一以贯之。"孟子曰："夫道一而已矣。"又曰："道二，仁与不仁而已矣。"仁即此心也，此理也。求则得之，得此理也；先知者，知此理也；先觉者，觉此理也；爱其亲者，此理也；敬其兄者，此理也；见孺子将入井而有怵惕恻隐之心者，此理也；可羞之事则羞之，可恶之事则恶之者，此理也；是知其为是，非知其为非，此理也；宜辞而辞，宜逊而逊者，此理也；敬此理也，义亦此理也；内此理也，外亦此理也。故曰："直方大，不习无不利。"孟子曰："所不虑而知者，其良知也；所不学而能者，其良能也"，"此天之所以与我者"，"我固有之，非由外铄我也"。故曰："万物皆备于我矣，反身而诚，乐莫大焉。"此吾之本心也。①

在这一段话中，象山先总说此心此理，认为仁即此心此理，它至当归一、精义无二；紧接着又分说此理此心。关于此理，象山认为："求则得之"是得此理，先知先觉也是知此理觉此理，爱亲与敬兄是此理的体现，"四端"也都是此理的体现，内外均充塞此理，这都是从根源义、总持义上谈此理，将一切道德自觉、四端万善收摄于此理之呈现或活动中以言之。在上文中，象山已明确指出"四端"都是"本心"所发，此处又说"四端"皆是此理的体现，可见在象山，此心此理与仁的确是同一的。既然此理就是"本心"，谓"心即理"岂非多余？非也。谓"心即理"，其实是强调本心之为道德法则的一面。如果说象山所谓的"本心"即"四端之心"所表明的是此"本心"作为道德情感的向度，那么，他"心即理"的思想所表明的则可以说是此"本心"作为道德法则的向度。四端之情使普遍的理具体化，从而使儒家所言之仁、本心、天理为具体的理性。正因为此"本心"既提供道德法则，又发动道德情感，从而为真实的道德实践提供了可能。

接着，象山认为孟子所说的"良知良能""天之所以与我者""万物皆备"之我，连同前面的"此理"即是"吾之本心"。谓"万物皆备于我"则意味着，此心此理不仅是道德实践可能的根据、价值自觉的根源，同时也是

---

① 陆九渊：《与曾宅之》，《陆九渊集》卷一，第4—5页。

宇宙万物存有论的依据,是宇宙万物创造之源、生化之理,此即牟宗三先生所说的"道德秩序"即"宇宙秩序"。就成己方面而言,此心此理是道德创造之原理,其目的在于成就庄严整饬、纯之又纯的道德行为;就成物方面而言,此心此理是宇宙万物实现之原理,其目的在于使宇宙万物皆各得其所、各遂其生、各适其性、各得其宜。在"心即理"下,道德创造与宇宙生化合而为一。关于这一点,象山常云"此理塞宇宙"①,且主要表明其为天地人三极所共由之道,但这"塞"并不是说此理静态地平铺在万事万物身上,而是动态地从此理之流行之绝对普遍而言之,如同上文所言,这是一密微之地。这一点由其言心可知:

> 苟充养之功不继,而乍明乍灭,乍流乍滞,则渊渊其渊,浩浩其天者,何时而可复耶?②

能明能流者不仅是心,亦是此理,故云"此理本天所以与我,非由外铄。明得此理,即是主宰"③,不然怎么能主宰!故"心即理"并非只是说两者之作为道德实践可能的根据、价值自觉之根源而为一,而且兼意味着两者之作为一创生、妙用的宇宙秩序是一。

象山云"万物森然于方寸之间"④,"森然"者,秩序之谓也;"万物森然于方寸之间"即照见此心之为"宇宙秩序"义,当然这是本心之自照自见。此语全句为"万物森然于方寸之间,满心而发,充塞宇宙,无非此理"⑤。所谓"满心而发"无非指使"本心"或"心之体"充其极而全体朗现,而对象山来说,此"本心"或"心之体"充其极而全体朗现则"便与天同",心布满宇宙,理也布满宇宙。显然,与此道德"本心"相融为一的宇宙,已不再是与我相对的仅具物质结构身份的宇宙,而是道德的宇宙,故在此意义上,象山说:

---

① 详见陆九渊:《陆九渊集》,第 142、161、163、201、257、270、418、423、435、452、461、474 页。
② 陆九渊:《与戴望舒》,《陆九渊集》卷五,第 63 页。
③ 陆九渊:《与曾宅之》,《陆九渊集》卷一,第 4 页。
④⑤ 陆九渊:《语录上》,《陆九渊集》卷三四,第 423 页。

> 宇宙便是吾心,吾心即是宇宙。①
>
> 宇宙内事乃己分内事。己分内事乃宇宙内事。②

又上文曾提到"吾心即宇宙"尚未阐释,此实只是本心之充塞宇宙之自照自见,只见此心只见此理而不见殊别之万物,所谓心外无物。由此可见,象山在此"本心"或"心即理"之心的基础上,对孟子"万物皆备于我"之境作了进一步的说明和阐发。牟宗三先生说:

> 然不得已,仍随时代之所需,方便较量,象山亦有超过孟子者。然此超过亦是孔孟之教之所涵,未能背离之也。此超过者何? 曰:即是"心即理"之达其绝对普遍性而"充塞宇宙"也。③

诚哉斯言! 如果说要用一句话凝练地概括象山关于心、理、物、宇宙的四者关系的思想的话,莫过于"万物森然于方寸之间,满心而发,充塞宇宙,无非此理"。

"理"在象山哲学中具有丰富的内涵。上述所说的"心即理"之理是一种根源义之理,"天下正理不容有二。若明此理,天地不能异此,鬼神不能异此,千古圣贤不能异此"④。此根源义之理是纯一,天地、鬼神、千古圣贤也不能与此理相违背,且"此理在宇宙间,固不以人之明不明、行不行而加损"⑤。同时,此"理"也不可以通过具体的认知活动来认识和把握,因为它不在"闻见之知"的范围,象山说:

> 此理塞宇宙,古先圣贤常在目前,盖他不曾用私智。"不识不知,顺帝之则。"此理岂容识知哉?"吾有知乎哉?"此理岂容有知哉?⑥

---

① ② 陆九渊:《年谱》,《陆九渊集》卷三六,第 483 页。

③ 牟宗三:《从陆象山到刘蕺山》,第 13 页。

④ 陆九渊:《与陶赞仲》,《陆九渊集》卷二,第 194—195 页。

⑤ 陆九渊:《与朱元晦》,《陆九渊集》卷二,第 26 页。

⑥ 陆九渊:《与张辅之》,《陆九渊集》卷一二,第 163—164 页。

此理是一真实的呈现,据《语录》记载:

> 某因此无事则安坐瞑目,用力操存,夜以继日。如此者半月,一日下楼,忽觉此心已复澄莹。中立窃异之,遂见先生。先生逆目视之曰:"此理已显也。"某问先生"何以知之?"曰:"占之眸子而已。"因谓某:"道果在迩乎?"某曰:"然。昔者尝以南轩张先生所类洙泗言仁书考察之,终不知仁,今始解矣。"先生曰:"是即知也,勇也。"①

此理虽不能通过"识智"来把握,但是通过夜以继日的操存涵养工夫,此理却可以在人们身上真实地呈现。此理属于"德性之知",需要自信自立,信得及此,当下认取才可以把握,象山说:

> 今既见得此理,便宜自立。②
>
> 余于是益信此心此理充宇宙,谁能间之?③

当然,"理"除了作为此根源义之理外,还有作为一般性的运用义之理。象山说:

> 人情物理之变,何可胜穷,若其标末,虽古圣人不能尽知也。稷之不能审于八音,夔之不能详于五种,可以理揆。夫子之圣,自少而多能,然稼不如老农,圃不如老圃,虽其老于论道,亦曰学而不厌,启助之益,需于后学。④
>
> 天下之理无穷,若以吾平生所经历者言之,真所谓伐南山之竹,不足以受我辞。⑤
>
> 夫子以仁发明斯道,其言浑无罅缝。孟子十字打开,更无隐遁,盖时不同也。自古圣贤发明此理,不必尽同。如箕子所言,有皋陶之所未言;夫子所言,有文王周公之所未言;孟子所言,有吾夫子之

---

① 陆九渊:《语录下》,《陆九渊集》卷三五,第471页。
② 陆九渊:《与朱济道》,《陆九渊集》卷一一,第143页。
③ 陆九渊:《朱氏子更名字说》,《陆九渊集》卷二〇,第252页。
④ 陆九渊:《与邵书宜》,《陆九渊集》卷一,第2页。
⑤ 陆九渊:《语录上》,《陆九渊集》卷三四,第397页。

所未言。理之无穷如此。①

上述材料中所说之理即是作为一般性的运用义之理,它是根源义之理在具体层面上的运用和表现。它是杂多的、无穷的,属于"闻见之知"的范围。此理需要通过后天的学习、具体的认知活动才能够认识和把握,其主要内容可分为两大层面:一是作为自然界宇宙万物的运行之理,一是作为人文世界的运作之理。"人为学甚难,天覆地载,春生夏长,秋敛冬肃,俱此理。人居其间要灵,识此理如何解得。"②自然界万物的生长、运动、变化并不是杂乱无章的,而是遵循一定的次序和规律,春生夏长,秋敛冬肃,宇宙万物皆得其所而然其然,此即是作为自然界宇宙万物的运行之理。"典礼爵刑,莫非天理,洪范九畴,帝实锡之,古所谓宪章、法度、典则者,皆此理也。"③"宇宙之间,典常之昭然,伦类之粲然,果何适而无其理也。"④宪章、法度、典则以及各种具体的伦理规范皆是根源义之理的具体运用和表现,此理是人类在社会实践过程中所形成的,人类社会也是在遵循这些具体的秩序、法则、伦常规范下有序地运作和发展的。虽然这些运用义之理不可胜穷,"真所谓伐南山之竹,不足以受我辞。然其会归,总在于此"⑤,所以象山说:

> 吾尝言天下有不易之理,是理有不穷之变,诚得其理,则变之不穷者,皆理之不易者也。⑥

这也即是说运用义之理虽杂多、无穷,但是它们皆源于一共同不易之根源义之理,所谓理一而分殊。

这里还需要再进一步说明的是象山所言的"万物皆备于我"与"万物森然于方寸之间"中的"物"并非指现象界的客观自然之物,而是指本体

---

① 陆九渊:《语录上》,《陆九渊集》卷三四,第398页。
② 陆九渊:《语录下》,《陆九渊集》卷三五,第450页。
③ 陆九渊:《荆国王文公祠堂记》,《陆九渊集》卷一九,第233页。
④ 陆九渊:《则以学文》,《陆九渊集》卷三二,第378页。
⑤ 陆九渊:《语录上》,《陆九渊集》卷三四,第397页。
⑥ 陆九渊:《易数》,《陆九渊集》卷二一,第259页。

宇宙论意义上的一种价值之物、道德之物。对象山而言，"心即理"之心不仅仅是道德实践的根据，其不仅仅只是成就道德行为，此心此理本身内在蕴含着一种"沛然莫之能御"的推扩力量，它必然要由价值领域推扩到存有领域，来进一步说明宇宙万物的存有。象山此处所说的"物"是在与主体感应、交融、互动之中所呈现之物，是一种价值之物、道德之物，也即是在"仁心"的无限感通下，宇宙万物皆在"仁心"的朗照、润泽之中并赋予宇宙万物道德价值和意义。在此心此理的普遍朗照、润泽之下，万物皆得其位而无失所之差，所以在这个层面上，象山说"万物皆备于我""万物森然于方寸之间"。而且，上文所提到的此心此理作为宇宙万物创造之源、生化之理也是就此心此理赋予宇宙万物道德价值和意义的创造和生化而言的，而非指其能够创造和生化客观自然物之本身。对于自然界的万事万物，象山并不否认它们存在的客观性和真实性，只是暂时撇开客观存有层不谈，而着力开显主体价值层。然而，这些客观自然之物虽不是象山哲学关注的重点所在，但他也对其生成演化过程作了一番详细的论述。象山说：

> 震居东，春也。震，雷也，万物得雷而萌动焉，故曰"出乎震"。"齐乎巽"：巽是东南，春夏之交也。巽，风也，万物得风而滋长焉，新生之物，齐洁精明，故曰"万物之洁齐也"。"相见乎离"：离，南方之卦也，夏也。生物之形至是毕露，文物粲然，故曰"相见"。"致役乎坤"：万物皆得地之养，将遂妊实，六七月之交也。万物于是而胎实焉，故曰"致役乎坤"。"说言乎兑"：兑，正秋也。八月之时，万物既已成实。得雨泽而说怿，故曰"万物之所说也"。"战乎乾"：乾，是西北方之卦也。旧谷之事将始，乾不得不君乎此也。十月之时，阴极阳生，阴阳交战之时也，龙战乎野是也。"劳乎坎"：坎者，水也，至劳者也。阴退阳生之时，万物之所归也。阴阳未定之时，万物归藏之始，其事独劳，故曰"劳乎坎"。"成言乎艮"：阴阳至是定矣。旧谷之事于是而终，新谷之事于是而始，故曰"万物

之所成终成始也"。①

从这段文献中我们可以看出,象山运用古代传统的阴阳五行学说解释自然界万事万物的生成演化过程,显然,象山对于自然界万事万物的客观真实性是持肯定态度的。其实,象山对于"物"的两种看似截然不同的看法并不矛盾,其中一种物是属于"德性之知"之物,另一种是属于"闻见之知"之物,借用康德的话来说即其中一种物属于本体界,另一种物属于现象界,两者并行不悖,只是历来儒者偏重于对"德性之知"之物、本体之物的探讨,而忽视或不太重视对"闻见之知"之物、现象之物的探讨,但他们亦未否认其存在的客观性和真实性。

第二节 "发明本心"的工夫论

象山在"本心"基础上建立了"心即理"的本体论,其工夫论也以"心"作为修养对象。象山哲学中的"心"具有多层内涵,在第一节中已经提到,兹不赘言。象山认为在本然状态下,每个人之心都是完满自足、纯善无恶的,也即是"本心",此时,"本心即理",一切坦然明白。但是,在现实生活中,人之心易受到主客观条件("人之所以病道者:一资禀,二渐习"②)的限制而"有所蒙蔽,有所移夺,有所陷溺,此心为之不灵,此理为之不明"③。即使人与宇宙产生限隔,也即是"失其本心"。当然,"本心"自身是一自由无限之心,唯一义理之当然,其无所谓限隔,但是在物欲、意见的蔽固之下,人不能完满地体认到自身所固有之"本心",也即是人不能相应其道德本性而为道德实践。此时,此心此理割裂为二,经验之心占据人的主体地位,成为人的主宰。

前面在讲"本心"的时候已经提到,象山除了言心即是理之心外,也承认有经验意识之心,即此心有智有愚,有灵与不灵,有邪有正之分。他

---

① 陆九渊:《语录上》,《陆九渊集》卷三四,第415—416页。
② 陆九渊:《语录下》,《陆九渊集》卷三五,第448页。
③ 陆九渊:《与李宰》,《陆九渊集》卷一一,第149页。

也并不否认人心之所发中有不即是理者,认为其不能作为价值判断、道德实践的根据,故需要"洗心",将人心之所发中不即是理者涤除殆尽,这也即是其"发明本心"的修养工夫。通过"发明本心"的工夫将此限隔、蔽固之"本心"重新光复,使经验之心恢复为超越之"本心",即使心与理达至圆融无碍,即心即理的状态,象山说:

> 人妄既涤,天理自全,退藏于密微之地,复乎天而已。①

但是,"本心"发明、呈现之后,人并不一定就真正能依此"本心"所本具自发之义理而当然地实践之,故还需要进一步地存养和扩充"本心",使之充沛流行,主宰一切而无非是理。

象山的工夫论主要围绕"本心"的发明、存养与扩充来进行和展开,他侧重于从正面入手,即直接教人自悟自觉、自信自立,"本心即理","此心此理,实不容有二"②,并在此基础上教人进一步存养、扩充此心此理,使之日充日明,充塞宇宙,"沛然莫之能御"。除此以外,象山也认为须要从反面入手,即通过剥落减担等工夫去发明陷溺之"本心",使之从物欲、意见等蔽固之中超拔出来,成为人之主宰。

一、先立乎其大者

孟子说:"耳目之官不思,而蔽于物,物交物,则引之而已矣。心之官则思,思则得之,不思则不得也。此天之所与我者,先立乎其大者,则其小者弗能夺也。此为大人而已矣。"(《孟子·告子上》)"因读《孟子》而自得之"③的象山不仅继承了孟子的"本心"观念,而且其心学也是以孟子的"先立乎其大者"作为为学宗旨的。他说:

> 孟子曰:"先立乎大者,则其小者不能夺也。"人惟不立乎大者,

---

① 陆九渊:《程文》,《陆九渊集》卷二九,第 340 页。
② 陆九渊:《与曾宅之》,《陆九渊集》卷一,第 4—5 页。
③ 陆九渊:《语录下》,《陆九渊集》卷三五,第 471 页。

故为小者所夺,以叛乎此理,而与天地不相似。①

　　吾之学问与诸处异者,只是在我全无杜撰,虽千言万语,只是觉得他底,在我不曾添一些。近有议吾者云:"除了'先立乎其大者'一句,全无伎俩。"吾闻之曰:"诚然。"②

既然象山心学以"先立乎其大者"作为为学宗旨,那么,究竟何为"大者"?象山曾指出"此理即是大者。"③而对象山来说,理与心,至当归一,精义无二,"心即理也",故象山所谓的"先立乎其大者"即先立乎其"心即理"之心。

人之所以能"先立乎其大者"亦即先立乎其"本心",是因为在象山看来,此"本心"为人自身所固有且完满自足,他说:

　　四端皆我固有,全无增添。④

　　某之所言,皆吾友所固有。且如圣贤垂教,亦是人固有。岂是外面把一件物事来赠吾友? 但能悉为发明:天之所以予我者,如此其厚,如此其贵,不失其所以为人者耳。⑤

并且,对象山而言,他之教人先立乎其"本心"也就是"发明本心",是为了使人之学有本而不致为末所累。他说:

　　凡物必有本末。且如就树木观之,则其根本必差大。吾之教人,大概使其本常重,不为末所累。然今世论学者却不悦此。⑥

　　今吾友既得其本心矣,继此能养之而无害,则谁得而御之。如木有根,苟有培浸而无伤戕,则枝叶当日益畅茂。如水有源,苟有疏浚而无壅窒,则波流当日益充积。所谓"源泉混混,不舍昼夜,盈科

---

① 陆九渊:《与朱济道》,《陆九渊集》卷一一,第 142 页。
② 陆九渊:《语录上》,《陆九渊集》卷三四,第 400 页。标点有改动。
③ 陆九渊:《与朱济道》,《陆九渊集》卷一一,第 143 页。
④ 陆九渊:《语录下》,《陆九渊集》卷三五,第 461 页。
⑤ 同上书,第 440 页。
⑥ 陆九渊:《语录上》,《陆九渊集》卷三四,第 407 页。

而后进，放乎四海"，有本者如是。①

依象山之见，一个人若能先立乎作为人之"本"的"本心"就如同有源之流，混混不舍、取之不尽、用之不竭、盈科而放乎四海。可见，"先立乎其大"作为象山心学的为学宗旨，实际上是要人在人品上立根基，即首先确立道德践履的根本立足点。

显然，"先立乎其大"不仅是象山心学的为学宗旨，而且也是象山心学的"为学工夫"，此"工夫"虽简易直截，但对欲以"先立乎其大"为工夫者来说，如果没有对"本心"的肯定与确信，那么，将根本无法从事此工夫，象山曾说：

> 不是见理明，信得及，便安不得。②

故肯定和"信得及"此"本心"是"先立乎其大"这种工夫的前提。正因为如此，象山力图从不同的方面、不同的角度来启迪和唤起人们对此"本心"的觉悟和信念。例如：

> 汝耳自聪，目自明，事父自能孝，事兄自能弟，本无欠阙，不必他求，在自立而已。③

> 人精神在外，至死也劳攘。须收拾作主宰。收得精神在内时，当恻隐即恻隐，当羞恶即羞恶。谁欺得你？谁瞒得你？④

> 请尊兄即今自立，正坐拱手，收拾精神，自作主宰。万物皆备于我，有何欠阙？当恻隐时自然恻隐，当羞恶时自然羞恶，当宽裕温柔时自然宽裕温柔，当发强刚毅时自然发强刚毅。⑤

象山在此力图从正面直截了当地唤起人对自身所固有的"本心"的自觉与自信，人若能自觉与自信此"本心"，即能自立、自作主宰，不必他求。

---

① 陆九渊：《与邵中孚》，《陆九渊集》卷七，第 92 页。
② 陆九渊：《语录下》，《陆九渊集》卷三五，第 468 页。
③ 陆九渊：《语录上》，《陆九渊集》卷三四，第 399 页。
④ 陆九渊：《语录下》，《陆九渊集》卷三五，第 454 页。
⑤ 同上书，第 455—456 页。

> 人之有是四端,而自谓不能者,自贼者也。暴谓自暴,弃谓自
> 弃,侮谓自侮。①
>
> 道大,人自小之;道公,人自私之;道广,人自狭之。②
>
> 此理在宇宙间,何尝有所碍?是你自沉埋,自蒙蔽,阴阴地在个
> 陷阱中,更不知所谓高远底。③

象山在此从反面说明道:人如果不能自觉、自信自身所固有的"本心"或"理",那么,则是自贼自暴自弃自侮、自小自私自狭、自沉埋自蒙蔽。

由上可见,无论象山是从正面还是从反面来启迪和唤起人们觉悟此"本心",体认此"本心",都无非要求人们对自身所固有的"本心""须是信得及乃可"。④ 换言之,也就是要求人对自身所固有的"本心"直下承当而无疑,当下认定而不动摇。"先立乎其大"以信念为前提和基础,在具体实践层面主要通过"立志"与"辨志"来体现。志向即一个人的价值取向,其地位相当于佛家剃度出家之决心,"立志"即在于确保道德修养、道德实践的方向和决心。象山说:

> 人要有大志。常人汨没于声色富贵间,良心善性都蒙蔽了。今
> 人如何便解有志,须先有智识始得。⑤
>
> 人惟患无志,有志无有不成者。然资禀厚者,必竟有志。⑥
>
> 志小不可以语大人之事。⑦
>
> "吾十有五而志于学",今千百年无一人有志也。是怪他不得,
> 志个甚底?须是有智识,然后有志愿。⑧

依象山之见,人只有志于良心善性才算是大志,才可语大人之事,才"无

---

① 陆九渊:《语录上》,《陆九渊集》卷三四,第 427 页。
② 陆九渊:《语录下》,《陆九渊集》卷三五,第 448 页。
③ 同上书,第 452 页。
④ 同上书,第 434 页。
⑤⑧ 同上书,第 450 页。
⑥ 同上书,第 439 页。
⑦ 同上书,第 433 页。

有不成者"，否则，"志于声色利达者，固是小"①。同时，象山认为人之立
"志"还须有"智识"，即在于要人志于大而不志于小，这也即是要人"辨
志"。虽说立志是大事，但立志却不是一立便完，因为立志的真正目的正
是要尽可能地保证今后之思虑言行皆能够合乎良心善性，故初学者立志
之后还须时常自我反省点检，以保证此志是真正地志于良心善性的大
志。他说：

> 世不辨个小大轻重，既是埋没在小处，于大处如何理会得？②
>
> 今且未须去理会其他，且分别小大轻重。③
>
> 人不辨个小大轻重，无鉴识，些小事便引得动心，至于天来大事
> 却放下着。④

在象山看来，人如果不辨个小大轻重不知何者为大何者是小，那么，就不
可能真正志于"大者"——"良心善性"。

"辨志"的内容即公私义利之辨，据傅子渊记载：

> 傅子渊自此归其家，陈正己问之曰："陆先生教人何先?"对曰：
> "辨志。"正己复问曰："何辨?"对曰："义利之辨。"若子渊之对，可谓
> 切要。⑤

又詹阜民记载：

> 初见先生，不能尽记所言，大旨云："凡欲为学，当先识义利公私
> 之辨。"⑥

总之，不管是"先立乎其大者"还是"立志""辨志"，其目的都是使人不埋
没于小处而能真正志于"大者"——"良心善性"，也即是确信吾人所固有
之"本心"是一真实的呈现，这是其"发明本心""存养本心""扩充本心"工

---

① 陆九渊：《语录下》，《陆九渊集》卷三五，第452页。
② 同上书，第452页。
③④ 同上书，第450页。
⑤ 陆九渊：《语录上》，《陆九渊集》卷三四，第398页。
⑥ 陆九渊：《语录下》，《陆九渊集》卷三五，第470页。

夫的前提和基础。

二、发明本心

"发明本心"即孟子的"求放心",但孟子对如何来"求放心"并未多加说明,而象山则不仅将此"发明本心"作为"为学工夫",而且他还对这种"为学工夫"作了颇为详细的说明和各种规定,具体条目如下。

(一)静坐体认

静坐是宋明儒者修养工夫的共法。象山虽然没有专门论述静坐的程序和方法,但从他的相关言论中可以看出他也非常重视静坐的修养工夫,静坐是其正面直接体认、发明"本心"的重要方法。象山说:

> 凡所谓不识不知,顺帝之则,晏然太平,殊无一事。然却有说擒搦人不下,不能立事,却要有理会处。某于显道,恐不能久处此间。且令涵养大处,如此样处未敢发。然某皆是逐事逐物考究练磨,积日累月,以至如今,不是自会,亦不是别有一窍子,亦不是等闲理会,一理会便会。但是理会与他人别。某从来勤理会,长兄每四更一点起时,只见某在看书,或检书,或默坐。常说与子侄,以为勤,他人莫及。今人却言某懒,不曾去理会,可笑。①

由此观之,象山是个特别勤奋之人,他并非不理会事,也并非一理会便会,只是他理会之处与常人不一样,他经常练习静坐,而静坐就是他理会事的一种不一样的方法。

在现实生活中,人之心无时无刻不在进行思虑知觉活动。我们有五官,五官的职能彼此各异,我们的心很容易被外物胡乱牵引而去,即孟子所说的"物交物,则引之而已矣"(《孟子·离娄下》),故象山说:"人有五官,官有其职。某因思是便收此心,然惟有照物而已。"②象山认为在纷繁杂乱的念虑之中我们需要"收心",即通过闭目塞听,五官

---

① 陆九渊:《语录下》,《陆九渊集》卷三五,第463页。
② 同上书,第471页。

不与外物相接的方法，使人之心从已发的纷乱状态中超拔出来，用直觉的方式去观照万物。此时万物皆如如地呈现，由此便能使此心达至"澄莹中立"的境界，进而体认、发明吾人自身中所固有之"本心"，所以象山说：

> 此道非争竞务进者能知，惟静退者可入。①
>
> 学者能常闭目亦佳。②

象山也用此方法教导学生，据其弟子詹阜民记载：

> 他日侍坐无所问。先生谓曰："学者能常闭目亦佳。"某因此无事则安坐瞑目，用力操存，夜以继日。如此者半月，一日下楼，忽觉此心已复澄莹。中立窃异之，遂见先生。先生逆目视之曰："此理已显也。"某问先生"何以知之？"曰："占之眸子而已。"因谓某："道果在迩乎？"某曰："然。昔者尝以南轩张先生所类洙泗言仁书考察之，终不知仁，今始解矣。"先生曰："是即知也，勇也。"③

詹阜民按照象山的方法，无事之时安坐瞑目，用力操存，夜以继日。这样坚持了半个月，一日下楼，内心感到非比寻常，体验到此心特别澄澈、光洁、透明，于是就去问象山。象山看了一下他的眼睛说他的"本心"已经呈现了。这就是象山通过静坐从正面直接体认、发明"本心"的方法。而象山之所以采取这种方法，是因为"大紧要处说不得"④，一切积习、文字义理工夫最终都无不是为了加强人的警觉，使人对所呈露之"本心"当下警觉，当下肯认之，而静坐体认无疑是对于本体"本心"直接把握的一种非常好的方法。这种方法与禅宗的"顿悟"说在形式上极为相似，但在根本处又完全不同，因为象山所发明的"本心"内容为儒家的仁、义、礼、智，这种方法也绝非是神秘主义的体验，而是在信得此心此理乃一真实的呈

---

① 陆九渊：《语录上》，《陆九渊集》卷三四，第 399 页。
②③ 陆九渊：《语录下》，《陆九渊集》卷三五，第 471 页。
④ 同上书，第 456 页。

现且完满地具足于我之后，再经由日积月累的操存涵养工夫，对于本体"本心"的直接体认。

虽然象山重视静坐的工夫，但他对"动"的工夫也不偏废，认为需要在"人情物理上做工夫"①，他反对将工夫分个动静，他说：

> 若得平稳之地，不以动静而变。若动静不能如一，是未得平稳也。涵泳之久，驰扰暂杀，所谓饥者甘食，渴者甘饮，本心若未发明，终然无益。若自谓已得静中工夫，又别作动中工夫，恐只增扰扰耳。何适而非此心，心正则静亦正，动亦正；心不正则虽静亦不正矣。若动静异心，是有二心也。②

由此可知，象山"发明本心"的工夫是贯通动静、动静合一的。

（二）格物致知

"格物致知"也是象山正面体认、发明"本心"的工夫，但是有别于前面所讲的静坐体认工夫。静坐体认是正面直接法，直指"本心"，当下认取；"格物致知"则是正面迂回曲通法，它是通过学习、研磨、考察等后天积习工夫来促使人醒悟，使人醒悟到"本心"乃内在具足于吾人，是人之所固有，"本心"即理。象山对"格物"的解释和朱熹大体一样，他说：

> 格，至也，与穷、究字同义，皆研磨考察，以求其至耳。学者熟不曰"我将求至理"，顾未知其所知果至与否耳。所当辨、所当察，此也。③

但是，由于他们思想性格的差异，其"格物致知"的内涵也大异其趣，在象山看来，"盖心，一心也，理，一理也，至当归一，精一无二，此心此理，实不

---

① 陆九渊：《语录下》，《陆九渊集》卷三五，第435页。
② 陆九渊：《与潘文叔》，《陆九渊集》卷四，第57页。
③ 陆九渊：《格矫斋说》，《陆九渊集》卷二〇，第253页。

容有二"①,"义理之在人心,实天之所与,而不可泯灭焉者也"②。所以象
山说:

> 所谓格物致知者,格此物致此知也,故能明明德于天下。《易》
> 之穷理,穷此理也,故能尽性至命。《孟子》之尽心,尽此心也,故能
> 知性知天。③

象山认为"理"乃内在于心中,是人心之所固有,"格物致知"并不是去逐
渐积累、增加知识,而是去去除心之蔽,明心之理,即"明明德",也即"发
明本心",所以象山的"格物致知"实是"格心明理"。

虽然象山"格物致知"实是"格心明理",但他也并不反对为学工夫,
也认为须日积月累,逐事逐物考究练磨,他说:

> 然某皆是逐事逐物考究练磨,积日累月,以至如今,不是自会,
> 亦不是别有一窍子,亦不是等闲理会,一理会便会。④

象山也有很多言论表明其"格物"是逐事逐物考究练磨的过程,他说:

> 《中庸》言博学、审问、慎思、明辨,是格物之方。⑤

> 或曰:"介甫比商鞅如何?"先生云:"商鞅是脚踏实地,他亦不问
> 王霸,只要成事,却是先定规模。介甫慕尧舜三代之名,不曾踏得实
> 处,故所成就者,王不成,霸不就。本原皆因不能格物,模索形似,便
> 以为尧舜三代如此而已。所以学者要先穷理。"⑥

显然,《中庸》中所说的博学、审问、慎思、明辨是关于如何穷究外物之理
的方法,象山也以这些方法作为其格物之方。象山在评价介甫和商鞅变
法时,认为商鞅脚踏实地,最终成就了一番事业,而介甫不曾踏得实处,

---

① 陆九渊:《与曾宅之》,《陆九渊集》卷一,第4—5页。
② 陆九渊:《思则得之》,《陆九渊集》卷三二,第376页。
③ 陆九渊:《武陵县学记》,《陆九渊集》卷一九,第238页。
④ 陆九渊:《语录下》,《陆九渊集》卷三五,第463页。
⑤ 陆九渊:《学说》,《陆九渊集》卷二一,第262页。
⑥ 陆九渊:《语录下》,《陆九渊集》卷三五,第442页。

故王不成，霸不就。而此中根本原因在于介甫不能格物，不能明尧舜三代之所以如此之理。由上观知，象山的"格物"并非只是"格心"，也涉及穷究外在物理。

但是，象山认为这些并不是"格物"之本，他说：

> 诸公上殿，多好说格物，且如人主在上，便可就他身上理会，何必别言格物。[1]

> 欲明理者，不可以无其本。本之不立，而能以明夫理者，吾未之见也。[2]

"格物"先要"立本"，需要知所先后，明其端绪得失，况且天下万物之理不胜其繁，研究不尽，象山认为"万物皆备于我"，不须别处言格物，只须就身上理会，明心中之理，所以他说：

> 学者之为学，固所以明是理也。[3]

> 宇宙间自有实理，所贵乎学者，为能明此理耳。[4]

象山认为学者之为学目的并非在于追求知识本身，知识也只不过是为了促使人的醒悟而使人见得此心、明得此理，因为知识本身对于道德实践、对于成圣成贤并没有本质的关联作用，只是辅助性的助缘工夫。如果一味专注于知识本身，只会使得人精神疲惫，担子越重，所以象山进一步明确地指出：

> 某读书只看古注，圣人之言自明白。且如"弟子入则孝，出则弟"，是分明说与你入便孝，出便弟，何须得传注。学者疲精神于此，是以担子越重。到某这里，只是与他减担，只此便是格物。[5]

由此可知，象山主张的"格物"虽然也有穷究事物之理的为学工夫，但其

---

① 陆九渊：《语录上》，《陆九渊集》卷三四，第 404 页。
②③ 陆九渊：《则以学文》，《陆九渊集》卷三二，第 378 页。
④ 陆九渊：《与包详道》，《陆九渊集》卷一四，第 182 页。
⑤ 陆九渊：《语录下》，《陆九渊集》卷三五，第 441 页。标点有改动。

根本目的与宗旨并不是增加、积累知识,而是"减担",即为醒悟、发明"本心"服务。

（三）剥落减担

象山认为"发明本心"须经历一番"剥落"的工夫。"剥落"工夫是从反面入手,即通过克服蔽固"本心"的种种物欲、意见使"本心"得以发明、呈现并沛然流行。他说:

> 人心有病,须是剥落。剥落一番即得一番清明;后随起来又剥落,又清明;须是剥落净尽,才是。①

为了发挥这种"剥落"工夫的作用,象山曾对导致"本心"被蒙蔽的各种人心之病也有所说明,他说:

> 欲良心之存者,莫若去吾心之害。吾心之害既去,则心有不期存而自存者矣。夫所以害吾心者何也? 欲也。欲之多,则心之存者必寡,欲之寡,则心之存者必多。故君子不患夫心之不存,而患夫欲之不寡,欲去则心自存矣。然则所以保吾心之良者,岂不在于去吾心之害乎?②

> 人无不知爱亲敬兄,及为利欲所昏便不然。欲发明其事,止就彼利欲昏处指出,便爱敬自在。③

> 惟夫陷溺于物欲而不能自拔,则其所贵者类出于利欲,而良贵由是以寝微。④

依象山之见,障蔽人之"本心"之"害"为"欲"或"物欲","发明本心"即去此"欲"或"物欲"。并且,在象山看来,人之各种成见私见也同样是障蔽"本心"之害,他说:

> 愚不肖者之蔽在于物欲,贤者智者之蔽在于意见,高下污洁虽

---

① 陆九渊:《语录下》,《陆九渊集》卷三五,第458页。
② 陆九渊:《养心莫善于寡欲》,《陆九渊集》卷三〇,第380页。
③ 陆九渊:《语录下》,《陆九渊集》卷三五,第453页。
④ 陆九渊:《天地之性人为贵论》,《陆九渊集》卷三〇,第347页。

有不同,其为蔽理溺心而不得其正,则一也。①

　　某屡言"先立乎其大者",又尝申之曰:"诚能立乎其大者,必不相随而为此言矣。"屡言"仁以为己任",又尝申之曰:"诚仁以为己任,必不相随而为此言矣。"盖后世学者之病,多好事无益之言,假令记忆言辞尽无差爽,犹无益而有病,况大乖其旨,尽失其实邪?②

对于资质较低的人来说,最大的障蔽在于贪恋物欲;而对于资质较高的人来说,其蔽虽不在物欲,但津津于自己的一得之见、"好事无益之言"则也同样使"本心"陷溺。

究竟如何来"剥落"障蔽"本心"的"物欲""意见"呢? 据《语录》载:

　　傅子渊自此归其家,陈正己问之曰:"陆先生教人何先?"对曰:"辨志。"正己复问曰:"何辨?"对曰:"义利之辨。"若子渊之对,可谓切要。③

这说明象山是先从公私义利之辨入手来教人"剥落"私欲的。《语录》又载:

　　一学者听言后,更七夜不寝。或问曰:"如此莫是助长否?"答曰:"非也。彼盖乍有所闻,一旦悼平昔之非,正与血气争寨作主。"④

"剥落"私欲就是"与血气争寨作主"。"学者须是打叠田地净洁,然后令他奋发植立。若田地不净洁,则奋发植立不得。"⑤"剥落"私欲就如同"打叠田地净洁"。"圣人之言自明白。且如'弟子入则孝,出则弟'是分明说与你入便孝,出便弟,何须得传注。学者疲精神于此,是以担子越重,到某这里,只是与他减担。"⑥"剥落"一己之成见、私见就如同"减担"。"人

---

① 陆九渊:《与邓文范》,《陆九渊集》卷一,第11页。
② 陆九渊:《与邵叔谊》,《陆九渊集》卷一〇,第138页。
③ 陆九渊:《语录上》,《陆九渊集》卷三四,第398页。
④ 同上书,第429页。
⑤ 陆九渊:《语录下》,《陆九渊集》卷三五,第463页。
⑥ 同上书,第441页。标点有改动。

之精爽,负于血气,其发露于五官者安得皆正? 不得明师良友剖剥,如何得去其浮伪,而归于真实? 又如何得能自省、自觉、自剥落?"①人之"剥落"障蔽"本心"的"物欲""意见",虽在于人之"自省、自觉、自剥落",但也须明师良友的剖剥。"私意是举世所溺、平生所习,岂容以悠悠一出一入之学而知之哉? 必有大疑大惧,深思痛省,决去世俗之习,如弃秽恶,如避寇仇,则此心之灵自有其仁,自有其智,自有其勇,私意俗习,如见晛之雪,虽欲存之而不可得,此乃谓之知至,乃谓之先立乎其大者。"②人只有在"大疑大惧,深思痛省"的基础上,才能真正脱落一切歧出与假借,"剥落"一切的私意、私见而使"本心"彰显、朗现。

三、存养本心

经过"发明本心"的工夫之后,"本心"既现,此理已明,至此,并不意味着修养工夫可以结束了,象山认为还须要进一步地"存养本心",他说:

> 古人教人,不过存心、养心、求放心。此心之良,人所固有,人惟不知保养而反戕贼放失之耳。③

"存心",即对"本心"长存不放,从消极的意义上说,就是要使"本心"不被"戕贼放失";从积极的意义上说,就是要使本心真正主宰人生并显现于人生的一切方面,故他对此"存心"反复说明和强调道:

> 只"存"一字,自可使人明得此理。此理本天所以与我,非由外铄。明得此理,即是主宰。真能为主,则外物不能移,邪说不能惑。④
>
> 弃去谬习,复其本心,使此一阳为主于内,造次必于是,颠沛必于是,无终食之间而违于是。此乃所谓有事焉,乃所谓勿忘,乃所谓

---

① 陆九渊:《语录下》,《陆九渊集》卷三五,第 464 页。
② 陆九渊:《与傅克明》,《陆九渊集》卷一五,第 196 页。标点有改动。
③ 陆九渊:《与舒西美》,《陆九渊集》卷五,第 64 页。
④ 陆九渊:《与曾宅之》,《陆九渊集》卷一,第 4 页。

敬。果能不替不息,乃是积善,乃是积义,乃是善养浩然之气。①

并且,对以"发明本心"为工夫者而言,象山不仅要求其存其"本心",而且要求其养其"本心"。他说:

> 既知自立,此心无事时,须要涵养,不可便去理会事。②
>
> 存养是主人,检敛是奴仆。(家兄所闻:考索是奴仆。)③
>
> 精神全要在内,不要在外,若在外,一生无是处。④

对象山来说,养心是积极的存心,是对本心的充实涵养,而"检敛""考索""理会事"则是精神在外,其不仅与人的身心性命、道德践履、人格完成了无关涉,而且根本就是歧出、假借与支离。象山"存养本心"的工夫具体包含以下几个方面。

(一)内思其本

与"先立乎其大者"一样,象山认为"存养本心"工夫首先也须要以信得"本心"为源泉,只要真信得及此,工夫积久,"本心"自会"沛然莫之能御"。在象山,这种真信得"本心"的信念在"存养工夫"层面的具体表现就是内思其本。此"本"是什么呢?"本"即是此心此理,是天之所与我者,是不异于天者。象山说:

> 伯敏云:"伯敏于此心能刚制其非,只是持之不久耳。"先生云:"只刚制于外而不内思其本,涵养之功不至。若得心下明白正当,何须刚制?"⑤

在象山看来,不内思其本,仅仅通过外在的措施去克制心中的"邪念"、昏惑,这样的修养工夫是不到位的,因为这种外在的规范措施属于他律原则,其根据不在我,虽一时有效,但持之不久,最终必定会落空。如若内

---

① 陆九渊:《与曾宅之》,《陆九渊集》卷一,第 6 页。
② 陆九渊:《语录下》,《陆九渊集》卷三五,第 454 页。
③ 同上书,第 450 页。
④ 同上书,第 468 页。
⑤ 同上书,第 438 页。

思其本,"本心"当下明白正当,坦然充沛,一切依"本心"而行,实事实理皆由此而出,所谓"溥博源泉而时出之",则根本不需外在的规范措施。象山又说:

> 须思量天之所以与我者是甚底?为复是要做人否?①

> 人须是闲时大纲思量:宇宙之间如此广阔,吾身立于其中,须大做一个人……且如"天命之谓性",天之所以命我者不殊乎天,须是放教规模广大。若寻常思量得,临事时自省力,不到得被陷溺了。②

象山认为人须思量天之所与我者是什么,在闲时应该大纲思量,"须大做一个人"。"思量天之所与我者"与"大做一个人"实即通过内思其本,要求我们真正挺立道德主体,做到"宇宙内事乃己分内事,己分内事乃宇宙内事""宇宙便是吾心,吾心即是宇宙",这是一种大承当,不是小家相。能够如此承当,则"本心"不容易被私心所隔所害,自会如如地呈现和沛然地发用流行,所以象山才能说"若寻常思量得,临事时自省力,不到得被陷溺了"。

象山也常要求学者,"存养工夫"须常惺惺,所谓"心官不可旷职"③。因为即使"本心"已显,在实际过程中,我们也很难知道我们的"本心"是否受到障蔽,我们又是否真正地纯任"本心"而行,所以须要通过时常性的反思、内省活动,确保我们的"本心"真正未受到任何蔽固,且是真正地纯任"本心"而行。还需再提及一点,象山这里所说的"思"并非指思虑营为,因为自私用智恰恰是象山所反对的,而是指对"本心"的存养和觉醒。

(二) 收拾精神

"精神"一词在象山的"存养工夫"中有着核心的地位。他认为涵养(与存养同义)正是为了完聚精神,使之在处理事情之时可以用之不竭,

---

① 陆九渊:《语录下》,《陆九渊集》卷三五,第438页。
② 同上书,第439页。
③ 同上书,第435页。

并以此精神居广居，立正位，行大道。象山也有很多关于"精神"的说法，他说：

> 人心本来无事，胡乱被事物牵将去。若是有精神，即时便出便好。若是一向去，便坏了。①

> 既知自立，此心无事时，须要涵养，不可便去理会事。如子路使子羔为费宰，圣人谓'贼夫人之子'。学而优则仕，盖未可也。初学者能完聚得几多精神，才一霍便散了。某平日如何样完养，故有许多精神难散。②

> 人不肯心闲无事，居天下之广居，须要去逐外，着一事，印一说，方有精神。③

> 有一段血脉，便有一段精神。有此精神，却不能用，反以害之。非是精神能害之，但以此精神，居广居，立正位，行大道。④

> 人心只爱去泊着事，教他弃事时，如鹘鸼失了树，更无住处。⑤

> 今人欠个精专不得。⑥

> 人精神千种万般，夫道一而已矣。⑦

象山认为人心本来无事，但人不肯心闲无事，居天下之广居，非要去追逐外物，着一事，印一说，方才认为有精神，人心也爱去泊着事，容易胡乱被事物牵将去，导致精神散乱、不专一，不能居广居，立正位，行大道。然而，对于道德践履，逐物、务外必定会导致道德主体的缺失或者塌陷。尤其是初学者，因为初学者所聚之精神少，一驱即散，"本心"容易陷溺于种种物欲和意见之中而导致此心不灵、此理不明。所以象山要求初学者收拾精神，专心致志，唯精唯一地完养此心，使之力量宏大，充沛流行，做得

---

① 陆九渊：《语录下》，《陆九渊集》卷三五，第 456 页。
② 同上书，第 454—455 页。
③ 同上书，第 455 页。
④ 同上书，第 450 页。
⑤ 同上书，第 454 页。
⑥⑦ 同上书，第 450 页。

主宰，即一切皆以"本心"作为价值判断和道德实践的准则。不然，一生无所是处，至死也劳攘，所以象山说："精神全要在内，不要在外，若在外，一生无是处。"①"人精神在外，至死也劳攘，须收拾作主宰。"②

因此，象山认为"本心"既立之后，"存养本心"的工夫必须扭转一切务外的倾向而使之向内，所谓"收拾精神，自作主宰"③"首诲以收敛精神，涵养德性"④。"收拾精神"或者"收敛精神"即是把精神向里收摄、凝聚，使吾人集中精神去存养、护持此心，断却一切闲牵引，不将精神耗散在对外物的追逐上，直指"本心"，使"本心"达至"无思无为，寂然不动，感而遂通天下之故"⑤之境。此时，"本心"自然昭著、朗现无遗，一切坦然明白，物各付物，故象山说：

> 收得精神在内时，当恻隐即恻隐，当羞恶即羞恶。谁欺得你？谁瞒得你？⑥

> 收拾精神，自作主宰，万物皆备于我，有何欠缺。当恻隐时自然恻隐，当羞恶时自然羞恶，当宽裕温柔时自然宽裕温柔，当发强刚毅时自然发强刚毅。⑦

（三）读书涵泳

象山强调"尊德性"，要求人"自得、自成、自道，不倚师友载籍"⑧，但又并非教人完全抛开"道问学"或"束书不观"，他说：

> 人谓某不教人读书……何尝不读书来？只是比他人读得别些子。⑨

---

① 陆九渊：《语录下》，《陆九渊集》卷三五，第 468 页。
② 同上书，第 454 页。
③ 同上书，第 455 页。
④ 陆九渊：《年谱》，《陆九渊集》卷三六，第 501 页。
⑤ 陆九渊：《语录下》，《陆九渊集》卷三五，第 456 页。
⑥ 同上书，第 454 页。
⑦ 同上书，第 455—456 页。
⑧ 同上书，第 452 页。
⑨ 同上书，第 446 页。

象山读书"比他人读得别些子"之处,在于他不是为读书而读书,也就是说他读书不是为了著书立说,不是为了理会字句,而是为了达到"存养本心"的目的。他曾援引一学者的诗说明道:

> 读书切戒在荒忙,涵泳工夫兴味长。未晓莫妨权放过,切身须要急思量。自家主宰常精健,逐外精神徒损伤。寄语同游二三子,莫将言语坏天常。①

正因为象山认为读书只是为了"涵泳"本心,故他常常告诫学者道:

> 大抵读书,诂训既通之后,但平心读之,不必强加揣量,则无非浸灌、培益、鞭策、磨励之功。或有未通晓处,姑缺之无害。且以其明白昭晰者日加涵泳,则自然日充日明,后日本原深厚,则向来未晓者将亦有涣然冰释者矣。②

> 读书不可晓处,何须苦思力索? ……不若且放下,时复涵泳,似不去理会而理会。③

> 引用经语,乃是圣人先得我心之所同然,则不为侮圣言矣。今终日营营,如无根之木,无源之水,有采摘汲引之劳,而盈涸荣枯无常,岂所谓"源泉混混,不舍昼夜,盈科而后进"者哉?终日簸弄经语以自傅益,真所谓侮圣言者矣。④

依象山之见,读书无非一种"浸灌、培益、鞭策、磨励之功"亦即"涵泳工夫",引用经语也无非引用圣人先得我心之所同然之言,否则,只是"终日簸弄经语以自傅益"的无本之学。由此,象山提出了他那著名的"学苟知本,《六经》皆我注脚"⑤的观点。可见,象山所主张的"道问学"是"尊德

---

① 陆九渊:《语录上》,《陆九渊集》卷三四,第 408 页。
② 陆九渊:《与邵中孚》,《陆九渊集》卷七,第 92 页。
③ 陆九渊:《语录下》,《陆九渊集》卷三五,第 438 页。
④ 陆九渊:《与曾宅之》,《陆九渊集》卷一,第 6 页。
⑤ 陆九渊:《语录上》,《陆九渊集》卷三四,第 395 页。

性"的"道问学",是"存养本心"的"道问学",是为了成就人之德性人格的"道问学"。

四、扩充本心

象山之所以强调"先立乎其大""发明本心""存养本心",其根本目的正是扩充此"本心",即使人能真正地依此"本心"而践履笃行。他说:

> 要常践道,践道则精明。一不践道,便不精明,便失枝落节。①
>
> 宇宙间自有实理,所贵乎学者,为能明此理耳。此理苟明,则自有实行,有实事。②
>
> 我说一贯,彼亦说一贯,只是不然。天秩、天叙、天命、天讨,皆是实理,彼岂有此?③
>
> 做得工夫实,则所说即实事,不话闲话,所指人病即实病。④

依象山之见,天秩、天叙、天命、天讨,都是宇宙间的实理,当人明"理"亦即"本心"后,依"本心"而践履实行自能落实于天秩、天叙、天命、天讨这些实事实理之上。并且,在他看来,"发明本心"的工夫只有真正落实到实事实理上才不至于"失枝落节",才是"做得工夫实"。他曾对自己所做之工夫如此介绍道:

> 复斋家兄一日见问云:"吾弟今在何处做工夫?"某答云:"在人情、事势、物理上做些工夫。"⑤
>
> 吾于践履未能纯一,然才自警策,便与天地相似。⑥
>
> 我无事时,只似一个全无知无能底人。及事至方出来,又却似

---

① 陆九渊:《语录下》,《陆九渊集》卷三五,第449页。
② 陆九渊:《与包详道》,《陆九渊集》卷一四,第182页。
③ 陆九渊:《语录下》,《陆九渊集》卷三五,第464页。
④ 同上书,第457页。
⑤ 陆九渊:《语录上》,《陆九渊集》卷三四,第400页。
⑥ 同上书,第411页。

个无所不知,无所不能之人。①

这表明:象山既先立其大以"本心"为道德践履之本,尽心知性知天,又时时使自己的道德践履落实到人情、事势、物理等实事实理上;其无事时"存养本心",就像一个无知无能的人,有事时依"本心"而行,又像一个无所不知无所不能的人。正因为其"发明本心"的工夫既要求人"先立乎其大者""存养本心",又要求人"扩充本心",也即要求人归于道德践履的平与实,所以,象山宣称:"吾平生学问无他,只是一实。"②

---

① 陆九渊:《语录下》,《陆九渊集》卷三五,第 455 页。
② 陆九渊:《语录上》,《陆九渊集》卷三四,第 399 页。

第二十二章　陈亮的事功之学

宋室南渡之后经过了近半个世纪的休整，到南宋孝宗乾道、淳熙年间(1165—1189)，政权进一步稳固，社会经济、文化等各方面呈现一片安定繁荣的景象。高宗时"元祐党禁"和秦桧死后"绍兴学禁"的解除，为乾淳年间学术思想的发展提供了一个比较宽松的环境，使得乾淳年间成为理学丰富、发展乃至歧出的一个关键时期。南宋文学家周密称"伊洛之学行于世，至乾道、淳熙间盛矣"①。周程伊洛性理之学的传人内部之间相互激荡、辩难，丰富和发展出了许多学派，如以吕祖谦为代表的浙东学派，以张栻为代表的湖湘学派，以朱熹为代表的闽学、理学，以陆氏兄弟为代表的赣学、心学，等等。浙东学派在南宋初期分为永嘉和金华两大支，永嘉一支创始于许景衡和周行己而中兴于郑伯熊和薛季宣，而以陈傅良、叶适继之，金华一支则以吕祖谦、陈亮和唐仲友为代表。② 吕祖谦虽为金华一支的代表，但因为他的声望很高和兼采众长的学术特点，所以在他的时代往往被视为整个浙东学派的代表。朱熹说："其学合陈君举、陈同甫二人之学问而一之。"③以至于清纪昀在《四库全书总目·永嘉

---

① 周密：《道学》篇，《齐东野语》卷一一，第 202 页。
② 何炳松：《浙东学派溯源》，第 162—163 页，长沙，岳麓书社，2011。
③ 黄宗羲原本，全祖望修定：《东莱学案》，《宋元学案》第 3 册，第 1676 页。

八面锋提要》中误以吕祖谦为永嘉学派的创始人和首领。不过,浙东学派虽有分支,而其学术有共同之处,即由重史学而来的主张学以致用,明理躬行,反对空谈心性。因而浙东学派在两支分派的代表吕祖谦、郑伯熊于同一年去世之后,渐渐发展成了事功学派(功利学派),成为北宋诸子以来性理之学的歧出,是儒家内部发展出的自己的思想对抗力量。浙东事功学派的主要代表人物是陈亮和叶适。以陈亮为代表的学派又称永康学派,因为陈亮是婺州永康(今浙江省金华永康市)人;以叶适为代表的学派又称永嘉学派,因为叶适是温州永嘉(今浙江省温州市永嘉县)人。

陈亮、叶适的事功之学继承和发展了浙东学派的传统,而浙东学派的开创者与代表人物的学术思想均有程氏的渊源。全祖望说:"伊川讲学,浙东之士从之者自先生(许景衡)始。"[1]许景衡传周行己,周行己传郑伯熊。吕祖谦幼承家学,而其家学得中原文献之传,其五世祖吕希哲转益多师,亦"归宿于程氏"[2]。所以,南宋事功学派是宋代新儒学自身发展的结果,而北宋诸子之学尤其是程子之学以高谈性理为主流,不注重实际事功,因而事功学派的出现既可以看作是北宋儒学的歧出与反动,亦可以看作是对性理之学发展流弊的纠偏和补救。他们一方面激烈地批判了当时理学的空疏,另一方面又对二程、孔孟表示尊敬;一方面极力主张事功,另一方面仍以儒家道德性命为"根本工夫"[3],因而对事功之学之为程朱正学之补济,是有一种自觉意识的。叶适就曾如此评论陈亮的学问,说他研修皇帝王霸之学,发现了"圣贤之精微常流行于事物"[4]的原理。程朱性理之学即圣贤精微处,可见,陈亮叶适的事功之学并非简单地反对性理之学,而是反对只尚内返、空谈心性。

---

① 黄宗羲原本,全祖望修定:《周许诸儒学案》,《宋元学案》第2册,第1134页。
② 黄宗羲原本,全祖望修定:《荥阳学案》,《宋元学案》第2册,第902页。
③ 陈亮:《又乙巳春书之二》,《陈亮集》(增订本),第350页,北京,中华书局,1987。
④ 叶适:《龙川文集序》,《叶适集》,第207页,北京,中华书局,1961。

第一节　陈亮的生平与著述

陈亮，字同甫，世称龙川先生。南宋高宗绍兴十三年（1143）九月生于婺州永康龙窟村（在今浙江省永康市桥下镇），宋光宗绍熙四年（1193）状元及第，授金书建康府判官厅公事，翌年四月，病逝于赴任途中，享年五十二岁。

陈亮生于一个衰败清贫的农家。陈亮的曾祖投身行伍，战死于靖康之难。祖父陈益任情使气、豪放不羁。曾从事科举，但从未中过，后又习武，亦无所成，乃自放于杯酒之间。而孙子陈亮的出生让他看到了希望。据《宋史·陈亮传》载，陈亮"生而目光有芒"①。因此，陈益对这个孩子抱有无限期望。有一次他梦见一位状元，名叫童汝能。他认定这位状元就是他的孙子，于是为陈亮取名"汝能"，字同甫，颇为乡人取笑，但他不在乎。五十年后，陈亮果然高中状元，圆了祖父的状元梦。

陈亮幼时，由祖父启蒙，秉承了祖父那种粗率豪放、落拓不羁的性格。他所接受的启蒙教育不是科举之路，他最喜欢读的不是儒家经典，而是历代史策。历代史策所载种种王霸业绩陶冶了他的豪迈性格。陈亮追慕历代英雄事迹，少时就"独好伯王大略，兵机利害"②，"慨然有经略四方之志"③。大约在十八九岁时，陈亮参稽史策，考述十九位历史人物用兵成败之迹，著成《酌古论》，强调人谋在重大事变过程中的决定性作用，显示出他超迈的才气与远见卓识。《酌古论》也成为陈亮步入社会结识名流的媒介。婺州知州周葵看到《酌古论》，极为赞赏，遂与陈亮相见，相与论难，奇之，称为"他日国士"④，并请为上客。陈亮年少时对史策的注重和对英雄人物的崇拜，不只是培养了他的豪侠之气，而且奠定了他后来思想的基本格调，使他得以融入浙东学派而创发事功之学。

---

① ④《宋史·陈亮传》卷四三六，第 12929 页。
② 陈亮：《酌古论序》，《陈亮集》（增订本），第 50 页。
③ 陈亮：《论正体之道》，《陈亮集》（增订本），第 30 页。

事功之学毕竟是儒学自身的逻辑发展,是针对理学之偏弊而兴起,陈亮对理学的了解比较晚,到二十岁时与金华吕祖谦(字伯恭)一道参加科考而失利,客居周葵家中才开始了解理学的思想。陈亮从周葵那里得到理学启蒙,初闻学庸要义和"道德性命之学"。但在政治见解上,他与周葵相左。周葵是坚定的主和派,主张军民休息,以待中原之变。而陈亮则是坚定的主战派。《宋史·陈亮传》云:"隆兴初,与金人约和,天下忻然幸得苏息,独亮持不可。"①因有知遇之恩,所以未见陈亮对周葵有直接批评。但很快陈亮以婚事离开周葵、离开客居了三年的临安,回到家乡永康。这三年,是陈亮一生很光辉的一段时期。他的声名此时渐渐传播出去。

陈亮在结婚之后的九年时间里,生计艰难,穷得连安葬母亲与祖父母的钱都没有。但在此期间,陈亮依然不忘天下事,婚后第二年即乾道二年(1166),他编成了《英豪录》,搜集纂辑了古代英雄豪杰之事迹,以佐证他在《酌古论》中的观点。乾道四年(1168),陈亮因慕诸葛亮之英豪,不再用"陈汝能"这一名字,而更名为"亮",参加了婺州乡试,一举中了解元。次年春参加礼部会试,落第。陈亮之所以要不懈地参加科举考试,屡试屡败,屡败屡试,一方面固然有世俗功名心的驱使,另一方面是因为他希望有机会对策大廷而"试之以事"②,推行自己的思想主张。他在科考中往往不合程式,借题发挥一己之思想,被人目为狂妄。科考不成,他就作《中兴五论》上书孝宗,为孝宗进献平定中原恢复故国之长策。这是陈亮三十岁之前的思想的集中体现。可是这些思想为但求苟安的大臣所不喜,故虽奏入而不报,孝宗根本没看到。无奈之下陈亮再次落魄东归,决意闭门不出,专心读书著述。后来,陈亮又多次上书孝宗,孝宗终于看到并"赫然震动,欲榜朝堂以励群臣"③,但终因大臣的阻挠而无果。陈亮也因此遭当道者忌恨,以致两

---

① 《宋史·陈亮传》,转引自《陈亮集》(增订本),第547页。
② 陈亮:《英豪录序》,《陈亮集》(增订本),第240页。
③ 《宋史·陈亮传》卷四三六,第12938页。

次被诬入狱,受尽屈辱和折磨。

自乾道五年(1169)至淳熙五年(1178)的十年间,是陈亮讲学进修的十年,也是其思想获得成熟发展的时期。此时学术界发生了巨大变化,理学因张栻、吕祖谦、朱熹等人的努力而成为显学。但陈亮以道德性命之学无补于世事而大为不满,并开始一面读书钻研理学,一面讲学传播自己的学术思想。与此同时,他还撰成了《三国纪年》,依然醉心于英雄事迹。不过其思想获得进一步的理论化。乾道八年(1172),陈亮开始聚徒讲学,家境也开始好转。淳熙元年(1174)之后,他开始脱贫,渐至富裕,几年后开始营建房屋,十分投入。陈亮积极地脱贫致富亦是其事功思想的一种反映。

陈亮的事功思想是在与朱熹的通信往复辩难之中集中表述的。淳熙九年(1182)夏,陈亮致书朱熹,以《杂论》十篇中的五篇寄请朱熹评阅。这是陈亮正式与朱熹讨论问题之始。直至光宗绍熙四年(1193)陈亮高中状元之时,即陈亮去世的前一年,朱熹发贺函给陈亮,论由吾身以至天下国家之意,仍是辩论口吻。可知,朱陈之争虽不如朱陆之争严重,然亦终未有相合处。集中的辩论在淳熙十一年到淳熙十二年(1184—1185)达到高潮,淳熙十三年(1186)后以双方都难以达成共识而告结束,历时四五年之久,曾引起当时学术界的普遍关注,是中国思想史上一件大事。

除了与朱熹的交往,陈亮与当时词坛领袖辛弃疾(1140—1207)亦有很深的交情,两人性情相近,反对偏安,力主恢复。此外,陈亮与浙东师友郑伯熊(字景望,1124—1181)、郑伯英(字景元,1130—1192)、薛季宣(字士龙,号艮斋,1134—1173)、陈傅良(字君举,号止斋先生,1137—1203)、叶适(字正则,号水心,1150—1223)等都有比较密切的交往、良好的友谊和思想的交流。

陈亮的著作最初由其子陈沆于嘉定初年编成《龙川集》40卷,叶适作序。稍后由知婺州侯寿隽(字真长)刊刻于州学。另外有《外集》诗词4卷并行于世。此两种书是目前所知南宋末年至明初陈亮著作的唯一版本。从明中叶起,陈亮著作版本日增。1974年中华书局以清同治七年

(1868)胡凤丹刻本为底本并参照成化本等,又增补了一些诗文,重编《龙川集》,改名为《陈亮集》30 卷。1987 年,邓广铭先生依据美国国会图书馆藏《龙川水心二先生文粹》(宋刻本)和《永乐大典》残卷作了进一步的增补和校订,合成《陈亮集》增订本 39 卷。2005 年河北教育出版社出版了《邓广铭全集》,其所收《陈亮集》乃据邓广铭先生对 1987 年版文字的校补重排。2012 年 3 月北京大学出版社出版了《儒藏》精华编第 238 册,此册收有《陈亮集》,此本在《邓广铭全集》本的基础上,依照《儒藏(精华编)》编纂体例对校勘记和标点作了适当修订和补正,并将全书文字对照底本、校本重作校勘、订正,纠正了原有版本的文字讹误。

第二节　陈亮事功之学的世界观基础:道常行于事物之间

一个哲学家、思想家立论要稳,其学必有根本,而最为根本者是世界观,即要有一种对这个世界的总的看法。世界观本身从形式上看有形上性。哪怕是像陈亮这种注重实际事功的思想家,他们对于具有形上性的世界观也有自觉的观念,他们可以不多谈,但必定是有。这种世界观是他们思想其他各层次观点的基础。

陈亮说:

> 昔者圣人以道揆古今之变,取其概于道者百篇,而垂万世之训。其文理密察,本末具举,盖有待于后之君子。而经生分篇析句之学,其何足以知此哉!……夫盈宇宙者无非物,日用之间无非事。古之帝王独明于事物之故,发言立政,顺民之心,因时之宜,处其常而不惰,遇其变而天下安之。今载之《书》者皆是也。要之,文理密察之功用,至于尧而后无慊诸圣人之心。是以断诸《尧典》而无疑。由是言之,删《书》者非圣人之意,天下之公也。[1]

陈亮之讲究事功,从现实层面看,是希望执政者发言立政要有实效。他

---

[1] 陈亮:《六经发题·书》,《陈亮集》(增订本),第 103 页。

认为《尚书》所载"古之帝王"之政事颇有成效,堪为典范。能产生这种成效或说功用,必有其道理。《尚书》诸篇"文理密察",这个道理就藏在其中。要深入理解和发明此"道",非儒生的纸上章句之学所能为,必须"明于事物之故",了解实际情形才行。那么,对于上古帝王行政之道的理解就要从《尚书》所载帝王行事上去看,而不能只从文字上看一个空的道理。若要应用上古帝王之"道"于当世,亦不可从一个空的道理出发,而应该明白当时国家事物的实际情形,"因时之宜",从实际出发,通变以安天下。陈亮亦承认有一个超越于古今之变的"道"存在,而且这个"道"是客观的,即它是出于"天下之公",而非出于某人乃至圣人一己的主观私意。以"道"为最高思想范畴,是先秦以来,各家各派的共识和思想传统。不过各家各派赋予它的内涵和特征不同。在陈亮看来,这个具有超越性的"道"既不能脱离具体变化的事物而存在,亦不能作为思考行事的出发点,这是与以朱熹为代表的理学家思想的根本不同处。

陈亮认为:"道之在天下,平施于日用之间。"①"夫道,非出于形气之表,而常行于事物之间。"②(《勉强行道大有功》)结合上文引到的陈亮"盈宇宙者无非物,日用之间无非事"等思想,我们可以知道陈亮在世界观上的一些基本看法。

其一,世界分为自然宇宙和人类社会两个领域,自然宇宙的根本存在是"物",人类社会的根本存在是"事"。显然陈亮所谓"盈宇宙者无非物"是受了《易传·序卦传》"盈天地之间者唯万物"这一思想的影响。不过陈亮对自然领域不大感兴趣,所以并没有花力气论证他的自然宇宙观。这一点跟叶适不一样,叶适有自己的自然宇宙观。在"事"与"物"两个领域中,陈亮更看重的是"事"这个与人类社会相关的领域,因而事功也主要体现在国家社会上。

其二,道与事物都是客观存在的,但是事和物的存在比道的存在更

---

① 陈亮:《六经发题·诗》,《陈亮集》(增订本),第104页。
② 陈亮:《勉强行道大有功》,《陈亮集》(增订本),第100页。

根本。道虽然具有超越性,但它不能离开具体事物,而必须行于事物之间才能存在,若离开了具体事物它就不能存在。而当时的理学家是认为超越性的道和理是可以脱离具体有形的事物而独立存在的,乃至于也在构成一切事物之质料基础的气之先而存在,它可以多于具体事物,具体事物要依它而存在。这就是理学家理在气先、道先于物的观点。对此,陈亮有如下批评:

> 世之学者,玩心于无形之表,以为卓然而有见,事物虽众,此其得之浅者,不过如枯木死灰而止耳。得之深者,纵横妙用,肆而不约,安知所谓文理密察之道? 泛乎中流,无所底止,犹自谓其有得,岂不可哀也哉![1]

"玩心者"是对于事物的存在"得之浅者"。"玩心者"当是指以陆九渊为代表的心学学者。他们主张向内自返发明本心,从人心之内而不是从外在事物找根据,这样对于外在事物就可以完全视而不见了,最后直到如《庄子》所说的心如死灰之境。以朱熹为代表的理学家还能够通过读书思索道理,在陈亮看来,这比之于纯任内心的心学还是进了一层了,但是靠读书思索道理,还是就道理本身思索道理而没有实际事物相约束,因而也只会是泛滥无归而无所得。

其三,对于道的认识就是对于事物存在之道的认识,必须从客观的具体事物本身出发,不能脱离事物单独去分析和认识出一个什么道来。陈亮说:"故格物致知之学,圣人所以惓惓于天下后世,言之而无隐也。"[2]"夫渊源正大之理,不于事物而达之,则孔孟之学真迂阔矣。"[3]朱熹理学也大讲"格物致知",虽然也有从具体事物去认识把握道和理的意思,但在具体实践中,终因理对于具体事物的先在性和规范性,而使得格物致知的出发点不是"物"而是"知",因已知之理推未知之理,而非"于事物达之",具体事物于是就被虚置了。所以,陈亮在世界观上,要把具体

---

①② 陈亮:《与应仲实》,《陈亮集》(增订本),第 319 页。
③ 陈亮:《勉强行道大有功》,《陈亮集》(增订本),第 102 页。

事物放在最根本的地位,道的存在要依乎具体事物,同时还要强调对道的认识必须通过对具体事物本身的认识来达到,以便真正把具体事物的客观存在落到实处。不过,陈亮在特别强调具体事物之存在的同时,又有把道的存在虚置之嫌。

第三节　陈亮事功之学的基本主张:事功有理、勉强行道

在陈亮的世界观中,具体的事物是最根本的存在,道存在于事物之中,依赖于事物的存在而存在。这是其事功之学的理论基础。由此,执政者要想使其立言行政在国家社会中产生实际效果,就必须从具体存在的实际情形出发,分析具体情况,找到立言行政的根据,然后见诸实际行动。若是从一个抽象的道理出发,甚至只停留在抽象的道理而不见诸行动,当然就不会产生实际效果。这就是陈亮事功之学的基本主张,概括起来就是:事功有理、勉强行道。

陈亮事功学说的基本思想是在与朱熹的书信辩论中展开的,他们辩论的一个主题是历史道德问题,由此引出王霸、义利的关系问题。陈亮反对自程氏以来重三代之道德而轻汉唐之事功的思想倾向。他说:

> 而近世诸儒,遂谓三代专以天理行,汉唐专以人欲行,其间有与天理暗合者,是以亦能久长。信斯言也,千五百年之间,天地亦是架漏过时,而人心亦是牵补度日,万物何以阜蕃,而道何以常存乎?①

与其他理学家们一样,陈亮亦承认道和天理为常存。既然常存,则不能认为颇有事功的汉唐是专以人欲行,亦不能说做得成处只是与天理有偶然的暗合,做得成处一定是必然就有其天理。若说千五百年间这么长一段时间里,汉唐事功从总体上不合天理处、不合天理时,则天理就会有不存处、有不存之时。这就与天理常存相矛盾了。永嘉学派代表人物陈傅

---

① 陈亮:《又甲辰秋书》,《陈亮集》(增订本),第 340 页。

良在读了陈亮和朱熹之间往复辩论义利、王霸问题的书信之后,致书陈亮,谈了他对陈亮思想的理解。他认为陈亮的基本主张就是:"功到成处,便是有德;事到济处,便是有理。"①事情只要做成了,便有义理在,做成事的人便是有德。陈傅良对陈亮这一主张的概括是恰当的。这就是"事功有理"。但我们发现,这与陈亮的世界观出现了一点偏差。若是从陈亮的世界观出发,事功有理的意思就是事情只要做成功了,有成效,就有它之所以成功的道理。这个观点本没有错,但它属于本体存在的领域,不属于伦理道德领域。陈亮"事功有理"的思想之所以会卷入伦理道德领域而引起巨大争议,一方面是由于陈亮本人的意愿,他就是要针对理学家思想的弊端立论,另一方面是因为理学家立言论事悉以伦理道德为基,必然会将此议题引入伦理道德领域。而陈亮事功有理这个思想直接触及的是儒家传统中的一个老论域,即义利关系问题。

从某种意义上说,"事功"属"利",功利;"德"和"理"属"义",义理。从孔子提出"君子喻于义,小人喻于利"(《论语·里仁》)的思想开始,如何区分义利便成为一个很严重的问题。以至于宋儒程颢说:"天下之事,唯义利而已。"②朱熹说:"义利之说,乃儒者第一义。"③又由于孔子明确将义归于君子一类,将利归于小人一类,重义轻利的思想便成为后世儒家思想的主流。孟子则以反身内求,以尽心知性知天的内在超越理路,从理论上建构起了一套在现实生活中"何必曰利,亦有仁义而已矣"(《孟子·梁惠王上》)的道德理想主义。到后世就发展成只要内圣不要外王,只要义不要利了。程颐说:"利害者,天下之常情也。人皆知趋利而避害,圣人则更不论利害,惟看义当为与不当为。"④所以,陈亮之世的理学家们特别讲究惩忿窒欲、迁善改过的道德修养,讲究在义理、在伦理道德

---

① 陈傅良:《致陈同甫书》,转引自《陈亮集》(增订本),第393页。
② 程颢、程颐:《河南程氏遗书》卷一一,《二程集》上册,第124页。
③ 朱熹:《与延平李先生书》,朱杰人、严佐之、刘永翔编:《朱子全书》第21册,第1082页,上海,上海古籍出版社,2010。
④ 程颢、程颐:《河南程氏遗书》卷一七,《二程集》上册,第176页。

上不能亏欠,而对于具体事务则不屑为之,在理论上亦极轻视功利。功利在理学家那里是个贬义词。在这样一种情形之下,陈亮举起事功和功利的大旗,是需要理论勇气的。

陈亮事功有理的思想,突显了义利之辨,揭示了理学思想中存在的一个问题,即道德与功利的关系问题。理学家之所以要重义轻利,乃是为了维护道德的纯粹性,害怕功利破坏这种纯粹性,从而使道德堕落。所以朱熹特别崇信董仲舒的一个观点:"正其谊不谋其利,明其道不计其功。"①而在陈亮看来,完全没必要讳言功利,功利并不会破坏道德,反而足以彰显道德,利不但不会破坏义,反而会实现义。

陈亮在给朱熹的信中举例论证道:

> "不失其驰,舍矢如破",君子不必于得禽也,而非恶于得禽也。范我驰驱而能发必命中者,君子之射也。岂有持弓矢审固而甘心于空返者乎!御者以正,而射者以手亲眼便为能,则两不相值而终日不获一矣。射者以手亲眼便为能,而御者委曲驰骤以从之,则一朝而获十矣。非正御之不获一,射者之不以正也。以正御逢正射,则"不失其驰"而"舍矢如破",何往而不中哉!孟子之论不明久矣,往往返用为迂阔不切事情者之地。②

"不失其驰,舍矢如破"是《诗经·小雅·车攻》中的两句诗,意思是御者按照规矩驾马驱驰,站在车上的射者按规矩射箭,一射便中。《孟子·滕文公下》亦尝引论之。在陈亮看来,君子狩猎并非心里只想着获禽之多而不择手段,但也不至于讨厌收获猎物。若是按规矩能获得很多猎物,难道不是好事吗?有谁会甘心出猎而空手而归呢?御者按规矩驾车,车上的射者不按规矩射箭,于是获利少,原因不在于御者按规矩驾车,而在于射者不按规矩射箭。若是御者按规矩驾车,射者也按规矩射箭,怎么会不多获猎物呢?按照这个思路,在陈亮看来,只要是合乎义则必定有

---

① 《汉书·董仲舒传》卷五六,第 2524 页,北京,中华书局,1964。
② 陈亮:《又乙巳春书之一》,《陈亮集》(增订本),第 345 页。

利,不能获利,则必定不合乎义。也就是说有理则必定有事功,无事功则必定不合理;合乎道德则必定有功利,无功利则必定无道德。有学者认为,在陈亮看来,"不谋不计所导致的就不仅是实际事功的失败,而且也是道德上的失败"①。这是不准确的。从以上的分析我们可以看到,陈亮只是说有道德的君子没必要有"不谋不计"这样一种心理,但他并不会认为不谋不计的纯粹道德会导致实际事功的失败,相反,他认为这必定会导致实际事功的实现。而实际事功的失败则恰恰表明道德上的失败。其实在这一点上,陈亮与理学家们并无根本上的冲突。他若是要真正证成"事功有理"的思想,就必须论证有功必有理,有利必有义,而不是如同此处论证的,有理必功,有义必有利。毕竟这是两个问题。有义必有利,在逻辑上不等于说有利必有义。有理必有功,在逻辑上不等于说有功必有理。正如陈亮在此段中的论证,关键是如何解释不按规矩却反而获猎多这种现象呢? 这种现象是陈亮所承认的,即存在利多而不义,有功而无理的现象。可惜陈亮虽然看到了这个现象,但并没有在理论上注意到这个问题,也就没有展开论证,于是在与朱熹的义利之争中,于理论上毕竟稍逊一筹。

朱熹把陈亮在这方面的思想概括为"义利双行,王霸并用",这一概括就陈亮一方面重视天理之常存,一方面重视事功而言,是对的。但是从陈亮本人的理论自觉来看,又是不对的。陈亮本人并不承认自己是"义利双行,王霸并用",因而也就不承认自己是事功与天理并行论者。从理论自觉上来说,陈亮认为自己是王霸、义利、事功、天理的一元论者。他说:

> 谓之杂霸者,其道固本于王也。诸儒自处者曰义曰王,汉唐做得成者曰利曰霸,一头自如此说,一头自如彼做;说得虽甚好,做得亦不恶:如此却是义利双行,王霸并用。如亮之说,却是直上直下,

---

① 董平、刘宏章:《陈亮评传》,第 315 页,南京,南京大学出版社,1996。

只有一个头颅做得成耳。①

若从陈亮本人的理论自觉来看,他是主张"本末具举"②"本末感应,只是一理"③的。他反而认为朱熹理学割裂义利、王霸、事功与天理,是本末打断、义利双行了。陈亮之说确实触及了理学在理论上的弊端,可惜他并没有很清楚地意识到或者自觉到如何在理论上明确地把这个问题点明,如何去论证和改造。朱熹等理学家亦不曾意识到自身理论上的问题。因而这场辩论依然是各说各话,不太看得出双方通过辩论各自有何理论上的修正和进步。

　　陈亮提出事功学说,回应了朱熹理学中的理论问题,但通过以上的分析我们发现他并没有很好地从理论上解决理学中的理论问题,反而让人觉得他在理论上与理学并无根本上的冲突。他没有论证好有事功必有理,却较好地论证了有理必有事功。不过我们还要知道,陈亮之提出事功学说,不能仅仅从理论上看,还要从他的现实意义来看。事功学说不仅仅是提倡一种理论、一种思想,它更强调注重社会实际和改造社会状况的实践行为。事功,就意味着要做事、行事,在社会现实中实践,而且还要有功,有成效。这才是事功学说对于后世的更大影响力所在,因而成为明清之际颜元重习行的实学思想的先导之一。陈亮提出事功学说,首先正是针对理学家们空谈心性、不办实际事务这样一种实际情形有感而发,然后才进入理论上的探讨。

　　陈亮指出:

　　　　今世之儒士,自以为得正心诚意之学者,皆风痹不知痛痒之人也。举一世安于君父之仇,而方低头拱手以谈性命,不知何者谓之性命乎!④

---

① 陈亮:《又甲辰秋书》,《陈亮集》(增订本),第 340 页。
② 陈亮:《六经发题·书》《陈亮集》(增订本),第 103 页。
③ 陈亮:《又乙巳春书之二》,《陈亮集》(增订本),第 348 页。
④ 陈亮:《上孝宗皇帝第一书》,《陈亮集》(增订本),第 9 页。

自道德性命之说一兴，而寻常烂熟无所能解之人自托于其间，以端悫静深为体，以徐行缓语为用，务为不可穷测以盖其所无。一艺一能皆以为不足自通于圣人之道也。于是天下之士始丧其所有，而不知适从矣。为士者耻言文章、行义，而曰"尽心知性"；居官者耻言政事、书判，而曰"学道爱人"。相蒙相欺以尽废天下之实，则亦终于百事不理而已。①

在陈亮看来，那些高谈性命义理的理学家们把学界风气、社会人心弄坏了，使得天下之士以"尽心知性""学道爱人"相欺蒙，不愿意干实事，"终于百事不理"。正是有感于国恨家仇和腐儒的麻木，陈亮大力提倡以"堂堂之阵，正正之旗，风雨云雷交发而并至，龙蛇虎豹变见而出没，推倒一世之智勇，开拓万古之心胸"②这样一种具有豪杰气概的人格，正与陈亮自小崇尚英雄，有豪侠气密切相关。而这种人格正是关注社会现实、建立事功所必需。关注和建立现实事功正是陈亮事功学说的题中要义，即"勉强行道大有功"。大有功的表现就是："贤者在位，能者在职，而无一民之不安，无一物之不养。"③这不是安坐空谈能实现的，必须力行，不力行就不会有功。所以说，陈亮的事功学说是含有"力行"之义的。而且这"力行"主要是指去实现现实的社会事功，而不是仅指个人的力行道德。陈亮提出要"各务其实"④，"为士者"要有良好的德行，"居官者"要能处理好政事，各种岗位上的人都要能发挥他的具体才干和作用，这样社会才能安定和发展，国家才能抗敌雪耻恢复中原。

第四节　陈亮事功之学的历史观与人性论

上文提到，陈亮是在与朱熹的书信辩论中展开他的事功学说的，而

---

① 陈亮：《送吴允成运干序》，《陈亮集》(增订本)，第 271 页。
② 陈亮：《又甲辰秋书》，《陈亮集》(增订本)，第 339 页。
③ 陈亮：《勉强行道大有功》，《陈亮集》(增订本)，第 101 页。
④ 陈亮：《送吴允成运干序》，《陈亮集》(增订本)，第 271 页。

辩论的主题之一是历史道德问题，由此牵涉到义利、王霸以及天理人欲等方面的理论之争。同时，也可以这样说，陈亮对于事功之学的论证是在历史观和人性论等问题上展开的，或者说历史观和人性论是集中展开和表现其事功之学的两大论域。因为是从道德评判的角度讨论历史问题，而道德涉及人性，所以其历史观与人性论这两个论域往往是纠缠在一起的。

北宋程颢就已经以道德的观点来评论三代与汉唐的历史了。他说："三代之治，顺理者也；两汉以下，皆把持天下者也。"[①]顺理，就是顺乎天理。"把持天下"，就是以谋略、以力、以霸道经营天下，而不以道德治理天下。这种观点到陈亮之世，被理学家们进一步推进并明确概括为"三代专以天理行，汉唐专以人欲行"[②]。意思是三代圣王纯粹以道德治理天下，开创了三代的盛世；而汉唐虽然也很强大，亦是"极其盛"，却是专以人欲之私来治理的，因而不足为训。这里包含了两个方面的问题，一是历史发展观，一是历史评价论。而历史之发展又有赖于历史评价的标准。从某种评价标准看，历史可能是进步的，如果从另外一种评价标准看，同一段历史又可能是退步的。所以，要理解历史的发展，就要看历史评价标准。宋儒是以道德作为历史评价标准的。合乎道德就是进步的，不合乎道德就是落后的。因而三代是进步的，汉唐是落后的，尽管汉唐创造了很多的物质财富，有很大的事功。陈亮虽然也承认三代之盛，承认三代以天理行，但他反对贬低汉唐，他认为汉唐是可以接续三代道统的，汉唐的事功从总体上也是合乎天理，合乎道德的。陈亮的学问和思想本是从历史入手，他自己心中亦充满了对历史英雄人物的向往之情。我们从陈亮对历史的认识，尤其在他与朱熹关于历史看法的书信讨论中，可以知道陈亮对历史有如下看法。

其一，历史是在变通中绵延的，义理上的道统不会中断。历史是在

① 程颢、程颐：《河南程氏遗书》卷一一，《二程集》上册，第 127 页。
② 陈亮：《又甲辰秋书》，《陈亮集》（增订本），第 340 页。

时间中绵延的,这种绵延是一种什么样的性质,有什么样的特征,在中国古代哲学家那里有不同的理解。一讲到历史在时间中绵延,我们就会想到历史是变化发展的。其实变化和发展是两个概念,发展固然内涵着变化,而变化却未必是发展。从总体上来看,中国古代哲学家是不大讲历史的发展观的,也就是说没有明确的关于历史是在进步这样一种观念。古人讲得更多的是循环的历史观、变化的历史观,还有倒退的历史观。

朱熹就是倒退的历史观的代表,他就明确主张汉唐不如三代,因为朱熹判断历史是否倒退的标准是道德。道德一进入现实就不纯粹,就夹杂着人欲。纯粹的道德只能在理想中。汉唐的历史载诸史册,朱熹从史册上看到的历史,也是我们能看到的历史。朱熹如此评论汉高祖之取天下:"汉高祖取天下所谓仁义者,岂有诚心哉!其意本谓项羽背约。及到新城,遇三老董公遮道之言,方假此之名,以正彼之罪。所谓缟素发丧之举,其意何在?似此之谋,看当时未必不是欲项羽杀之而后罪之也。"①朱熹又认定:"唐太宗一切假仁借义以行其私。"②"唐太宗分明是杀兄劫父代位,又何必为之分别说!"③那些所谓的道德人物,在历史事件中的表现往往并不那么光彩,于是就只有塑造一个上古三代的理想之世以保障道德的纯粹性,这就是道德理想主义的儒家对于历史的基本态度。上古三代史料不足,正好便于儒家根据自己的理想来塑造。正如陈亮指出的,上古三代这样一个理想的社会是因为经过了孔子的删述,"而后三代之文灿然大明,三王之心迹皎然不可诬矣",后人只知道尊慕之,"而不知孔氏之劳盖若此也"。④ 这与其说是一种历史观,不如说是一种道德观。若以历史观视之,"三代"之后的历史似乎是倒退的,但这种想法在现实上又未尝不具有进步的作用。即,人们怀抱希望,将"三代"的理想作为社会未来发展的方向,并努力践行之,此亦正如宋儒以接续道统为自己的

---

① 黎靖德编:《朱子语类》卷一三四,第 3210 页。
② 黎靖德编:《朱子语类》卷一三五,第 3219 页。
③ 黎靖德编:《朱子语类》卷一三七,第 3259 页。
④ 陈亮:《又乙巳春书之一》,《陈亮集》(增订本),第 344 页。

宏愿。

　　理学家认为，三代的道统在汉唐是中断了的。陈亮不同意这个观点，他认为道统在汉唐并没有中断。他说："夫心之用有不尽而无常泯，法之文有不备而无常废。"①后世对上古圣王的义理心传，虽然有可能做得不好，但不可能一直泯灭；后世对上古理想的制度，虽然继承得不好，但也不可能全都废弃。朱熹认为，既然是"无常泯"，那就会"有时而泯"；既然是"无常废"，那就是"有时而废"。这个"有时而泯""有时而废"之时，就是汉唐之时。正因为汉唐把道统中断了，所以朱熹才提出要超越时代，把上古圣王"人心惟危，道心惟微，惟精惟一，允执厥中"的十六字心传接续下来。道心就是义理之心，人心就是利欲之心。陈亮和朱熹都承认道的永恒性，可是朱熹却说汉唐把道统给中断了，那么道的永恒性何在呢？这是陈亮提出的诘难。在朱熹看来，道统中断了，不等于道消亡了。道依然"未尝息""未尝亡"，不但永恒地存在于那里，而且还超越了具体的汉唐时代。陈亮认为，道的永恒存在不可能是一种超越具体事物和时代的永恒存在，道的永恒存在必在具体的事物和时代之中。所以，他一定要充分肯定汉唐的意义，否则道不能延续。

　　由此，朱熹认为陈亮是：

　　　　推尊汉唐，以为与三代不异；贬抑三代，以为与汉唐不殊。而其所以为说者，则不过以为古今异宜，圣贤之事不可尽以为法，但有救时之志，除乱之功，则其所为虽不必尽合义理，亦自不妨为一世英雄。然又不肯说此不是义理。②

朱熹对陈亮的评论是准确的。但我们不要由陈亮"推尊汉唐"和"贬抑三代"，就认为陈亮所持的历史观是进步、发展的历史观。我们现代讲发展，往往以经济发展水平高，创造财富多为标准。但即使是重事功如陈亮者，也没有以汉唐规模宏大、经济发达，就判定为比三代进步和发展。

----

① 陈亮：《又乙巳春书之一》，《陈亮集》（增订本），第 345 页。
② 朱熹：《寄陈同甫书》，转引自《陈亮集》（增订本），第 363 页。

他之所以要"推尊汉唐",是因为宋儒贬之太甚;他之所以要"贬抑三代",是因为宋儒尊之太过。他认为三代的人不能都无利欲之心,而我们现代将三代看得如此洁净,是因为"经孔子一洗,故得如此净洁"①。汉唐固然多有利欲,但也不能说全是利欲都无义理。但他还是肯定,三代是理想之世,是做得尽者,汉唐是未做得尽者。陈亮没有明确的历史之为发展抑或倒退的观念,但有历史之为变化、变通的观念则是非常明确的。他说:"自麟止以来,上下千五六百年,其变何可胜道,散诸天地之间,学者自为纷纷矣。"②"自伏羲、神农、黄帝以来,顺风气之宜而因时制法。"周公"变通之理具在"。③

其二,充分肯定英雄人物的事功对于历史的意义和作用,以霸道通于王道。陈亮承认历史的变通,是为他对历史霸道事功之承认作准备的。因为世异时移,上古圣王亦不能不用霸道以成就事功、安定天下。他举例说:

> 汤放桀于南巢而为商,武王伐纣,取之而为周。武庚挟管蔡之隙,求复故业,诸尝与武王共事者,欲修德以待其自定,而周公违众议,举兵而后胜之。夏、商、周之制度定为三家,虽相因而不尽同也。五霸之纷纷,岂无所因而然哉。④

《论语》曾记载孔子对管仲的评价,管仲辅佐齐桓公称霸,因为他匡扶天下、造福百姓,所以孔子对他的功业赞赏的,并许以之"如其仁"。由此,陈亮认为孔子也是承认一定形式的霸道的,这样的霸道是与王道相通,可以助成王道。为此,他为汉高祖和唐太宗"谋位"的霸道行为辩解,说他们本意不在帝位,只是为了推行仁政才去谋求帝位。"彼其初心未有以异于汤武也……虽或急于天位,随事变迁,而终不失其初救民之心,

① 陈亮:《又乙巳秋书》,《陈亮集》(增订本),第352页。
② 陈亮:《三国纪年·序》,《陈亮集》(增订本),第177页。
③ 陈亮:《六经发题·周礼》,《陈亮集》(增订本),第104页。
④ 陈亮:《又乙巳春书之一》,《陈亮集》(增订本),第344页。

则大功大德固已暴著于天下矣。"①陈亮并不承认自己是王霸并用论者，他还是承认王道是根本，霸道是实现王道的手段。因为以王道为根本，所以霸道虽杂有人欲之私，但不是专任人欲之私，而是服务于一个更高的善的目的，所以霸道的行为也就有了其合理性。在王道之下承认霸道行为的合理性，也就是承认事功的合理性。这与朱熹把霸道与王道截然对立起来并否定霸道的思路是很不一样的。正是针对理学家这样一种思维取向，陈亮才要极力肯定霸道和事功在历史上和现实中的价值。

能成就大功业的是英雄人物，陈亮特别重视历史英雄人物对于历史发展的意义和作用。他认为，"道在事中"，英雄人物正是"道"行之于现实事物世界的担当者，是他们使得道永恒不息。他说：

> 人之所以与天地并立而为三者，非天地常独运而人为有息也，人不立则天地不能以独运，舍天地则无以为道矣。夫"不为尧存，不为桀亡"者，非谓其舍人而为道也，若谓道之存亡非人所能与，则舍人可以为道，而释氏之言不诬矣。②

这充分肯定了人的主观能动性的积极意义，既与他"道行于事物之间"的世界观和事功学说相符，同时对其所处时代也是极有针对性的。他的事功学说本就有强烈的现实经世的指向，他希望有气概的人奋起挺立担当这个世界，有所贡献于国家社稷，建立自己的事功。

从历史和社会现实来看，陈亮的事功之说是颇有积极意义的。为什么朱熹要极力反对呢？就是因为在朱熹看来，陈亮的事功学说内在地有一条线索，即关于人性的看法，义有未安。这条线索与历史、社会、现实的视角是不一样的。它诉诸人类个体却又通于人类全体，而具有普遍性。前面所论道物、事功、义利、王霸，无不有一个人性、道德修养的问题或明或暗地藏于其中。

陈亮毕竟是儒家，其事功之学也毕竟是儒家理学自身的发展，所以，

---

① 陈亮：《问答》上，《陈亮集》（增订本），第 34 页。
② 陈亮：《又乙巳春书之一》，《陈亮集》（增订本），第 345 页。

尽管说王说霸、说义说利,谈治国理政以安天下,尽管他总是试图摆脱理学家那种性命义理之学的束缚,但他在骨子里头还是以性命义理之学为根本。这从他对最高范畴"道"的进一步具体的界定就可以看出来。他说:

> 夫道岂有他物哉,喜、怒、哀、乐、爱、恶得其正而已;行道岂有他事哉,审喜、怒、哀、乐、爱、恶之端而已。[1]

> 天下岂有道外之事哉,而人心之危不可一息而不操也。不操其心,而从容乎声、色、货、利之境,以泛应乎一日万机之繁,而责事之不效,亦可谓失其本矣。此儒者之所甚惧也……盖人心之危,道心之微,出此入彼,间不容发,是不可一息而但已也。[2]

这不是与他所批评的理学家同一论调吗?确实,由此可以看出,陈亮依然是道德义理为本的,只不过他同时还要对事情"责之以效",也即要求事功。在这里,他认为事功与道德的关系是:没有道德就不会有事功。这与上文论及的"事功有理"在逻辑上是相符的。因为"无道德即无事功"在逻辑上等价的逆反命题就是"有事功必有道德"。可是,正如我们在上文已经指出的,实际情形是有事功未必有道德,这个现象陈亮在论止御止射那一段也已经注意到了,却忽视了它在理论上的逻辑关系。他心里所想其实是:有道德则必会有事功。还是以道德为本,也就是以义理性命为本。由此,他提出了自己的"性命说":

> 耳之于声也,目之于色也,鼻之于臭也,口之于味也,四肢之于安佚也,性也,有命焉。出于性,则人之所同欲也。委于命,则必有制之者而不可违也。富贵尊荣,则耳目口鼻之与肢体皆得其欲,危亡困辱则反是。故天下不得自徇其欲也,一切惟君长之为听。君长非能自制其柄也,因其欲恶而为之节而已。叙五典,秩五礼,以与天

---

① 陈亮:《勉强行道大有功》,《陈亮集》(增订本),第 101 页。
② 同上书,第 100—101 页。

下共之。①

这与理学家一样是要求作道德修养的。可是当朱熹对陈亮期之以"从事于惩忿窒欲、迁善改过之事，粹然以醇儒之道自律"②时，为何陈亮被激怒，以"腐儒之谈"目之，反过来希望朱熹做"一世人物"③之英雄呢？因为他的人性论思想毕竟与其他理学家们不一样。陈亮是充分肯定了人的自然欲望的。道德修养也必然是"因其欲恶而为之节而已"。他在《勉强行道大有功》这篇文章中特别论及了孟子是如何循循善诱，将齐宣王的好色、好货、好勇的自然欲望转化为善，扩充为仁义道德之心的。这与完全否定人的自然欲望的"惩忿窒欲"之修养自然是不一样的。也正是由于对人的自然欲望之合理性的承认，对社会事功之讲求也就有了自然人性的基础，社会事功正是人的自然欲利之心的一种体现和推扩。可见，陈亮是极希望通过性命道德的修养使人的自然性与社会性统一起来的。在他看来，能如此统一起来的人，才能叫"成人"。只是安坐不动地修养，以醇儒自律，毫不理会世事，毫无事功，实际上是偏枯的人生，是腐儒。

不可否认，陈亮的思想对以朱熹为代表的理学家的道德性理学说是一种冲击，因为它揭示了性理学说的根本弊端，但同时也显示了他自己的事功学说的根本局限。性理学说为了高扬人的道德本性，使之成为每个人得以存在的普遍的道德基础，就要竭力使道德纯粹化。所以朱熹说："盖天理人欲之并行，其或断或续，固宜如此。至若论其本然之妙，则惟有天理而无人欲。是以圣人之教人，必欲其尽去人欲而复全天理也……立心之本，当以尽者为法，而不当以不尽者为准。"④现实情形是，人往往是天理人欲并存的。但是若从理想的状况来说，只能依靠纯粹的天理，而一毫不能依靠人欲。人有人欲是现实，但这不是可以依赖人欲的理由。人欲是不可恃的，若恃人欲则会导致堕落，而天理是足够让人

---

① 陈亮：《问答》下，《陈亮集》（增订本），第 42 页。
② 朱熹：《寄陈同甫书》，转引自《陈亮集》（增订本），第 359 页。
③ 陈亮：《又癸卯秋书》，《陈亮集》（增订本），第 336 页。
④ 朱熹：《寄陈同甫书》，转引自《陈亮集》（增订本），第 364—365 页。

依赖而无一毫害处的,所以要主张天理、依赖天理。只有依赖天理,依天理行事,人性才能向上、才能光明。而且朱熹主张:"'天理''人欲'二字,不必求之于古今王霸之迹,但反之于吾心义利邪正之间,察之愈密则其见之愈明,持之愈严则其发之愈勇。"①为什么不必求之于古今王伯之迹呢?因为古今王伯之迹是历史上的现实,历史的现实是充满着人欲的,不容易使人在读了后有人格上的提升。所以朱熹是反对读史的,还说陈亮就是被读史给害了。他说:"看史只如看人相打,相打有甚好看处? 陈同父一生被史坏了。"②所以,道德修养只要反身内求就行了。因为人同此心,心同此理,由此可以达到适用于所有人的普遍性的道德,而杂有人欲的道德是不具备这样一种普遍性的。由此可以看出,以朱熹为代表的理学家们忽略了历史、社会情形,完全是由个体而通之于普遍人性,他们的这种思维方式也就必然会导致空谈性命、不理世事之弊。陈亮之事功学说正欲矫此之弊。但是陈亮之重历史社会和现实事功,又必然要承认和依赖于人的自然欲望,不能不于人性问题上有所妥协,不能不于理想的道德价值上有所让步。所以,尽管陈亮在主观上不想以成败论是非,但在客观上,他的事功学说必然会导致以成败论是非。概言之,陈亮的事功学说本欲纠理学之弊,在历史和社会现实领域开辟一条新路,但可以看出,他的问题和论域依然没有超出理学的樊篱,所以在理论上举步维艰。而在事功理论这条道路上,叶适显然比他走得更远些。

---

① 朱熹:《寄陈同甫书》,转引自《陈亮集》(增订本),第 360 页。
② 黎靖德编:《朱子语类》卷一二三,第 2965 页。

第二十三章　叶适的功利之学

　　同为浙东事功学派代表人物,我们在上一章将陈亮(字同甫)的思想称为"事功之学",而本章将叶适的思想称为"功利之学"。两者是有联系与区别的。《宋元学案》云:"永嘉以经制言事功,皆推原以为得统于程氏。永康则专言事功而无所承,其学更粗莽。"①两者都重事功、重实效,此其同。但是叶适又"基本上与同甫不同,他是由制度着眼的事功,不但与英雄主义的事功不同,也与儒家传统着眼于君德与道德动机的德治主义不同,这在政治问题的思考上是一大转进。他所表现的客观心态,与理学家是对立的,他在外王问题上的思考,有重大的历史意义"②。陈亮所重是英雄主义的事功,而且只讲到重事功这一层,主观性较强,而叶适所重事功有进一步具体的限定,即社会制度层面的事功。社会制度层面的事功必重社会大利,是为功利。功,是指达到具体的某种结果;利,是指增大政府提供给社会的利益和好处。③ 叶适显然比陈亮更注重从社会制度层面加大社会财富的积累,因而称叶适的思想为功利之学比事功之

---

① 黄宗羲原本,全祖望修定:《龙川学案》,《宋元学案》第 3 册,第 1830 页。
② 韦政通:《中国思想史》下,第 868 页。
③ 田浩:《功利主义儒家:陈亮对朱熹的挑战》,姜长苏译,第 5—6 页,南京,江苏人民出版社,1997。

学应该更合适。而且叶适曾明确谈到主张"功"与"利",这一点我们将在下文论及。当然,陈亮与叶适又同属事功学派,事功与功利并无本质区别,事功作为实效与结果亦含有利益这重内涵,只是没被点明,而功利则很明确地包含实效结果与利益。这也是叶适比陈亮在事功思想上更精细和深入之处。

需要特别注意的是,应该将这里的事功或功利之学与现代西方伦理学上的功利主义区分开来,两者有本质上的不同。19世纪英国著名哲学家约翰·穆勒(John Stuart Mill,1806—1873)在其名著《功利主义》一书中对"功利主义"给出了一个很有名的定义:"把'功利'或'最大幸福原理'当作道德基础的信条主张,行为的对错,与它们增进幸福或造成不幸的倾向成正比。所谓幸福,是指快乐和免除痛苦;所谓不幸,是指痛苦和丧失快乐。"①这是把功利当作最大幸福的伦理学原理,是与快乐的情感体验密切相关的。而陈亮和叶适的事功或功利之学根本没有讨论幸福或快乐与否的问题,它是指实际的业绩和成效,尤其是就国家富强、社会发展而言。所以,我们不能机械地以西方学术概念来附会传统学术思想,这会导致误解和曲解。

第一节 叶适的生平与著述

叶适,字正则,世称水心先生,温州永嘉(今浙江省温州市永嘉县)人,生于南宋高宗绍兴二十年(1150),卒于宋宁宗嘉定十六年(1223)。浙东永嘉学派代表人物。其一生大体可分三个阶段,从幼年到孝宗淳熙五年(1178)中进士,为求学阶段;中进士到宁宗开禧三年(1207)被劾罢官,为从政阶段;宁宗嘉定元年(1208)后,回永嘉水心村著书讲学,为学术研究阶段。

叶适出身于一个仍然保持着"士人之风"的贫穷知识分子家庭,很早

---

① 约翰·穆勒:《功利主义》,徐大建译,第7页,上海,上海人民出版社,2008。

就从游于薛季宣、郑伯熊、陈傅良等永嘉学术巨子，耳濡目染，心知其意，受到很大影响。孝宗乾道九年(1173)，叶适二十四岁，尚就学于太学，即上书言事，提出一系列改革措施，以改变南宋积弱之势。此次上书已颇见叶适的学问与思想，显示出永嘉学派重事功、务实际的特点。

淳熙五年(1178)，叶适二十九岁，考中进士第二名，授职平江节度推官。这使得他的人生比陈亮幸运很多。叶适长期在朝为官，他与陈亮一样，坚决主张抗金复国。陈亮因为一直不被任用，所以他的抗金主张多停留于纸上理论，文字呼号。叶适因为很早在朝为官，所以不仅仅是在言论中攻击苟且偷安的妥协派，而且有机会在实际的抗金斗争中立功。

淳熙十二年(1185)，叶适被诏进京，授太学正，迁博士，第一次论对时，即对以抗金复国之事："二陵之仇未报，故疆之半未复，而言者以为当乘其机，当待其时。然机自我发，何彼之乘？时自我为，何彼之待？非真难真不可也，正以我自为难，自为不可耳。于是力屈气索，甘为退伏者于此二十六年。"而孝宗皇帝给出了一个无可奈何的回应："朕此志已泯。"在朝廷这种苟安的风气中，叶适也只能无可奈何空怀报国之志，但还是极力为朝廷举荐人才，有一次一口气上书举荐了 34 人。这些人"后皆召用，时称得人"[1]。

虽然叶适极力主张抗金复国，但他并不是鲁莽之徒。当权臣韩侂胄为巩固自己的地位，盲目发动对金战争时，叶适上奏，认为这是"至险至危事"，主张"必备成而后动，守定而后战"。[2] 结果在开禧北伐中韩侂胄兵败被诛。在宋军溃败，金兵大举挺进两淮，南宋再一次处于危亡之际，叶适受命知建康府，兼沿江制置使，收拾残局。叶适不负所望，镇守建康，在长江沿线挡住了金兵主力的攻势，扭转败局，连战连捷，迫使金兵退却。金兵退后，朝廷妥协派又急于求和，而叶适以为不必。他措置屯田，建立堡坞，安集流民，建立兵民共守的防御体系，足以振奋人心、抵御

---

[1]《宋史·叶适传》卷四三四，第 12889—12890 页。
[2] 叶适：《上宁宗皇帝札子》，《水心文集》卷一，《叶适集》第 1 册，第 6 页。

金兵的进攻。叶适此功,可推开禧之首,再一次显示出永嘉学术重实务、能成就事功的特点。明代李贽高度评价了叶适的作为:"此儒者,乃无半点头巾气,胜李纲、范纯仁远矣,真用得,真用得。"①可是,由于朝中妥协派急于求和,叶适最终还是被削职还乡。《宋元学案》对这一事件的评说颇为公允:"是役也,不用先生之言以取败。事急而出先生以救之……而金人卒以此去。时中朝方急于求和,先生以为不必,但请力修堡坞以自固,乃徐为进取之渐。而韩侂胄死,朝事又一变。许及之、雷孝友本韩党也,至是畏罪,乃反劾先生附会侂胄起兵端,并以此追削辛弃疾诸人官,而先生前此封事,具在庙堂,竟莫能明其本末,盖大臣亦藉此以去君子。"②叶适被免官后,回乡居永嘉城外水心村,著书立说,与程朱理学立异,成为永嘉学术的集大成者。

跟陈亮一样,叶适虽然从总体上不赞成朱熹的理学思想,但对朱熹的学问和人品依然是尊重的,或者对其思想的某些方面在某种程度上还是赞成的。毕竟永嘉学术与朱熹思想同源并出。淳熙十五年(1188),孝宗任命朱熹为兵部郎官,朱熹力辞不就,因此遭到侍郎林栗的弹劾。叶适闻言,上书为朱熹辩护称:"栗劾熹罪无一实者,特发其私意而遂忘其欺矣!"③并称赞朱熹是"洁修"的"道学""善类"。④

叶适的著作有《水心文集》《水心别集》《习学记言序目》,前两种已于1961年由中华书局点校合编为《叶适集》,后一种已于1976年由中华书局出版。中华书局《叶适集》分三册出版,收入叶适所作札、状、奏议、记、序、诗、铭及经传子史之作和其他杂著。《文集》与《别集》二书名及卷目一仍其旧,唯在内容上将《文集》中与《别集》重复的文章删去,只存目录。

---

① 李贽:《藏书》卷一四,张建业主编:《李贽文集》第 2 卷,第 286 页,北京,社会科学文献出版社,2000。
② 黄宗羲原本,全祖望修定:《水心学案》,《宋元学案》第 3 册,第 1743 页。
③《宋史·叶适传》卷四三四,第 12890 页。
④ 后来,宁宗朝皇室宗亲赵汝愚为相。赵汝愚坚定拥护朱熹道学,而反对韩侂胄。韩侂胄与京镗联手得以揽大权,为巩固势力而禁道学反朋党。宁宗也因听信"(赵汝愚)以同姓居相位,将不利于社稷"之言,依靠韩侂胄将赵汝愚罢出朝。朱熹亦因附合赵汝愚,已先被免职。

其中《水心文集》乃以清光绪年间孙衣言刻本为底本,孙刻本乃据钱桂森所藏明正统年间黎谅所刻二十九卷本校正重刊,并增入重辑的《补遗》一卷,成三十卷。《水心别集》十六卷乃以清同治年间李春和刻本为底本,而李刻本是据其师孙依言所藏本重刊,保存了宋本的原貌。《习学记言序目》是叶适摘录和评论历代学术著作的专著,共五十卷,凡经十四卷,诸子七卷,史二十五卷,宋文鉴四卷。中华书局1976年版乃以清光绪年间黄体芳刻本为底本,参校以民国年间黄群校本,以及北京图书馆藏瞿氏明抄本和上海图书馆藏叶氏清初抄本,分两册出版发行。

第二节　叶适功利之学的世界观:"物之所在,道则在焉"与　　　　　"中庸之道"

与陈亮的事功之学一样,叶适的功利之学亦有其世界观基础。在传统学术思想中,对世界的总体看法离不开道物关系这一论域。陈亮以"道常行于事物之间"作为其思想的世界观基础,叶适则以"物之所在,道则在焉"作为其思想的世界观基础。世界观,作为对世界的总体看法,本身具有形上性。不过这是就问题的性质而言,就对此一形上问题的回答而言,可以是形上的,也可以是形下的。叶适反对从"形上"的角度来看待这个世界。《易传·系辞上》有"形而上者谓之道"之说,叶适认为"若夫言形上则无下,而道愈隐矣"①。他认为,如果将"道"分属于形上界,反而会使道隐而不彰。所以他极力反对老子"道先天地生"的思想。他说:

> "有物混成,先天地生",老氏之言道如此。按自古圣人,中天地而立,因天地而教、道可言,未有于天地之先而言道者。②
>
> 夫有天地与人而道行焉,未知其孰先后也。老子私其道以自喜,故曰"先天地生"。③

① 叶适:《周易·系辞上》,《习学记言序目》卷四,第47—48页,北京,中华书局,1977。
② 叶适:《律赋》,《习学记言序目》卷四七,第700页。
③ 叶适:《老子》,《习学记言序目》卷一五,第213页。

叶适承认"道"的存在,亦承认"道可言",即"道"可以认识和把握,但不能在天地之先的纯形上领域,而必须在具体的事物之域加以认识和把握,因为"物之所在,道则在焉"。叶适说:

> 物之所在,道则在焉,物有止,道无止也,非知道者不能该物,非知物者不能至道;道虽广大,理备事足,而终归之于物,不使散流。①

叶适认为,物是有限的存在,道是无限的存在,也就是说具体事物是特殊性的存在,而道是普遍性的存在。一定要把握到了普遍性的道,才能把握到所有事物。但是对于普遍性的道的把握,又非从具体事物入手不可。如果不从具体事物入手就不可能达到对道的把握。可见,在叶适看来,道虽然具有普遍性,但并不具有超越性。这是叶适与理学家思想的一个根本不同之处。理学家不但认为道是普遍的,而且是具有超越性的,可以独立于具体事物而存在。叶适认为,道是不能离开物而独立存在的,它必依存于物,并且不能超越物。最终还是要归之于具体的物的世界,这个世界才能统一起来而不纷乱散流。所以,叶适说:

> 夫形于天地之间者,物也;皆一而有不同者,物之情也;因其不同而听之,不失其所以一者,物之理也;坚凝纷错,逃遁谲伏,无不释然而解,油然而遇者,由其理之不可乱也。②

"归之于物",并不意味着排斥道与理。"归之于物"之所以能把这个世界统一起来,就在于"物之理"。具体事物各不相同,呈现出存在的多样性,同时事物之间又具有统一性,每一事物都是"一而有不同",这是"物之情",事物的实际情形。承认事物的多样性,同时事物又不失其统一性,而不同事物之所以能统一起来的原因,即"物之理"。多样性的事物统一起来,就呈现出一种秩序来,纷繁复杂的事物之所以能呈现出一种秩序来,是因为事物内在之理是有秩序而不可乱的。道和理是内在于具体事

---

① 叶适:《四言诗》,《习学记言序目》卷四七,第702页。
② 叶适:《进卷·诗》,《水心别集》卷五,《叶适集》第3册,第699页。

物的，就是事物的内在秩序。

我们在谈陈亮思想的世界观基础的时候，讲到他把这个世界分为人类社会的"事"的领域与自然宇宙的"物"的领域。而他的重点还是落在"事"的领域，不谈自然的物质世界的存在问题。叶适在世界观上显然比陈亮更彻底，他把这个世界彻底归于物的世界，又把物的世界归于物质世界。

叶适认为，比具体多样的物更根本的和具普遍性的存在是由五行与八卦象征的五物与八物。他说：

> 五行之物，遍满天下，触之即应，求之即得。[1]
>
> 日与人接，最著而察者为八物，因八物之交错而象之者，卦也。[2]
>
> 卦所象惟八物，推八物之义为乾、坤、艮、巽、坎、离、震、兑。[3]

五行之物，即金木水火土；八卦所象之八物，即天地水火雷风山泽。叶适对于世界物质性的认识并未止于或归结于五物八物这样的具体存在物，他更进一步把世界的物质性归于"气"，以及阴阳的变化。他说：

> 夫天、地、水、火、雷、风、山、泽，此八物者，一气之所役，阴阳之所分，其始为造，其卒为化，而圣人不知其所由来者也。因其相摩相荡，鼓舞阖辟，设而两之，而义理生焉，故曰卦。[4]

事物的存在推至八物，而八物又由于一气阴阳摩荡鼓舞之所造化。在叶适看来，物的根本存在只能推到此处打止了，不能再推，再推连圣人也不知其所由来。我们不能因此认为叶适对于世界持一种不可知论，所谓"圣人不知其所由来"，是说阴阳之气及其相互关系的存在状态已经是最根本的存在了，它是普遍而永恒的，不能在它之上再添加一个虚玄的本体。所以他说：

---

① 叶适：《唐书二》，《习学记言序目》卷三九，第 580 页。
② 叶适：《周易·上下经总论》，《习学记言序目》卷三，第 34 页。
③ 叶适：《周易·系辞上》，《习学记言序目》卷四，第 47 页。
④ 叶适：《进卷·易》，《水心别集》卷五，《叶适集》第 3 册，第 696 页。

后世学者，幸六经之已明，五行八卦，品列纯备，道之会宗，无所变流，可以日用而无疑矣，奈何反为太极无极、动静男女、清虚一大，转相夸授，自赀蔽蒙？①

叶适所反对的所谓"太极无极""动静男女"诸说，是宋代道学鼻祖周敦颐在《太极图说》中提出的思想。其实，叶适否定的是在万物之上的"无极"的存在，因为在他看来，纯形上地讲，容易蹈虚涉旷。但他并不否定"极"和"太极"的存在。他所谓"极"，其实就是事物的准则，而且"极之于天下，无不有也"②，天下万物都有其"极"，也即都有其理。此理非在万物之上，而是在万物之中，且必须由万物实有的存在"自有适无"③才能认识和把握到。也就是说，不是事先有个"理"，用来规范万物。这又是与理学家思想根本不同之处。

叶适所谓"极"，即具体事物存在之"理"，其所谓"太极"即事物存在之"道"。前者是基于具体存在物立论，而后者则是基于更根本的物质性的一气阴阳之存在立论。他在解《易传》"易有太极"章时说："有卦则有易，有易则有太极，太极立而始终具矣，因而两之而变生焉。"④事物总是在变化之中，事物之变化以及对变化的事物产生种种认识之义理和思想，都是由于阴阳的变化，而阴阳统于太极。所以把握到了太极，也即把握到了事物变化发展之始终，也即事物存在的整个过程，而非把握事物某一个静止的存在点，因而把握太极也就是对事物的全面认识。把握到"太极"也即把握到"道"了。但是要把这个"道"讲出来，不能抽象浑沦地讲，又必须于阴阳两者的关系上讲，一切的道理都要在阴阳两者的关系上讲，此即所谓"设而两之，而义理生焉"⑤。在叶适看来，不如此，就会导致玄虚。所以，他说：

道原于一而成于两。古之言道者必以两。凡物之形，阴、阳，

_____

① 叶适：《子华子·阳城胥渠问》，《习学记言序目》卷一六，第 220 页。
②③ 叶适：《进卷·皇极》，《水心别集》卷七，《叶适集》第 3 册，第 728 页。
④⑤ 叶适：《进卷·易》，《水心别集》卷五，《叶适集》第 3 册，第 696 页。

刚、柔,逆、顺,向、背,奇、偶,离、合,经、纬,纪、纲,皆两也。夫岂惟此,凡天下之可言者,皆两也,非一也。一物无不然,而况万物;万物皆然,而况其相禅之无穷者乎!①

在叶适看来,对"道"是不能抽象地讲的,必须在事物"两"的存在中来讲。无论是把握万物的存在,还是把握万物的无穷变化,都要如此。可见,不仅事物存在和变化的内在原因在于"两"("因而两之而变生焉"),而且事物的外在表现皆为"两"("凡物之形……皆两也")。道的真正完成与表现在于"两",因而必于"两"来认识和把握。如此认识和把握到的"道"即是"太极",也是"中庸"。"中庸之道"更明确地包含了"两"的存在,更清楚地表现了"道"和"太极"的特征。所以他说:

中庸者,所以济物之两而明道之一者也,为两之所能依而非两之所能在者也。水至于平而止,道至于中庸而止矣。②

所以,叶适对于存在于事物之中的"道"的认识可以归结为"中庸之道"。能成就"物之两"能表明"道之一"的,就是"中庸"。事物之阴阳、刚柔之类表现为"两"的存在必须依乎"中庸"才能存在,没有"中庸"的状态,就没有标准判断"两"的存在。而"两"一旦达到"中庸"状态,道就在那里了。这种状态就是一种诸种对立因素的平衡状态。所以叶适说:

中和之道致于我,而天地万物之理遂于彼矣……中庸之书,过是不外求矣。③

这个中和之道又并非如宋代道学的心性内返之理,而是普遍存在于天地万物之中的理。所以他说:

日月寒暑,风雨霜露,是虽远也而可以候推,此天之中庸也,候至而不应,是不诚也,艺之而必生,凿之而及泉,山岳附之、人畜附之

---

① ② 叶适:《进卷·中庸》,《水心别集》卷七,《叶适集》第3册,第732页。
③ 叶适:《礼记·中庸》,《习学记言序目》卷八,第109页。

　　而不倾也，此地之中庸也。是故天诚覆而地诚载。①

由此可见，叶适所谓"中庸之道"是指天覆地载、日月往来、寒暑相推、风雨霜露之类的自然规律，也就是"诚"的状态。若是"候至而不应"、风雨不调、寒暑错乱，那就是违反"中庸"的"不诚"的状态。所谓把握到了天地万物之理也就把握到了中和之道。所以说，叶适的"中庸之道"与陈亮"夫道岂有他物哉？喜怒哀乐爱恶得其正而已"的心性内返之"道"是有性质之别的。由此性质之别，可以看出，同是事功或功利学派，其实陈亮与程朱理学思想更近，而叶适则走得更远。

第三节　叶适功利之学的认识论："格物致知"与"内外交相成"

　　"道在物中"，"道至于中庸而止"，是叶适对于这个世界的总的看法，是其功利之学的世界观的基础。既然"道在物中"，那么要认识和把握作为"道"的"天地万物之理"，就应该从天地万物自身之中去寻求。基于此种观念，叶适对《大学》的"格物致知"提出了自己的理解，从而初步形成了自己的认识论思想。

　　程朱理学非常推崇《大学》，以其为"入德之门""为学纲目""修身治人底规模"②。《大学》的八条目有一个很明确的先后次序。《大学》对于"由正心而修身""由修身而齐家""由齐家而治国""由治国而平天下"这五条目之间相邻两条的关系作了思想上的详尽阐释，但是没有对"由格物而致知""由致知而诚意""由诚意而正心"这三条目相邻两条目之间的关系作出思想上的阐释。其中对"诚意"有论述，但未明确述及它与前后两条目之间的关系，而"格物"与"致知"两条目的思想内涵则竟付阙如。这就为后世对《大学》"格物致知"思想的解读提供了巨大的空间。其中，程朱理学对"格物致知"的理解影响最大。朱熹根据程颐的思想补上了

---

① 叶适：《进卷·中庸》，《水心别集》卷七，《叶适集》第 3 册，第 733 页。
② 黎靖德编：《朱子语类》卷一四，第 250 页。

《大学》这段有关"格物致知"思想的阙文。他说：

> 所谓致知在格物者，言欲致吾之知，在即物而穷其理也。盖人
> 心之灵莫不有知，而天下之物莫不有理，惟于理有未穷，故其知有不
> 尽也。是以《大学》始教，必使学者即凡天下之物，莫不因其已知之
> 理而益穷之，以求至乎其极。至于用力之久，而一旦豁然贯通焉，则
> 众物之表里精粗无不到，而吾心之全体大用无不明矣。此谓物格，
> 此谓知之至也。①

这段话对于程朱理学非常重要，是以"即物穷理"来解释"格物致知"，它
包含了程朱理学之为程朱理学在认识论上的根源。也就是说，程朱理学
的思想内容与特点都可以从这里找到其认识论上的根据。朱熹在这里
承认了人有认识能力，事物有可以被人认知之理，并且人可以通过穷尽
天下万物所有的理来穷尽对于这个世界的认识。而天下之物无穷，如何
能穷尽其理呢？朱熹认为可以通过两条途径来实现，一是由已知之理推
未知之理，二是由积累认识而至贯通。由理而理，其实就离开了"物"。
而"一旦豁然贯通"则类似于佛禅的"顿悟"了。而这两条途径之所以能
实现的根本原因，其实就在于"人心之灵"的妙用。所以，理学必然地要
走上极重"心性"的路上去，最终不免于被人视为"道德性命"的"空谈"。
于是，在具体的思想实践中，本来有着科学认知因素的"格物致知"也就
成了纯粹的道德认知，所格之"物"也便成了讲伦理道德的"事"。格"客
观知识之物理"也便成了格"伦理道德之事理"。

叶适对程朱理学这种以"即物穷理"解释"格物致知"的思想，提出了
明确的批评。他说：

> 程氏言："格物者，穷理也。"按此篇，心未正当正，意未诚当诚，
> 知未至当致，而君臣父子之道各有所止，是亦入德之门尔，未至于能
> 穷理也。若穷尽物理，矩镬不逾，天下国家之道已自无复遗蕴，安得

---

① 朱熹：《四书章句集注》，第6—7页。

意未诚、心未正、知未至者而先能之？《诗》曰："民之靡盈,谁夙知而莫成!"疑程氏之言亦非也。若以为未能穷理而求穷理,则未正之心,未诚之意,未至之知,安能求之？又非也。然所以若是者,正谓为《大学》之书者自不能明,故疑误后学尔;以此知趋诣简捷之地未能求而徒易惑也。①

在叶适看来,《大学》所讲的八条目,都还只是一个"入德之门",而没有谈到"穷理",而"穷理"必须以"格物"与"心""意"之"诚""正"以及八条目的依次实践为前提条件。所以说,"穷理"不是一蹴而就的事,需要慢慢积累。他说:"智者知之积。"②也就是肯定认识有一个积累的过程。而程朱理学也是承认认识的积累的。朱熹在《大学章句》里讲的"至于用力之久,而一旦豁然贯通焉"来自程颐的思想。程颐说:"须是今日格一件,明日又格一件,积习既多,然后脱然自有贯通处。"③同样讲究的是积累,叶适与程朱理学有何不同呢？根本性的不同在于叶适讲的是知识性的积累,而程朱理学讲的是道德理性上的积累。知识性的积累每一项都从"物"来,而道德理性上的积累却是可以脱离物而从"已知之理"来。而"已知之理"乃是"人心之灵"作用的结果。因为"心包万理,万理具于一心"④,所以,穷理,最终只要从心上下工夫就行了。对此,叶适批评道:"仁必有方,道必有等,未有一造而尽获也;一造而尽获,庄、佛氏之妄也。"⑤所谓"一造而尽获"是说理学这种只从心上下工夫以穷理的方法。即如叶适所说:"今世之学,以心起之,推而至于穷事物之理,反而至于复性命之际。"⑥在叶适看来,这种"简捷"方便之法类似于禅宗的顿悟,知识性的认识上的积累被消解于道德心性的修养之中。而如果没有对事物

---

① 叶适:《礼记·大学》,《习学记言序目》卷八,第113—114页。
② 叶适:《周易·困》,《习学记言序目》卷三,第28页。
③ 程颢、程颐:《河南程氏遗书》卷一八,《二程集》上册,第188页。
④ 黎靖德编:《朱子语类》卷九,第155页。
⑤ 叶适:《陈叔向墓志铭》,《水心文集》卷一七,《叶适集》第2册,第326页。
⑥ 叶适:《进卷·总述》,《水心别集》卷七,《叶适集》第3册,第727页。

的知识性的认识,则实际事功、功利如何能实现?

所以,叶适要特别强调知识性的学习,而这种学习要通过一点一滴的积累、上下古今全面考察和亲身实践才能实现。所以他说:"将深于学,必测之古,证之今,上该千世,旁括百家,异流殊方,如出一贯,则枝叶为轻而本根重矣。"①这种知识性的学习是要下苦工夫钻研的,是艰难的。叶适说:"今世之士,曰知学矣。夫知学未也,知学之难可也;知学之难犹未也,知学之所蔽可也。"②其实叶适批评的就是当时的理学家们只讲究心性修养上的简捷方便,而不知道知识性的学习之艰难,因而也就不能真正理解这个世界。而理解了为学之难还不够,还要理解是什么原因障蔽了知识性的学习和认识。这就需要一个"解蔽"的过程,而这个"解蔽"的过程就是解除理学之蔽的过程,从而回到"格物致知",实现"内外交相成"。

首先,叶适要求回到"格物致知"。而回到"格物致知",叶适要特别强调的是回到被理学家们忽略的"物"本身。他说:

> 人之所甚患者,以其自为物而远于物。夫物之于我,几若是之相去也,是故古之君子,以物用而不以己用……自用则伤物,伤物则己病矣,夫是谓之格物。《中庸》曰:"诚者物之终始,不诚无物。"是故君子不以须臾离物也。夫其若是则知之至者,皆物格之验也。有一不知,是吾不与物皆至也;物之至我,其缓急不相应者,吾格之不诚也。③

这就是说,要对这个世界有所认识,就片刻都不能离开物,要以我就物,就事物本身去认识事物。不就事物本身去认识,就想实现朱熹所谓的"众物之表里精粗无不到",是不可能的事。理学思路的一大弊病就在于

---

① 叶适:《宜兴县修学记》,《水心文集》卷一一,《叶适集》第1册,第195页。
② 叶适:《赠薛子长》,《水心文集》卷二九,《叶适集》第2册,第608页。
③ 叶适:《进卷·大学》,《水心别集》卷七,《叶适集》第3册,第731页。

"远于物"。认识要与事物本身的情形相符（"验"），认识不到位就是因为与事物本身的情形"不相应"。所以，一切都要以事物本身为转移。圣贤也正是因为认识到了这一点，才能做到"不恃其力之足以致物，而忧其心之未能通物"①。

其次，认识需要"内外交相成"。对于认识的实现而言，上文所言"格物致知"强调的是"物"，即从认识对象的角度来说的，而认识的实现还要从认识主体之认识能力的角度来看。叶适所谓"内外交相成"正是从这个角度来说的，是把认识能力分为了内外两种。他在评论《孟子》"心之官则思"时，提出了这一思想。

> 按《洪范》，耳目之官不思而为聪明，自外入以成其内也；思曰睿，自内出以成其外也。故聪入作哲，明入作谋，睿出作圣，貌言亦自内出而成于外。古人未有不内外交相成而至于圣贤，故尧舜皆备诸德，而以聪明为首。②

"耳目之官"是外在的认识器官，"心之官"是内在的认识器官。"耳目之官"的认识能力是"聪明"，"心之官"的认识能力是"思考"。叶适的这一思想已经有了感性认识与理性认识之别的意识。他说：

> 夫欲折衷天下之义理，必尽考详天下之事物而后不谬。③
>
> 观众器者为良匠，观众方者为良医，尽观而后自为之，故无泥古之失、而有合道之功。④

"考详天下之事物"需要具体而细致的观察，主要是通过耳目之官的作用形成感性认识；"折衷天下之义理"需要抽象概括的思考，主要是通过心之官的作用形成理性认识。"观众器""观众方"之"观"是耳目之官的作

---

① 叶适：《进卷·傅说》，《水心别集》卷八，《叶适集》第 3 册，第 734 页。
② 叶适：《孟子》，《习学记言序目》卷一四，第 207 页。
③ 叶适：《题姚令威西溪集》，《水心文集》卷二九，《叶适集》第 2 册，第 614 页。
④ 叶适：《外稿·法度总论一》，《水心别集》卷一二，《叶适集》第 3 册，第 787 页。

用,"尽观而后自为之"则需要自己"心之官"的思考概括形成自己的理解才不会泥古。可见,叶适已经模糊地产生了由感性认识上升到理性认识的思想,不过尚不十分明确。因为他尤重由耳目之官得来的感性认识,要以之为"首",并不强调两者之间有一个"上升"的过程。因为一旦强调这个上升的过程,那么感性认识就会从属于理性认识,而有可能弱化感性认识的作用,为理学"专以心性为宗主"①的思路张本。所以,叶适强调的是内外两种认识能力是平行的,而且"内外"要"交相成",相互依赖,不能独立形成认识。在外者要"入以成其内",在内者要"出以成于外"。也就是说,在内的心之官的思考需要在外耳目之官的观察来成全,其实就是理性认识需要感性认识提供思考的材料;在外的耳目之官的观察需要在内的心之官的思考来成全,其实就是感性认识需要理性认识的促成。在这里,理性认识不是对感性认识的提升,而是形成感性认识的一个条件。两者可以有首次、先后的关系,但没有上下提升的关系。也就是可以以感性认识为首为先,以理性认识为次为后。在认识能力上以外在的耳目之官的认识为首,正是叶适对"格物致知"重外在客观之"物"思想的贯彻。所以,叶适认为:"致知格物在心、意之先,为大学之要。"②

叶适的"内外交相成"思想是针对认识能力提出来的,即是将人的认识能力分为内外两种,目的在于强调从事物本身的情形来认识事物。但他同时又从另一种角度阐发了认识上要发挥人的主观能动性的思想,即以人的整个包含内外的认识能力为内,而以"物"为外。这又是"内外交相成"的一种内涵。他说:

> 今日存亡之势,在外而不在内;而今日堤防之策,乃在内而不在外。③

---

① 叶适:《孟子》,《习学记言序目》卷一四,第 207 页。
② 叶适:《进卷·大学》,《水心别集》卷七,《叶适集》第 3 册,第 731 页。
③ 叶适:《唐书六》,《习学记言序目》卷四三,第 634 页。

> 时自我为之,则不可以有所待也;机自我发之,则不可以有所乘
> 也。不为、则无时矣,何待? 不发、则无机矣,何乘?①

"存亡之势"即事物本身的客观情形,"堤防之策"则是人提出解决问题的主观方案。而方案的形成要经过以耳目之官的认识为先导的内外两种认识能力的作用。虽然存亡之势"在外不在内",堤防之策"在内不在外",但堤防之策的形成要以对存亡之势的认识为首要前提。而一旦形成此策,就应该积极实施,而不能消极等待。所谓"自我为之""自我发之",强调的正是这样一种积极行动的主观能动性。行动是发于外的,但积极从事则需要内在的动力。所以,不仅是内在的认识要发挥人的主观能动性,而且外在的行动亦是如此。这样一种思想不但在当时矫理学欲"安坐感动"天下之弊,而且极大地影响了明清之际重习行的实学思潮。

第四节　叶适功利之学的实学内涵:务实不务虚

宋代理学家们特别推崇董仲舒"正其谊不谋其利,明其道不计其功"(《汉书·董仲舒传》)的观点,叶适对此却颇不以为然。他说:

> "仁人正谊不谋利,明道不计功",此语初看极好,细看全疏阔。古人以利与人而不自居其功,故道义光明。后世儒者行仲舒之论,既无功利,则道义者乃无用之虚语尔。②

董仲舒之论突显了四个方面的内容:道义、功利、动机、效果。所谓"正""明",所谓"谋""计",都属于内心的思虑,所以是动机。功利,也就是效果。董仲舒的意思是人的心思和动机不要放在获取功利和达致效果上,而要放在是否正大光明地彰显了道义。只要守住道义就行,可以不计效果。尽管不计效果属于动机,未必表示没有现实效果,但是由于毕竟不重视现实效果,无心于现实功利,并且明确把现实功利置于道义

---

① 叶适:《外稾·息虚论二》,《水心别集》卷一〇,《叶适集》第 3 册,第 766 页。
② 叶适:《汉书三》,《习学记言序目》卷二三,第 324 页。

之下,也就不可避免地在后世导致贬抑功利的思想和行为。这是自孔子提出"君子喻于义,小人喻于利"以来的"重义轻利"的传统。"重义轻利"是传统儒家在义利关系这一问题上的基本价值取向,它并不是一般地否定利的合理性,而是在义利发生冲突的时候,要求人们分清孰重孰轻,孰先孰后,坚持以义为先、为重。这种思想本身是不否定利的,只是要求"见利思义"。即在"利"的面前要首先考虑其取舍是否符合"义"。正如孔子所谓"义然后取,人不厌其取"(《论语·宪问》),"不义而富且贵,于我如浮云"(《论语·述而》)。从社会、国家的层面看,先秦儒家主张利民、富民,可见是相当重视公利的。所以义利之辨,不仅仅表现为个人的道德修养,也是社会政治经济问题。但是,由于后儒片面强调个人道德修养意义上的义利关系,以及在义利关系上片面强调义,甚至把义利对立起来,所以不可避免地助长了蹈虚不实、不务事功乃至遏制合理利益和欲望的流弊。

在叶适看来,理学片面强调道德性命之学,对于国家社会而言正有此弊。他反对把义利对立起来,主张"以利与人而不自居其功"①,实现社会公利就是道义,而且若无此社会公利,道义也就是一句空话。也就是说,道义不是通过个人的道德修养而是要通过社会公利来实现的,个人的道德修养也要表现在能否带来社会公利上。

因而,叶适主张"务实而不务虚,择福而不择祸""课功计效,一事一物,皆归大原"。② 使其功利之学明确表现出一种实学的内涵。也就是说,叶适的功利之学并没有停留在理论上的讲求事功,而是必须为国家和社会带来实际的利益。上文所论叶适的世界观,即以"物"为本的"物之所在,道则在焉"的道物观,归于阴阳平衡之自然规律的"中庸之道",以及"格物致知""内外交相成"的认识论思想,这些理论上的主张,最终都要落实到带来社会公利,办成实际事务,如此才能使事物归本大原,实

---

① 叶适:《汉书三》,《习学记言序目》卷二三,第 324 页。
② 叶适:《历代名臣奏议》,《水心文集》补遗,《叶适集》第 2 册,第 617 页。

现其存在的价值。因而,叶适思想中的这重"实学"内涵,正是其功利之学在理论上的完成。叶适对实学的讲求具体表现在社会政治、经济、军事和外交等方方面面。

在政治方面,叶适首先大倡君德,次则大谈人君当把握天下大势与国本,并论及君臣关系、君民关系等。叶适认为:"人君必以其道服天下,而不以名位临天下。"①若是不以道服天下,而只以名位临天下、威服天下,则不能"服天下之心",臣民都只是迫于其名威而不敢抗争。那么,人君当以何道服天下?"人主之实德见于天下,而天下服矣。"②人主之实德就是"容受掩覆,大度不疑,有以深结其臣民之心"③。人君一定要确信并充实自己的这种实德并施之于天下,而不要以"近功浅利"④动心。人君具备实德之后,要把握天下大势。若是不能把握这种大势,就不可治理好天下。而把握"天下之势"的关键在于认识到"天下之势在己而不在物",如果做到了使天下之势在己而不在物,则"天下之事惟其所为而莫或制其后"⑤。使天下之势"在己而不在物"并非指人君可以主观任意地作为,而是指通过认识时势以合乎时势来作为,所以他说:"故夫势者,天下之至神也,合则治,离则乱。"⑥把握了天下大势,使天下大势在己,然后还要具体落实到如何治国。叶适认为首先要认识到立国之本是什么。他认为,国之本不在于"民""重民力""厚民生""惜民财"之类,而在于"礼臣""恤刑",实现"不以刑法御臣下而与臣下共守法"⑦,从而使民"自爱而畏法"⑧。也就是说立国之本首先在于改善君臣关系,即协调和稳定统治集团内部的关系,然后才能协调君民关系。叶适并非不重视"民",他也

---

① 叶适:《进卷·君德一》,《水心别集》卷一,《叶适集》第3册,第633页。
② 同上书,第634页。
③ 叶适:《进卷·君德二》,《水心别集》卷一,《叶适集》第3册,第635页。
④ 叶适:《进卷·君德一》,《水心别集》卷一,《叶适集》第3册,第633页。
⑤ 叶适:《进卷·治势上》,《水心别集》卷一,《叶适集》第3册,第637页。
⑥ 同上书,第639页。
⑦ 叶适:《进卷·国本中》,《水心别集》卷二,《叶适集》第3册,第648页。
⑧ 叶适:《进卷·国本下》,《水心别集》卷二,《叶适集》第3册,第650页。

主张君民一体，主张治国要得民，要与民为善，但仅仅停留在这一层面是抽象的，应该具体化，应该找到其中间环节以实现之。这个中间环节就是君臣关系，于是君臣关系就成了处理君民关系的前提条件。

在经济方面，叶适认识到"财用"是当时一件大事，一定要认真研究古今财用之本末，然后才能施用于政事上。通过对历代财赋制度的考察，他发现"古者财愈少而愈治，今者财愈多而愈不治；古者财愈少而有余，今者财愈多而愈不足"①。所以，他认为："夫财之多少有无，非古人为国之所患。"②真正善于治国者，乃只"计治道之兴废而不计财用之多少"③，而当时的统治者乃以为最大的问题是财用不足，于是就有许多以征利和聚敛财富为目的的制度和措施。叶适认为，"聚敛"和"理财"是有性质之别的，他说："理财与聚敛异，今之言理财者，聚敛而已矣。"④他强烈反对当时"取诸民而供上用"⑤的与民争利的"聚敛"行为，认为真正的理财要以仁义之心来进行，使财贷畅通，扩大社会再生产，增加社会财富，使民富国强。可见，叶适的功利之学虽然反对董仲舒"正谊不谋利，明道不计功"的思想，但他并非反对道义只讲功利。他是主张在社会和国家治理层面实现道义与功利的结合，社会公利即是道义所在，由此使得正义谋利、明道计功两不冲突，从而推动社会的进步和发展。

在军事和外交方面，叶适是主张抗金、反对议和的，认为议和就会陷入政治是非的泥淖中，使得国家不振、民心不畅，最终导致民族、国家灭亡。叶适主张通过用兵来完成恢复中原的大业。为了实现大业，叶适对兵制改革和军事战略问题作了深入的研究。叶适首先考察了当时的军政情形，揭示了其中的腐败。他说："养兵以自困，多兵以自祸，不用兵以自败，未有甚于本朝者也。"⑥兵多且弱，无战斗力，养兵成为南宋财政困

---

① ③ 叶适：《外稿·财总论二》，《水心别集》卷一一，《叶适集》第 3 册，第 773 页。

② 叶适：《外稿·财总论一》，《水心别集》卷一一，《叶适集》第 3 册，第 770 页。

④ 叶适：《进卷·财计上》，《水心别集》卷二，《叶适集》第 3 册，第 657 页。

⑤ 同上书，第 657—658 页。

⑥ 叶适：《外稿·兵总论二》，《水心别集》卷一一，《叶适集》第 3 册，第 782 页。

难的重要原因之一。所以,他主张改革兵制。首先要改变的是单纯的募兵制及一律由国家财政供应给养的制度,然后"由募还农"①,改以税养兵为以田养兵,精兵以强兵,从而从根本上减轻以国家财政养兵的负担。在军事战略思想方面,他主张作全面和长远的谋画,通过总结历史经验和研究现实形势,以定进取与防守之策。在这方面,叶适提出了不少切合实际的具体策略和办法,并且颇见成效。"他对军事问题的研究是相当深入的,他所提出的兵制改革的方案和军事战略思想,是相当完备并且大部是切合实际的,可以说,这是叶适思想中最精彩的一部分。"②

从以上各方面的思想主张来看,叶适颇重视通过总结历史经验教训和考察现实情形,以提出具体可行的施政方案,但又并非急功近利,而总是以宏阔的视野和胸怀以实现长远的目标。更为重要的是,他明确反对"近功浅利",而是置道义于首要位置,进而把道义与长远的功利效果以及社会公利统一起来。

因为叶适之学大谈功利和实效,强调结合耳目之官和心之官内外两种认识能力,从物本身去认识和把握道,重视自然的中庸之道,要求解决实际问题,反对空谈,所以颇为理学所排斥。朱熹就认为陈亮叶适的事功之学和功利之学"大不成学问"③。实际上,从叶适重视人君实德,仍把道义置于首位等思想主张来看,其学与理学在根本上并无冲突。他只不过是反对"专以心性为宗主",而主张把入德落于实处,把解决社会现实问题落于实处以实现道义。所以,他的观点与陈亮的事功之学一样都可以视为儒学自身的发展和对理学的纠偏。但是,由于叶适的功利之学在解决现实问题和获取功利方面比陈亮更加具体、精细和深入,所以,他能比较少地受理学形上思想的纠缠而能更好地补理学玄虚之弊,并对明清之际的实学思潮产生重大影响。

---

① 叶适:《唐书二》,《习学记言序目》卷三九,第 586 页。
② 张义德:《叶适评传》,第 218 页,南京,南京大学出版社,1994。
③ 黎靖德编:《朱子语类》卷一二二,第 2957 页。

第二十四章　杨简的心学

杨简(1141—1226),字敬仲,慈溪(今浙江省宁波市西北)人,晚年筑室于德润湖(慈湖)上,世称"慈湖先生"。杨简从小就受到比较严格的庭训,他的父亲杨庭显(1107—1188)不仅因德行闻名于乡里,且与陆九渊(1139—1193)相交善。此外,杨庭显兼好佛禅之学。这些对杨简思想的形成产生了十分重要的影响。南宋乾道五年(1169),杨简进士及第,初调富阳县主簿,时陆九渊过富阳,杨简受其指点,遂有"扇讼之悟",并归附象山之学。虽然陆九渊仅年长杨简两岁,但后者仍向前者执定师生礼。他们师徒的这段交往,成为心学史上乃至宋明理学史上的重要事件。杨简一生为官有方,但仕途不显,最终"寻以宝谟阁学士、太中大夫致仕,卒,赠正奉大夫"[①]。

随着"庆元党禁"(1195)的发生,杨简因支持赵汝愚(1140—1196)而被罢黜,从此之后,他"家食者十四年"(《慈湖遗书》卷一八),再也没有实质性的从政经历。赋闲的日子里,杨简在思想上创作颇丰。据《宋史》记述,他一生著有《甲稿》《乙稿》《冠记》《昏记》《丧礼家记》《家祭记》《释菜礼记》《石鱼家记》,又有《己易》《启蔽》等,现存主要整理著述有《慈湖遗

---

①《宋史·杨简传》卷四〇七,第12292页。

书》《先圣大训》《慈湖诗传》《杨氏易传》《五诰解》等。杨简秉承和发挥其师陆九渊"六经皆我注脚"的学问精神,对于四书、五经大都有自己的一套阐释。就根本而言,杨简的心学思想主要展现为一系列"觉悟"的历程,并以"觉"和"不起意"为本体—工夫论系统,最终贯穿和落实于他所肯认的仁学思想之中。

在正式讨论杨简的以"觉"和"觉悟"为核心的心学思想之前,我们有必要对"觉"和"觉悟"做一点简要交代。"觉"的观念最初出现在《孟子》中:"天之生此民也,使先知觉后知,使先觉觉后觉也。"(《孟子·万章上》)赵岐注释道:"觉,悟也。"许慎在《说文解字》中说:"觉,寤也。从见,学省声。一曰发也。"寤即从睡梦中醒来之意,所谓"使先觉觉后觉",就是使人民都有关于尧舜之道的觉悟,能认识到尧舜之道。"悟"的说法最早在《尚书》中就已经出现:"今天降疾,殆弗兴弗悟。"(《尚书·顾命》)这里的"悟"通"寤",指成王身患重病,不能起、卧。后来,由于"觉""悟"二词在表达观念上的一致性,二者往往互相训释,并且构成同义复合词。

"觉悟"一词最早在《荀子》和《韩非子》等篇目中就可以找到,其基本含义无非指"醒悟""明白",从而引申为对道的认识和体认。张岱年先生就曾指出,在中国古代哲学中,所谓觉和悟,都是说对于"道"有比较明确的认识。儒家、道家都有讲"闻道",觉悟即"闻道"。用现代的语言来说,就是达于对真理的认识。[①] 张先生可谓揭示出"觉"在中国古典思想中的真义,然而他并没有细致区分"觉"和"悟"的内在差别。随着汉语字词义的发展和稳定,"觉"基本有两层含义:一方面指感官的认知(认识),即"感觉""知觉"等;另一方面指心灵内在的认知(认识),即"觉悟""感悟"等。"觉"的两种意涵是互有关联的,心灵的感知、认知和醒悟往往始于或发于外在的感觉、感触。中国化的佛教即禅宗用"本觉""觉悟"来指众生先天具有的智慧,即人人皆可成佛,使得"觉"成为一种普遍的可能性

---

① 参见张岱年:《说觉悟》,《中国青年政治学院学报》1991 年第 1 期,第 31—32 页。

即修养目标。杨简就是在这种思想背景之下，以"觉"和"觉悟"来创造性地阐发和展现其心学思想。

第一节　杨简的觉悟历程

一、"循理斋之悟"

《慈湖先生年谱》辑录了乾道四年(1168)杨简生平第一次觉悟，彼时他二十八岁，正适"太学时期"。后来杨简回忆道：

> 某之行年二十有八也，居大(太)学之循理斋。时首秋，入夜，斋仆以灯至。某坐于床，思先大夫尝有训曰"时复反观"。某方反观，忽觉空洞无内外、无际畔，三才、万物、万化、万事、幽明、有无，通为一体，略无缝罅。[①]

杨简体验到心体无内外、无际畔，三才、万物、万事、幽明、有无等通为一体，这种"万物一体"的体验与孟子"万物皆备于我"、陆九渊"宇宙内事乃己分内事，己分内事乃宇宙内事"的表述极为相似。相较而言，杨简的体验更倾向于泯灭和消除一切物与事的差别，并由之所达到的精神状态。"循理斋之悟"基本上是受乃父"或自觉，则见本心"思想的诱发而成。对于"则见本心"的"本心"为何，对于从"事即道"的"事"中如何证得"道"，对杨简而言，都需要更进一步的省思。

二、"三十有一而又觉"

乾道五年(1169)，杨简举进士，授富阳县主薄，此时陆九渊还未进士及第，因此可判定"三十有一而又觉"亦发生于师事陆九渊之前，然而，不能借此就认定杨简全然未闻象山之学。杨简除了有可能从乃父杨庭显处得知陆九渊及其学问之外，太学时期还曾与陆九渊之兄陆九龄

[①] 杨简：《炳讲师求训》，《慈湖遗书》卷一八，《景印文渊阁四库全书》第1156册，第898页。

(1132—1180)有短暂的交往(《慈湖先生年谱》卷一)。杨简自述:

> 某二十有八而觉,三十有一而又觉,觉此心清明虚明,断断乎无过失。过失皆起乎意,不动乎意,澄然虚明,过失何从而有?某深信此心之自清明,自无所不通,断断乎无俟乎![①]

这一"又觉"紧承"循理斋之悟"而来,杨简"觉此心清明虚明",似乎是他对"此心"即吾人既有之道德本心为何的扣辩所得。他用"清明虚明"来指涉"此心","清明"指"此心"清清澈澈地存有的本然面目,"虚明"则指倘无过失时"此心"空灵的状态。这可能就是杨简对本心在存有论上和境界论上交融性的体认和表述,但他并没有作出更一步的说明。"三十有一而又觉"其实更主要的是觉悟到"此心"对"过失"和"意"的超拔,这种对"过失"和"意"的超拔当然可能导致连此心的当下性、现实性也一并超脱。如此,杨简的思想形态中就呈现出切近佛禅之学的倾向,而非儒家立于当世、落在现实的思想志趣。

三、"扇讼之悟"

在有关杨简的觉悟的文献记载中,"扇讼之悟"无疑是焦点。对杨简心学的形成来说,"扇讼之悟"最受人关注也最为关键,是心学史上最为著名的公案之一。陆九渊于乾道八年(1172)进士及第,时杨简始从其游。"扇讼之悟"即发生于这一时期。关于这次事件,有两则重要材料,一个是《陆九渊集》的记述,一个是杨简弟子的载述,且将它们录出:

> 杨敬仲问:"如何是本心?"先生曰:"恻隐,仁之端也;羞恶,义之端也;辞让,礼之端也;是非,智之端也。此即是本心。"对曰:"简儿时已晓得,毕竟如何是本心?"凡数问,先生终不易其说,敬仲亦未省。偶有鬻扇者讼于庭,敬仲断其曲直讫,又问如初。先生曰:"闻适来断扇讼,是者知其是,非者知其非,此即敬仲本心。"敬仲忽大

---

① 杨简:《永嘉郡治更堂亭名》,《慈湖遗书》卷二,《景印文渊阁四库全书》第1156册,第620页。

觉,始北面纳弟子礼。①

陆文安公新第归来富阳,长先生二岁,素相呼以字为交友。留斗月,将别去,则念天地间无疑者。平时愿一见,莫可得,遂语离乎。复留之,夜集双明阁上,数提本心二字,因从容问曰:"何谓本心?"适平旦,尝听扇讼,公即扬声答曰:"且彼扇讼者,必有一是有一非,若见得孰是孰非,即决定谓某甲是某乙非矣! 非本心而何?"先生闻之,忽觉此心澄然清明,亟问曰:"止如斯耶?"公竦然端厉,复扬声曰:"更何有也?"先生不暇他语,即揖而归。拱达旦质明,正北面而拜,终身师事焉。②

杨简虽然已"觉此心清明虚明",在此基础之上"改过"却仍有"旧习未易释"的感受,故产生更深的困惑。又,虽然"不动乎意,过失何处而有",但是"旧习"显然不等于"过失":前者侧重的是"此心"在障蔽状态下个人方面或群体方面的经验积累,它表现为时间上的凝固状态。在杨简看来,"动乎意始有过",只需对未发之际的"意"进行惩治,就可保证"此心澄然清明",因为"意"是"过失"之所以造成的本根或逻辑起点。

对于"意",杨简基本有两种说法:其一,"然则心与意奚辨? 是二者未始不一,蔽者自不一,一则为心,二则为意,直则为心,阻则为意"③。在杨简看来,心与意本是"未始不一"的,当"蔽者"蒙蔽、障蔽本心时,心、意分而为二。其二,"凡动乎意皆害道"④。此时的"意"主要指涉"意虑""邪念"等,或相当于杨简所说的"过失"。不难推知,慈湖在觉悟状态下所谓的"意"大体指"心与意为一"层次上的"意",即将"意"收摄于心体,使心所发之意纯然无害。但如我们所指出的,杨简这次的困惑在于如何"改过",本心何以使其所发之意无过。可见,杨简与陆九渊在往复讨论时似

① 陆九渊:《年谱》,《陆九渊集》卷三六,第 487 页。
② 杨简:《宝谟阁学士正奉大夫慈湖先生行状》,《慈湖遗书》附录,《景印文渊阁四库全书》第 1156 册,第 928 页。
③ 杨简:《绝四记》,《慈湖遗书》卷三,《景印文渊阁四库全书》第 1156 册,第 638 页。
④ 杨简:《咏春堂记》,《慈湖遗书》卷二,《景印文渊阁四库全书》第 1156 册,第 613 页。

乎并没有处于同一问题焦点之上。

不论如何，"扇讼"事件的确是促成"扇讼之悟"的必要条件，对于这类的顿悟事件，牟宗三先生说："其实顿悟亦并无若何神秘可言，只是相应道德本性，直下使吾人纯道德的心体毫无隐曲杂染地（无条件地）全部朗现，以引生道德行为之'纯亦不已'耳，所谓'沛然莫之能御'也。'直下使'云云即是顿悟也。"①唐君毅先生也认为，陆九渊的"随机指点"，究其实质是要杨简"乃要在人直下提升其精神，以会得'宇宙即吾心'之一整全之意，而自其所溺者拔起，更奋发直立，乃为强度的说，凝聚的说，总摄的说者"②。撮其要而言，唐先生的侧重点在于杨简与陆九渊对"心性"合"天道"的继承与二者修养工夫的区别，如果说陆九渊的警策是要杨简"以会得'宇宙即吾心'之一整全之意"，那么以杨简的问题意识来说，"改过"或"旧习"当如何"会得"，在"此心即道"中彻底去除"意虑""私意"岂不更为简便和彻底。从这个视域看，杨简之悟可能更多地与乃父之教亦即与佛禅的修习有关，而非得自于陆九渊短暂的"随机指点"，或者说，杨简把乃师的"当机指点"当作一次佛禅修习的经历了，因为对他而言，佛家的禅定工夫和修习路数无疑在解决"改过"和"旧习"的问题上更为直接、更具效力，也更容易契入。

四、"山谷夜坐之悟"

"山谷夜坐之悟"是"扇讼之悟"的继续，杨简自述：

> 后因承象山陆先生扇讼是非之答，而又觉某澄然清明，安得有过？动乎意始有过。自此虽有改过之效，而又起此心与外物为二见。一日，因观外书有未解而心动，又观而又动，愈观愈动；掩书夜寝，心愈窘，终不寐。度至丁夜，忽有如黑幕自上而下，而所谓窘者

---

① 牟宗三：《心体与性体》中，第 196 页。
② 唐君毅：《中国哲学原论·原性篇》，第 428 页，香港，新亚书院研究所，1995。

扫迹绝影，流汗沾濡，泰然，旦而瘳，视外物无二见矣。①

这则材料表明杨简似乎并未因陆九渊的"本心之教"于"此心"就全然无疑虑，完全"信得及"。杨简回顾"扇讼之悟"，其体会是"虽有改过之效，而又起此心与外物为二见"，不满之情溢于言表。关于"山谷夜坐之悟"，杨简的弟子钱时（1175—1244）交代了具体时间、地点及事件的主要情况：

> 八年秋，七月也，已而讼檄，宿山谷间，观故书犹疑，终夜坐不能寐。天曈曈欲晓，忽洒然如物脱去，乃益明。②

杨简对"扇讼之悟"不满，不得已重新诉诸"故书"，即异教之书，足见佛禅之学对其影响之深。显然，他依照"本心之教"这一权法来"改过"，且取得一定的效果，但是因为外物无关涉"此心"，"改过"无非具体经验项的累积，与其所证得的"天地万物无非一体，非吾心外事"相悖，所以又不得其解。

不能否认的是，这与杨简家学和佛禅之学存在密切联系有关，陆九渊曾言：

> 自谓不逮乃翁远甚，恨其未闻余言。后简自以告公，公果大然之，于是尽焚所藏异教之书。③

杨简夜观佛家典籍，可知其家中"所藏异教之书"或并未"尽焚"，他所"犹疑"所求解之事在于"而又起此心与外物为二"，也就是说，他的"学问头脑"乃在于心性的本体论与工夫论的融合。

杨简对儒家之道虽有自觉皈依意识，如他有诗云：

> 儒风一变至于道，此是尧夫未识儒。除却儒风如更有，将驴骑了复求驴。④

---

① 杨简：《家记五》，《慈湖遗书》卷一一，《景印文渊阁四库全书》第1156册，第817—818页。
② 杨简：《宝谟阁学士正奉大夫慈湖先生行状》，《慈湖遗书》附录，《景印文渊阁四库全书》第1156册，第928页。
③ 陆九渊：《墓志铭》，《陆九渊集》卷二八，第326页。
④ 杨简：《偶作》，《慈湖遗书》卷六，《景印文渊阁四库全书》第1156册，第673页。

然而他不仅观佛书，并且还以佛譬喻"此心"，如其谓：

> 孔子曰"心之精神是谓圣"，即达摩谓从上诸佛，惟以心传心，即从心是佛，除此心外更无别佛。①

佛徒"即从心是佛，除此心外更无别佛"，向往儒道之人亦莫不如此：倘若在儒道中正求得道了，还要更外别求，便是"除却儒风如更有，将驴骑了复求驴"。

或许因为家学之禅学色彩浓厚且杨简又常往来于佛典而不自觉，故而朱熹批评说：

> 陆子静、杨敬仲自是十分好人，只似患净洁病底；又论说道理，恰似闽中贩私盐底，下面是私盐，上面以鲞鱼盖之，使人不觉，盖谓其本是禅学，却以吾儒说话遮掩。②

牟宗三先生认为：

> 当吾人一旦归于朴实之途，进一步想把这"本心即理"之本心如如地呈现之，则不起一毫作意与执着之时，这便有禅之风格之出现。实事实理之如如地呈现，即自然地流行（所谓天理流行），即涵蕴着这种风格之必然地可出现。此即禅家所谓"无心是道"是也。此"无心是道"之无心是作用义的无心，不是存有义的无心。此作用义之无心既可通于道家之玄智，亦可通于佛家之般若与禅。③

"作用义的无心"即是一权法即禅之风格而已，并非真是禅家。杨简大概就是"作用义的无心"之典型代表。

五、"居丧之悟"

淳熙元年（1174），杨简之母臧氏去世，他在丁忧期间有一次觉悟：

---

① 杨简：《炳讲师求训》，《慈湖遗书》卷一八，《景印文渊阁四库全书》第 1156 册，第 898 页。
② 黎靖德编：《朱子语类》卷一二四，第 2978 页。
③ 牟宗三：《从陆象山到刘蕺山》，第 14 页，台北，台湾学生书局，1984。

> 淳熙元年春，丧妣氏，去官，居恶室，哀毁尽礼后，营圹车厩，更觉日用酬应未能无碍，沉思屡日，偶一事相提触，亟起旋草庐中，始大悟变化云为之旨，纵横交错万变，虚明不动，如鉴中象矣。学不疑不进，既屡空屡疑，于是乎大进。[①]

杨简特别看重这次"居丧之悟"，之所以说"学不疑不进，既屡空屡疑，于是乎大进"，似乎是因为他体认到了"寂然不动"之心。孟子有著名的"不动心"之说。孟子所言"不动心"乃指心能不受外在物欲的诱惑，即心不会妄动，通过"知言养气"（《孟子·公孙丑上》）、"尽心知性"（《孟子·尽心上》）等工夫即可顺适而成。杨简的"寂然不动"之心是他"少读《易大传》"深埋下的祈愿，在其觉悟体验之下的实现，主要表现为一种心学工夫境界即类似于禅宗所谓的万物及其变幻不过是"鉴中象"，于念中不起念。也就是说，杨简所谓的"寂然不动"之心不同于孟子所谓的"不动心"。

杨简在慈母丧时，其孝悌之心应然自发，以致他自己"不自知"，而这种仁心孝心的发用流行状态就是"无思无为""变化云为""交错万变"。"无思无为"的工夫境界并不是也不可能是消灭思虑（从他对其母的追思就可以看到），而是使思虑成为仁心本心的自然发用。由此见出，杨简在肯认本心"虚明不动"的同时，亦强调了"交错万变"的"动"的工夫。

六、"圣训之悟"

关于"圣训之悟"，还看杨简的说法：

> 予自三十有二微觉已后，正堕斯病。后十余年，念年迈而德不加进，殊为大害。偶得古圣遗训，谓学道之初，系心一致，久而精纯，思为自泯。予始敢观省，果觉微进，后又于梦中获古圣面训，谓简未离意象。觉而益通，纵所思为，全体全妙。其改过也，不动而自泯，

[①] 杨简：《宝谟阁学士正奉大夫慈湖先生行状》，《慈湖遗书》附录，《景印文渊阁四库全书》第1156册，第928页。

泯然无际，不可以动静言。①

杨简把自己三十二岁从陆九渊"本心之教"而发的"扇讼之悟"看作是"微觉"，可见其评价不高，这并不仅仅是自谦，更可能是对自己实在有所不满。"扇讼之悟"后的十余年，恰是杨简正式归入陆九渊之门，同陆九渊等人有所交往的时期，他把这一段的学问归结为"正堕斯病""德不加进"，不快之意跃然纸上。究其根源，或许在于杨简自身觉悟的"吾心即道"与陆九渊所主的本心之学没有完全相契，退一步说，至少与杨简惯于运用禅定的方式来修养心性之学有关。杨简这次并没有再次诉诸"故书"（或"外书"，即佛门典籍），而是返回到"古圣遗训"之中，"圣训之悟"也就由此而发。"圣训之悟"的具体时间较难确定，根据"后十余年"的说法以及杨简的经历来看，应该可以断定是在他知乐平（1192—1194）之后。关于"圣训之悟"，杨简还曾描述：

> 一日内明忽开，方悟吾性本与圣贤同，殊不相远。"心之精神是谓圣"，乃孔子所以告子思，此可谓圣人至言。②

这一则材料对前一则材料有所补充，可见"圣训之悟"所谓的"圣"即孔子，"圣训"即"心之精神是谓圣"。"心之精神是谓圣"一语出自《孔丛子》，杨简对此书的真实性是持怀疑态度的，唯独对"心之精神是谓圣"一句不辞笔墨、百般辩解，除了该句着实深得杨简心意这一缘由之外，我们实在找不出更合适的解释。杨简的这些做法让他遭受到当时以及后来学者的诟病，但他本人却"自以为是"。站在研究者的角度看，可能是杨简终于找到了印证自己觉悟的经典依据（即"先圣遗训"）的缘故，对已经失去乃父和先师的杨简而言，没有什么比"圣人之言"更能得到他的竭力拥护和诚心阐扬的了。

"圣训之悟"是杨简"自三十有二微觉已后"十余年里始终"用其力"

---

① 杨简：《家记九·泛论学》，《慈湖遗书》卷一五，《景印文渊阁四库全书》第1156册，第846页。
② 杨简：《论〈论语〉上》，《慈湖遗书》卷一〇，《景印文渊阁四库全书》第1156册，第794页。

所得,由于"用其力"甚笃,竟于梦中再获"古圣面训"的肯认与指点。先圣的肯认表现为"谓学道之初,系心一致,久而精纯,思为自泯",这是对杨简心即道的肯认;先圣的指点表现为"谓简未离意象",即在圣道与心体为一体之下改过,脱离"意象"的桎梏,达至"即本体以为工夫"的境地。所谓"意象",与"动乎意"相一致,都是"意"活动的表现。古圣先训启悟杨简"此心澄然清明"也只是一种"意象",切勿因微觉到"此心澄然清明"而产生"昏蔽",表明杨简惩治"意"的工夫的严密性。"不动而自泯,泯然无际"是指"改过"作为"心体"的践履工夫并无损于"心体",如此"心体"才不至于有所欠陷;若"改过"的工夫一遇"过"即动,未见"过"即静即废弃,这是消极地做,则"改过"终是缺乏稳定无可赖依的,所以说,"不可以动静言"。

质言之,"圣训之悟"是在"偶得古圣遗训"的机缘之下、由杨简一贯的问题意识即"未离意象"和其特具的心学觉悟工夫之下所共同促成的觉悟。在杨简以圣人之语再一次确证其心学内涵的过程中,圣训文本真伪问题已经不在他的视域之内了,这也是他秉承"六经皆我注脚"的生动体现。

第二节　杨简论"觉"

正如思想史所呈现的,人们开始注意到杨简,往往是以之为陆九渊的附带。当进入到对杨简的注意或考察之后,其"觉悟"又最先为人所知,故他很容易被认定为禅。如钱穆就指出,"简之后学又张扬师说,谓其师尝大悟几十,小悟几十,真俨然成了禅宗一祖师"[①]。第一代新儒家,如熊十力、马一浮和梁漱溟,也注意到杨简受佛禅的影响,却不认为他是禅。[②] 暂且不论杨简到底是儒还是禅,有一点是事先必须要探究的,即杨简的"觉悟"是否仅是一种"神秘体验"。如果不是,他这种以"觉悟"为显

---

① 钱穆:《宋明理学概述》,《钱宾四先生全集》第9册,第219页,台北,联经出版事业股份有限公司,1993。

② 参见熊十力:《十力语要初续》,第241页,上海,上海书店出版社,2007;马一浮著,丁敬涵校点:《马一浮集》第2册,第43—44页,杭州,浙江古籍出版社、浙江教育出版社,1996;艾恺采访,梁漱溟口述,一耽学堂整理:《这个世界会好吗?》,第126页,上海,东方出版中心,2006。

迹的心学是否蕴藏着更为丰富的思想内容？在心学的脉络中，如何来定位杨简及其"觉悟"？

只有对以上诸问题进行重审和辨正，思想史研究的推进或进步才有可能。从研究者的角度来看，只有努力回到文本，进入杨简那些引人注目、聚讼不已的觉悟事件的内在，亦即他论"觉"的思想言说系统，以上关于杨简"觉悟"的诸多问题或许才可能获得善解。以下对杨简论"觉"的话语进行集中分疏和辨析。

一、"有觉"与"未觉"

我们需要先看看杨简对"觉"的基本界定：

> 圣语昭然，而学者领圣人之旨者在孔门已甚无几，而况于后学乎？比来觉者何其多也，觉非言语心思所及。季思已觉矣，汩于事而昏。[1]

"觉非言语心思所及"是杨简对"觉"的一个初步的否定式的规定，这表明，他所认为的"觉"与感官功能上的"觉"，即知觉，并不完全在同一层次。"觉"并非仅靠言辞思虑所能达到。因此杨简同时又主张，"觉"即"日用平常实直之心，事亲自孝，事君自忠，于夫妇自别，于长幼自序，于朋友自信"[2]。这种"日用平常实直之心"就表现在事亲、事君等道德条目和伦常关系的应物接物上。不难看出，材料中杨简主要从外在限制与规范和日常道德层面来谈"觉"，这似乎与其父的说法无多大区别。由此，就需要给出杨简心学视域下对"觉"的根本分判。对此，他有自己的体验和阐述，它们被称之为"有觉"与"未觉"。这正是杨简对"觉"的根本分判。

---

[1] 杨简：《默斋记》，《慈湖遗书》卷二，《景印文渊阁四库全书》第 1156 册，第 630 页。
[2] 杨简：《谒宣圣》，《慈湖遗书》卷二，《景印文渊阁四库全书》第 1156 册，第 640 页。

关于"有觉"，杨简说道：

> 某位乐平首，得邹梦遇，某字之曰"元祥"。元祥自有觉，某从而
> 涤其滓。①

> 永嘉徐良甫与德渊至稔熟，言其喜怒不形于色。同徐良甫从少
> 保坟所，从容几日，德渊忽于早食前惊曰："异哉！"良甫问状，于是知
> 其有觉。②

邹梦遇（？—1211）、赵德渊（生卒年不详）皆为杨简意许的弟子，他之所
以对此二人评价颇高，是因为他们做到或达到杨简所认可的"有觉"，所
以才说"某从而涤其滓"。比如，杨简就曾自述：

> 某后见德渊，德渊曰："今于日用应酬都无一事，只未知归宿之
> 地。"某曰："不必更求归宿之地。"孔子曰"心之精神是谓圣"，人皆有
> 是心，心未尝不圣，何必更求？③

不难看出，杨简所谓的"有觉"即指在"道心人所自有"的基础之上觉解、
省悟此"道心"，即人所共有的仁心仁体。因此，只有在领会"有觉"和杨
简为何说"有觉"的前提之下，才可能契合他进一步论及的"既觉"（或"已
觉"）和"未觉"。

杨简说：

> 某于淳安，钱子名时字子是，至契，子是已觉，惟尚有微碍。某
> 划其碍，遂清明无内外、无始终、无作止。④

可见，相对于邹、赵二弟子，他更加称许子是（即钱时），谓其"已觉"，只需

---

① 杨简：《墓志铭·邹鲁卿墓铭》，《慈湖遗书》卷五，《景印文渊阁四库全书》第1156册，第
656页。
② 杨简：《跋·书云萍录赵德渊亲书后》，《慈湖遗书》卷五，《景印文渊阁四库全书》第1156册，
第662页。
③ 同上书，第662—663页。
④ 杨简：《跋·钱子是请誌姊徐氏墓》，《慈湖遗书》卷五，《景印文渊阁四库全书》第1156册，
第660页。

应机划除其体道之阻碍,这颇似禅宗教法。不可否认,由于杨简与钱时已经"至契",即深有所契、心性相通,方才有似"棒喝"的说教。如果他们难有所契、心性不通、道体不明,即所谓"未觉",恐怕杨简绝非有如此表示。如杨简就曾说:

> 子曰"学而不思则罔",为未觉者设也;又曰"君子有九思",为未觉及觉而未全者设也。①

事实上,孔圣所谓的"学而不思则罔",并非特指为哪类人而发,而是指一切学者。杨简的阐述固然有不当之处,却不妨碍我们对他所说的"未觉者"有所了解。在他看来,"未觉者"尽管学道,却不即时反思或穷索,此仍为"未觉";要从"未觉"达到"异质性的跳跃"(牟宗三语)即达至"有觉"或"顿觉""既觉""已觉",则应该在学道的同时至少做到"君子有九思"。

由以上讨论可知,杨简论"觉",以"有觉"为"人心即道""吾心即道"的基点,其精进而为"既觉""已觉",其否弃则为"未觉",这表明他对"觉"的分判是十分清晰的。这也是他对学者进行判认的依凭。由此可知,杨简论"觉"的思想,已初步展开于他对"觉"的界定与分判之中;而作为杨简心学显迹的"觉悟",也将进一步贯彻和落实于他自身整个的对"觉"的思想言说的系统中。

二、"微觉"

在对"觉"有一本质性的规定和划分("有觉""未觉")之后,才能讨论杨简所说的"微觉"。讨论"微觉",首先容易让人想到杨简本人反省其"扇讼之悟"的话头:

> 予自三十有二微觉已后,正堕斯病,后十余年念年迈而德不进,殊为大害。②

---

① 杨简:《家记一》,《慈湖遗书》卷八,《景印文渊阁四库全书》第 1156 册,第 705 页。
② 杨简:《家记九》,《慈湖遗书》卷一五,《景印文渊阁四库全书》第 1156 册,第 846 页。

照字面的意思,"微觉"即"细微之觉"或"稍有所觉"。杨简将"扇讼之悟"所得归之为"微觉",一方面显出他自己对"扇讼之悟"评价不高、不甚满意;另一方面则可理会到,他在此之前的"觉悟",只是做到"有觉"而已。透过陆九渊在扇讼中的指点及与之相往来,杨简始于"有觉"更进一步,因此才会既肯认自己所悟得的"此心",同时又对自己有所警悟,从而深感尚处"微觉"的阶段。

这样再看"扇讼之悟",其中的意蕴就更清楚明白不过,并且杨简归入陆九渊之门的内在理由也由此呈露出来。对此,杨简本人说得明白:

> 所谓一贯之旨,亦未明白无隐之诲,亦不终告。岂圣人不轻出其秘耶? 何其莫可晓也? 及微觉后,方悟道非心外。此心自善,此心自神,此心无所不通。①

杨简坦言,"及微觉后,方悟道非心外",他这话的根本意旨,无非是认可"吾心即道"。他也正是在陆九渊指点的机缘之下,方确证此心体之根,亦即真正归附陆九渊心学一脉。由此可知,杨简所谓的"微觉"在其心学历程中并非不足道,而是一个关键环节。不只于此,杨简甚至有时谦逊地将自己一生所觉都视之为"微觉",如他就称:

> 臣觉虽微,亦粗安止。曷未精一,有愧纯明。②

可以说,"微觉"是杨简觉悟事件的触发点,在他而言,"微觉"不是不可捉摸的,倒是需要说明可以澄明之处。

从杨简以上话语还能推知,即使真如他自己所言,他是"曷未精一,有愧纯明",然透过这一点却可以得出一个重要的信息,即杨简学思的焦点在于"觉"之精一、纯明。显然,"微觉"并不足以达至此目标。杨简一生不仅以"觉悟"为学者所知,而且他还以觉悟教人即施行"觉悟之教",这在他给其他学者特别是同乡、弟子撰写的记文、书信、墓志铭中有不同

---

① 杨简:《家记二》,《慈湖遗书》卷八,《景印文渊阁四库全书》第 1156 册,第 718 页。
② 杨简:《祈雨青词》,《慈湖遗书》卷一八,《景印文渊阁四库全书》第 1156 册,第 907 页。

程度、不同方式的反映。杨简对他的"觉悟之教"颇为满意,但这种做法也招致质疑和批评。可能杨简意识到"觉悟之教"会引起学者的误解,所以在觉悟历程中所兴发的一整套关乎"觉"的论说,就更有学理上的必要。为此,杨简主要诉诸"常觉常明"。

三、"常明常觉"

如前所言,杨简一生觉悟不断,用"常觉"来概括实非虚夸之辞。要看到的是,"常明常觉"正是杨简的用心语,这是他达至澄明心体并确保其不滑落的最重要保障。杨简称:

> 人心即道,是谓道心无体无方,清明静一,其变化云为虽有万不同,如水镜之毕照万物而非动也,如日月之溥照万物而非为也……呜呼至矣! 子又曰:"我学不严者,此也。"又曰:"用力于仁者,此也。"仁者,道心常觉常明之称。常觉常明者,常不昏而已,非思也。①

无论是"有觉"还是"微觉"或是"常觉",其共同点除却"人心即道"别无他物,此"道心"不寓于任何形体与时空,其性状是澈透的。作为杨简心学中最基本最实在的工夫路数的"常觉常明",即即觉即明、觉而益明,绝非觉而无忧、一觉百当;"常觉常明"是要用工夫在心体上去践履,而非于半途中积力,要时时刻刻回返到本心,印证心体。在杨简看来,只有"常觉常明"方能称之为"仁"。那么,"常明常觉"如何才能达到? 或者说,能不能做到? 对此,杨简透过颜回的例子阐解得较为充分:

> 颜子三月不动乎意,故曰三月不违仁。②
>
> 盖知者虽觉而旧习未能顿释,必纯明无间、所觉无亏而后曰仁。
>
> 颜子三月不违仁者,三月澄然,非思非为、照用无方、纯明无间也。

---

① 杨简:《论〈论语〉下》,《慈湖遗书》卷一一,《景印文渊阁四库全书》第 1156 册,第 804—805 页。
② 杨简:《墓志铭·蒋秉信墓铭》,《慈湖遗书》卷五,《景印文渊阁四库全书》第 1156 册,第 655 页。

三月之外不无微违，不远及复。孔子发愤忘食，为之不厌，犹曰"若圣与仁，则吾岂敢"。①

杨简最取颜子（颜回），以其无违于仁，故达至"觉"的最高境地，即"纯明无间"。又如他所说，"仁者，道心常觉常明之称"。这说明在杨简看来，"常明常觉"不仅能够做到，而且其根本的方法就在于"不动乎意"。不难看到，杨简心学最重要的两个方面，即"常明常觉"和"不动乎意"，本来就是紧密地结合在一起的。

通观杨简论"觉"的话语，将会发现，他论"觉"似乎除了"顿觉"，即牟宗三先生所说的"异质的跳跃，是突变""觉到如此即是如此耳"之外，还有一系列渐修式的"觉"说。它们与杨简的觉悟历程相辅相成，构成一个"觉"的思想系统。这也就是杨简心学"即本体以为工夫"的丰富内涵和潜藏之义。当然，这一系列的"觉"说与他对"觉"的本质规定并不相悖，因为它们大体是基于"有觉"而言的。杨简的这类渐修式的"觉"说，是其觉悟事件乃至其心学之所以独具特色的原因所在，也是其觉悟历程和"觉悟之教"生长的土壤，甚为关键却最容易为学者所忽视。

杨简认为"觉"必须通过"常明常觉"达到"纯明无间"，方为"觉"的完成。因此他告诫道："孔子以觉为知及之，又必仁能守之。漆雕开虽已觉此不可容言之妙，可曰'知及'，而用力于仁，蒙养之功，未至纯明。虽颜子三月不违，而三月之外亦或违。虽不远复，终未纯明。"可见，杨简认为孔子既能知及之"觉"，又能守之，而漆雕开与颜子倘若未能"信得及"和"能守之"，那么都不能看作"觉之纯"。在他而言，这种"觉之纯"的状态是一种在"即本体（心体）以为工夫"的长期操存、修习下臻至的境地。杨简将这种境地描述为"永"：

意虑不作，澄然虚明，如日月之光，无思无为而万物毕照，此永

---

① 杨简：《论〈论语〉下》，《慈湖遗书》卷一一，《景印文渊阁四库全书》第 1156 册，第 817 页。

也。一日意虑不作，澄然虚明，如日月之光，无思无为而万物毕照，此一日之永，是谓日至；一月意虑不作，澄然虚明，如日月之光，无思无为而万物毕照，此一月之永，是谓月至；三月意虑不作，澄然虚明，如日月之光，无思无为而万物毕照，此三月之永。①

质言之，"永"之境或"无思无为"之旨是杨简一贯的追求，它是杨简心学视野下论"觉"的最终理想。而他所说的"无思无为"并非"不思不为""妄思妄为"，而是"知及之""能守之"吾人之仁心、道心所表现出的妙用云为，如他所指出的，"自古学者率求于无思无为之说，而不悟无思无为之实乃人心之精神妙用"。

经过这种"常明常觉"所达至的"永"之境、"无思无为"之旨，在杨简的诗作中有精练、纯熟的表达：

> 新年七十七，是虚不是实。我心包太空，有无混然一。比日腑脏作，示病而无疾。凭栏拱翠峰，可咏不可诘。②

从现有的文献材料看，此诗极有可能是杨简最后的诗作。所谓"有无混然一"，正是"觉"之工夫践履与境界涵养通融体透的展现。

第三节　杨简"以觉训仁"的仁说思想

如所周知，理学家普遍强调和注重识仁、践仁和论仁，以致几乎每一个时代的理学家都有自己的仁说。"仁"之所以成为宋明理学史上最富影响的话语之一，究其实质，原因在于它是自孔孟以来儒学最重要的概念，故面对佛老的挑战，致力于复兴儒学的宋儒或理学家就不得不专意于阐发各自的仁说，由此，便形成了丰富的仁说思想。而起源于大程（1032—1085）的"以觉训仁"的仁说，经谢上蔡（1050—1103）和张九成

---

① 杨简：《永嘉郡学永堂记》，《慈湖遗书》卷二，《景印文渊阁四库全书》第 1156 册，第 622—623 页。
② 杨简：《丁丑偶书》，《慈湖遗书》卷六，《景印文渊阁四库全书》第 1156 册，第 673 页。

（1092—1159）的承续与发展，成为其中独具特色和颇有影响的一脉。杨简基于自身对"觉"的独特理解，将他的仁学思想归于"以觉训仁"一路，阐发出了思想新意。

一、杨简仁说的思想前缘

所谓"以觉训仁"，其最原初和最基本的要义，无非指通过人的知觉和体验来诠释仁，这种说法以大程最为著名，他称："医书言四体不仁，最能体仁之名也。"①"医家以不识痛痒谓之不仁，人以不知觉不认义理为不仁，譬最近。"②从大程之说可知，他是从为学践履中的感受体知和具体经验来说明仁的。这种譬喻性的言说及其思想，在谢上蔡和张九成那里有所承续和发展，如谢、张就说："仁是四肢不仁之仁，不仁是不识痛痒，仁是识痛痒。"③"今医家以四体不觉痛痒为不仁，则觉痛痒处为仁矣。"从此可见，他们二人对大程论仁颇有会心。与谢、张以知觉训仁相似，杨简说道：

> 仁者，知觉之称，疾者以四体不觉为不仁。所谓仁者，何思何虑，此心虚明，如日月之照尔，亦非有实体也。④

从材料中可以看出，杨简以身体的知觉感受来论仁与不仁，这与谢、张并无二致。然而他更明确地说道，"所谓仁者"，是"非有实体也"。这句看似普通的话，其实并不好理解。质而言之，就是说，尽管宋儒以各种方式来讨论仁，但并不能将他们所说的仁仅仅看作是一种本质主义的概念而已。⑤ 这应该就是杨简说仁"非有实体也"的意蕴。

通观杨简的为学历程，可以说，他肯认此本心、仁心、仁体，这与陆九渊的提点密切相关。关于这方面的材料，无疑以著名的"扇讼之悟"最为

---

① 程颢、程颐：《河南程氏遗书·师训》，《二程集》上册，第 120 页。
② 程颢、程颐：《河南程氏遗书·元丰己未吕与叔东见二先生语》，《二程集》上册，第 33 页。
③ 朱杰人等主编：《朱子全书外编》，第 20 页，上海，华东师范大学出版社，2010。
④ 杨简：《家记三》，《慈湖遗书》卷九，《景印文渊阁四库全书》第 1156 册，第 756—757 页。
⑤ 陈来：《有无之境：王阳明哲学的精神》，第 83 页。

人所熟知。这里尚要说明的是，经历"扇讼之悟"后的杨简，对"所谓仁者"的理解，不太可能没有受到乃师的影响。与此同样不容忽视的是，杨简的家学教养对他论仁的思想与方法的形成也起着十分重要的作用。这方面的作用，和宋儒以觉论仁的仁说一脉以及陆九渊的影响相比，或有过之而无不及。杨简本人从小就受到乃父的严格教育和引导，而杨庭显对佛禅思想观念的接受程度，在相当长的时间内，似乎丝毫不亚于其思想中的儒家伦理部分。因而从这个视域看，就并不难理解，为何杨简的学说与佛禅的理论总是如此亲近。如一般所知，"觉"作为佛禅思想的核心概念，实蕴藏着丰富的工夫论和本体论的内涵，更何况对于耳濡目染佛禅的杨简，其影响可想而知。杨简以佛禅的"觉"来讨论、言说儒家的"仁"，是有其思想来源与充分积累的。

杨简之所以会以"觉"论"仁"，主要有三个方面的思想前缘：其一，宋儒"以觉训仁"一脉的思想先导；其二，与陆九渊的交往及其指点；其三，杨简自身的家学教养。这三方面并非同等地灌进杨简的学说当中，它们各自所起的影响或作用，还需要辨析，在此可以先指明的是，其中后二者较为重要，特别是最后的一点，因为它为杨简对"觉"作出系统性论述，提供了直接的理论准备。在以上三方面的交融之下，杨简仁说所呈现的思想内容就值得注意。

二、杨简仁说的主要内容

在论述杨简仁说思想之前，有必要再次提及他对"觉"的认识。他论"觉"的思想系统，以"有觉"为根本前提，从"微觉""既觉"出发，并经过"常明常觉"的工夫，最终达至"觉"的最高境地。那就是杨简上述所说的"何思何虑""如日月之照尔"。并且，如下所论，杨简还反复将这种"纯明不已"的"觉"称之为"仁"。由于他念兹在兹地以"觉"的思想言说来论"仁"，所以把他的仁说看作是"以觉训仁"的一种的做法，不能说不符合其思想实际。

杨简"以觉训仁"的话语，在他讨论《论语》的材料中有集中表述，这些表述最为重要也最具代表性，如在下面两则材料中，他就说：

> 诵先圣之言者满天下，领先圣之旨者有几？先圣曰："知及之，仁不能守之，虽得之必失之。"知者，觉之始；仁者，觉之纯。不觉不足以言知。觉虽非心思之所及，而犹未精一，精一而后可以言仁。①

> 仁，觉也。医家谓肌体无所知觉曰不仁。知者亦觉，而不同其仁，何也？孔子曰："若圣与仁，则吾岂敢？"仁几于圣矣。知者虽觉虚明而旧习未尽消。意念微动即差，未能全所觉之虚明，必至于纯明不已，而后可以言仁。②

从以上所说可知，杨简的讨论主要是围绕"知（智）""仁""觉"三者进行的。这里他讲得明白，"仁，觉也""知者亦觉"，就是说，他承认"知（智）"和"仁"都是"觉"，这是从性质上说。不论是"知（智）"还是"仁"，都是在"有觉"的前提下而言的。然而与此同时，杨简更明确以"觉"为标尺区分了"知（智）"和"仁"，认为它们是不同的，分属"觉"的不同层次。所谓"知（智）者"，只是"觉"的开始，就是说，有最终成为"觉"的逻辑可能；而"仁者"，才能称为真正的"觉"。

结合杨简自身对"觉"的思想言说系统来说，在他看来，"知（智）""仁"二者，都是就"有觉"的基础上而言，所以他才说，"不觉不足以言知"；但"知（者）"需要不断地进行工夫践履，返回并觉解此本心，才能成为"觉之纯"。这种"即工夫以为本体"的践履，也就是杨简说的"精一"。"精一"就是《尚书·大禹谟》所言"人心惟危，道心惟微。惟精惟一，允执厥中"。这被宋明儒视为儒学道统的"十六字心传"，也是他们对儒家精神的用心之处。因此杨简这里说的"精一"，无非指仁。相反，如果被旧习裹拊，意念偏差，那就难以达至"仁"。如此一来，杨简在他论"觉"的思想言说系统这一视域的阐释之中，创造性地提出了"知（智）"与"仁"这两个层次区别和思想内容。在他"仁，觉也""知者亦觉"的意域中，一方面，

---

① 杨简：《愤乐记》，《慈湖遗书》卷二，《景印文渊阁四库全书》第 1156 册，第 628 页。
② 杨简：《论〈论语〉下》，《慈湖遗书》卷一一，《景印文渊阁四库全书》第 1156 册，第 796 页。

就"觉"之可能性而论,德者、智者、仁者等都具备觉解到本心之能力;另一方面,就"觉"之完满性或纯粹性而言,"知(智)者"等尚未除尽旧习的羁绊,以此来看,"知(智)者"之类就不能称之为"觉者"。简言之,杨简论"觉",虽以"仁"为矩矱,但并非缺乏逻辑上的区分、意义上的次第。

那么,如何达至"精一"、达至"纯明不已"。在杨简看来,关键在于做到"常明常觉",他称:

> 人皆有是明德而不能以自明,能自明而又不能常明。有时乎昏则不可以为仁,仁者,觉之谓。医家者流谓四肢不觉为不仁,先儒尝举此以明仁无一物之不觉,无一事之不觉。无斯须之不觉,如日月中天,如水鉴昭明,常觉常明,自觉自明,昼夜通贯。①

显然,杨简认为人皆本具明德之性,关键在于能做到自明其德、常明其德,"觉者"只有做到"常明常觉"才能称为"仁"或"仁者"。那么对杨简如何能够做到"常明常觉",就应当会有所讨论。这就要回到他论"觉"的"即工夫以为本体"的系统中去考察了。

合此而言,足见杨简的"以觉训仁",乃是他仁说思想的会心之见。而他之所以能"以觉训仁",则与他论"觉"的思想言说系统紧密相扣。也就是说,"以觉训仁"在某种意义上是杨简"以觉言心"的心学思想的核心表述,所以对他这种融合不同思想资源,又有其自身特色的仁说予以定位,不能说是一件没有意义、无关紧要的事。

三、杨简仁说的思想定位

基于以上内容的说明和考察,对杨简仁说思想进行定位的条件就基本形成。也就说是,他的仁说,虽然与以大程为起源的"以觉训仁"的仁说一脉有着外在体貌上的相似,然而任何一种学问体貌的呈现,根本上还是由该学者其学术本身的内在理路所决定。杨简自然也不例外。如

---

① 杨简:《孔子闲居解》,《慈湖遗书》卷一九,《景印文渊阁四库全书》第1156册,第924页。

前所提,既然杨简思想的内在源头主要在于他与陆九渊之间的交往以及他的家学教养,那么,现在首要做的,就是说明清楚他的仁说与这两者的关联。

透过陆九渊的言说,似乎不难肯定,杨简如此强调仁、申说仁,与陆九渊对仁的论述有重要联系。因此,就要考察他们师弟二人对仁的言说。陆九渊反复强调仁,并认为恶是可以避免的,这一点,只要立志于仁即可办到,"苟志于仁矣,无恶也"(《论语·里仁》)。为此,他专门阐释夫子之言"志于道,据于德,依于仁,游于艺",并提出其"仁"说的主要思想。陆九渊说:

> 仁,人心也,从心所欲不逾矩,此圣人之尽仁。孔门高弟如子路、冉有之徒,夫子皆曰"不知其仁",必如颜渊、仲弓,然后许之以仁。常人固未可望之以仁,然亦岂皆顽然而不仁?圣人之所为,常人固不能尽为,然亦有为之者……使能于其所不能泯灭者而充之,则仁岂远乎哉?仁之在人,固不能泯然而尽亡,惟其不能依乎此以近于仁,而常违乎此而没于不仁之地,故亦有顽然而不仁者耳。士志于道,岂能无其仁?故夫子诲之以"依于仁"。①

从以上阐释可以体会到,陆九渊言道、德、仁、艺,完全是直下说来,即以"非分解以立义"的方式说,他论仁又自认是承孔孟而来:"夫子以仁发明斯道,其言浑无罅缝。孟子十字打开,更无隐遁,盖时不同也。"②杨简无疑领会并承继了乃师的精神,故他说"孔子之本旨非并列而为四条也"。陆九渊当下直认"仁,人心也",这是他仁说的要脉,他之所以说"仁之在人,固不能泯然而尽亡",是因为在他看来,仁是人人所具有的那一点"灵根明觉",如牟宗三先生所言,"'仁'是人之所以为人、所以发展完成其德性人格之超越的根据、内在的实体",亦即人之"本心"③。不仅如此,陆九

---

① 陆九渊:《杂著》,《陆九渊集》卷二一,第264页。
② 陆九渊:《语录上》,《陆九渊集》卷三四,第398页。
③ 牟宗三:《心体与性体》中,第187页。

渊还强调要"尽仁",即不能停滞于"知仁"的层面,需进一步做到"践仁",既知仁体仁且践仁成仁。由此不难看到,陆九渊在"本心"之上对"知仁""尽仁"的论述与杨简在"觉"的基础上说"知者""仁者"是存在思想理路上的一致的。因为如前所述,"觉"对杨简而言,就是觉解到此"本心"。所以说,仅就这根本一点来看,他们师弟对仁的论述是相通的。

如果说上述论断还有欠依据的话,那么可以再引下面一段杨简的话作为印证:

> 圣门讲学,每在于仁。圣人曰:"知及之仁,不能守之;虽得之,必失之。"又曰:"力行近乎仁。"以此知仁,非徒知不行之谓。吾目视耳听鼻嗅口尝手执足运,无非大道之用,而有一私意焉,隔之不觉不知谓之不仁,可也。然则仁者谓已常觉之,非徒知而已……惟仁者乃能寿,为其念虑闲静,气凝而意平,长年之道也。此固非徒知者能到。学而不仁,非儒者也。[1]

从此段材料可见,杨简与陆九渊一样,以旨归于仁作为儒者之所以为儒者的根本所在。之所以说"学而不仁,非儒者也",是因为他自认是以达于仁为自觉追求的。但是也要看到,同是阐释"志于道,据于德,依于仁,游于艺",陆、杨的说法看上去相似,后者这里的说法,与前者已经有所不同。他们的不同之处,正在于后者将"觉"的言说融贯到论"仁"的思想话语中。下面一则材料可以使杨简的不同之处显豁出来:

> 有德者虽实有道,而或不能常觉常明,或转移于事物。虽能旋觉,其未觉也,犹为不仁。仁,觉也。觉非思为,故《易》曰:"无思也,无为也。寂然不动,感而遂通天下之故。"草木之实曰仁政,以明无思无为、感而遂通之妙。此古圣之寓教也。草木无思为而自发生,孔子曰:"知及之,仁不能守之。虽得之,必失之。"德即知,知与仁一

---

① 杨简:《论〈论语〉下》,《慈湖遗书》卷一一,《景印文渊阁四库全书》第 1156 册,第 816 页。

也，皆觉也。惟常觉而后可以言仁。①

遍察杨简的思想材料后就会发现，这种说法在他论仁的话语中的典型性是显而易见的。在杨简的心学视域中，"德、知、仁"皆"觉"也，但他强调的是，即使是"有德者"，如果没溺于事事物物，仍只是"旋觉"，而非"常觉常明"。此"常觉常明"即仁。可以推知，杨简所指的"仁，觉也"的"觉"其实更多地是特指"常觉常明"。这就是他虽然也认可"有德者""知者"皆能觉，但他们的觉主要是指"有觉""微觉"罢了，并不是"常明常觉"。因此，"德、知、仁"三者所指的"觉"，其实是有所不同的。换个说法，这也正表明研究所论的"觉"是一个"即工夫以为本体"的系统，蕴含有丰富的思想内容。

由此就比较清晰地看到，杨简这种以"觉"论"仁"的思想言说，与陆九渊的仁说存在着相当的差别。因此，尽管前者在仁道这一根本点上与陆九渊保持不悖，并且后者也不是完全不用"知觉"的字眼来谈仁，但就学说的体貌特征来看，从大程到谢、张一系的"以觉训仁"的思想言说，似乎更应该是杨简仁说应该归属的序列。

其实，自大程在著名的《识仁篇》中开出论仁的话头以来，在以知觉训仁的同时，也存在着以天地万物一体言仁和以生意论仁。也就是说，以不同方式强调仁、申说仁，至少在大程那里，是一并存在的。而即使是后来者，如谢上蔡、张九成，虽说丰富和发展了以知觉训仁的仁说，但他们各自的言说，似乎也很有不同。如果说谢上蔡基本还能承接大程而来，即以生意论仁、以知觉论仁，那么到了张九成，他的说法便有不小转变和发挥，他说："仁即是觉，觉即是心。因心生觉，因觉有仁。"张九成"以觉言心"之说是他入禅甚深后的自得，他这一以佛禅论儒的做法，其实是宋明诸儒的普遍经历，这一点已毋庸讳言。张九成之所以受到包括朱子在内的多数批驳，主要是由于批驳者认为，他从根本上颠倒了儒佛的位置。

---

① 杨简：《论〈论语〉下》，《慈湖遗书》卷一一，《景印文渊阁四库全书》第 1156 册，第 801 页。

而在这个根本性的问题上,杨简没有步张九成的后尘。这一点,上述考察已经辨明,即前者虽也以禅说儒,但并没有颠倒二者。"学而不仁,非儒者也",杨简还是以儒家仁学精神为旨归的。但即使如此,也不能保证,杨简就不会有与张九成类似的遭遇。毕竟依照"效果历史"的角度看,杨简学说与佛禅相亲近的事实,是无可否认的。

作为思想史上的人物,杨简似乎总是以陆九渊心学接续者的形象和身份而被认识和评价的。四库馆臣就说:"简则为象山弟子之冠,如朱门之有黄干。"(《四库全书总目》)这种说法成为一种比较有代表性、普遍被接受的看法。这种看法的流行势必造成两种结果:其一,杨简作为象山之学的重要传人,其思想应予以注意;其二,人们容易对杨简心学形成一种"前理解"(pre-understanding),以为它不过是象山之学的极端发展而已,没有什么特别之处。这两种结果并非分裂为二、互不相干,而总是交织在一起,于是,学界对于杨简思想的态度,就难免会陷入这样的境地:杨简固然重要,不过他只是象山之学的注脚而已,并不值得深入探讨。陆九渊后学的研究之所以难以深入和拓展,恐怕与这种心态不无关系。现在看来,这种心态应当破除。

经过以上一番梳理、分疏与辨析,杨简关于"觉"的论述呈现一幅丰富而有序的思想图景。从他论"觉"的言说系统,即从"有觉""微觉"到"常明常觉",以至最终达于"永"和"无思无为"的"觉"之境,不难确知,杨简论"觉"是兼摄工夫与和本体两面的,而他对"意""不起意"的论述,也同时蕴含在其中。这对重新审视杨简的觉悟历程与其心学思想意义重大。从杨简心学整体而言,如果说"心之精神是谓圣"是其塔尖的话,那么论"觉"的思想言说系统,则与"不起意"说一道,组成了强有力的支撑。因此,就杨简思想自身来看,其论"觉"的思想言说的意义自然就显现出来,它是其心学的一个必要部分。那种把杨简的"觉悟"停留在"神秘体验"的看法,无疑是十分肤浅且不符合思想史实际的。

更需指出的是,杨简通过这样一整套论"觉"的思想言说,向后来学者展示了心学在宋代开展的一种可能。那就是,在心学的视域中创造出一个融摄佛禅、融通二教的努力。这种思想实践,特别体现于杨简"以觉训仁"的仁说中。或许由于这方面的原因,杨简才得以在明代中叶特别是阳明学的鼓动之下重新出场。故一定意义上,杨简论"觉"的思想言说已经为阳明学及其展开,准备了思想资源与理论条件,它是陆王心学发展的一个必要过程。这样一整套论"觉"的思想言说,无疑是从家学的教养以及与陆九渊的交往中,结合自身的问题意识而生发出来的。如此来"以觉训仁",是在心学视野下对儒家仁学传统进行创造性诠释。[1] 值得注意的是,就体貌特征而言,杨简的仁说无疑属于大程以降的"以觉训仁";但从思想旨归上看,它却是象山之学的某种发展。这种仁说在一定程度上使心学乃至宋明儒学的某些层面得到了深化与推进,其思想地位与历史作用或许就在这里。综而言之,无论是考察陆王心学还是宋代儒学,杨简都是不可或缺的一环。

---

[1] 参见胡栋材:《"觉":杨慈湖对心学的创造性诠释》,《中州学刊》2014 年第 9 期,第 125—128 页。

第二十五章　元代道学的演变与发展

　　元代道学在中国哲学史上有其特殊性。这一特殊性就是在元初即有的地域（或者是南北）不平衡性。黄百家曾说，"自石晋燕、云十六州之割，北方之为异域也久矣，虽有宋诸儒叠出，声教不通"[①]，这种南北不平衡性与南北"声教不通"有密切关联。有宋诸儒的"声教"不能影响北方，而"二程"之后，道学南传（即所谓"道南"），加上更多学者随宋祚南移而南迁，道学的南北发展不平衡性进一步加剧。元代初年，南方的"道学"尚未传到北方，此时在北方流传的儒学，不过经生章句之学，像当时严实东平兴学，所用的亡金儒士，所授亦只是"章句"；而许衡早岁所学，亦只是金之"落第老儒"的"句读"。蒙古人入主中原之后，其社会文化形态亦有重大变化。他们一方面吸取了以儒学为主的汉族思想文化，另一方面也把自己民族的思想传统传播到中原来，促进了民族间的思想文化交流与融合。与此同时，南方的道学则经过朱熹的发扬光大，思想更趋圆熟；其后，朱熹、陆九渊后学也努力推进各自思想的进展。需要指出的是，尽管北方诸儒在学术上严守经学章句的藩篱，远离了道学的形上思辨和精致化，但他们同时也保存了汉民族文化，为汉、蒙思想文化的交流与融合

[①] 黄宗羲原本，全祖望修定：《鲁斋学案》，《宋元学案》第 4 册，第 2995 页。

以及后来蒙古攻占南宋时对南方儒家知识人的保护起到了一定的积极作用。

除了道学之南北发展不平衡外,元代道学的另一个重要特点是,诸多(但并非全部)学者,无论是出自朱学还是陆学,都能正视朱、陆学说的不足,而主张打破门户,综汇朱、陆两家之长。如出自陆学方面的学者,既能坚持其反求诸己、自悟本心、先立其大的"尊德性"之路,同时也兼取朱学致知、笃实的"下学"工夫;而朱熹的后学亦一面坚持笃实守敬的工夫,一面吸收陆学简易直接的心本论,以避免自身可能存在的"支离"泛滥。这便是当时的学风所趋,即和会朱、陆,兼长避短,补两家之未备。不过,在实际上,此时的"和会朱陆"乃是以陆学的"心本论"兼取朱学的理气论、理欲之辨,以及其笃实的学风。由此观之,宋明道学中不同学者在"本体"与"工夫"之间畸轻畸重(具体表现为德性与道问学、诚敬与致知、约取与博观等的矛盾),经过南宋朱、陆的争论,到了元代呈现出折衷融合的合流倾向,这其实开启了明代阳明学"范围朱陆而进退之"的端倪。从表面上看,阳明似乎更近象山,但须知阳明最初尊崇的乃是朱子学说,其学说乃是从朱学的堂奥中走出来的。从这个意义上说,元代道学,是宋、明之间的过渡环节。①

元代道学,其在北方之传播,源自湖北德安(今湖北省孝感安陆市)的赵复,赵复本是元军俘虏,幸得杨惟中、姚枢的保护,被礼送至燕京太极书院,并在书院"原羲、农、尧、舜所以继天立极,孔子、颜、孟所以垂世立教,周、程、张、朱所以发明绍续者,作《传道图》,而以书目条列于后"②。其后,受教于赵复的姚枢退隐苏门山(在今河南省新乡市辉县),传播赵复之学,而许衡、郝经、刘因等从学于姚枢者,则因赵复所荐书而崇信赵复,并广传赵复教授的道学,道学自此始传于北方。

赵复之后,间接受教于赵复的许衡传授道学于北方,影响最大。许

① 参见侯外庐、邱汉生、张岂之等主编:《宋明理学史》上册,第681页,北京,人民出版社,1997。不过,需要指出,我们虽在此处借鉴了侯外庐等先生的结论,但立论的基础有很大不同。

② 黄宗羲原本,全祖望修定:《鲁斋学案》,《宋元学案》第4册,第2994页。

衡曾私淑朱熹,被全祖望誉为"元时实赖之"的"大宗"。许衡注重普及道学,而对于其"奥义"则不甚措意。此点由其"主此书(即《小学》)开导学者"可知。① 与此同时,他还"力劝元帝兴儒学,以作为推行'汉法'的重要内容。朱学在元代能成为官学,与许衡父子有很大关系",因此许衡被明清理学家称颂为"道统的接续者""朱子之后一人"。②

刘因,初从章句之学,后改宗道学。刘因不愿出仕为官,消极用世,把道学中的"主静""不动心"与庄子之学结合,倡导消极避世的生活方式。但是,他提出"古无经史之分"和道学本于六经等思想,有一定的积极意义。

元代南方的道学乃是由朱熹的再传弟子接续传播。江右饶鲁,其生活的年代虽属南宋,但由于其一生"不事科举,一意经学",仅在南宋理宗庚申(1620)"补迪功郎、饶州教授"③,未有显赫声名;但其"和会朱陆"的思想在元代由于再传弟子吴澄而获得身后令名,所以,我们仍然将其纳入元代道学的演变与发展过程中来。

吴澄,江右饶鲁的再传弟子,抚州崇仁(今江西省抚州市崇仁县)人,是元代中期著名道学家,与北方的许衡并称"南吴北许"。他于经学、理学,乃至天文、历算等,均有广泛涉猎,被誉为"辩传注之得失,而达群经之会同;通儒先之户牖,以极先圣之阃奥;推鬼神之用,以穷物理之变;察天人之际,以知经纶之本、礼乐制作之具、政刑因革之文。考据援引,博极古今,各得其当,而非夸多以穿凿……近世以来,未能或之先也"④。吴澄主张"和会朱陆",但其曾在元至大年间对学者强调"尊德性"重于"道问学",故被议者以为"陆氏之学",但是,全祖望的主张是"草庐之著书,则终近乎朱"⑤。

---

① 黄宗羲原本,全祖望修定:《鲁斋学案》,《宋元学案》第 4 册,第 3001 页。亦可参见侯外庐、邱汉生、张岂之等主编《宋明理学史》上册,第 680 页。
② 侯外庐、邱汉生、张岂之等主编:《宋明理学史》上册,第 680 页。
③ 同上书,第 721—722 页。
④ 虞集:《送李扩序》,《道园学古录》卷五,第 25 页,摛藻堂四库全书荟要本。
⑤ 黄宗羲原本,全祖望修定:《草庐学案》,《宋元学案》第 4 册,第 3036 页。

　　元代道学,除上述赵复、许衡、刘因、吴澄等代表人物之外,尚有浙西金华北山何基及其弟子金履祥、许谦等人。他们在入元之后,隐迹不出,讲学授徒,坚守朱学门户,继续与陆学代表,如陈苑、赵偕等对峙。由于这些学派在当时和后世学术的影响有限,故本章不多介绍这些学者的思想,只讨论道学北传和南方饶鲁——吴澄的"和会朱陆"。

第一节　赵复与理学传介

　　赵复,生卒年不详①,字仁甫,德安(今湖北孝感安陆市)人,学者称"江汉先生"。南宋理宗端平二年(元太宗)乙未(1235),元军在元太宗窝阔台的太子阔出的率领下攻陷德安。因德安曾经坚守抗战,元军根据其"军法"(凡城邑以兵得者,悉阬之),决定屠戮所俘虏的数十万德安军民。但是,儒、道、释、医、卜等方面身占一艺者,均可得保性命。这是因为姚枢当时受诏为元廷网罗相关方面的人才。他在众多的相关俘虏当中发现了赵复,并坚信其为"奇士"。但是,赵复由于"九族俱残"而"不欲北"。姚枢恐其轻生,故留赵复于帐中,并与之共寝。半夜,姚枢发现赵复离开帐中后,到处寻找,并在水边发现赵复"披发跣足"、呼天而泣,欲投水而未入。姚枢劝赵复说:"汝存,则子孙或可以传绪百世;随吾而北,必可

---

① 关于赵复的生卒年,侯外庐先生等主编的《宋明理学史》主张他"大约生于南宋宁宗嘉定八年(1215),而卒年则在元大德十年(1306)以后,享年在八十岁以上"(见该书1997年人民出版社第二版之第683页)。但是,邱居里和魏崇武则分别指侯外庐等考证的赵复生卒年有误。他们认为,《宋明理学史》仅依据赵复《杨紫阳先生文集序》中的"遗稿"二字和杨奂卒于1255年,就断定该序中的"丙午"是公元1306年,证据不足。他们则根据赵复与杨奂、元好问、姚枢、郝经等人的交游状况,推测赵复的生年应该在1190年前后。而《杨紫阳先生文集》中的"丙午",应当是杨奂去世前的1246年,所谓"遗稿"当是"兵火流离"中的遗稿,但关于赵复的卒年,二人则有较大的不同。此外,邱居里还考证姚燧的《序汉上赵先生死生》作于1289年,径称"其时赵复已死"。但是,姚燧在其中只是说"燧生也后,不及拜其履前",据此得出赵复已死似乎证据不足(且姚燧生于1238年,三岁失怙,得伯父姚枢收养,由此可推测,姚燧所谓"生也后,不及拜其履前"或并不是生死暌违,而是因赵复隐居,不知所踪或不欲见人),而关于赵复生年仅以与其交游之人的相互称谓作判断,证据似也不足。总之,赵复的生卒年确实是一个谜题,还需要更有力的证据,才能得出最后的结论。

无他。"①在姚枢的劝说下,赵复终于同意随姚枢到燕京。

赵复北上燕京之后,杨惟中与姚枢商议、筹建太极书院。他们"立周子祠,以二程、张、杨、游、朱六君子配食,选取遗书八千余卷,请复讲授其中"②。赵复则以为在周敦颐和二程兄弟之后,文献过于广博,"乃原羲、农、尧、舜所以继天立极,孔子、颜、孟所以垂世立教,周、程、张、朱氏所以发明绍续者,作《传道图》,而以书目条列于后"③,从而吸引了百余学子从学,其中就有姚枢。后来,赵复隐居、终老于河北真定(今河北保定),但他在北方"播下"的道学"种子",在姚枢退隐苏门,吸引许衡、刘因、郝经等从学之后,终于开花结实,蔚然成章。故,史书称"北方知有程、朱之学,自复始"④。

据《元史》载,赵复除了作《传道图》外,还著有《伊洛发挥》,标示《传道图》之宗旨;又作《师友图》,以"见诸登载与得诸传闻"为据,搜罗朱子散在四方的门人计五十三人,"以寓私淑之志";又"取伊尹、颜渊言行,作《希贤录》",使学者"知所向慕"与"求端用力之方"。

不过,赵复的这些著作,终究还是没能流传下来。今人对赵复思想的了解,只能依据赵复本人散见于各处的少数传世文章和元人的文集、《元史》《宋元学案》等资料进行研究。

一、道学的旨归

赵复曾为杨奂(号紫阳)的文集作序,该文是赵复少数传世文献之一,现存于《全元文》中。在这篇序文中,赵复开篇即说:"君子之学,至于王道而止。学不至于王道,未有不受变于流俗也。"⑤这表明,在赵复看

---

① 《元史·赵复传》卷一八九,第 4314 页,北京,中华书局,1973。但姚燧《牧庵集·序江汉先生死生》中记载的姚枢劝赵复的话有所不同。在《牧庵集·序江汉先生死生》中,姚枢是这样说的:"果天不君乎,众已同祸。爱其全之,则上承千百年之统,而下垂千百世之洪绪者,将不在是身耶!徒死无义可。除君而北,无他也!"(姚燧:《序江汉先生死生》,《牧庵集》卷四)。
② ③ ④ 《元史·赵复传》卷一八九,第 4314 页。
⑤ 李修生主编:《赵复·杨紫阳文集序》,《全元文》2,第 203 页,南京,江苏古籍出版社,1999。

来,道学或君子之学,其旨归在于实现"王道",如果偏离了"王道"之正轨,学术一定就会随流俗而变。问题是,赵复所说的"王道"究竟是一种什么样的理想状态呢? 由于赵复本人的著作传世者少,已有的材料不能让我们窥其"王道"理想之全貌,但其仅有的传世文献仍然可以让我们推想其"王道"理想之一斑。

首先,赵复的王道理想重视"心学"①之传。他曾说:"三代圣人,以心学传天下后世,见于伊尹、傅说之训,君子将终身焉。"②据此,我们参考《尚书》之《伊训》、《大甲》(诸篇)和《说命》(诸篇),了解赵复心目中的"王道"理想,在于"得君行道"。伊尹曾训示太甲说,成汤"布昭圣武,代虐以宽,兆民允怀",因此,太甲应"立爱惟亲,立敬惟长,始于家邦,终于四海",要学习"先王肇修人纪,从谏弗咈"的做法,使民众顺若,并做到"居上克明,为下克忠,与人不求备,检身若不及",从而才能够"有万邦"。伊尹进一步用成汤的话,总结"三风十愆"③,告诫太甲说:"惟兹三风十愆,卿士有一于身,家必丧;邦君有一于身,国必亡。"(《尚书·商书·伊训》)由此可知,在伊尹(也包括赵复)的"王道"思想中,统治者首先要有内在的"德",所以,他说"尔惟德罔小,万邦惟庆;尔惟不德罔大,坠厥宗",其次要有能使"兆民允怀"的施政风格。具体而言,即"代虐以宽"、爱亲敬长、"居上克明,为下克忠,与人不求备,检身若不及"(《尚书·商书·伊训》)等。伊尹认为,君主和民众的关系是"民非后,罔克胥匡以生;后非民,罔以辟四方"(《尚书·商书·太甲中》),也就是相辅相成的。因此,他要求君王要像"虞人"一样"省括于度,则释",要诚恳地修身、敬德,使自己具备诚、敬、仁等品质,这样才能获得上天的亲爱、民众的怀向和鬼

---

① 需要说明的是,此处所说的"心学",与后世称象山、阳明之"心学"不同。此"心学"乃是宋明道学所共享的"十六字心传"而为"学"。

② 李修生主编:《赵复·杨紫阳文集序》,《全元文》2,第 203—204 页。

③ 所谓"三风十愆",是指巫风"恒舞于宫""酣歌于室"、淫风"殉于货、色""恒于游、畋"和乱风"侮圣言""逆忠直""远耆德""比顽童"等与统治者身份不相应的行为方式。

神的享食。

武丁为殷商天子时，求傅说于版筑之间。傅说为武丁朝贤辅，强调君、臣、民众各有其行为矩范：天子和大夫师长须奉顺天道、勿思逸豫；民众要顺服而得治理；故"惟天聪明，惟圣时宪，惟臣钦若，惟民从乂"（《尚书·商书·说命中》）。傅说告诫君王在政令发布、军事征伐和官职任免等方面要恭谨、慎重，须经常反躬自省，不要夸赞或自恃其德与能，同时要效法古训、善学逊志。

伊尹、傅说或训诫或劝谏，都是要君王加强内心德性的修养，精察、专一，恭谨、谦逊，省括于度，如此才能学而成人，各得其所。这也就是"人心惟危，道心惟微，惟精惟一，允执厥中"的具体内涵。

其次，赵复的"王道"理想还希望避免以功利之说"冒充"王道之说。所以，他感叹说：

> 明王不兴，诸子各以其意而言学，学者不幸而不得见古人之全体。盖桓、文功利之说兴而羲、尧、舜、文之意泯矣。[①]

由于功利霸道有"速效"之利，颇能吸引从学不深、资质不足的人。

最后，赵复强调"王道"理想的恢复，需要各种因素——如时代的客观形势和需求、个人的志向与资具等——相互综合才有可能。所以，他品题历史人物说：

> 叔向、子产、蘧伯玉、季札之流，以夏、商君子之资，不得少效于王官，去而为列国之名卿材大夫……贾生、仲舒，有其具而不得其施，或者每为之掩卷而深悲；玄龄、如晦有其时而亡具，已甚惭德于斯文多矣！凛然正气，惟诸葛孔明、王景略诸人，不为流俗之所回夺，然而随世就功，周旋于散微之末，已又不能无偏而不起之患。大抵君相造命之地，既已暧昧不明，而膋宗米廪教养之法，因以废格不举。故虽有命世绝异之材，卒亦不能迤也。非其不能迤也，而其故

---

① 李修生主编：《赵复·杨紫阳文集序》，《全元文》2，第204页。

则可知已。虽然,"待文王而后兴者,凡民也;若夫豪杰之士,虽无文王,犹兴"。①

从这个意义上说,赵复看到了"王道"理想与个人境遇存在着一种相互成就的关系:"王道"理想须以"诚"与"学"为根基。所以,赵复说:

> 呜呼!学之为王者事,犹元气之在万物,作之则起,抑之则伏。然莫先于严诚伪之辨,诚伪定而王霸之略明矣。②

总之,赵复主张道学的宗旨或目的在于实现王道理想。他虽然没有明确描述自己的王道理想的状态,但为我们提供了理解其王道理想的线索,并讨论了实现王道理想的主客观条件。

二、天理人性之说

对赵复而言,道学之旨归在"王道",而"王道"的实现亦有赖于天理人性之说得到澄清。因为,赵复的"王道"理想与"心学"之传密切关联,而"心学"之传又与对天人关系的理解密不可分。当然,对于赵复的天理人性之说,我们亦只能通过有限的资料提供线索,推测其一二。

《元史·赵复传》载:

> 复为人,乐易而耿介,虽居燕,不忘故土。与人交,尤笃分谊。元好问文名擅一时,其南归也,复赠之言,以"博溺心、末丧本"为戒,以"自修、读《易》,求文王、孔子之用心"为勉。③

这是对赵复为人和交友之道的简单描述。从他赠别元好问的"戒勉"来看,他对于从《易》中"求文王、孔子之用心"非常重视,而且有较大可能是走简约、崇本的道路。

侯外庐先生等主编的《宋明理学史》指出,赵复在理学上是近于简易

---

① 李修生主编:《赵复·杨紫阳文集序》,《全元文》2,第 204 页。句读和标点有所不同。
② 同上书,第 205 页。
③《元史·赵复传》卷一八九,第 4315 页。标点有所改动。

直截的一路，认为赵复戒勉元好问的"约"与"本"就是直求圣人之心，简在心得，而不旁骛，并且认为"他的'简易'之论和朱熹思想并不相同，但也并不就是陆九渊的直求本心的思想"[1]。他们的讨论以郝经的《与汉上赵先生论性书》为据，读来确实颇能给人启发。郝经在该《论性书》中表示，他曾经读过赵复的《伊洛发挥》，且"日幸一拜，得闻高谊"，但对赵复的相关论述有不同看法。他说：

> 夫道之在人谓之性，所谓仁义中正而主静焉者也。统而言之，则太极之全体也；分而言之，则命阴而性阳也、命静而性动也、天命而人性也、人性而物理也。合而言之，只一道尔，又何有论说之多乎哉？道之在人，一而静，纯粹至善，充实之理而已，又焉有异端之多乎哉？[2]

从郝经这段文字推测，他似乎认为，赵复质疑他"论说"过多，且不纯粹，有"异端"思想掺杂其间，他于是写了《论性书》来为自己辩护。他的意思似乎是说，从根本上讲，"道""性""太极之全体"都是一样的，只不过因不同的对象而异名。这是从抽象和整体上说，具体而言，则有天人、性命、阴阳、动静、性理、人物等的分别。或许郝经自己并没有意识到，正是在这"分而言之"处，赵复不同意他的认识。[3] 赵复似乎认为，强分天人、性命、动静、阴阳、性理，是不合理的，他之所以说郝经"论说之多"，原因正在此"分而言之"处。事实上，"统而言之"与"合而言之"，或者笼而统之的漂亮话头、论说之终极旨归，是谁都会说、而难分轩轾的。但是，在具体的"分而言之"处，思想的差异就显现出来了，就好像当年延平先生对朱子说道学与佛、老的区分"难在分殊"一样。至于说到异端，郝经虽然能明确地将自己与佛、老分开，但对于儒学内部思想的差异，却缺乏明确的意识，这可以从他在后文称颂荀子、扬雄和韩愈、李翱，并把他们同

---

[1] 侯外庐、邱汉生、张岂之主编：《宋明理学史》上册，第685—686页。
[2] 李修生主编：《郝经·与汉上赵先生论性书》，《全元文》4，第162—163页。
[3] 由于没有文献佐证，我们也只能推测赵复与郝经思想的差异所在。

周敦颐、张载、二程和朱熹等同视之可以看出。也正是从这里，我们可以看出赵复不仅严辟佛老，而且对于儒学正统或道统也有强烈的意识。

总之，今人已难见赵复天理人性方面思想之全貌，但从其仅存的有限线索亦可推知，赵复恪守道学之矩矱，谨守简易直截之路，认为天理、人性均有阴阳动静的表现，其具体内容即"仁义中正"之道或太极全体。不仅如此，赵复还非常强调道学之正统或道统，亦即他不仅严辟佛老，也在儒学内部区分醇疵。至于他的"简易"之论与朱、陆的关系，由于史料阙如，姑不置论，但从赵复后学的思想倾向推测，其大体还是以朱学为据，吸取了部分陆学之优长。

三、"王道"理想与夷夏之辨

赵复在思想上强调儒学的正统或道统，其在政治上的表现，就是严夷夏之辨。这或许也是他最初被俘时"一心求死"的原因。在赵复北上燕京之后，他也同样表现了对父母之国的维护。

据《元史》记载，忽必烈曾经见赵复于潜邸。忽必烈问赵复说：

> 我欲取宋，卿可道之乎？

赵复回答说：

> 宋，吾父母国也。未有引他人以伐吾父母者。

对赵复的回答，忽必烈的反应是"悦"，"因不强之仕"①。

也正是由于这种"他人"和"吾父母国"之间的抉择，赵复拒不事元，因为元乃是"他人"：我可以寄寓他人之所，但亦绝不会忘了父母之国，更不会"引他人以伐吾父母"。赵复的这种华夷之辨，使得他不愿用世，并认为功利、霸道之学，学者当戒除之。

当赵复南归真定时，郝经曾作《送汉上赵先生序》，力劝赵复转变观念，不要仅从某种消极的眼光来判断穷达。郝经指出，赵复被俘，到了北

---

① 《元史·赵复传》卷一八九，第4314页。

方，"仟异俗而茳异声，茹腥衣毳，而不获安土敦化"，这确实是"穷"；但是，如果转变观念，赵复被俘北上，却使他改变了"蹈乎常，而未蹈乎变""行乎一国，而未行乎天下"的状况，得有机会"由常而达变，由一国而达天下"，超越江、汉、荆、衡，而"仰嵩高，瞻太华，涉大河之惊流，视中原之雄浸，太行、恒、碣，脊横天下"，能"观华夏之故墟，睹山川之形势，见唐虞三代建邦立极之制、齐鲁圣人礼义之风"，这些都开拓了胸襟和眼界。因此，郝经进一步劝说：

> 昔之所学者，富一身而已，今也传正脉于异俗，衍正学于异域，指吾民心术之迁，开吾民耳目之蔽……俾"六经"之义、圣人之道，焕如日星、沛如河海、巍如泰华，充溢旁魄，大放于北方。

如果从这个角度说，赵复之被俘北上，非但不是"穷"，反而是"达"了。时、事、遇，有穷有达；但"居中守正"之士于"理"则"恒达而不穷"[1]。这些劝解固然是从个人之"穷""达"来着眼，但又何尝不是劝赵复放下夷夏之辨，致力于传播圣人之道？当然，赵复随后还是继续南归，似乎曾到过济南，后又回到燕京，其后隐居，不知所终。

受赵复影响，姚枢和赵复的其他学生，如梁枢、赵或、刘因等，也隐居乐道，拒不事元。

最后，需要指出的一点是，元代自仁宗延祐二年（1315）正式以朱熹集注的"四书"为标准开科取士，朱注自此成为"官学"，"定为国是"。道学在元代的这一发展与赵复传道学于北方有莫大关联。此后，明、清两代延续元朝以朱学为官学的做法。虞集称赵复在北方之传介道学，"于天理民彝，诚非小补"[2]，正以此也。

第二节　许衡的理学

许衡（1209—1281），字仲平，怀州河内（今河南沁阳）人，学者称鲁斋

---

① 李修生主编：《郝经·送汉上赵先生序》，《全元文》4，第 177 页。
② 李修生主编：《虞集·跋济宁李璋所刻九经四书》，《全元文》26，第 333 页。

先生。据《元史》和《宋元学案》记载，许衡七岁始受章句之学，但读书每求其旨义，并以此求教于其章句之师，曾经教过他的三位老师都因此"诎而辞去"。其中有一位老师曾对许衡的父母说，"儿颖悟不凡，他日必有大过人者"。年龄稍长后，许衡"尝从日者家见《书》疏义，因请寓宿，手抄归"，又在避难徂徕山时得王弼所注《周易》。他对这些书"夜思昼颂，身体而力践之，言动必揆诸义而后发"，以致在暑中过河阳时能约束自己，不取所谓"无主"之梨解渴。

后来，许衡往来河、洛之间，从姚枢处得二程和朱熹的著作，学问颇有进益。姚枢退隐苏门山后，许衡亦移居苏门，"与枢及窦默相讲习。凡经传、子史、礼乐、名物、星历、兵刑、食货、水利之类，无所不讲，而慨然以道为己任"[1]。许衡听过姚枢讲学之后，曾对他的学生说：

> 昔者授受殊孟浪也，今始闻进学之序，若必欲相从，当率弃前日所学，从事小学之洒扫应对，以为进德之基。[2]

因此，后世有人说许衡"自得《小学》，则主此书以开道学"，许衡也教导其子说：

> 《小学》、"四书"，吾敬信如神明，能明此书，虽他书不治可也。[3]

由此可见，许衡其实是忠实继承了伊川朱子"涵养须用敬，进学则在致知"的观点：重视践履，在小学工夫中努力地"涵养""持敬"[4]。

尽管许衡重视小学"洒扫应对"的力行践履，但是，他的"力行践履"背后的本体论思想，仍然没有突破道学的藩篱。不过，这种学风也在工夫论和实践哲学中为道学带来了一些新的特点。

忽必烈总理漠南汉地军国庶事后，于 1254 年（甲寅）召许衡为京兆

---

[1]《元史·许衡传》卷一五八，第 3717 页。
[2] 黄宗羲原本，全祖望修定：《鲁斋学案》，《宋元学案》第 4 册，第 2995 页。
[3] 同上书，第 3001 页。
[4] 刘述先先生在《朱子哲学思想的发展与完成》中提出，朱子以"涵养"为小学工夫，以格物致知为大学工夫。这个观点与许衡的学说遥相呼应。

提学,其后历任国子祭酒、左丞。许衡之出任元朝高官,说明他的"夷夏之辨"的观念淡薄。此时,他向忽必烈疏陈《时务五事》,建议元朝统治者推行"汉法",重视儒学,与徐世隆、刘秉忠、张文谦一起,为元朝定朝仪、官制,并以集贤大学士兼国子祭酒领太史院与太史令郭守敬同定《授时历》,以儒学六艺教蒙古子弟。其所著之书有《小学大义》《读易私言》《孟子标题》《四箴说》《中庸说》《语录》等,后世辑录有《鲁斋遗书》,是今人研究许衡道学思想的原始资料。

一、许衡的本体论思想

许衡的求学经历,虽从章句之学开始,但其并不满足于"章句",而是"每受书,即求其旨义",他于"流离世乱"中,也"嗜学不辍",这也是他后来在从学于姚枢之后,能成为北方儒学之大宗的原因。许衡在姚枢处得到二程兄弟和朱熹的著作,其关于本体的思想大体上属于伊川朱子的理学一派。

在关于"理"的问题上,许衡与理学一派其他哲人是一样的。但是,其于"理"亦多有发挥。《宋元学案》载:

> 或问:"'穷理'至于天下之物,必有所以然之故与其所当然之则,所谓理也?"曰:"博学、审问、慎思、明辨,此解个'穷'字;其所以然与所当然,此说个'理'字。所以然者,是本原也;所当然者,是末流也。所以然者,是命也;所当然者,是义也。每一事、每一物,须有所以然与所当然。"[1]

在此,他同前人一样,把"理"视为"所以然之故与所当然之则",且必定存在于每一事、每一物中;但更进一步指出"所以然者"是本原、是命,"所当然者"是末流、是义。这其实是把自然与价值统一于"理"中。它虽然也是道学的基本立场,但许衡对此进行了较为细致的分疏。

---

[1] 黄宗羲原本,全祖望修定:《鲁斋学案》,《宋元学案》第 4 册,第 2997 页。

关于"道"与"太极"的关系,许衡在《稽古千文》中是这样说的:"太极之前,此道独立。道生太极,函三为一。一气既分,天地定位。万物之灵,惟人为贵。"[①]这意思是说,"道"在"太极"之前就独立存在,是道派生出太极的混沌之气,而此混沌的"一气"却同时包含着"三"(即天、地、人),但是,万物之灵,却以"人"因其有"灵"故最为贵。许衡在此汲取了道家的一些说法,糅合儒、道两家之说,突出了"道"的绝对性和先天独立性。

太极混沌之气,分阴分阳、为天为地,故"天地阴阳精气,为日月星辰"。这就是说,"道"衍生出原始的"太极"一气,再进一步分化出天地万物。许衡依据其所具有的科学知识,对日、月和其他自然现象作出了这样的说明:

> 日月不是有轮廓生成,只是至精之气,到处便如此光明。阴精无光,故远近随日所照。日月行有度数,人身气血周流亦有度数。天地六气运转亦如是,到东方便是春,到南方便是夏,行到处便主一时。日行十二时亦然,万物都随他转,过去便不属他。[②]

在这里,他强调日月之行、人身气血周流皆有"度数"的观念,他的"过去便不属他"的边界意识是很值得思考的。

在"理"与"物(形)"的关系问题上,许衡坚持了理学家们的立场,主张:

> 凡物之生,必得此理然后有是形,无理则无形。[③]
>
> 有是理而后有是物。[④]

---

① 载李修生主编:《许衡·稽古千文》,《全元文》2,第 424 页。其中"函三为一"句,《全元文》作"亟三为一",也许是因为其所据古代各刻本《鲁斋遗书》中"函"字写成函之故。此处依照侯外庐、邱汉生、张岂之主编《宋明理学史》和字义、文意改为"函"字。
② 黄宗羲原本,全祖望修定:《鲁斋学案》,《宋元学案》第 4 册,第 2998 页。
③ 许衡:《语录上》,《许衡集》,第 3 页,北京,东方出版社,2007。
④ 同上书,第 2 页。

未有无理之物。①

即理在物(形)先。与此同时,理在派生万物之后,并未脱离事物,而是与万物相即不离。"理"无物则无所表现、无所寄托,如朱熹所言"无挂搭处"。故许衡说:

事物必有理,未有无理之物,两者不可离,无物则理何所寓。②

也就是说,物是理的体现,理是万物之源。

对于"理"与"心""性""情"的关系,许衡主张,作为万物之源的"理",根本上讲,就是"性",所以说"率性便是循理,循理便是率性"③。"性"与"理"一样,是天所赋予。④ 正所谓"'大哉乾元,万物资始',是天赋以德性,虚灵不昧,人皆有之",此"德性""物我皆得",不过,对于人而言,其"所得深浅、厚薄、分数在人,而其始本同是理一"。从这些说法看,许衡的思想并未脱离朱熹思想的藩篱,他像朱熹一样主张"心统性情",并认为"性者心之体,情者心之用也"⑤。

由此出发,他强调"人与天地同"。他认为,尽管"人不过有六尺之躯",但"其大处、同处,指心也,谓心与天地一般"。也就是说,人如果能"大其心",就能"与天地同",因为"心与天地一般"。但这只是从理上说,就现实而言,"心之所存"的"理一",难保"身之所行"的"分殊"。由于人兼有"本然之性"(虚)与"气质之性"(气),也就是张载所说的"合虚与气,有性之名",但常人的"气质之性"常常会浸染、遮蔽其"本然之性"。因此,他说"圣贤以理为主,常人以气为主"。他甚至从"理一分殊"的角度来讨论人与人之间的差异:"仁义礼智信,是明德,人皆有之,是本然之性,求之在我者也,理一是也。贫富、贵贱、死生、修短、祸福禀于气,是气

---

① ② 许衡:《语录上》,《许衡集》,第 3 页。
③ 同上书,第 26 页。
④ 但是,"天"在根本上实是把其所有的"理"赋予人,因此,天也就是性、就是理,就是道。在此,"天"就不再是那个与"地"相对的"自然之天",而是本源的"义理之天"。
⑤ 许衡:《语录下》,《许衡集》,第 23 页。

禀之命，一定而不可易者也，分殊是也。"①

此外，许衡还讨论过"仁"在"五常"中的地位，并将其与"元"在"易"之"四德"中的地位进行类比。当然，这在宋明道学其实也是一种常识，但许衡所做的细致分疏也有其殊胜之处。他说：

> 仁为四德之长，元者善之长。前人训"元"为广大，直是有理。心胸不广大，安能爱敬？安能"教思无穷容，保民无疆"？仁与元俱包四德，而俱列并称，所谓合之不浑，离之不散。仁者，性之至而爱之理也；爱者，情之发而理之用也；公者，人之所以为仁之道也；元者，天之所以为仁之至也。仁者，人心之所固有，而私或蔽之，以陷于不仁。故仁者必克己，克己则公，公则仁，仁则爱。未至于仁，则爱不可以充体。若夫知觉，则仁之用，而仁者之所兼也。元者，四德之长，故兼亨利贞。仁者，五常之长，故兼义理智信。此仁者所以必有知觉，不可便以知觉名仁也。②

在这里，许衡认为，仁具有"元"的"广大"意，暗示仁者心胸广大，这也正是仁者能"爱敬"的根由。仁者能爱，但爱却未必都是"仁"，因为仁是"性之至而爱之理"，"爱"却是"仁"的表现和发用，即"情之发而理之用"③。要使"爱"或"情"这样的表现、发用真正成为"仁"或"理"的表现与发用，就需要"公"，需要克己，需要义、理、智、信。

总之，许衡关于天、道、理、性、命等本体的思想吸收了道家学派的成分，把道家关于"道"的绝对性和先天独立性糅进儒家的思想中。经过认真的梳理，我们发现，许衡所使用的"天"的概念，是有不同的含义的：其一是与"地"相对的"自然之天"；其二是作为道学根本范畴的，与道、理、性等"同谓而异名"的"义理之天"。它们既是万物的"所以然之故"，也是

---

① 许衡：《语录下》，《许衡集》，第 27 页。
② 黄宗羲原本，全祖望修定：《鲁斋学案》，《宋元学案》第 4 册，第 2996 页。
③ "爱"即是"情"，是"仁"或"理"的发用。因此，说"爱"是"情之发而理之用也"，大致可以理解为：爱，像"情"一样是"仁"的表现、理的"发用"。

万事的"所当然之则",是自然与价值合一的根源。我们认为,许衡笔下、口中的"性"表示的是人们应该遵循的"所当然之则",而"命"则是人们遵循此"当然之则"后的贫富、贵贱、死生、修短、祸福等人生境遇,是属于"气禀"之自然。正是由于人有性有命、有本然之性与气质之性,所以人必须加强自身的修养,做扎实的修养工夫。

二、许衡的修养工夫论

尽管从理上说,"人与天地同""心与天地一般",但是,从现实的角度看,人的"气质之性"常常会浸染、遮蔽其"本然之性",使人"临事对人,旋安排把捉;未临事之前,无人独处,却放肆为恶"①。因此,许衡认为,人需要做"存养省察"的修养工夫。不过,许衡把"存养"和"省察"分作两截,说"静时德性浑全,要存养;动时应事接物,要省察"。从这个角度看,许衡的工夫论也是上承朱熹"静养动察,敬贯动静"的修养工夫论。

具体而言,许衡的修养工夫包括以下几个方面:

(一) 格物致知

关于格物致知,许衡在《大学直解》中解释说,"格字,解做至字,物是事物","致是推极的意思,知是知识",合在一起,"致知在格物"就是"若要推极本心的知识,又在穷究天下事物之理,直到那至极处,不可有一些不到"。② 他进一步解释说,人本心的知识,是"自然知识",而天下事物之理,是其"当然的道理"。这些说法中,需要注意的是,所谓"自然知识",并非外部自然界的知识(否则,怎么能说是本心所有),而是人心自然而然就有的灵明知觉能力(如知仁义礼智,知孝悌忠信之类)。所谓"当然的道理",当只能是就人而言的,亦即天下之物对人而言所具有的意义。如此理解许衡的"格物致知"之说,便能与其"不要逐物"之说相融贯。

不仅如此,许衡还把《大学》的"格物致知"贯彻至《孟子》中众多说法

---

① 许衡:《语录下》,《许衡集》,第 28 页。
② 许衡:《大学直解》,《许衡集》,第 68 页。

去理解，谓"尽其心者，知其性也，知其性，则知天矣"是《大学》的"物格知
至也"，并说"知其性是物格，尽其心是知至也。先知其性然后能尽心，非
尽其心然后知其性"①，但"知"须"到十分善处"，才算是"知其性"，也才能
"尽其心"。许衡虽然像朱熹那样，把"知性"说成是"物格"，把"尽心"说
成是"知至"，但他又进一步补充，强调"先知其性然后能尽心"，则有进于
朱熹。且朱熹以"物格"释"知性"时，强调要"穷理"，未曾明确此"理"之
何所指，这才引得后来的青年阳明去逐物、格竹。

由上可知，许衡的"格物致知"，与朱熹的"格物致知"之说微有不同，
但也不是后世阳明学所主张的"格物致知"之说。他虽如朱熹那样讲"即
物而穷其理"，但强调"不要逐物"，而要去"知其性""尽其心"。也就是
说，"格物致知"，"知"的是天所赋予的个人自己之"性"，了解个人自己的
良知善端；"知至"，则是达到充分发挥和实现自己的心、性之能这样的目
的。许衡认为，"良知良能"，是哪怕至愚、至不肖的普通人（夫妇）都具有
的。只要人能至诚以求，便可以"体道"而得天理，了解并掌控自己的
"性"，充分发挥和实现自己的心的"由不安不忍达于能安能忍"的能力。

（二）存养与省察

关于存养，许衡说，"存其心，养其性，所以事天也"是《大学》的"意诚
心正"，"行到十分善处"。他进一步解释说：

> 存谓操存不舍，养谓顺而不害，事谓奉承而不违。常存养其德
> 性，而发为恻隐、羞恶、是非、辞让之情，不使少有私意变迁。夫如
> 是，乃所以事天也。②

这即是说，要操存人之"本心"，不可少舍；要"顺"人之性而不可少害。许
衡的存养，尤其是"顺而不害"的"养"，其"顺"并不是勉强去"排遣"，而是
要"心无愧怍、内省不疚，乃无疑惧"。"养性"与养"浩然之气"并无不同，
因为"浩然之气"乃是"集义所生"。因此他说：

---

① 许衡：《语录下》，《许衡集》，第 22 页。
② 同上书，第 26 页。

"浩然之气"所以当养者,盖说"不动心"由于无疑惧。而惟"浩然之气"乃是"集义所生",心无愧怍、内省不疚,乃无疑惧,不是强排遣。①

关于"省察",许衡将其与"持敬"联系在一起。说"凡事一一省察,不要逐物去了。虽在千万人中,常知有己。此持敬大略也"。而"持敬"就是要提升自己,使如"圣人之心"与"明镜""止水","物来不乱,物去不留,用工夫主一也,主一是持敬也"②。这就是把"持敬"之功贯穿于动静之中,使"物来不乱,物去不留"。

(三)慎思

许衡非常重视"思"。他说:

> 视之所见,听之所闻,一切都要个"思"字。君子有九思,"思曰睿"是也。要思无邪。目望见山,便谓之青,可乎?惟知故能思。或问:"心中思虑多,奈何?"曰:"不知所思虑者何事?果求所当知,虽千万思虑可也。若人欲之萌,即当斩去,在自知之耳。人心虚灵,无槁木死灰不思之理,要当精于可思虑处。"③

意思是说,人心的根本是"虚灵",它不会像槁木死灰那样,因而,人心不去思虑的情况并不存在,不必去担心"思虑"之多。真正需要认真对待的是"可思虑处",即思虑的对象(包括情境、时机等),正所谓"果求所当知,虽千万思虑可也";以及思虑的恰当方式,即"思曰睿"与"思无邪",不能"目望见山,便谓之青"。

(四)提策

许衡说:

> 日用间若不自加提策,则怠惰之心生焉。怠惰心生,不止于悠

---

① 许衡:《语录下》,《许衡集》,第24页。
② 同上书,第23页。
③ 黄宗羲原本,全祖望修定:《鲁斋学案》,《宋元学案》第4册,第2996页。

悠无所成,而放辟邪侈随至矣。①

意思是说,在日用常行中,人必须要经常提撕、策勉自己,否则就容易滋生怠惰心理。而怠惰心理的危害,并不仅仅是让人安闲暇适、无有所成,而且更会使人随之而有放辟邪侈的思想与行为。

一方面是要"提策"(提撕与策勉)自己,另一方面是"汲汲焉毋欲速也"。许衡强调,不仅是学问如此,日用事为之间,都应该既不要追求"速效",也不能"怠惰",如此才能有所成。

(五)乐天知命

在提出了许多修养工夫之后,许衡还强调,要转变观念,学会"乐天知命"。要学会与天相协和,"顺性一于为善"。他在回答或问"乐善,所以乐天也,贫贱患难不忧,所以知命也"时说:

> 天赋与万物,无不尽善;譬若父母养育幼子,少与饮食衣服、多与饮食衣服,皆是;爱惜,固是,嗔责教训、使之成人,亦是;无不是底父母,无有错了的天。自古老天造化,岂有错了处?只有人错了。天与富贵福泽,教人行善;天与贫贱,亦教人行善,是天降大任之说。若父母爱之,喜而不忘;父母恶之,劳而不怨,顺性一于为善,此是乐天者也。乐天者,乐性中之善也;知命者,是"天道流行之命""不知命无以为君子"也。知有天命,不敢违;虽得贫贱患难亦不为忧,可谓以顺受也。乐天便是知命,知命便能乐天,此说君子之事也。孔子"五十而知天命","穷理尽性以至于命",圣人之事也。②

乐天,是"乐性中之善",此"性中之善"即天赋予人、赋予万物的。天无论以何种方式"造化",其性质都是"善"的,正如父母,无论他们以何种方式(如与饮食衣服之多寡、爱惜或者嗔责教训)养育幼子,因其动机是"使之成人",故"皆是"。因此,他说,老天的造化是不会错的,只有人才错了。

---

① 黄宗羲原本,全祖望修定:《鲁斋学案》,《宋元学案》第4册,第2997页。
② 许衡:《语录下》,《许衡集》,第24—25页。

天无论予人何种境遇,都教人要行善。所以说,"知有天命,不敢违,虽得贫贱患难亦不为忧",当人们"于患难间有个处置、放下,有天之所为,有人之所为。合处置者,在乎人之所为以有义也;合放下者,在乎天之所为以有天命也。先尽人之道义,内省不疚,然后放下,委之于命也"。这就是"知命""顺受"。

许衡认为,通过以上所述的修养工夫,现实的、受气质之性浸染与干扰而有所偏至与不足的人,几乎可以"与天地同",其"心与天地一般"。

三、许衡的实践哲学

许衡在元代屡屡被征召为官,其屡屡出仕也一依道学之义出处。他的"夷夏之辨"的观念要稍微淡薄一些,这使得他在实践上也取得不小的成就。当然,许衡在实践上的成就背后,是许衡的实践哲学观念在支撑。

(一)知行观

讨论实践哲学,必得涉及知行关系。许衡通过"开物成务"和"穷神知化"等来讲解"知"与"行"。有问:

> "开物成务",传云:物,凡物也;务,事也;开明之也,成处之也。事无大小不能明,则何由能处?曰:"此是圣人之事也。在《大学》,开物是知也,成务是行也。非但开发自己,要开发他人,只要开发得是。"①

在这里,开明凡物,即彰显凡物的意义,成处事务,即成就事情(功业),归根结底,是要按照"是"的标准,来开发自己和他人。而他对"穷神知化"之问的回答是,"在《大学》,穷神,是知也;知化,是行也。穷尽天地神妙处,行天地化育之功"②,亦即强调要"穷尽天地神妙处",从而能"行天地

---

① ② 许衡:《语录下》,《许衡集》,第25页。

化育之功"。

上述只是知与行的顺适相合；另一方面，许衡强调，行之"不力"在"知之不真"。倘若"知"得"真"且"坚"，其行亦"力"。史载，许衡自听闻道学，尤其是"小学"起，便坚定有力地践履和执行。前文说过，许衡得到《尚书疏义》和《周易王弼注》，便"日思夜颂，言动必揆诸义然后发。尝暑中过河阳，渴甚，道有梨，众争取啖，先生独危坐树下。或问之，曰：'非其有而取之，不义。'或曰：'此无主。'曰：'梨无主，吾心独无主乎？'"①当他知道"不义"之事不当为时，哪怕"渴甚"也能克制自己，使合于义。许衡非常重视"礼"，"凡丧祭嫁娶，必征诸古礼，以倡其俗……家贫躬耕，粟熟则食，粟不熟则食糠核菜茹，处之泰然。有余即以分族人及诸生之贫者。人有所遗，一毫非义，弗受也"②。

由上述可知，许衡的"知行观"，实是一种道德的认知和践履，他不仅强调"知"，更重视"行"，不仅"成己（开发自己）"，更重视"成人（开发他人）"，甚至欲图通过"穷尽天地之神妙"，来"行天地化育之功"。由此也可知，许衡所理解的"道德"其实并不仅仅是"礼义"，更重视的是"成己成物"。

（二）政治理想

许衡在《时务五事》中自述曰：

> 但迂拙之学，本非求仕。言论鄙直，不能回互，矫趋时好。③

意思是说，我的学术观点，本来不是用来追求仕进的。所以，我的言论浅陋而无文采，做不到曲折婉转，改变自己使媚于时好。他的出仕，乃是想如孔子和孟子一般，"孔子以道事君，不可则止""孟子责难于君、陈善闭邪"，努力使自己的以道学改造社会的主张和保存、发展中原的儒学道统

---

① 黄宗羲原本，全祖望修定：《鲁斋学案》，《宋元学案》第 4 册，第 2998 页。
②《元史·许衡传》卷一五八，第 3117 页。
③ 许衡：《时务五事》，《许衡集》，第 170 页。

与文化等理想得以实现。为此,他指出:

> 北方之有中夏者,必行汉法乃可长久。①
>
> 以是论之国家,当行汉法无疑也。②

许衡所陈"时务五事"中,首先是"立国规模"。他说:

> 为天下国家有大规模。规模既定,循其序而行之,使无过焉、无
> 不及焉,则治功可期……古今立国规模,虽各不同,然其大要,在得
> 天下心;得天下心无他,爱与公而已矣。爱则民心顺,公则民心服,
> 既顺且服,于为治也何有?③

从这些说法来看,许衡的政治思想和主张,其实是得君行道,通过君主体
现其"爱"与"公"的"仁政"得天下心。然后"因时顺理,与之夺之,进之退
之……周还曲折,必吾之爱、吾之公达于天下而后已。至是则纪纲法度,
施行有地,天下虽大,可不劳而理也"④。

此外,欲得天下民心,还需"齐一吾民,使之富实、兴学、练兵,随时损
益,裁为定制"⑤。

其次,是"中书大要"。许衡认为,"中书管天下之务,固不胜其烦
也,然其大要,在用人立法而已"⑥。但是,用人的关键有二,一是知人
识人,二是善能用之。知人识人,是要了解人之智与愚、贤与不肖。
他说:

> 贤者识事之体,知事之要,与庸人相悬,盖十百而千万也。⑦

但一个人是否是贤者,却难以"灼知其详",所以,中书大要,知人识人是
艰难的第一步。但是,君主是否有胆魄用人,也是很关键的。一方面,如
果君主"不先有司,直欲躬役庶务,将见日勤日苦而日愈不暇矣"⑧;另一

---

① ③ ④ 许衡:《时务五事》,《许衡集》,第 171 页。
② ⑤ 同上书,第 172 页。
⑥ ⑦ ⑧ 同上书,第 173 页。

方面,如果"已知其孰为君子、孰为小人,复畏首畏尾、患得患失,坐视其弊而不能进退之,徒曰知人而实不能用人,又何益哉"①。

中书除了选任"贤者",另外一件重要的事情是要"得法"。许衡说:

> 夫治人者,法也;守法者,人也。人法相维,上安下顺,而宰执优游廊庙之上,不烦不劳,此所谓省也。②

为此,"俸给之数,叙用之格,监司之条例,先当拟定。至于贵家世袭、品官任子、驱良抄数之便,宜续当议之,不可缓也。此其大凡"③。总之,用人、立法,关键要探古人之意、推而衍之。

第三,讨论"为君难"。由于"君"是上天为眷顾"有欲"且"无主乃乱"的"生民"而派来的"君师",为的就是"表正万邦",并让民众的欲求能得到满足,所以,为人君者,须有"聪明刚断之资"与"重厚包容之量"。人君所担负的是"至难之任",非安而娱之者,自古"圣帝明王莫不兢兢业业,小心畏惧,日中不暇,未明求衣……至难之任,初不可以易心处。知其为难而以难处,则难或可易;不知为难而以易处,则他日之难有不可为者矣"④。这是强调,作为君主,要在一开始就认识到"君主之任,至难",从而坚定其以难处之的心理。许衡并在其后列举"为君之难"之切要者六端,曰"践言""防欺""任贤""去邪""得民心""顺天道",举其要则为"修德、任贤、爱民三者而已"。

第四,为"农桑学校"。重视农桑学校,实质上是重视民生与民心。许衡说:

> 天之道,好生而不私。尧舜亦好生而不私。若"克明俊德"至"黎民于变","敬授人时"至"庶绩咸熙",此顺承天道之实也。稷播(布)五谷,以厚民生;契敷五教,以善民心,此辅导尧舜之

---

① ② 许衡:《时务五事》,《许衡集》,第173页。
③ 同上书,第174页。
④ 同上书,第174—175页。

实也。①

稷之播（布）五谷，是"生财之由"，应当要受到重视。然而，

> 今国家徒知敛财之功，不知生财之由。不惟不知生财，而敛财之酷，又害于生财也。徒欲防人之欺，不欲养人之善，所以防者为欺也，不欺则无事于防矣。欲其不欺，非衣食以厚其生、礼义以养其心，则亦不能也。②

因此，许衡建议，"优重农民，勿使扰害；尽驱游惰之民，归之南亩（亩），岁课种树，恳谕而督……自上都中都，下及司县，皆设学校，使皇子以下，至于庶人之子弟，皆从事于学，日明父子君臣之大伦，自洒扫应对，至于平天下之要道"③，如此，则"万目皆举"，庶几能实现"好生而不私"之道。

最后是"慎微"，即谨慎对待细微之事。许衡在"慎微"之后注曰，"此篇内皆非全文，所谓多削藁是也"，并明指"慎微"的十个方面：用晦、独断、重农、兴学、经筵、节喜怒、省变更、止告讦、抑奔竞、欲速则不达等。

除了陈《时务五事》，许衡还主张"汰省冗官"，认为这是"重名器、抑侥幸、厉廉能"的善政；建议设立枢密院，"与中书对持，号为二府"。

当然，许衡在政治方面还值得大书一笔的，是他为元朝定官制、立朝仪。《宋元学案》卷九〇《鲁斋学案》说：

> 先生考古今分并统属之序，举省部、院台、郡县与夫后妃、储藩、百司所联属统制，定为图，奏之。命集公卿议省院台行移之体，先生曰："中书佐天子总国政，院台宜具呈。"时商挺在枢密，高鸣在台，皆不乐，欲定为咨禀，因大言以动先生曰："台院皆宗亲大臣，若一忤，祸且不测。"先生曰："吾论国制耳，何与于人！"遂以其言质帝前，帝曰："朕意亦与衡合。"④

---

① ② ③ 许衡：《时务五事》，《许衡集》，第 181 页。
④ 黄宗羲原本，全祖望修定：《鲁斋学案》，《宋元学案》第 4 册，第 2999 页。

后来,他还建议元帝不要同意忽辛的"同签枢密院之请",因为忽辛之父阿马合时领尚书省六部事,掌有民与财之权,而"国家事权,兵、民、财三者而已。今其父典民与财,子又典兵,不可"。元帝问说:"卿虑其反耶?"许衡回答说:"彼虽不反,此反道也。"①

从以上关于许衡的政治思想的叙述中可以看出,他出仕确实是想实现"以道学改造社会"的理想。他的确并不是想做官,而是要借这样的机会,厚民生、善民心、保存中原的优秀文化,借道学改造社会。

（三）其他方面

除了前述道德与政治思想,许衡非常重视教育,并倡导理财②以厚民生。他关于化民成俗的方法也极富启发意义。他说:

> 圣人,是因人心固有良知良能上,扶接将去。他人心本有如此意思,爱亲敬兄,蔼然四端,随感而现,贤人只是与发达推扩,就他原有底本领上进将去,不是将人心上原无底强去安排与他。后世却将良知良能去断丧了,却将人性上原无底强去安排裁接,如雕虫小技。以此学校坏废,坏却天下人才。及去做官,于世事人情,殊不知远近,不知何者为天理民彝。似此民何由向方? 如何养得成风俗? 他如风俗人伦,本不曾学,他家本性已自坏了,如何化得人?③

这就是说,制度、风俗的制定与形成,当如圣人贤人一般,就人心固有的良知良能或人心中本有的那些个"意思",扶接将去或发达推扩、上进将去,而不能"将人性上原无底强去安排裁接"。

许衡的这些实践哲学思想,为道学注入了务实的理念,突出了道学本有的与"日用常行"密切关联的本质。他的道学思想整体上以"成己成物"为终极追求。在他看来,"己"身虽然有限,但"心"却"与天地一般",成己其实就是要真正完全彻底地发挥和实现自己的性能,让自己无论是

---

① 黄宗羲原本,全祖望修定:《鲁斋学案》,《宋元学案》第 4 册,第 3000 页。
② 许衡的理财,是国家之大利,不是聚敛财货。
③ 许衡:《语录上》,《许衡集》,第 8 页。

在日用常行还是在任何具体的实践领域，都能展现本领和才干。当然，这些理想的实现需要做切实的修养工夫，需要做扎实的实践践履。

第三节　刘因的理学

刘因（1249—1293），字梦吉（初名骃，字梦骥），保定容城（今河北省保定市容城县）人，后因慕诸葛孔明"静以修身"语，自号"静修"。其与许衡并称"元北方两大儒"[1]。不过，此二人在"仕元"的问题上却态度迥异[2]。据陶宗仪《南村辍耕录》载，许衡应召，经过真定时，刘因责许衡说："公一聘而起，无乃速乎？"许衡很坦然、也很有担当地回答说："不如此，则道不行！"而刘因后来不接受元廷集贤学士的征召，有人问刘因，他回答说："不如此，则道不尊。"一人亟欲行道，一人恬然尊道，都是真诚地践行儒家道学的典范。

刘因早岁"天资绝人"，三岁识书，记忆力惊人，《元史》谓其"过目即成诵"，六岁能诗，七岁能属文，弱冠之年，作《希圣解》。早年在真定，从国子司业砚弥坚受经学章句，"究训诂疏释之说"。但是，他不满足于经学章句的训诂疏释，说："圣人精义，殆不止此。"后来，他得到南儒赵复所传的周敦颐、张载、二程兄弟、邵雍、朱熹、吕祖谦等人之书时，"一见而发其微，曰：'我固谓当有是也。'"并品评两宋道学人物思想的特色，说，"邵，至大也；周，至精也；程，至正也；朱子，极其大，尽其精，而贯之以正"[3]。刘因遂于此由经学章句转向道学。

刘因生性不愿"苟合"，对不合道义的事情坚决不做。《元史·刘因传》说他"家虽甚贫，非其义，一介不取。家居教授，师道尊严，弟子造其门者，随材器教之，皆有成就。公卿过保定者……往往来谒，（刘）因多逊

---

[1] 黄宗羲原本，全祖望补定：《静修学案》，《宋元学案》第 4 册，第 3022 页。
[2] 刘因亦尝为元"承德郎、右赞善大夫，教近侍子弟"，但很快就"以母疾辞归"。后来，元廷再以集贤学士、嘉议大夫征召刘因，后者"固辞不就"。前后算起来，刘因仕元的时间不过一年。因而，其态度总体上而言是不愿仕元。
[3] 《元史·刘因传》卷一七一，第 4008 页。

避,不与相见"。至元二十八年(1291),元廷以集贤学士、嘉议大夫征召刘因,刘因以疾病固辞,并上书宰相,阐述自己不能出仕的根由。朝廷和元帝忽必烈都未勉强他,后者还说:"古有所谓不召之臣,其斯人之徒欤!"至元三十年(1293),刘因病卒,时年四十五岁,欧阳玄(一名欧阳元)为其所作《像赞》曰:

> 微点之狂,而有沂上风雩之乐;资由之勇,而无北鄙鼓瑟之声。于裕皇之仁,而见不可留之四皓;以世祖之略,而遇不能致之两生。乌乎!麒麟凤凰,固宇内之不常有也,然而一鸣而《六典》作,一出而《春秋》成。则其志不欲遗世而独往也明矣,亦将从周公、孔子之后,为往圣继绝学,为来世开太平邪![1]

人们认为欧阳元的这个评价,是没有任何"溢美"的"知言"。

刘因的著述,今存《静修集》,内有《丁亥集》五卷、《樵庵词》一卷、《遗文》六卷、《遗诗》六卷、《拾遗》七卷,以及《静修续集》诗、古赋、杂著等三卷。而苏天爵在刘因《墓表》中提到的《四书精要》三十卷、《易系辞说》以及门生辑录的《四书》语录等,均已失传。我们对刘因道学思想的研究,以摛藻堂四库全书荟要本《静修集》《静修续集》为据。

一、刘因的本体论思想

前文说过,刘因认为朱子之学"至其大,尽其精,而贯之以正",他还认为:

> 河图之说,朱子尽之矣。后人虽欲议之,不可得而议之也。[2]

从这些言论可以看出,刘因是朱熹理学的信奉者和继承者,并对朱熹的学说有所推进。

刘因对"本体"的看法,可以通过梳理他关于"理""道""心""性"等范

---

① 黄宗羲原本,全祖望补定:《静修学案》,《宋元学案》第4册,第3022页。
② 刘因:《河图辨》,《静修先生文集》,第8页,北京,中华书局,1985。

畴的言说来展示。

关于理。刘因说：

> 天地之间，理一而已。爰执厥中，散为万事，终焉而合，复为一理。①

强调天地之间，不过一理；执"理"之中，遂有万事，但是，万事归根结底又复合而为此"一理"。这表明"此理"有"生物"之用。在《游高氏园记》中，刘因说：

> 夫天地之理，生生不息而已矣。②

这就在《希圣解》提出"理"有"生"物之用的基础上，更进一步强调"生生"之不息。所谓"生生不息"，其潜含着的意思就是，具体的"所生者"有限而不能久存。因此，刘因接着说：

> 凡所有生，虽天地亦不能使之久存也。若天地之心见其不能久存也，而遂不复生焉，则生理从而息矣。③

假如天地生物之心（即理）看到所生者不能"久存"就不再创生，那么"生生"之"理"就停滞了，这就不是"生生不息"了。因此，刘因说，具体事物的"生灭"或"成毁""代谢"等，都是源自"理"与"势"的相互作用。这说明，"理"虽然有"生"物之用，但也不能"随心所欲"，其"生"物之用须在"势"的辅助之下才能具体实现。

刘因也谈到了"理"与天的关系。在《宣化堂记》中刘因说：

> 大哉化也，源乎天；散乎万物，而成乎圣人。自天而言，理具乎乾元之始，曰造化。④

这是说，理的"生"物之用，即造化，是源于"天"的；这种"造化"之功分散

---

① 刘因：《希圣解》，《静修先生文集》，第2页。
②③ 刘因：《游高氏园记》，《静修先生文集》，第46页。
④ 刘因：《宣化堂记》，《静修先生文集》，第36页。

于万物之中，却在圣人那里有最终的成就和体现。究其实质，天就是"造化"，就是"理"在乾元之始；天、理、乾元（之始），名虽不同，所指则一，指的是创生者或造化之功的发出者。除了"化"，刘因还很重视"宣"。刘因说：

> 宣而通之，物付之物，人付之人，成象成形，而各正性命。化而变也，阴阳五行，运行乎天地之间，绵绵属属，自然氤氲而不容已……天化宣矣，而人物生焉；人物生矣，而人化存焉。[1]

"天—理"的"生化"之功分散且贯通到万事万物之中，属于"物"的交与物，属于"人"的交与人，从而"成象成形"，都能恰当地取得自己特有的性命、价值和地位。这个造化、变易的过程，通过阴阳五行等不同形态，运行于天地之间，连续不断，恭谨专一，都是自然氤氲的交会和合，没有止息。天的"宣化"作用，使得人与物不断生成，后者又进一步使得"人"的造化生成的能力不断发用。

不仅"理"如此，"道"在刘因那里，其实质也是司"造化生成"的实体。在《退斋记》中，刘因说：

> 老氏，其知道之体乎？道之体本静，出物而不出于物，制物而不为物所制，以一制万变而不变者也。[2]

他认为，老子只是了解"道之体本静"，但并不真正懂得："道"在根本上是"生成万物"而非由万物所生的，它能规定、制约万物却不被万物规定、制约，是单靠自己就能规定、制约各种变化的"不变者"。刘因通过这样的方式，既承认了老子之所见，亦指出儒家义理与道家学说的不同，这在客观上有"辟老"的效果。

同时，"道体"在根本上"周遍"于万物，人应该从"道之体"中学习。所以，刘因主张：

---

[1] 刘因：《宣化堂记》，《静修先生文集》，第 36—37 页。
[2] 刘因：《退斋记》，《静修先生文集》，第 42 页。

> 以理之相对、势之相寻、数之相为流易者而观之，则凡事物之肖
> 夫道之体者，皆洒然而无所累、变通而不可穷也。①

当然，当刘因说"肖夫道之体"的事物能够"洒然而无所累、变通而不可
穷"时，他其实已经在谈"修养工夫"了。关于修养工夫，我们将在后文详
细讨论。

关于"心""性"问题。刘因认为，所谓太极便是"道与心"。在《太极
图后记》中，刘因认为：

> 夫河图之中宫则先天图之所谓无极、所谓太极、所谓道与心
> 者也。②

这就是说，太极之理，也就是道，也就是心，是"人之所以最灵者也"。但
是，人不仅只有"心"这个"所以最灵者"，他还拥有"性"与"气"。刘因《叙
学》说：

> 性无不统，心无不宰，气无不充，人以是而生，故材无不全矣。③

也就是说，在人的整体构成中，"性"是"统率"，其作用和功能是引领方
向，"心"则是起主宰、管治作用的，"气"则充溢于人的身体、赋予其生理
与精神两方面的力量。由此看来，刘因虽然对"性"说得较少，但是，他像
宋明道学中的其他哲人一样，主张"心性合一"，而且它们与"血气"之间
存在着相互转化的关系。《宣化堂记》有云：

> 人欲化而天理，血气化而情性，呻吟化而讴歌，暴夭化而仁寿。④

在这里，"化"是缓慢的、不显著的改变，这个过程，靠"明人伦、察物理、作
礼乐、制行政，以修其道，以明其德"⑤来实现，但归根结底，是通过"心
性"自我内在的转变，因为"天生此一世人，而一世事固能办也，盖亦足乎

---

① 刘因：《退斋记》，《静修先生文集》，第42页。
② 刘因：《太极图后记》，《静修先生文集》，第15页。
③ 刘因：《叙学》，《静修先生文集》，第3页。
④⑤ 刘因：《宣化堂记》，《静修先生文集》，第37页。

己而无待于外也"。所以,有什么样的血气,就会有相应的因素来对治,使其化而为"情性"。这就是刘因所说的"盖不能有以胜彼之气,则不能生于其气之中,而物之与是气具生者,夫固必使有用于是气也。犹朱子谓天将降乱,必生弥乱之人,以拟其后"①。

不过,问题是,人要发动什么样的内在因素来对治血气,使之"化而为情性"呢? 这其中的关键,恐怕就在于"心之机"。在《驯鼠记》中,刘因指出:

> 心之机一动,而气亦随之。迫火而汗,近冰而慄,物之气能动人也,惟物之遇夫人之气也亦然。②

这就像孟子关于"志"与"气"关系的论述。孟子说:"夫志,气之帅也;气,体之充也。夫志至焉,气次焉。故曰'持其志,无暴其气。'……志壹则动气,气壹则动志。"(《孟子·公孙丑上》)这就是说,虽然在人的"志"与"气"之间,"志"应当是起决定性作用的因素,但在实际上人的心志、意愿(即"志")与生理和精神动力(即"气")之间是互相影响的,因此,要加强人的"心志"对"气"的掌控。刘因借鉴了孟子的这一观点,主张"物之气能动人",但物在遭遇"人之气"时,也会随之而动。当然,至为重要的是,要增强"心之机"对"气"的掌控,如此才能"化"血气为"情性",也才能与蜂、鼠谐和共存。

从上述刘因对于"天""道""性""理""心"等范畴的认识和理解可以看出,刘因关于本体的理解是继承理学一脉而来。尽管从《静修集》来看,他较少谈到"性",但是就现有文献提供的思想线索来看,他主张"性"是引领方向的统率,"心"是主宰和管治者,"天""理""道"等则是生生不息的创生者,万物皆从其而来,又皆受其主宰和管治。这些都与理学"性即理"的立场相一致。但是,刘因比较重视"心"的主宰、管治作用,这或许是他与理学有所区别,而又接近心学的地方。

---

① 刘因:《读药书漫记二条》,《静修先生文集》,第19页。
② 刘因:《驯鼠记》,《静修先生文集》,第39页。

二、刘因的修养工夫论

刘因的修养工夫论,也就是刘因借以使凡俗之人能接近或达到本体的修养工夫或方法。刘因的《静修集》较少直接谈论"修养工夫",但相关的思想、见解散见于《静修集》的许多地方。概略言之,刘因的修养工夫主要有:

(一)养气持谨、平心易气

前文提到的《驯鼠记》中,刘因指出,"心之机"与"气"(同时还有"物"与"人")相互间会产生影响,因此,如果希望"心"与"气"或"人"与"物"是以"心"或"人"为主,达到其所发之气"安静慈祥、与物无竞",使"物"之来去均"如相忘"而"莫之撄",那就要"平吾之心""易吾之气",使物之来去均"不激",才能办到。他说:

> 心之机一动,而气亦随之。迫火而汗,近冰而慄,物之气能动人也。惟物之遇人之气也亦然。鼠,善畏人者也。一日静坐,有鼠焉出入怀中,若不知予之为人者,熟视之而亦不见其为善畏人者。予因思先君子尝与客会饮于易水上,而群蜂近人,凡扑而却之者皆受螫。而先君子独坐不动,而蜂亦不迫焉。盖人之气不暴于外,则物之来不激之而去,其来如相忘,物之去不激之而来,其去亦如相忘。盖安静慈祥之气与物无竞,而物亦莫之撄也。平吾之心也,易吾之气也,万物之来,不但一鼠、蜂而已也。虽然,持是说以往,而不知所以致谨焉,则不流于庄周、列御寇之不恭而不已也。①

但是,仅仅是"平心易气",很可能会"不流于庄周、列御寇之不恭而不已也",因此,刘因为救此弊,提出了"致谨"的工夫要求,亦即理学家们"持敬"的工夫论。刘因一方面希望人能够做"平心易气"的"收敛"工夫,使"人之气不暴于外",但另一方面他也认识到只此不够,便进一步提出

---

① 刘因:《驯鼠记》,《静修先生文集》,第39页。

"持谨"的工夫。这一步"持谨"的工夫,才使得刘因修养工夫的目的——"物亦莫之撄",保全人的"其形虽微而有可以参天地者""其时虽无几而有可以与天地相终始者"——天理人心之不容已者能真正得以实现。从这个意义上讲,侯外庐等先生《宋明理学史》的"刘因是视物若无,专务其静,专一而不放逸""人与物便泯化为一,物我无别"的判断,是不能成立的①。

（二）遂初心而不及物

要实现"天理人心之不容已者",除了"养气持谨,平心易气"外,但求"遂初心",而不求"出以及物",也是非常重要的一种修养工夫。

刘因在《遂初亭说》中重点谈及了这一修养工夫：

> 君子立心之初,曰为善而不为恶,曰为君子而不为小人,如是而已。苟为善也、为君子也,则其初心遂矣。夫道无时而不有、无处而不在也,故欲为善、为君子,盖无时无处而不可,而吾之初心,亦无时无处而不得其遂也。若曰：吾之初心将出以及物也,苟时、命不吾与焉,则终身不得其遂矣。如是,则是道偏在乎出而处也,无所可为者矣。若曰：吾之初心欲处而适己也,苟时、命不吾释焉,则亦终身不得其遂矣。如是,则是道偏在乎处而出也,无所可为者矣。道果如是乎哉？②
>
> ……夫义当闲适、时在匡济,皆吾所当必为者。然其立心,则不可谓必得是也而后为遂。苟其心如此,则是心境本无外而自拘于一隅；道体本周遍,而自滞于一隅,其累也甚矣。③

在这里,刘因认为,人当把实现儒家之道、为善、为君子作为"初心",因此"道"无时不有、无处不在,故人之遂此"初心",亦"无时无处而不

---

① 不过,仍然需要指出的是,侯外庐等先生主张的、刘因深受庄子的影响,"借庄子学说逃避现实"的判断仍然是有其合理性的。请参见侯外庐、邱汉生、张岂之主编《宋明理学史》上册,第680页,709—710页。

②③ 刘因：《遂初亭说》,《静修先生文集》,第21页。

可"。唯人有"出以及物"或"处而适己"的偏滞,故有"终身不得其遂"的遗憾。因此,刘因希望人(尤其是筑遂初亭的张九思)能意识到"吾所当必为者"不必是"匡济"或"闲适",而是"尊道""达道"。如此,则其"初心"可遂,而无"自滞于一隅"之累,人便可实现其"天理人心之不容已者"。

（三）希圣希天

据言,刘因读周敦颐《易通》,当读到"士希贤,贤希圣,圣希天"时,曾感叹说:

> 迂哉言! 荡荡乎! 浩浩乎! 天高明神睿,孰可希焉? 欺我后人。迂哉此言![1]

随后,他吟风弄月、放浪形骸,歌太古沧浪之词,并坠入梦乡。在梦里,他与三位疑似高明贤达之人有过一番对话。其中,"拙翁先生"教育刘因说:

> 天地之间,理一而已,元执厥中,散为万事,终焉而合,复为一理。天地,人也;人,天地也。圣贤,我也;我,圣贤也。人之所钟,乃全而通。物之所得,乃偏而塞。偏而塞者,固不可移;全而通者,苟能通之,何所不至矣! 圣希乎天,至则天,不至则大圣;贤希乎圣,过则天,不至则大贤;士希乎贤,过则圣、至则贤,不至则犹不失乎令名。此圣之所以为圣,贤之所以为贤也。子受天地之中,禀健顺五常之气,子之性,圣之质;子之学,圣之功。子犹圣也,圣犹子也。子其自攻,而反以我为迂。子迂乎? 先生迂乎? 苟子修而静之,勉而安之,践其形,尽其性,由思入睿,自明而诚,子希圣乎? 圣希子乎? 子其自弃,而反以我为欺。子欺先生乎? 先生欺子乎?[2]

据说,刘因在梦中发愿说:"驷虽不敏,钻仰之劳,岂敢负先生之知乎!"此《希圣解》是刘因弱冠时的"少作",由之可见刘因当时便发愿、立

---

① 刘因:《希圣解》,《静修先生文集》,第1页。
② 同上书,第2页。

志要为圣贤。就一般的理解而言,圣贤似乎是高不可攀、遥不可及的,但在儒家一脉相承的看法是,圣贤是可以通过努力实现的,圣贤并不一定是建立不世功勋、博施济众的伟大人格,而是"依乎中庸,遁世不见知而不悔"(《中庸·第十一章》)的"疑似的"普通人。因此,刘因指出,"我"与天、地、圣、贤并无二致,因为我作为"人",聚集了天、地的全部质性且能贯通之,所以,"我"如果真的能够贯而通之,希贤、希圣、希天都能成功。

以上所述,是刘因修养工夫论比较重要的几个方面。除了上述几点,刘因还发挥和改造了庄子的"齐物"和邵雍"以物观物"的思想,使其与道学的思想追求相统一,这是值得提及的。不过,限于篇幅,再加上侯外庐等先生主编的《宋明理学史》对此已有深刻的论述①,此处不再赘述。

三、刘因的经学思想

刘因生性恬淡,加上其或出于蒙元灭金(包括宋)等原因,对于出仕和匡济世道等出处比较淡然,因而,其实践哲学颇难概括。但是,刘因却在其为学生讲"读书为学之次叙"的《叙学》中,阐述了异常丰富的"经学"思想。概括起来,刘因的经学思想主要有以下几个方面。

(一)经学以成就全材之人为旨

刘因认为,就理上言,人本身兼具性、心、气,故人之"材"全备而无或缺。但是,后来由于各种各样的因素而有所欠缺,因此,需要圣贤留下来的经典文献帮助人们去重新发现自己本身所具的"是性""是心""是气"。刘因说:

> 性无不统,心无不宰,气无不充。人以是而生,故材无不全矣。其或不全,非材之罪也。学术之差,品节之紊,异端之害,惑之也。今之去古,远矣;众人之去圣人也,下矣。幸而不亡者,大圣大贤惠世之书也。学之者以是性、与是心、与是气,即书以求之,俾邪正之

①　参见侯外庐、邱汉生、张岂之主编:《宋明理学史》上册,第711—716页。

术明、诚伪之辨分、先后之品节不差,笃行而固守,谓其材之不能全,吾不信也。保下诸生从余问学有年矣,而余梗于他故不能始,卒成失教育英才之乐。故其为陈读书为学之次叙,庶不至于差且紊,且败其全材也。①

刘因在此明说其《叙学》的缘起,是为"保下诸生"陈"读书为学之次叙",使其为学不至于次序颠倒混乱、效果有差,最终是要成就人之全材。当然,仅靠读书为学,确实不足以成就人之全材。但是,刘因认为,读书为学可以帮助学者明邪正之术、分诚伪之辨、齐先后之品节,在此基础上,笃行而固守,人之材信可得全。

这是刘因对经学之旨的说明。

（二）经学之源流

在刘因看来,经学并不止是儒家的经典,同时也包括诸子之学和艺文之学,它们与儒家经典一起构成了经学的源流,共同构筑起成就人之全材的学问体系。

刘因认为,"先秦三代之书,'六经'、《语》《孟》为大",处世变日下、风俗日坏的当代学者,若欲得其材之全,"惟当致力'六经'、《语》《孟》"。不过,与世人以《语》《孟》为"问学之始"不同,刘因认为,《语》《孟》是"圣贤之成终者",是"博学而详说之,将以反说约"之"约"。因此,他批评当时人们的为学次第,说"未说圣贤之详,遽说圣贤之约,不亦背驰矣乎！所谓颜状未离于婴孩,高谈已及于性命者也"。话虽如此,刘因还是认为,"句读训诂,不可不通。惟当熟读,不可强解。优游讽诵,涵泳胸中。虽不明了,以为先入之主可也。必欲明之,不凿则惑耳。'六经'既毕,反而求之自得之矣"②。

同时,刘因也发表了治"六经"的顺序。他说:"治'六经'必自《诗》始。"古人从十三岁起诵诗,通过"诗"来导情性、开血气,"使幼而常闻歌诵之声,长而不失刺美之意"。《诗经》之后,就要学《尚书》。"《书》,

---

① ② 刘因:《叙学》,《静修先生文集》,第3页。

所谓圣人之情见乎辞者也。即辞以求情,情可得矣。"《诗经》《尚书》之后,便要学"礼"。因为"血气既开,情性既得,大本立矣。本立则可以征夫用,用莫大于礼"。由于三代之礼已废,现存只有《礼记》和《周礼》可供学习。在学了《礼记》和《周礼》之后,就该学《春秋》。"《春秋》,以天道王法断天下之事业也。《春秋》既治,则圣人之用见。"概括起来,上述"四经",其功用在开血气、得情性,求其辞、节、断。其中,《诗》《书》《礼》为"学之体",《春秋》为"学之用"。如此一来,体用"一贯、本末具举,天下之理穷,理穷而性尽矣。穷理尽性以至于命,而后举夫《易》"。《周易》是圣人用以"成终而成始"者,须在"五经"明晓之后从事之,才能有良好的效果。

关于"六经"的传、疏,刘因的看法很值得重视,他说:

> "六经"自火于秦,传注于汉,疏释于唐,议论于宋,日起而日变。学者亦当知其先后,不以彼之言而变吾之良知也。[1]

他批评当时学者,认为他们"往往舍传注疏释,便发诸儒之议论。盖不知议论之学自传注疏释出,特更作正大高明之论尔"[2]。他对于汉、唐、宋之儒作持平之论,说"传注疏释之于经,十得其六七;宋儒用力之勤,剗伪以真,补其三四而备之也"[3]。基于这样的看法,他对于传注、疏释、议论有这样的次叙安排:"先传注而后疏释,疏释而后议论",如此才能"始终原委,推索究竟",并"以己意体察,为之权衡,折之于天理人情之至",不要去追求新奇、怪异,不要攻讦、穿凿,"平吾心,易吾气,充周隐微,无使亏欠",然后"六经"为得也。

"'六经'既治,《语》《孟》既精,而后学史。先立乎其大者,小者不能夺也。"[4]关于"史",刘因认为,它们是"经"所弘扬的治乱兴废之道的"迹":"胸中有'六经'、《语》、《孟》为主,彼兴废之迹不吾欺也。"学"史"也

---

① ② 刘因:《叙学》,《静修先生文集》,第4页。
③ 侯外庐等先生正是根据这一观点,概括出刘因"返求六经"的经学思想。
④ 刘因:《叙学》,《静修先生文集》,第4页。

有次第,刘因认为,"史"是从汉朝开始兴盛的。司马迁的《史记》大集群书,上下数千载,算是一部完整的史学著作。虽然其"议论驳而不纯",但是,读者若善能去驳取纯,则亦能有得。因此,刘因认为,司马迁作为"良史",其为后世"史记"提供了效仿的典范,刘因谓其"创法立制,纂承六经,取三代之余烬,为百世之准绳"①,其后班固的《汉书》"与迁不相上下",因"其大原""出于迁而书稍加密"。不过,范晔的《后汉书》、陈寿的《三国志》,以及后世诸史均有这样或那样的不足。因此,善读史者有法:

> 必读全史历代,考之废兴之由,邪正之迹,国体国势,制度文物,坦然明白,时以"六经"旨要立论其间,以试己意,然后取温公之《通鉴》、宋儒之议论,校其长短是非。如是可谓之学史矣。②

在读、治"诸史"之后,可以读诸子之书。而"诸子既治,宋兴以来诸公之书:周、程、张之性理,邵康节之象数,欧、苏、司马之经济,往往肩汉唐而踵三代,尤当致力也"。最后,"艺亦不可不游也",艺有古今之别,古者以礼乐射御书数为艺,今则以"诗文字画"为艺。学成之后,"则可以为君相,可以为将帅,可以致君为尧舜,可以措天下如泰山之安。时不与志,用不与材,则可以立德,可以立言、著书垂世,可以为大儒,不与草木共朽、碌碌以偷生、孑孑以自立尔"③。

以上,自"六经"(《诗经》)开始,然后是"诸史""诸子""宋兴以来诸公之书",以及"诗文字画"之"艺",它们构成了"六经的源流"。

(三)经与史之辩证

在讨论学"史"之次第时,刘因说到"古无经史之分"。侯外庐等先生认为这"是一个很有见地的看法"。刘因说:

> 古无经史之分,《诗》《书》《春秋》皆史也,因圣人删定笔削,立大

---

① ② 刘因:《叙学》,《静修先生文集》,第 5 页。
③ 同上书,第 8 页。

经大典，即为经也。①

与此同时，如前文所言，诸史之中，亦载有治乱废兴之迹，若心中已有"六经"、《语》、《孟》为主，"情性既得、血气既开"，且通过《书》《礼》《春秋》等已得其辞、节、断，对诸史之"驳而不纯"的议论、叙事之详略悉依《春秋》之"断"，则亦可由诸史而通达"经"。从这个意义上说，经史之间确实有其相辅相成的关系。

刘因的"古无经史之分"，上承文中子王通的"谓经为史"，下启王阳明"以事言谓之史，以道言谓之经，事即道，道即事。《春秋》亦经，五经亦史"之论。清代章学诚"六经皆史"，更是对刘因此说的进一步延伸。

不过，就刘因"古无经史之分"的本意而言，其并非否定"六经"载道，成就人之全材的意义。他其实是希望学者于经、史，均当重视，但仍以"六经"、《语》、《孟》为主。

第四节　饶鲁和吴澄的理学

饶鲁与吴澄，是元代在南方传播道学的两位著名代表。据考，饶鲁是朱熹的再传弟子，曾受学于朱熹高弟黄榦（勉斋先生）②。同时，尽管饶鲁一生均在南宋，但由于其学说的影响在其生前所及仅限于民间、地方，反倒是其再传弟子吴澄在元代大大发扬了他的学说。因此，本节把饶鲁的思想当作元代道学的一部分，予以介绍和讨论。

---

① 刘因：《叙学》，《静修先生文集》，第4—5页。
② 关于饶鲁的师承关系，冯兵和许家星曾经有过争论。冯兵认为，饶鲁或曾经问学于黄榦（勉斋先生），但其思想受黄榦（尚质先生）影响更深，因此，就师承关系而言，饶鲁师出尚质先生黄榦之门或更恰当。许家星则针锋相对地指出，饶鲁应该无疑问地师承黄勉斋先生。请参见冯兵《饶鲁师承渊源辨误》（载《中国社会科学报》，2013年1月28日，第A05版）和许家星《饶鲁师承渊源再论》（载《光明日报》，2014年9月30日，第016版）。我们综合各家看法，仍坚持认为饶鲁师出黄勉斋先生之门。

一、饶鲁的理学思想

饶鲁(1193—1264)①,字伯舆,又字仲元,江西余干万年乡(今江西省上饶市万年县)人,因其长期讲学的石洞书院门前有双峰并峙,故号"双峰先生"。饶鲁虽于《宋史》无传,但其在地方志中却地位甚高:明、清两代均入余干、万年的乡贤祠,1512年李梦阳等恢复东山书院时从祀理学祠。饶鲁之于《宋史》无传,原因大概是其无意于科举、仕宦所导致的缺乏功名,而饶鲁最多也就是做了短暂的饶州学教授。

但饶鲁本身在学术、教育等方面确实有其值得称道之处。据《宋元学案》,饶鲁自"髫龄有志于学,稍长,从黄勉斋榦、李宏斋燔学"。黄榦曾问饶鲁说:"《论语》首论'时习','习'是如何用功?"饶鲁回答说:"当兼二义,绎之以思虑,熟之以践履。"(据李伯玉《双峰先生行实》,饶鲁还接着说:"《集注》曰'实复思绎',欲人于思虑上习也;又曰'学者将以行之',欲人践履上习也。")饶鲁的回答令黄榦大为满意,"大器之"。后来,饶鲁曾"以《易》赴棘试"。但关于此次赴试的结果,《行实》的记载和《宋元学案》颇为不同。《宋元学案》认为是"不遇,遂归,专意圣贤之学",而《行实》则认为"考官得之,称为第一",但饶鲁无意于科第,"谢场归"。之后,饶鲁筑朋来馆以居学者,作石洞书院,授徒讲学;晚年曾被南宋朝廷授迪功郎、饶州州学教授,培养了许多著名的学者,如陈大猷(其子陈澔,所注《礼记集说》长期为科举取士之准)、吴中、赵良淳、程若庸等。程若庸后来又教育出吴澄,把饶鲁所开启的"和会朱陆"之风推进得更远。

饶鲁著有《五经讲义》《语孟纪闻》《学庸纂述》《西铭录》《近思录注》等,《宋元学案》称"其书不传"。清乾隆时期,王朝璩从许多经籍纂述中辑录《饶双峰讲义》十六卷。这是我们研究、讨论饶鲁哲学思想所可依凭

---

① 关于饶鲁的生卒年,由于饶鲁《宋史》无传,因而缺乏官方正式数据的支持。过去,人们一般认为饶鲁的生卒年不可考。但近年来,江西省万年师范学校的"万年羽人"根据余干、万年县志和《宋元学案》撰写《万年师范学区八县历史杂考(二)·历史文化名人》之"饶鲁"条,其主张饶鲁生于1193年,卒于1264年。

的材料。

（一）饶鲁的本体观

作为朱熹再传弟子、黄榦高弟，饶鲁的本体论以朱熹"理气二元、理主气辅"的立场为根基，对道、理、性、心等范畴的含义及其相互关系进行了探讨，并提出了一些不同于朱熹的观点。

饶鲁关于理气关系的论述，比较重要的，是在其讲解《孟子》之论"浩然之气"处。在此，饶鲁说：

> 浩然之气，全靠道义在里面做骨子。无这道义，气便软弱。盖缘有是理而后有是气，理是气之主。如天地二五之精气，以有太极在底面做主。所以他底当恁地浩然。①

这与朱熹的理先气后、以理为主是一致的。"气"作为一种生理和精神动力，若无"道义"或"理"，便软弱无力，其原因在于有"理"才有"气"，有何种具体的"理"才会有相应的"气"（动力）。"气"之"浩然"，乃在于其有"道义"或"理"为基底。

饶鲁接着说，

> 《集注》："配者，合而有助之意。"譬如妻之配夫，以此合彼，而有助于彼者。盖理气不相离，气以理为主，理以气为辅。大凡人不能勇于为善，为是无那气来衬贴。有那气来衬贴起，做得定是有力。②

这是继续解释"浩然之气"之"配义与道"。这个"配"就是合而有助，就像是妻之配夫，妻与夫相合且有助于夫，浩然之气也与"道义"相合并有助于"道义"。这是具体而言，抽象来讲，就是理气不相离：气配合理而以理为主。所以饶鲁说"气以理为主，理以气为辅"。不过，饶鲁进一步的解释就比较有意思：为善（这当然是"道义"、是"理"）需要"气"来衬贴，如果

---

① 饶鲁著，王朝璩辑录：《孟子一》，《饶双峰讲义》卷一一，《四库未收书辑刊》第 2 辑，第 15 册，第 440 页，北京，北京出版社，1998。
② 同上书，第 441 页。

有"浩然之气"来衬贴,人们的为善就能有力。也就是说,如果"气"能配合"理",成为"浩然之气",那么它就能大大地有助于"理",其具体表现就是使人能勇于为善,做得有力。

就理气关系而言,饶鲁的基本立场与朱熹一致,均是坚持"理气相即、理主气辅",但是,饶鲁进一步发挥了"气"的作用:"理"若无"气"这个辅助,其"实现"(具体表现为"为善")就无力。"气"无"理"(其所配者非"义与道")则馁;"理"无"气",也会"无力"。所以,他解释"二馁字不同"说:

> "无是,馁也",是无气则道义馁,"行有不慊则馁",是无道义则气馁,所指不同。盖二者相资:论其用,则道义非气无以行,论其体,则气非道义无以生。①

就道、太极和天理而言,饶鲁也认为它们是一致的。在解释朱熹《论语集注》中"子见南子"章中"否,谓不合于礼,不由其道也"时,饶鲁说:

> 礼是先王之制,道是天下事物当然之理。②

这是强调,"道"是"当然之理"。同样地,在《饶双峰讲义》卷一五《附录·道》中,饶鲁指出:

> 道者,天下当然之理,原于天之所命,根于人之所性,而著见于日用事物之间,如大路然,无难知难行之事。③

此处更进一步强调,道作为"当然之理",源于天之赋命,根于人的秉性,并在日用事物之间体现和实现出来,就好像大路一样,不存在难以知晓、难以践行的情况。这从根本上表达了饶鲁"道、理、性、命"相一致的观点。然而,人们觉得其难知难行,其原因有两个方面:一是因为"道虽至大,而其间节目至精至密,极其至小而无内"④,故难知也;一是因为人自

---

① 饶鲁著,王朝璩辑录:《孟子一》,《饶双峰讲义》卷一一,第441页。
② 饶鲁著,王朝璩辑录:《论语二》,《饶双峰讲义》卷四,第375页。
③ 饶鲁著,王朝璩辑录:《附录·道》,《饶双峰讲义》卷一五,第468页。
④ 饶鲁著,王朝璩辑录:《中庸下》,《饶双峰讲义》卷一〇,第432页。

身有气禀之万殊,难免或受识见所限、"不得其门而入",或为人欲所蔽、失其中正公允之质,故难行也。倘若人能"得其门而入,则由愚夫愚妇之可知可能,以至于尽性至命之地,无远之不可到也"①。

"道"作为"天下事物当然之理",其在人则曰"道即率性之谓。虽天下之所共由,而非圣人不能尽。故独举而归诸圣人"②。人能"循守"其"天命之性",即能"得道于己",即有"德",而"德者,得是道于己也。道之大小各极其至,故曰至道。德之大小各极其至,斯为至德。有是至德然后足以凝聚是至道而为己有"③。"德"一方面是"得道于己",另一方面却能"体""吾道之大",将"道"表现或实现出来。"德根于性",而性就是"人所禀之天理"。他说:

> 天以至健而始万物,则父之道也。地以至顺而成万物,则母之道也。吾以藐然之身,生于其间,禀天地之气以为形,怀天地之理以为性,岂非子之道乎!④

人"怀天地之理以为性",这是"人之为人"者,亦即是"仁"。饶鲁解释《中庸》"仁者,人也"时说:

> 人字之义极难训。但凡字,须有对待,即其所对观之,其义可识。此人字非对己之人、非对物之人、非对天之人。孔子曰:"未能事人,焉能事鬼。"此人与鬼字相对。生则为人,死则为鬼。仁是生底道,以说人。人若不仁,便是自绝其生理。⑤

这些说法把"道、德、理、性、仁"等联系、统合在一起,显示出它们乃同谓之异名。

总之,在本体论方面,饶鲁大体上与朱熹的立场相似,而微有不同。

---

① 饶鲁著,王朝璩辑录:《附录·道》,《饶双峰讲义》卷一五,第468页。
② 饶鲁著,王朝璩辑录:《中庸下》,《饶双峰讲义》卷一〇,第432页。
③ 同上书,第433页。
④ 饶鲁著,王朝璩辑录:《附录·西铭》,《饶双峰讲义》卷一五,第467页。
⑤ 饶鲁著,王朝璩辑录:《中庸下》,《饶双峰讲义》卷一〇,第427页。

饶鲁主张"理气不离、理主气辅",而且认为"理"与"天""道""性""太极"等是同谓之异名。但是,在某些具体的论述上,许衡提出了一些朱熹没有谈过的观点。例如上文提到的许衡在处理《孟子》"浩然之气"中两"馁"字背后涉及的"理气关系"便是。除此之外,饶鲁还纠正了程朱"孟子论理不论气"的偏见,指出孟子所论兼及理与气,但其大体还是坚持朱熹所主张的"理只是个净洁空阔底世界"、能动者在"气"的立场。①

不过,在讨论"心"的意义问题上,饶鲁显示出其心学之倾向,反映了朱子之后"道学"合流的趋势。饶鲁认为,心是"身之主","心通于道"。当然,如此理解的"心"为道学所共享。但是,饶鲁更进一步强调"心与仁一体",显示出重综合而非分析的心学倾向。② 这一倾向最为明显地表现在饶鲁对《孟子》"仁,人心也"的解释上。饶鲁说:

> 上文说"仁,人心也",是把心做义理之心。不应下文"心"字又别是一意。若把"求放心"做收摄精神、不令昏放,则只说从知觉上去,恐与"仁,人心也"不相接了。襄尝以此质之勉斋,勉斋云:"此章首言'仁,人心也',是言仁乃人之心;次言'放其心而不知求',言'学问之道无他,求其放心而已矣',学问之事非指一端,如讲习、讨论、玩索、涵养、持守、践行、扩充、克治皆是。其所以如此者,非有他也,不过求吾所失之仁而已。此乃学问之道也。"三个"心"字,脉络联贯,皆是指仁而言。今学者不以仁言心,非矣。③

饶鲁在此直接说孟子的"心"就是"仁",而且回忆指出自己的老师黄勉斋也持相同的观点。此与朱熹的《集注》比较,有较大的不同。《集注》曰:"仁者心之德。程子所谓心如谷种,仁则其生之性是也。"也就是说,朱熹在作《孟子集注》时主张,仁并非"心"本身,而是"心之德",并把"人

---

① 饶鲁著,王朝璩辑录:《孟子四》,《饶双峰讲义》卷一四,第 464 页。亦可参见许家星:《饶鲁对朱子〈孟子集注〉的批判性诠释及其意义》,《中山大学学报》(社会科学版),2015 年第 1 期。
② 参见上注许家星《饶鲁对朱子〈孟子集注〉的批判性诠释及其意义》文。
③ 饶鲁著,王朝璩辑录:《孟子四》,《饶双峰讲义》卷一四,第 465 页。

心"理解为"气化的实体"（如谷种之类），"仁"则是此"气化之实体"的根本与实质（德）——其能动的创生之性。心与仁虽相即不离，却非必然合一，心与仁的统一有可能是"凑泊式"的统一。黄榦深得成熟时期朱子的器重，此时却提出了一个与《集注》颇为不同的观点。黄榦与饶鲁此说一方面开启了饶鲁、吴澄等"和会朱陆"之先河，另一方面也与后来王阳明的"朱子晚年定论"遥相呼应。

此外，饶鲁在解释《孟子·离娄上》"居下位而不获于上"章时，明言"明善即是思诚"，这也是其走综合、简洁之路的又一明证。

（二）饶鲁的修养工夫论

前文提到，饶鲁认为"道""理""太极""天""性"等，虽"原于天之所命"，却是"根于人之所性，而著见于日用事物之间"，就像是大路一样，在根本上并非难知难行者。但是，由于其中"节目至精至密，极其至小而无内"，故其在现实中又并非必然可知可行。这就需要修养工夫。

首先，入门涵养须用"敬"的工夫。

> 或问："入门涵养之道，须用敬否？"曰："固是如此。但工夫熟时，亦不用说敬，只是才静便存。而今初学却须把敬来做一件事，常常持守，久之而熟，则忘其为敬矣。"[1]

饶鲁的这一修养工夫，当然可以追溯至程颐的"涵养需用敬，进学则在致知"。其后，又经朱熹的发展，明确为"涵养于小学，致知在大学"[2]，而饶鲁则进一步将小学时入门的涵养工夫确定为"敬"，并主张要把"敬"当作一件事来做，时时提起而不放下。同时，初学者之"敬"的工夫，可以通过"且静坐"以定心的方式来实行。饶鲁在回答或者之问"明道教人且静坐，是如何"时说：

> 此亦为初学者而言。盖他从纷扰中来，此心不定，如野马然，如

---

[1] 黄宗羲原本，全祖望修定：《双峰学案》，《宋元学案》第 4 册，第 2813 页。

[2] 参见刘述先《朱子哲学思想的发展与完成》，以及杜保瑞为该书所写，发表于《哲学与文化月刊》（2004 年第 8 期，总第 363 期）的书评。

> 何便做得工夫？故教他静坐，待此心宁后，却做工夫。然亦非教他终只静坐也，故下"且"字。[1]

并进一步解释说：

> 《调息箴》亦不可无，如释氏之念佛号，道家之数息，皆是要收此心，使之专一在此……调息亦然，人心不定者，其鼻息之嘘气常长，吸气常短，故须有以调之，息数停匀，则心亦渐定，调息又胜数息。[2]

这就是通过"静（坐）"以存敬、定心，通过调息以定心的工夫。

其次，饶鲁倡导"下学上达，意在言表"的工夫。"下学上达，意在言表"虽为程子所言，但饶鲁在此却有所发挥。他说：

> "下学上达，意在言表"，程子此语，盖为读书者言。读书是下学之一事，盖凡下学者，皆可以上达。但恐下学得不是，则不能上达耳。且如读书，则圣人所以作经之意，是上面一层事，其言语，则是下面一层事，所以谓之"意在言表"。若读书而能求其意，则由辞以通理，而可上达。但若溺心于章句训诂之间，不能玩其意之所以然，则是徒事于言语文辞而已，决不能通其理也。[3]

这就是说，读书等下学工夫，须是、须得法，其要在领会"圣人作经之意"，而不可沉溺于名言训诂（但章句训诂其实也有其必要性），否则，徒事于言语文辞，决不能通其理而得"上达"。至于"或问'上达而与天为一'，是知行都到"，饶鲁以为"知言"，并说"及其既已上达，则吾心即天，天即吾心"；饶鲁并说，学者与圣人之上达，有迟速之不同，"圣人才学便达，学者则今日格一物，明日格一物，久之方贯通"[4]。由此可知，"下学"不是目的，"上达与天为一"才是最终的追求。对于初学者而言，日格一物、循序渐进才是"上达"之正道。因此，后世学者说饶鲁的工夫论比较偏向禅

---

[1][2][3][4] 黄宗羲原本，全祖望修定：《双峰学案》，《宋元学案》第 4 册，第 2813 页。

学,恐非的论。

其三,饶鲁也很重视"戒惧慎独,存养省察"的工夫,因为它们是"敬"的具体体现。饶鲁在解释《中庸章句》时说:

> 道也者,率性之谓,其体用具在吾身。敬者,所以存养其体,省察其用,乃体道之要也。戒惧,存养之事;慎独,省察之事。《中庸》始言戒惧、慎独,而终之以笃恭,皆敬也。《中庸》以诚为一篇之体,惟其敬,故能诚。①

这是拿"戒惧慎独、存养省察"作"敬"的工夫,并通过"敬"实现"诚"。在其中,饶鲁以为要在"戒惧"中存养中庸之至德,此属行;在慎独中省察、识知中庸之道,此属知。饶鲁将《中庸》与《大学》作了对比:

> 《中庸》言戒惧不闻不睹与慎其独,《大学》只言慎其独,不言戒惧不闻不睹。初学之士,且令于动处做工夫。②

如何便要"于动处做工夫"? 饶鲁通过区分"不闻不睹"与"未闻未睹"进行了解释:

> 未闻未睹,是指事未至之前而言,不闻不睹,是指事已往之后而言。指事未至之前而言,是由静处说到动处去,指事已往之后而言,是由动处说到静处来。君子于日用应事接物之际,随处操存,到得事物既往、若无所用,戒惧之心犹不敢忘,是用工最密处。③

这是说,初学者应当在事物既往之后仍然保存其"戒惧之心"而犹不敢忘,这是"由动处说到静处来",是"用工最密处"。由此可知,饶鲁似乎认为《中庸》也为初学者提供了"用工"的门径。他还说:

> 戒慎恐惧便是慎独之慎,详言之则曰戒慎恐惧,约言之则慎

---

① 饶鲁著,王朝璩辑录:《中庸上》,《饶双峰讲义》卷九,第 418—419 页。
② 同上书,第 419 页。
③ 同上书,第 418 页。

之一字。①

关于"存养省察"。"存谓存其心,养谓养其性,省谓省诸身,察谓察于事物",饶鲁并为此四件事作"箴","《存箴》曰:心本至灵,放之则昏。敬以操之,物适不存。《养箴》曰:性本天赋,在得其养。根本常固,萌蘖渐长。《省箴》曰:孰无过察(原注曰'疑误'),贵在内省,时一警持,邪伪斯屏。《察箴》曰:在物为理,处物为义。精以察之,无俾或戾。"②此四件事兼赅知行,皆有"敬"贯其中。当然,"知行毕竟是二事,当各自用力,不可谓知了,便自能行"③。饶鲁颇重"行",《宋元学案》以为其学"以致知力行为本"。他勉力于明辨"公私、义利、是非、真妄于毫厘疑似之间,而不至于差谬",然后择其善、笃其行、践其实。

最后,饶鲁还重视"立志"与"反身"。饶鲁的"为学之方,其大略有四,一曰立志,二曰居敬,三曰穷理,四曰反身"④。这其实是把朱、陆的工夫论综合在一起⑤。饶鲁在具体论述这四个方面时,强调了"立志"的关键性,并指出"立志"之初,要辨"人品"。他说:

> 人之为学,莫先于立志;立志之初,莫先于分别古今人品之高下。孰为可尊、可慕而可法,孰为可贱、可恶而可戒,此为入德之先务也。非(原注"疑误",并径改为"其")志既正,然后讲学以明之,力行以充之,则德之进也,浩乎其不可御矣。⑥

其正志既立,为学便有准的,再加"博约"之功,则可得"体道之本"与"尽道体之全"。他批评时人,说:

> 今之学者所以不能学为圣贤者,其大患在于无志,其次在于无

---

① 饶鲁著,王朝璩辑录:《中庸上》,《饶双峰讲义》卷九,第 418 页。
② 同上书,第 419 页。
③ 饶鲁著,王朝璩辑录:《大学》,《饶双峰讲义》卷二,第 356 页。
④ 饶鲁著,王朝璩辑录:《附录・学》,《饶双峰讲义》卷一五,第 468 页。
⑤ 饶鲁作为朱熹的再传弟子,其认同程朱的"居敬穷理"并不值得特别标明。但"立志""反身"是有明确象山之学的特点,故特别标明此一工夫。
⑥ 饶鲁著,王朝璩辑录:《附录・学》,《饶双峰讲义》卷一五,第 468 页。

所守。盖人而无志,则趋向卑陋,不足与建高明光大之事业……人而无所守,见利必趋,见害必避,平居非不粗知义理,至于临事则为利欲所驱,而有所不暇顾,何足与有所立哉。①

因此,"立志"不仅要有"建高明光大之事业"之志,也需"有所守",即"守约""守礼""守其志之正"。

关于"反身"。饶鲁认为,人在"未反时",其天地之性固存,但"人有气质物欲之累,则此性不能常存。须于善反上做工夫,方存得性之本"②。至于"善反"或"反身"的工夫,则囊括了"涵养、体认、克治、充广",简单说,就是要"逆觉"到"天道性命"本具于吾身。

总之,恰如《宋元学案·双峰学案》所说,尽管"说者谓双峰晚年多不同于朱子",且"以此诋之",但其"不同于朱子""未足以少双峰"。饶鲁的道学立场未出朱子之学,但其中包含有不同于朱子之处。前文显示,无论在本体论还是在工夫论上,饶鲁之学都包含着象山之学的因素,但也仅此而已。因此,宋、元之际的周密讽刺饶鲁"自诡为黄勉斋门人,于晦庵为嫡孙行"③,其言难免偏而不当。不过,黄幹、饶鲁在朱子后开启"和会朱陆"的趋向,无可疑矣。

二、吴澄"和会朱陆"的道学思想

吴澄(1249—1333),字幼清,抚州崇仁(今江西省抚州市崇仁县)人,因其所居草屋有程钜夫所题"草庐",故学者称其为草庐先生。据《元史·吴澄传》载,吴澄天资聪颖,三岁学古诗,随口成诵;五岁读书,日受千余言,曾经通宵读书,母亲担心他过度辛劳,便限制他膏火之量,吴澄却待母寝后,燃火复诵习;九岁试乡校,每中前列。既长,习通经传,知用力圣贤之学。虽亦尝举进士,不中。

---

① 饶鲁著,王朝璟辑录:《附录·学》,《饶双峰讲义》卷一五,第 468 页。
② 饶鲁著,王朝璟辑录:《孟子四》,《饶双峰讲义》卷一四,第 465 页。
③ 周密著,吴企明点校:《续集上》,《癸辛杂识》,第 116 页,北京,中华书局,1988。

至元十三年(1276),吴澄与郑松一起寓居布水谷,著《孝经章句》、校订《易》《书》《诗》《春秋》《仪礼》和大、小戴《礼记》。不久后,吴澄同奉诏求贤江南的程钜夫一起,北上京师,旋即以母老辞归。其后,程钜夫请求国子监搜集吴澄所著书,并置诸国子监以资学者。大德八年(1304),吴澄升任江西儒学副提举,三个月后因病辞官。至大元年(1308),近六十岁的吴澄为国子监丞,他尽心竭力,各因材质、训诱诸生,自旦至暮,寒暑不易。皇庆元年(1312),吴澄作"教法四条",分别为经学、行实、文艺、治事。他曾对诸生员说:

> 朱子于道问学之功居多,而陆子静以尊德性为主。问学不本于德性,则其弊必偏于言辞训释之末。故学必以尊德性为本,庶几得之。①

他的这一言论却引起了议论,说他主陆氏之学、非许衡尊信朱子本意,然亦莫知朱、陆之为何如也。吴澄本已有去意,便辞去国子监丞之职,而部分生员"不谒告而从之南"。元英宗时,吴澄迁翰林学士,进阶太中大夫;英宗诏命吴澄为佛教的《藏经》写序,吴澄推辞不受;同时,吴澄受命争议元廷的太庙之制,力主"天子七庙,庙各为宫,太祖居中,左三庙为昭,右三庙为穆,昭穆神主,各以次递迁"的古制,竟不被采行。后元英宗崩,吴澄为佛教《藏经》作序之事,因此而止。泰定元年(1324),元帝首开经筵讲席,吴澄为讲官之一。在主持修纂《英宗实录》完成之后,吴澄彻底离开了元朝的官场。

《元史》谓吴澄"于《易》《春秋》《礼记》各有纂言,尽破传注穿凿,以发其蕴,条归纪叙,精明简洁,卓然成一家之言"②。《宋元学案》有"草庐学案",其中,全祖望有按语曰:

> 草庐出于双峰,固朱学也,其后亦兼主陆学。草庐又师程氏绍

---

① 《元史·吴澄传》卷一七一,第4012页。
② 同上书,第4014页。

开,程氏常(引者:原文如此,疑当为"尝"。)筑道一书院,思和会两家。然草庐之著书,则终近乎朱。①

其所著汇集为《吴文正集》(钦定四库全书版),是我们研究、讨论吴澄道学思想的第一手材料。

(一)吴澄的本体论与道统说

作为饶鲁的再传弟子,吴澄在本体论上的主张,乃是承继饶鲁而来,并走得更远,为其"和会朱陆"的努力奠下坚实的基础。

吴澄"和会朱陆"的努力,在本体论上表现为对"心"的重视。他认为,仁就是人心。此说虽远溯自孟子,其在后世却是陆象山予以充分发扬出来。此外,如前文所示,黄榦、饶鲁对此亦有所继承与发明,对此,我们可以推测,朱、陆"鹅湖之会"后,朱熹显然汲取了象山学中的合理因素,影响了黄榦,并延及饶鲁、吴澄等。

吴澄认为,"夫人之一身,心为之主",但"心非心也,其所具者,性也"②。这是说,此心并非一般而言的心,因为它具"性"其中,这也正是心与仁合一的根源所在。但是,吴澄在此并未明确,心与仁合一,究竟是"二者是一",抑或心凑泊仁从而合一? 吴澄通过语言的不确定性,掩盖了他在朱、陆之间的摇摆,他的"和会朱陆"其实并没有真正厘清朱陆思想的边际。"仁,人心也,然体事而无不在。专求于心而不务周于事,则无所执着,而或流于空虚。圣贤教人,使其随事用力,及其至也,无一事之非仁,而本心之全德在是矣。"③这段话兼涵本体与工夫,自本体而言,吴澄强调"仁"即是"人心",且"体事而无不在";自工夫而言,因本体之"仁"(或心)"体事而无不在",故须"随事用功"而不能"专求于心而不务周于事",否则,"专求于心"的抽象、寡头的工夫无处安置,不免流于空虚;到得"工夫所至",则"无一事非仁","而本心之全德"便体现于工夫所

---

① 黄宗羲原本,全祖望修定:《草庐学案》,《宋元学案》第 4 册,第 2849 页。
② 同上书,第 3042 页。
③ 同上书,第 3045 页。

至的诸事之中。吴澄进一步以丧礼为例,来说明"心"之质与实。吴澄认为,丧礼中的"丧服之制"是"文",而不饮酒、不食肉、不处内等才是"实";中有其实,再文饰其外,则情文相称;情文不相称者,或"徒服其服,而无其实",此与"不服"没什么差别;或"不服其服,而有其实",这就是"心丧",这才是真正在服丧。

虽然吴澄如此重视"心",但他常常会不自觉地回到朱熹理学的立场。这是全祖望所说吴澄"终近乎朱"的根据所在。吴澄说:

> 夫人之生也,以天地之气凝聚而有形,以天地之理付畀而有性。心也者,形之主宰,性之郛郭也。①

在此,吴澄把"心"理解为身体的主宰,是"性"的住宅或居所。这在根本上与朱熹对心—性关系的理解一致,而不同于陆九渊。②

总之,由于语言本身的模糊性和词语的多义性,吴澄在朱、陆之间从

---

① 黄宗羲原本,全祖望修定:《草庐学案》,《宋元学案》第4册,第3046页。

② "郛郭",本义是外城,后泛指城郭、城市,引申为"屏障"。"心"为"性之郛郭",就其本义而言,意思是,"心"是"性"的住宅或居所。但是,如果就"郛郭"的引申义来说,也可以说成是"心"是"性"的屏障或保障,心是"性"能表现、实现自己的根据。正因"郛郭"一词含义的多样性,吴澄所说的自北宋便传承下来的"心为性之郛郭"似乎也不能完全说成是朱熹理学的表达。这或许是吴澄以为"朱、陆二师之为教一也"的原因。他甚至追溯儒家的"心"及其传承,说"此一心也,自尧、舜、禹、汤、文、武、周公传之,以至于孔子,其道同。道之为道,具于心,岂有外心而求道哉。而孔子教人,未尝直言心体,盖日用事物,莫非此心之用,于其用处,各当其理,而心之体在是矣。操舍存亡,惟心之谓,孔子之言也,其言不见于《论语》之所记,而得于孟子之传,则知孔子教人,非不言心也,一时学者未可与言,而言之有所未及耳。孟子传孔子之道,而患学者之失其本心也,于是始明指本心以教人,其言曰:'仁,人心也。放其心而不知求,哀哉!'又曰:'学问之道无他,求其放心而已矣。'又曰:'耳目之官不思,而蔽于物。心之官则思。先立乎其大者,则其小者不能夺也。'呜呼至矣!此陆子之学所从出也。夫孟子言心而谓之本心者,以为万理之所根,犹草木之有本,而苗径枝叶皆由是以生也。今人谈陆子之学,往往曰'以本心为学',而问其所以,则莫能知陆子之所以为学者何,如是'本心'二字,徒习闻其名,而未究竟其实也。夫陆子之学,非可以言传,况可以名求哉!然此心也,人人所同有,反求诸身,即此而是。以心为学,非特陆子为然,尧、舜、禹、汤、文、武、周、孔、颜、曾、思、孟,以逮周、程、张、邵诸子,莫不皆然。故独指陆子之学为本心学者,非知圣人之道者也。应接酬酢,千变万化,无一而非本心之发见,于此而见天理之当然,是之谓不失其本心,非专离去事物,寂然不动,以固守其心而已也",由此可知,吴澄心中的儒学(道学),实质上就是(本)心学,而他所谓的"心",即是本体、是万理之根。但同时他又说"道之为道,具于心",这似又仅仅把"心"视为"理""道"的居所。

容周旋,这也是他倡导"和会朱陆"一个重要缘由。

除了重视"心",吴澄还非常强调"自立"。他说:

> 为人子孙者,思自立而已矣,族姓之或微或著何算焉! 能自立
> 欤,虽微而浸著;不能自立欤,虽著而浸微。盛衰兴替,亦何常之有,
> 惟自立之为贵。①

这里的"自立",就是要有所宗主,并懂得其所宗主者何在。对于吴澄这样的主张"和会朱陆"的道学家而言,其"所宗主者"就是要在人的生命历程中具现太极、天理和实现天命之性。

太极是吴澄道学思想的至上范畴。所谓"太极",即理、道(或/及至极)。吴澄说:

> 太极者何? 曰:道也。道而称之曰太极,何也? 曰:假借之辞
> 也。道不可名也,故假借可名之器以名之也。以其天地万物之所共
> 由也,则名之曰道;以其条沠缕脉之微密也,则名之曰理。理者,五
> 肤也,皆假借而称也。真实无妄曰诚,全体自然曰天,主宰造化曰
> 帝,妙用不测曰神,付与万物曰命,物受以生曰性,得此性曰德,具于
> 心曰仁,天地万物之统会曰太极。道也、理也、诚也、天也、帝也、神
> 也、命也、性也、德也、仁也、太极也,名虽不同、其实一也。极,屋栋
> 之名也。屋之脊檩曰栋……惟脊檩至高无上、无以加之,故曰极。
> 而凡物之统会处,因假借其义而名为极焉,辰极、皇极之类是也。②

这意思是说,太极与道、理、诚、神、天、帝、命、性、德、仁等,都是本体,"名虽不同、其实一也",都是至高无上、无以复加的"万物之统会处",因其为"统会处",故假借作为房屋之"脊檩"的"极"以为其名,又以其至高无上、无以加之,而有"太"的属性。"太之为名,大之至甚也",诚然,世上有众多"极",如屋极、辰极、皇极、"设官为民之极,京师为四方之极"

---

① 黄宗羲原本,全祖望修定:《草庐学案》,《宋元学案》第 4 册,第 3046 页。
② 吴澄:《无极太极说》,《吴文正集》卷四,《景印文渊阁四库全书》第 1197 册,第 60 页。

等,但这些都不过是指"一物一处"而言,但"道者,天地之极也",非指"一物一处"者,故"极"字"曾何足以拟议其仿佛哉"。因此,勉强用"太极"一词,以指"道"为"极之至大者也"。

实际上,在吴澄看来,道或者太极不仅是万物之统会,也是"生成造化"的根据。吴澄说:

> 自未有天地之前,至既有天地之后,只是阴阳二气而已。本只是一气,分而言之,则曰阴阳。又就阴阳中细分之,则为五行,五行即二气,二气即一气。气之所以能如此者何也? 以理为之主宰也。理者非别有一物,在气中只是为气之主宰者即是。无理外之气,亦无气外之理。①

这实际上与朱熹对于理气关系的看法是一致的。但吴澄更强调,理(包括太极等)的主宰作用是气变化为各种形态(二气五行乃至天地万物)的根源。

由于理气不离不杂、理为主宰,因此,当"人得天地之气而成形"时,"有此气即有此理",吴澄说,"所有之理谓之性,此理在天地,即元亨利贞是也,其在人而为性,则仁义礼智是也"。对于人而言,"性即天理",即仁义礼智。

因而,根据吴澄的本体论思想,他"所宗主者"即是主张每个人都能在自己的生命历程中具现太极、天理,去实现"仁"(或者仁义礼智)。质言之,吴澄的本体论思想强调的是人要通过作为"人心"的"仁"去具现太极或天理。

从这一本体论出发,吴澄构造了一个"原出于天"的"道统"。他说:

> 道之大原出于天,神圣继之,尧、舜而上,道之元也;尧、舜而下,道之亨也;洙、泗、鲁、邹,其利也;濂、洛、关、闽,其贞也。分而言之,上古则羲皇其元,尧、舜其亨,禹、汤其利,文、武、周公其贞乎! 中古

---

① 黄宗羲原本,全祖望修定:《草庐学案》,《宋元学案》第4册,第3040页。

之统,仲尼其元,颜、曾其亨,子思其利,孟子其贞乎! 近古之统,周子其元也,程、张其亨也,朱子其利也,孰为今日之贞乎?①

他通过"易"之四德来讲"原出于天"的"道之统绪",最后结穴于"孰为今日之贞"。《宋元学案·草庐学案》对此总结说,"其自任如此"。固然,吴澄以当时之"贞"自任,但如若人人都有"所宗主者"而能"自立",其又何尝不是"一时之贞"。

（二）吴澄的修养工夫论

吴澄的修养工夫论,以他关于理气关系的理解和心性论为基础。前文所示,吴澄在理气关系上与朱熹一致,认为理与气"不离不杂""理为主宰",理在人则为"性","性即天理,岂有不善!"但由于"人之生也,受气有或清或浊之不同,成质有或美或恶之不同",所以,此性"不能皆善而有万不同也"。虽是如此,哪怕于"气浊而质恶"中,亦有"理"存焉。因此,他指明孟子"道性善"乃是"就气质中挑出其本然之理而言",但"不曾分别性之所以有不善"的原因,从而"不足以解告子之惑",这就是"论性不论气,不备"。另一方面,像荀子、扬雄等因"指气质之不同而为性,而不知气质中之理谓之性"、主张性恶或性善恶混的,则是"论气不论性,不明"。因此,他推崇张载"形而后有气质之性,善反之,则天地之性存焉,故气质之性,君子有弗性焉"之说,认为"此言最分晓"。他解释张载的这句话,说"盖天地之性,气质之性,两性字只是一般,非有两等性也,故曰'二之则不是'"②。由于"人之性本是得天地之理,因有人之形,则所得天地之性,局在本人气质中,所谓'形而后有气质之性'也。气质虽有不同,而本性之善则一……故学者常用'反之'之功"③,"反之,谓反之于身而学焉,以至于变化其不清不美之气质,则天地之性浑然全备,具存于气质之中,故曰'善反之,则天地之性存焉'"④。这就是吴澄的"反之于身而学焉"的

---

① 黄宗羲原本,全祖望修定:《草庐学案》,《宋元学案》第4册,第3038页。
② 同上书,第3039页。
③ 同上书,第3039—3040页。
④ 同上书,第3040页。

修养工夫。

"反之于身而学焉",具体而言,有如下两端:

首先是"主一持敬以尊德性"。这是就"反之"而言,即"反"(或逆觉)此天地之性、理或德性于身。吴澄任国子监丞时曾对生员说,"学必以尊德性为本",否则,"必偏于言辞训释之末"。所谓"德性",吴澄认为是"所闻所见之理",是使"记诵之博""闻见之知"所以有其真意者。在《评郑夹漈〈通志〉答刘教谕》中,吴澄说:

> 知者,心之灵而智之用也,未有出于德性之外者。曰德性之知,曰闻见之知,然则知有二乎哉? 夫闻见者,所以致其知也……盖闻见虽得于外,而所闻所见之理则具于心,故外之物格,则内之知致。此儒者内外合一之学,固非如记诵之徒博览于外而无得于内,亦非如释氏之徒专求于内而无事于外也。今立真知多知之目,而外闻见之知于德性之知,是欲矫记诵者务外之失,而不自知其流入异端也。圣门一则曰多学,二则曰多识,鄙孤陋寡闻而贤以多问寡,曷尝不欲多知哉! 记诵之徒,则虽有闻有见,而实未尝有知也。①

吴澄在此所说,虽判定郑樵的《通志》仅为"记诵之学"的代表,却认为其"亦卓然有以自见于世",因而批评刘庸斋(教谕)"真知者德性之知,多知者闻见之知"的"强分知为二"的做法。吴澄认为,德性之知与闻见之知,都源于"心之灵"而呈现为"智之用"。"闻见"固然是"致其知"的基础,但仅有"闻见"而无"所闻所见之理"(即德性),必会出现"徒博览于外而无得于内"之失(当然,刘庸斋"立真知多知之目"则有"流入异端"之虞)。因而,要达到朱熹所说"知愈博而心愈明"的结果,就必须坚持儒者"内外合一之学"。而"内外合一之学"的第一工夫,就是"尊德性",就是"反身穷理",以"究其本末是非之极致"②。

① 吴澄:《评郑夹漈〈通志〉答刘教谕》,《吴文正集》卷二,《景印文渊阁四库全书》第 1197 册,第 25 页。
② 黄宗羲原本,全祖望修定:《草庐学案》,《宋元学案》第 4 册,第 3040 页。

对于吴澄而言，"尊德性"就是"主一持敬"。他说：

> 学者工夫，则当先于用处着力，凡所应接，皆当主于一。主于一，则此心有主，而暗室屋漏之处，自无非僻，使所行皆由乎天理。[1]

同时，"主一"须与"持敬"配合：动时"主一"，静时"持敬"以存其心。他说，"欲下工夫，惟'敬'之一字为要法"。"主一"与"持敬"，分别是动用和静修的工夫，二者相结合，即是儒者"内外合一之学"的"尊德性"的工夫。

其次是"读书穷理以道问学"。前文提到"反身穷理"，其实就是依据自身的德性来穷理。类似地，此处的"读书穷理"也是如此：无论读书还是穷理，都须先"反之吾身"，亦即是依据内在的德性来读书、穷理。这颇类似于朱熹当年与张南轩论涵养与察识之先后时，张南轩所坚持的"先察识后涵养"。所谓"先察识"，即是"先令其主一持敬以尊德性"，而"后涵养"即"然后令其读书穷理以道问学"。也就是说，在工夫论上，吴澄强调"尊德性"与"先立乎其大"，然后再以此"德性"为据，进一步做"读书穷理"的"道问学"工夫。但是，读书、穷理，皆须与"吾心"之德性相互印证，其要在切于人伦日用。吴澄说：

> 穷物理者，多不切于人伦日用；析经义者，亦无关于身心性情。如此而博文，非复如夫子之所以教，颜子之所以学者矣。[2]

这就是说，吴澄的所谓"穷理"，并非"穷物理"，而是在应事接物中穷理，以"切于人伦日用"；所谓"读书"，也不只是"析经义"，而是要反之于身，从身心性情中体贴圣人作经之意。前文提及吴澄关于丧服的观点，正好与此相互印证。

关于"读书"，吴澄说：

> 读"四书"有法，必究竟其理而有实悟，非徒诵习文句而已；必敦谨其行而有实践，非徒出口入耳而已。朱子尝谓：《大学》有二关，

---

[1] 黄宗羲原本，全祖望修定：《草庐学案》，《宋元学案》第4册，第3040页。
[2] 同上书，第3044—3045页。

格物者梦觉之关，诚意者人兽之关。"实悟为格，实践为诚。物既格者，梦醒为觉，否则虽当觉时犹梦也；意既诚者，转兽而为人，否则虽列入人群亦兽也……物之格在研精，意之诚在慎独，苟能是，始可为真儒，可以范俗，可以垂世，百代之师也。[①]

这说明，读书重"实悟""实践"，格物也就是切实"悟"了、"觉"了"人伦日用之理""天地之理"，而不是简单地去"穷物理"；诚意就是"敦谨其行"的实践。所以，吴澄认为，"所贵乎读书者，欲其因古圣贤之言，以明此理、存此心而已"，读书的真谛在于经由古圣贤之言，来发明天地之理、涵养仁心。而所谓"穷理"，非穷一物一处之理，而是穷天地之理。此天地之理，在人为"性"，"得此性曰德，具于心曰仁"，因而，"穷理"实质上是发明自身的德性，充分实现自己的"天命之性（德）"。

总之，吴澄的修养工夫论可以"反之于身而学焉"来概括。具体而言，"主一持敬以尊德性"是"反之于身"的工夫，"读书穷理以道问学"是"学"的工夫。做工夫须以"尊德性"为本，这就是吴澄所说的"先令其主一持敬以尊德性，然后令其读书穷理以道问学"的修养工夫。

（三）吴澄在经学，尤其是礼学上的贡献

吴澄年轻时曾校注五经，及其年迈，又探索朱熹"未尽之意"，"采拾群言"，断以己意，条加记叙，作成《五经纂言》，被黄百家称颂曰，"考朱子门人多习成说，深通经术者甚少，草庐《五经纂言》，有功经术，接武建阳（朱熹），非北溪（陈淳）诸人可及也"[②]。不仅如此，吴澄还作《四经叙录》《三礼叙录》，历考"五经"传承敷衍、注疏条例、经义得失，并与道学之义理对勘，发明诸经之义。吴澄的经学研究，以接续朱熹学统、完成其经学"未竟之业"为己任，据道学之意发明经学，同时援汉唐古注疏以矫宋学之务虚蹈空，兼重义理与制度名物之考订。

具体而言，吴澄于"三礼"之学所下工夫尤深，其接续朱熹完成"未竟

---

① 黄宗羲原本，全祖望修定：《草庐学案》，《宋元学案》第 4 册，第 3046 页。
② 同上书，第 3037 页。

之业"的意图尤为明显。自汉以来，"三礼""残篇断简，无复诠次"，于"五经"之中号称难治。朱熹曾先后与李如圭、吕祖谦校订"三礼"、商定其篇次，但终老"不及为"。朱熹主张，《仪礼》为古"礼经"，是礼之根本；《礼记》则是秦汉诸儒解释《仪礼》诸篇之汇集。因此，他"以《仪礼》为经，而取《礼记》及诸经史杂书所载有及于礼者，皆附于本经之下"，成《仪礼经传通解》，但此书仅"草创之本"，内多缺略。其后，朱门弟子亦尝致力于此，惜未能完成。

吴澄则以接续朱熹在这方面"未竟之业"为己任，他"本朱子未竟之绪而由之"，依据朱熹的现成规模，"以《仪礼》为纲"，分为正经、逸经和传三部分。其中，汉高堂生所传《仪礼》十七篇为正经，"二戴记中有经篇者离之为逸经"，以礼各有之"义"为"经之传也"，"传"包括"戴氏所存兼刘氏所补"，予以分类编次："正经居首，逸经次之，传终焉，皆别为卷而不相紊，此外，悉以归诸戴氏之记；朱子所辑及黄氏丧礼、杨氏祭礼，亦参伍以去其重复，名曰朱氏记，而与二戴为三。"[①]

《仪礼逸经》八篇，吴澄纂次。他把《小戴礼记》（通行本《礼记》）中的《投壶》和《奔丧》，《大戴礼记》中的《公冠》《诸侯迁庙》和《诸侯衅庙》，郑玄注中的《中霤》《禘于太庙》和《王居明堂》等，抽取出来，纂次为《仪礼逸经》八篇。[②]《仪礼传》十篇，亦是吴澄纂次。该书因《仪礼》有士冠礼、士昏礼、乡饮酒礼、乡射礼、大射礼以及燕、聘等，而《礼记》亦相应有冠义、昏义、乡饮酒义、射义、燕义、聘义等，故将《礼记》中的这些篇章"正为《仪礼》之传，不以入《记》，依《仪礼》篇次粹为一编"，并"更定""杂然无伦"的《射义》，析其为《乡射义》《大射义》，采用清江刘原父所补《士相见义》《公食大夫义》，得其中九篇。最后，所缺之《觐义》，吴澄则因《大戴礼记》之《朝事》"实释诸侯朝觐天子及相朝之礼"，故以其"备觐礼之义"，从而得《仪礼传》十篇。

---

① 吴澄：《三礼叙录》，《吴文正集》卷一，《景印文渊阁四库全书》第1197册，第8页。
② 此处对《仪礼逸经》篇目来源于《大戴礼记》和"郑玄注"中的哪些篇目，参考了侯外庐、邱汉生、张岂之等主编的《宋明理学史》（参见该书第735页）。

吴澄根据汉以来流传的《仪礼》《大戴礼记》《小戴礼记》和郑玄之"注"经分类解析，核定异同，重新纂次，作成《仪礼正经》《仪礼逸经》和《仪礼传》，其余篇次，皆归入"记"。吴澄的这些工作，不仅完成了朱熹生前的"未竟之业"，而且，使号称"难治"的《仪礼》现其崖略，"诚是经学史上的一大贡献"①。

吴澄不仅编次整理《仪礼》，还对"三礼"的其他著作以及《易》《书》《诗》《春秋》等加以整理和疏解，探其大义，张大朱熹的学说，变汉唐以来经学的训诂疏释为宋元道学的义理疏注，为"朱子门人所不及"。不仅如此，朱熹的"四经"纂疏与吴澄完成的"三礼纂言"（尤其是《仪礼》之正经、逸经和"传"的编次），还着重发挥了道学之义理，具有主观能动的探索精神，而不只是像汉唐经学一样的文字训诂。尽管此种主观能动的探索精神仅限于礼教，且不免穿凿臆断、横发议论，为后世经生们訾议，但其中含蕴的主观能动的探索精神，毕竟还是有思想解放的价值，促进了宋以后理论思维的发展。这些都是吴澄经学思想的意义。恰如侯外庐等先生在《宋明理学史》中所说：

> 吴澄在天道心性的理学上，虽然遭人物议，但他的经学，尤其是三礼，却一直被一些人所肯定。直到近代治经学的钱基博，谓"南宋入元"，其礼学"最著者崇仁草庐吴澄"，"疏解三礼，继往开来"（《经学通志·三礼志》）。②

第五节　元代的朱陆之学及其发展趋势

元代的道学发展呈现出地域不平衡的特点。就北方而言，自五代十国时石敬瑭割"燕云十六州"于辽始，南北声教不通，北方流传的儒学不过经生章句之学。赵复北上燕京之后，这一状况才渐渐发生改变。不

---

① 侯外庐、邱汉生、张岂之等主编：《宋明理学史》上册，第 735 页。
② 同上书，第 736 页。

过，这一过程也是缓慢地发生的。所以，许衡早岁所受的也不过是金"落第老儒"的"句读"。

赵复是将产生并兴盛于宋的道学传入北方的第一人。正是在赵复的影响下，杨惟中和姚枢谋建书院、宣传道学，影响了许衡、刘因、郝经、姚燧等一大批朱学的崇奉者。北方道学传衍中的这些代表人物，尽管在思想上比较相似，但在实践上却有很大的不同。这主要表现在他们对待蒙元朝廷的态度上，同时也与他们亟欲"行道"和淡然"尊道"的现实选择密切相关。所以，许衡因其亟欲"行道"的现实选择，淡化夷夏之防，积极出仕，任国子监祭酒，进《时务五事》，推行汉法，使朱熹的理学在北方得到发扬光大，并为元祐时期朱熹理学成为科举取士之标准奠定了坚实的基础；而刘因则志在"尊道"，故对于仕元并无特别的兴趣，但也正因如此，刘因对道学在北方的传衍，做了更扎实、细致的工作，其思想（在本体论和工夫论上）也越过理学的藩篱，呈现出靠近心学的特点，而其影响可能也更为深入。

北宋时期本就有"道南"之说，此后，南方道学的风气日益浓厚。朱熹长期在南方讲论，门下弟子众多。其中，黄榦乃是得其真传者。从前文所引饶鲁的讲义中可知，深得成熟时期朱熹器重的黄榦提出了一个与《孟子集注》颇为不同的观点——"仁"就是"心"。这一做法反映了朱熹之后道学发展的一个新的趋向——理学在本体与工夫上力图综合心学的努力。或许，此种努力正反映了朱熹晚年的变化。此后，受到黄榦影响，饶鲁进一步凸显其"和会朱陆"的倾向；到饶鲁的再传弟子吴澄时，其以朱熹理学为据"和会朱陆"的倾向更加明显，无论在本体论还是在工夫论上，都可以见到朱熹理学和象山心学的影子。

元代道学不仅是朱熹理学的一枝独秀，心学一脉亦有所传承。元代象山心学的传人主要以陈苑（静明先生）和赵偕（宝峰先生）为代表。他们坚持陆学门墙，与朱熹理学（及其传承）敌垒。《宋元学案·静明宝峰学案》叙赵偕和陈苑的生平及其言论精粹。黄宗羲、全祖望认为，正是陈苑对陆学的传播，"人始知陆氏学"。当然，陈苑倡陆学，与其人格有一种良性的互动。黄宗羲、全祖望谓陈苑"生平刚方正大,于人情物理靡不通练。强御无所畏,奸慝无所逃,浮沈里巷之间,而毅然以昌明古道为己任。困苦终其身,而拳拳于学术异同之辨。无千金之产,一命之贵,而有忧天下后世之心。人之所是,不苟是也;人之所非,不苟非也"①,可见其能挺立独立自主之人格,显见其与象山"先立乎其大"的学风相互呼应。至于赵偕,黄宗羲、全祖望谓其学"以静虚为宗,然其堕于禅门者,则慈湖之余习,要其立身行己,自可师也"②。虽如此,黄宗羲、全祖望对静明、宝峰二先生亦有较高评价,说"若笃信而固守,以嗣槐堂之绪,静明、宝峰而已"③。

　　总的来说,元代朱陆之学各有传承。他们之间既有恪守各自门墙、相互敌垒者,亦有主张调和会通者。自元祐以朱学为科举取士标准之后,朱学大张,但其实际情况可能是,"士人但知有朱氏耳,然实非能知朱氏也,不过以科目为资,不得不从事焉"④。宗朱者未必真知朱氏学,其攻讦陆学亦不免于意气,而宗陆者日益封闭和禅学化。此二极端,皆不能代表元代道学发展的趋势。与此相反,"和会朱陆"者虽然有不同的特点,如有援陆右朱者、有以朱补陆者,也有"出陆入朱"或"出朱入陆"的游龙走蛇者,却是元代道学发展的新趋向。不过,这些学者在"和会朱陆"的过程中,往往都未及体会朱、陆之间在本体论上的不同,而仅仅着眼于其"道问学"与"尊德性"、格物穷理与发明本心等为学宗旨或修养工夫上的争论,似乎仅靠这些显见的工夫论的差别,便足以区分朱、陆。因此,在朱、陆思想之边际未能厘清的情况下,他们"和会朱陆"的努力,很难说是成功的。不过,从元代道学发展的总趋势看,"和会朱陆"尽管难说成功,但毕竟开启了此种方向与可能性。更进一步,其时"和会朱陆"大体上是以陆学的本心论,兼取朱学的部分特点和理气论、理欲辨。从这个意义上讲,元代道学的发展趋势必然是心学之大张——最后即王阳明学说的兴起。因而,元代道学构成了宋、明之间的中介环节。

---

① ③ ④ 黄宗羲原本,全祖望修定:《静明宝峰学案》,《宋元学案》第 4 册,第 3097 页。

② 同上书,第 3098 页。

主要参考书目

（以征引先后为序）

[1] 梁启超. 儒家哲学[M]. 长沙:岳麓书社,2010.

[2] 陈来. 宋明理学[M]. 北京:生活·读书·新知三联书店,2011.

[3] 冯友兰. 三松堂全集[M]. 郑州:河南人民出版社,2000.

[4] 黄宗羲,全祖望. 宋元学案[M]. 北京:中华书局,1986.

[5] 王应麟. 困学纪闻[M]. 沈阳:辽宁教育出版社,1998.

[6] 赵一清. 东潜文稿[M]. 罗仲辉,点校. 沈阳:辽宁教育出版社,1998.

[7] 程颢,程颐. 二程集[M]. 北京:中华书局,2004.

[8] 陈钟凡. 两宋思想述评[M]. 北京:东方出版社,1996.

[9] 钱穆. 中国近三百年学术史[M]. 北京:商务印书馆,1997.

[10] 牟宗三. 心体与性体[M]. 上海:上海古籍出版社,1999.

[11] 侯外庐,邱汉生,张岂之. 宋明理学史[M]. 北京:人民出版社,1984.

[12] 颜元. 颜元集[M]. 北京:中华书局,1987.

[13] 脱脱,阿鲁图,贺惟一,等. 宋史[M]. 北京:中华书局,1977.

[14] 张载. 张载集[M]. 北京:中华书局,1978.

[15] 杨向奎. 宗周社会与礼乐文明[M]. 北京:人民出版社,1997.

[16] 陆九渊. 陆九渊集[M]. 北京:中华书局,1980.

[17] 任继愈,杜继文. 佛教史[M]. 南京:江苏人民出版社,2006.

[18] 刘师培. 刘申叔遗书[M]. 南京:江苏古籍出版社,1997.

[19] 吕思勉. 理学纲要[M]. 北京:东方出版社,2012.

[20] 李觏. 李觏集[M]. 北京:中华书局,1981.

[21] 邓广铭. 宋史十讲[M]. 北京:中华书局,2008.

［22］余英时. 史学、史家与时代［M］. 桂林：广西师范大学出版社，2004.

［23］朱杰人. 朱子全书［M］. 上海：上海古籍出版社，2002.

［24］韩愈. 韩昌黎文集校注［M］. 上海：上海古籍出版社，2014.

［25］韩愈. 韩昌黎诗系年集释［M］. 上海：上海古籍出版社，1984.

［26］汤用彤. 隋唐佛教史略［M］. 北京：中华书局，1982.

［27］柳宗元. 柳宗元集［M］. 北京：中华书局，1979.

［28］刘禹锡. 刘禹锡集笺证［M］. 上海：上海古籍出版社，1989.

［29］吴文治. 韩愈资料汇编［M］. 北京：中华书局，1983.

［30］欧阳修. 文忠集［M］//纪昀，永瑢，陆锡熊，等. 景印文渊阁四库全书：第1102 册. 台北：台湾商务印书馆，［1985］.

［31］汪荣宝. 法言义疏［M］. 北京：中华书局，1987.

［32］王守仁. 王阳明全集［M］. 上海：上海古籍出版社，2011.

［33］陈来. 有无之境：王阳明哲学的精神［M］. 北京：人民出版社，1991.

［34］赵敦华. 现代西方哲学新编［M］. 北京：北京大学出版社，2010.

［35］苏洵. 嘉祐集［M］//纪昀，永瑢，陆锡熊，等. 景印文渊阁四库全书：第 1104 册. 台北：台湾商务印书馆，［1985］.

［36］李翱. 李文公集［M］//纪昀，永瑢，陆锡熊，等. 景印文渊阁四库全书：第 1078 册. 台北：台湾商务印书馆，［1985］.

［37］黄晖. 论衡校释［M］. 北京：中华书局，1990.

［38］欧阳修. 文忠集［M］//纪昀，永瑢，陆锡熊，等. 景印文渊阁四库全书：第 1102 册. 台北：台湾商务印书馆，［1985］.

［39］胡应麟. 少室山房集［M］//纪昀，永瑢，陆锡熊，等. 景印文渊阁四库全书：第 1290 册. 台北：台湾商务印书馆，［1986］.

［40］傅斯年. 傅斯年集［M］. 广州：花城出版社，2010.

［41］陈弱水. 唐代文士与中国思想的转型［M］. 桂林：广西师范大学出版社，2009.

［42］胡瑗. 周易口义［M］//纪昀，永瑢，陆锡熊，等. 景印文渊阁四库全书：第 8 册. 台北：台湾商务印书馆，［1982］.

［43］石介. 徂徕石先生文集［M］. 北京：中华书局，1984.

［44］孙复. 孙明复先生小集［M］//舒大刚. 宋集珍本丛刊：第 3 册. 北京：线装书局，2004.

［45］王文锦. 礼记译解［M］. 北京：中华书局，2001.

［46］谢善元. 李觏之生平及思想［M］. 北京：中华书局，1988.

［47］杜成娴，杨金国，班述文. 易学大师邵康节［M］. 石家庄：花山文艺出版社，1994.

［48］邵雍. 邵雍集［M］. 北京：中华书局，2010.

［49］列宁. 列宁全集［M］. 北京：人民出版社，1959.

［50］郭彧. 邵雍全集［M］. 上海：上海古籍出版社，2015.

［51］黎靖德. 朱子语类［M］. 北京：中华书局，1986.

［52］周敦颐. 周敦颐集［M］. 北京：中华书局，2009.

［53］何宁. 淮南子集释［M］. 北京：中华书局，1998.

［54］刘师培，劳舒. 刘师培学术论著［M］. 杭州：浙江人民出版社，1998.

［55］纪昀，陆锡熊，邵晋涵，等. 四库全书总目提要［M］. 石家庄：河北人民出版社，2000.

［56］朱熹. 四书章句集注［M］. 北京：中华书局，1983.

［57］王夫之. 张子正蒙注［M］. 北京：中华书局，1975.

［58］《中国哲学史》编写组. 中国哲学史［M］. 北京：人民出版社，2012.

［59］潘富恩，徐洪兴. 中国理学［M］. 上海：东方出版中心，2002.

［60］张岱年. 中国哲学大纲［M］. 北京：商务印书馆，2015.

［61］杨伯峻. 论语译注［M］. 北京：中华书局，1980.

［62］喻博文. 正蒙注译［M］. 兰州：兰州大学出版社，1990.

［63］牟宗三. 牟宗三先生全集［M］. 台北：联经出版事业股份有限公司，2003.

［64］吕大临. 蓝田吕氏遗书辑校［M］. 北京：中华书局，1993.

［65］郑家栋. 断裂中的传统——信念与理性之间［M］. 北京：中国社会科学出版社，2001.

［66］姚名达. 程伊川年谱［M］. 北京：知识产权出版社，2013.

［67］欧阳修. 欧阳修诗文集校笺［M］. 上海：上海古籍出版社，2009.

［68］韦政通. 中国思想史［M］. 长春：吉林出版集团有限责任公司，2009.

［69］胡宏. 胡宏集［M］. 北京：中华书局，1987.

［70］庞万里. 二程哲学体系［M］. 北京：北京航空航天大学出版社，1992.

［71］朱熹. 朱熹集［M］. 成都：四川教育出版社，1996.

［72］文碧芳. 关洛之间——以吕大临思想为中心［M］. 北京：中华书局，2011.

［73］陈来. 朱子哲学研究［M］. 北京：生活·读书·新知三联书店，2010.

［74］何晏，邢昺. 论语注疏［M］. 北京：北京大学出版社，2000.

［75］王弼，韩康伯，孔颖达. 周易注疏［M］//纪昀，永瑢，陆锡熊，等. 景印文渊阁四库全书：第7册. 台北：台湾商务印书馆，［1982］.

［76］阮元. 十三经注疏［M］. 北京：中华书局，2013.

［77］王弼，韩康伯，孔颖达. 周易正义［M］. 北京：北京大学出版社，2000.

［78］王弼，韩康伯，孔颖达. 宋本周易注疏［M］. 北京：中华书局，1988.

［79］罗钦顺. 困知记［M］. 北京：中华书局，2013.

［80］李明辉. 儒家与康德［M］. 台北：联经出版事业股份有限公司，1990.

［81］程颐. 周易程氏传［M］. 北京：中华书局，2011.

[82] 杨伯峻. 孟子译注[M]. 北京:中华书局,2010.

[83] 段玉裁. 说文解字注[M]. 上海:上海古籍出版社,1988.

[84] 王先慎. 韩非子集解[M]. 北京:中华书局,1998.

[85] 朱熹,吕祖谦. 近思录专辑[M]. 罗争鸣,校点. 上海:华东师范大学出版社,2014.

[86] 司马光. 司马光集[M]. 李文泽,雷绍晖,校点. 成都:四川大学出版社,2010.

[87] 司马光,王云五. 司马文正公传家集[M]. 上海:商务印书馆,1937.

[88] 司马光. 易说[M]. 北京:中华书局,1985.

[89] 河上公,杜光庭,司马光,等. 道德经集释[M]. 北京:中国书店,2015.

[90] 司马光. 司马温公文集[M]. 北京:中华书局,1985.

[91] 司马光. 司马氏书仪[M]. 北京:中华书局,1985.

[92] 扬雄,司马光. 太玄集注[M]. 北京:中华书局,1998.

[93] 王云五. 丛书集成初编[M]. 北京:中华书局,1985.

[94] 司马光. 资治通鉴[M]. 北京:中华书局,1956.

[95] 韦伯. 学术与政治[M]. 冯克利,译. 北京:生活·读书·新知三联书店,1998.

[96] 王安石,李之亮. 王荆公文集笺注[M]. 成都:巴蜀书社,2005.

[97] 苏轼. 苏轼文集[M]. 北京:中华书局,1986.

[98] 蒙文通. 道书辑校十种[M]. 成都:巴蜀书社,2001.

[99] 容肇祖. 王安石老子注辑本[M]. 北京:中华书局,1979.

[100] 严灵峰. 无求备斋老子集成初编[M]. 台北:台湾艺文印书馆,1965.

[101] 孔令宏. 宋明理学与道家道教[M]. 北京:中华书局,2006.

[102] 刘成国. 荆公新学研究[M]. 上海:上海古籍出版社,2006.

[103] 王安石. 王安石全集[M]. 秦克,巩军,点校. 上海:上海古籍出版社,1999.

[104] 张祥浩,魏福明. 王安石评传[M]. 南京:南京大学出版社,2006.

[105] 贺麟,张学智. 贺麟选集[M]. 长春:吉林人民出版社,2005.

[106] 罗振玉. 罗振玉学术论著集[M]. 上海:上海古籍出版社,2010.

[107] 侯外庐,赵纪彬,杜国庠. 中国思想通史[M]. 北京:人民出版社,1959.

[108] 刘一止. 苕溪集[M]//纪昀,永瑢,陆锡熊,等. 景印文渊阁四库全书:第1132册. 台北:台湾商务印书馆,[1985].

[109] 李焘. 续资治通鉴长编[M]. 北京:中华书局,2004.

[110] 王明荪. 王安石[M]. 台北:台湾东大图书公司,1994.

[111] 包弼德. 历史上的理学[M]. 王昌伟,译. 杭州:浙江大学出版社,2010.

[112] 郭齐勇. 宋明儒学与长江文化[M]. 武汉:湖北教育出版社,2004.

[113] 土田健次郎. 道学之形成[M]. 朱刚,译. 上海:上海古籍出版社,2010.

［114］张宗祥. 王安石《字说》辑［M］. 曹锦炎,点校. 福州:福建人民出版社,2005.

［115］邓小南. 宋史研究论文集(2008)［C］. 昆明:云南大学出版社,2009.

［116］彭永捷. 朱陆之辩——朱熹陆九渊哲学比较研究［M］. 北京:人民出版社,2002.

［117］王先谦. 荀子集释［M］. 北京:中华书局,1997.

［118］罗洪先,徐儒宗. 罗洪先集［M］. 南京:凤凰出版社,2007.

［119］张立文. 走向心学之路——陆象山思想的足迹［M］. 北京:中华书局,1992.

［120］章学诚,叶瑛. 文史通义校注［M］. 北京:中华书局,1994.

［121］谢良佐. 上蔡语录［M］//纪昀,永瑢,陆锡熊,等. 景印文渊阁四库全书:第698册. 台北:台湾商务印书馆,［1984］.

［122］萧汉明. 传统哲学的魅力［M］. 北京:中华书局,2008.

［123］陈来. 中国近世思想史研究［M］. 北京:商务印书馆,2003.

［124］蔡仁厚. 宋明理学·北宋篇［M］. 台北:学生书局,1977.

［125］潘富恩,徐余庆. 程颢程颐理学思想研究［M］. 上海:复旦大学出版社,1988.

［126］陈鼓应. 老子注译及评介［M］. 北京:中华书局,1984.

［127］杨时. 龟山集［M］//纪昀,永瑢,陆锡熊,等. 景印文渊阁四库全书:第1125册. 台北:台湾商务印书馆,［1985］.

［128］张岱年. 张载:十一世纪中国唯物主义哲学家［M］. 武汉:湖北人民出版社,1956.

［129］康德. 纯粹理性批判［M］. 2版. 李秋零,译. 北京:中国人民大学出版社,2004.

［130］唐明邦. 周易评注［M］. 修订版. 北京:中华书局,2009.

［131］张载,王夫之. 张子正蒙注［M］. 上海:上海古籍出版社,2000.

［132］侯洁之. 道南学脉观中工夫研究［M］. 台北:花木兰文化出版社,2008.

［133］唐君毅. 中国哲学原论:导论篇［M］. 北京:中国社会科学出版社,2005.

［134］王叔岷. 庄子校诠［M］. 北京:中华书局,2007.

［135］纳兰成德. 合订删补大易集义粹言［M］//纪昀,永瑢,陆锡熊,等. 景印文渊阁四库全书:第45册. 台北:台湾商务印书馆,［1982］.

［136］卫湜. 礼记集说［M］//纪昀,永瑢,陆锡熊,等. 景印文渊阁四库全书:第120册. 台北:台湾商务印书馆,［1982］.

［137］张学智. 心学论集［M］. 北京:中国社会科学院出版社,2006.

［138］彭国翔. 儒家传统:宗教与人文主义之间［M］. 北京:北京大学出版社,2007.

[139] 郭晓东. 识仁与定性：工夫论视域下的程明道哲学研究[M]. 上海：复旦大学出版社，2005.

[140] 王先谦. 荀子集解[M]. 北京：中华书局，1997.

[141] 贾顺先. 退溪全书今注今译[M]. 成都：四川大学出版社，1992.

[142] 于浩. 宋明理学家年谱[M]. 北京：北京图书馆出版社，2005.

[143] 熊克. 中兴小纪[M]//纪昀，永瑢，陆锡熊，等. 景印文渊阁四库全书：第313册. 台北：台湾商务印书馆，[1983].

[144] 杨时. 杨龟山集[M]. 上海：商务印书馆，1936.

[145] 朱震. 汉上易传[M]. 北京：九州出版社，2012.

[146] 纳兰成德，康奉，李宏，等. 纳兰成德集[M]. 北京：北京出版社，2006.

[147] 陈振孙. 直斋书录解题[M]. 上海：上海古籍出版社，1987.

[148] 刘玉建. 两汉象数易学研究[M]. 南宁：广西教育出版社，1996.

[149] 林忠军. 象数易学发展史[M]. 济南：齐鲁书社，1998.

[150] 朱伯崑. 易学哲学史[M]. 北京：华夏出版社，1995.

[151] 李申. 易图考[M]. 北京：北京大学出版社，2001.

[152] 刘因. 静修集[M]//纪昀，永瑢，陆锡熊，等. 景印文渊阁四库全书：第1198册. 台北：台湾商务印书馆，[1985].

[153] 胡安国. 春秋胡氏传[M]. 杭州：浙江古籍出版社，2010.

[154] 胡寅. 斐然集[M]. 北京：中华书局，1993.

[155] 王立新. 开创时期的湖湘学派[M]. 长沙：岳麓书社，2003.

[156] 陈谷嘉，朱汉民. 湖湘学派源流[M]. 长沙：湖南教育出版社，1992.

[157] 刘荀. 明本释[M]//纪昀，永瑢，陆锡熊，等. 景印文渊阁四库全书：第703册. 台北：台湾商务印书馆，[1984].

[158] 胡寅. 崇正辩[M]. 北京：中华书局，1993.

[159] 胡寅. 读史管见[M]. 长沙：岳麓书社，2011.

[160] 尹业初. 胡寅历史政治哲学研究——以《致堂读史管见》为中心[M]. 北京：中国社会科学出版社，2013.

[161] 陈乔见. 公私辨：历史衍化与现代诠释[M]. 北京：生活·读书·新知三联书店，2013.

[162] 黄俊杰. 孟学思想史论[M]. 台北：东大图书公司，1991.

[163] 葛瑞汉. 二程兄弟的新儒学[M]. 郑州：大象出版社，2000.

[164] 刘述先. 朱子哲学思想的发展与完成[M]. 长春：吉林出版集团有限责任公司，2015.

[165] 唐君毅. 中国哲学原论：原性篇[M]. 北京：中国社会科学出版社，2005.

[166] 钱穆. 朱子新学案[M]. 北京：九州出版社，2011.

[167] 钟彩钧. 国际朱子学会议论文集[C]. 台北："中央研究院"中国文哲研究

所筹备处,1993.

[168] 黄俊杰. 东亚朱子学的诠释与发展[M]. 上海:华东师范大学出版社,2012.

[169] 杨儒宾. 儒家身体观[M]. 台北:"中央研究院"中国文哲研究所,1999.

[170] 陈建. 陈建著作二种[M]. 黎业明,点校. 上海:上海古籍出版社,2015.

[171] 唐君毅. 中国哲学原论:原教篇[M]. 北京:中国社会科学出版社,2006.

[172] 圆悟克勤. 碧岩录[M]. 尚之煜,校注. 郑州:中州古籍出版社,2011.

[173] 陈亮. 陈亮集[M]. 北京:中华书局,1983.

[174] 张栻. 张栻集[M]. 北京:中华书局,2015.

[175] 向世陵. 善恶之上:胡宏·性学·理学[M]. 北京:中国广播电视出版社,2000.

[176] 蔡方鹿. 一代学者宗师:张栻及其哲学[M]. 成都:巴蜀书社,1991.

[177] 向世陵. 理学与易学[M]. 长春:长春出版社,2011.

[178] 曾亦. 本体与工夫:湖湘学派研究[M]. 上海:上海人民出版社,2007.

[179] 陈谷嘉. 张栻与湖湘学派研究[M]. 长沙:湖南教育出版社,1991.

[180] 蔡方鹿. 张栻与理学[M]. 北京:人民出版社,2015.

[181] 张栻. 张栻全集[M]. 长春:长春出版社,1999.

[182] 真德秀. 西山先生真文忠公文集[M]. 四部丛刊初编本. 上海:商务印书馆,1937.

[183] 杨万里. 诚斋集[M]//纪昀,永瑢,陆锡熊,等. 景印文渊阁四库全书:第1161册. 台北:台湾商务印书馆,[1985].

[184] 周密. 齐东野语[M]. 北京:中华书局,1983.

[185] 杜杲. 张南轩先生文集[M]. 北京:商务印书馆,1936.

[186] 王夫之. 船山全书[M]. 长沙:岳麓书社,2011.

[187] 梁启超. 饮冰室文萃·儒家哲学[M]. 天津:天津古籍出版社,2003.

[188] 吕祖谦,黄灵庚. 吕祖谦全集[M]. 杭州:浙江古籍出版社,2008.

[189] 潘富恩,徐余庆. 吕祖谦评传[M]. 南京:南京大学出版社,2011.

[190] 罗汝芳. 罗汝芳集[M]. 南京:凤凰出版社,2007.

[191] 牟宗三. 从陆象山到刘蕺山[M]. 上海:上海古籍出版社,2001.

[192] 何炳松. 浙东学派溯源[M]. 长沙:岳麓书社,2011.

[193] 陈亮. 陈亮集[M]. 增订本. 北京:中华书局,1987.

[194] 叶适. 叶适集[M]. 北京:中华书局,1961.

[195] 班固. 汉书[M]. 北京:中华书局,1964.

[196] 董平,刘宏章. 陈亮评传[M]. 南京:南京大学出版社,1996.

[197] 田浩. 功利主义儒家——陈亮对朱熹的挑战[M]. 姜长苏,译. 南京:江苏人民出版社,1997.

[198] 穆勒. 功利主义[M]. 徐大建,译. 上海:上海人民出版社,2008.

[199] 李贽,张建业. 李贽文集[M]. 北京:社会科学文献出版社,2000.

[200] 叶适. 习学记言序目[M]. 北京:中华书局,1977.

[201] 张义德. 叶适评传[M]. 南京:南京大学出版社,1994.

[202] 杨简. 慈湖遗书[M]//纪昀,永瑢,陆锡熊,等. 景印文渊阁四库全书:第1156 册. 台北:台湾商务印书馆,[1985].

[203] 钱穆. 宋明理学概述[M]. 台北:联经出版事业股份有限公司,1993.

[204] 熊十力. 十力语要初续[M]. 上海:上海书店出版社,2007.

[205] 马一浮. 马一浮集[M]. 丁敬涵,校点. 杭州:浙江古籍出版社,1996.

[206] 艾恺,梁漱溟,一耽学堂. 这个世界会好吗?[M]. 上海:东方出版中心,2006.

[207] 朱杰人,严佐之,刘永翔. 朱子全书外编[M]. 上海:华东师范大学出版社,2010.

[208] 虞集. 道园学古录[M]. 摛藻堂四库全书荟要本. 台北:世界书局,1985.

[209] 宋濂,王祎,汪克宽,等. 元史[M]. 北京:中华书局,1973.

[210] 李修生. 全元文[M]. 南京:江苏古籍出版社,1999.

[211] 许衡. 许衡集[M]. 北京:东方出版社,2007.

[212] 刘因. 静修先生文集[M]. 北京:中华书局,1985.

[213] 饶鲁. 饶双峰讲义[M]. 王朝璩,辑录. 北京:北京出版社,1998.

[214] 周密. 癸辛杂识[M]. 吴企明,点校. 北京:中华书局,1988.

[215] 吴澄. 吴文正集[M]//纪昀,永瑢,陆锡熊,等. 景印文渊阁四库全书:第1197 册. 台北:台湾商务印书馆,[1985].

后　记

　　《中国哲学通史》(学术版)"宋元卷"的写作,由田文军初拟全书章节纲目,文碧芳负责全书统稿工作。统稿工作重在按《中国哲学通史》全书主编要求,统一本卷各章体例,校对本卷各章文字,对收入本卷各章的内容,取文责自负原则,不作改动;对原拟收入本卷的个别篇章,因内容与本卷要求距离太远,文稿由作者另行处理;对于已定收入本卷而内容与全卷要求尚有距离的个别篇章,则在重新充实加工后成稿,文稿改写者与原作者共同成为文稿署名作者。依照全书内容与章节顺序,各章作者姓名如下:导论,田文军;第一章(道学的先驱:韩愈与李翱),文碧芳;第二章(北宋道学的兴起),田文军;第三章(李觏的哲学思想),田文军;第四章(邵雍的象数易学),唐明邦;第五章(周敦颐的哲学思想),田文军;第六章(张载的哲学思想),田文军;第七章(程颢与道学),文碧芳;第八章(程颐的心性论与工夫论),洪明超、文碧芳;第九章(司马光的哲学),孙雨楼、孙颖涛、文碧芳、张智;第十章(王安石的哲学思想),萧平;第十一章(吕大临的哲学),文碧芳;第十二章(谢良佐的哲学思想),王巧生;第十三章(杨时的哲学思想),朱迪婧;第十四章(朱震及其《汉上易传》),唐琳;第十五章(胡安国的哲学思想),邹啸宇;第十六章(胡寅的哲学思想),邹啸宇、孙颖涛、文碧芳、张智;第十七章(胡宏的哲学),张洪波;第十八章（朱熹的理学），李想、文碧芳；第十九章（张栻的哲学），邹啸宇；第二十章（吕祖谦的理学），周恩荣；第二十一章（陆九渊的心学），范根生、文碧芳；第二十二章（陈亮的事功之学），陈仁仁；第二十三章（叶适的功利之学），陈仁仁；第二十四章（杨简的心学），胡栋材；第二十五章（元代道学的演变与发展），周恩荣。

博士生张智、范根生、鞠秋洋、李亚奇、李想协助文碧芳对全书后期的编校工作竭尽心力，贡献很多。

参与本卷各章写作的作者来自不同的工作单位与工作岗位，大都曾经或正在武汉大学中国哲学专业学习，具有共同的学术传承，为同门师友。师友之间"质有纯驳，学有深浅"，个人学术志向、理论意趣也存在差异。因此，本卷各章写作者的思想进路实不尽相同。但是，各章作者在写作过程中，对于自己的考察对象"毋私己意，毋主先入，虚心体察"，力图对自己考察的哲学家的思想学说"沂委穷源，彻其底蕴"，揭示其真实的学术价值的追求是同一的。因此，本卷写作，不求教科书式的章节形式与内容的统一，看重各章作者对各派哲学独具会心的具体评断，以不同作者对不同哲学家思想理论的解析与领悟来展现全卷内容的学术价值。经过数年努力，《中国哲学通史》（学术版）宋元卷终于成稿。在本卷成稿之际，作为本卷写作的组织者，我们对于参与本卷各章写作的师友们的辛勤劳动与团结协作，谨致诚挚的谢意。

田文军　　文碧芳
2017 年 10 月